# XML
## Schritt für Schritt

Michael J. Young

# XML

## Schritt für Schritt

**Microsoft** Press

Dieses Buch ist die deutsche Übersetzung von:
Michael J. Young: XML – Step by Step
Microsoft Press, Redmond, Washington 98052-6399
Copyright © 2000 by Perspection, Inc.

15 14 13 12 11 10 9 8 7 6 5 4 3 2 1
01  00

ISBN 3-86063-765-7

© Microsoft Press Deutschland
(ein Unternehmensbereich der Microsoft GmbH)
Edisonstraße 1, D-85716 Unterschleißheim
Alle Rechte vorbehalten

Übersetzung: Sigrid Richter, Ingrid Tokar für trans-it, München
Satz: reemers publishing services gmbh, Krefeld
Umschlaggestaltung: Hommer DesignProduction, Haar (www.HommerDesign.com)
Typographie: Hommer DesignProduction, Haar (www. HommerDesign.com)
Herstellung, Druck und Bindung: Kösel, Kempten (www.KoeselBuch.de)

# Inhaltsverzeichnis

# Danksagung

Dieses Buch ist ebenso das Produkt des gewissenhaften und engagierten Teams von Microsoft Press wie meiner eigenen Bemühungen als Autor. Ich möchte mich insbesondere bei Alice Turner, der Lektorin dieses Projekts, dafür bedanken, dass sie das gesamte Projekt so reibungslos koordiniert und meine Sonderwünsche berücksichtigt hat. Ich danke Becka McKay, die das Manuskript bearbeitet hat, dafür, die Syntax dieses Buches verbessert zu haben, und James Johnson, dem technischen Lektor, für die Verbesserung dessen Semantik. Mein Dank gilt Eric Stroo und Ben Ryan, Acquisitions Editors, mich als Autor dieses Buches ausgewählt zu haben. Ich danke zudem John Pierce, Managing Editor, der in diesem Projekt eine wichtige Rolle gespielt hat. Und schließlich danke ich dem World Wide Web Consortium, den Programmierern von Internet Explorer 5 bei Microsoft und den vielen anderen Programmierern in der gesamten Welt für deren Unterstützung von XML.

# Zu diesem Buch

XML (Extensible Markup Language) ist gegenwärtig die viel versprechendste Sprache, was das Speichern und Bereitstellen von Daten im World Wide Web angeht.

Obwohl HTML (Hypertext Markup Language) zurzeit die gebräuchlichste Sprache zur Erstellung von Webseiten ist, sind die Möglichkeiten von HTML zur Speicherung von Informationen beschränkt. XML verfügt dagegen über eine äußerst flexible Syntax, die es Ihnen erlaubt, praktisch jede Art von Information zu beschreiben, von einem einfachen Rezept bis zu einer komplexen Datenbank (daher auch der Namensteil *extensible,* in Deutsch *erweiterbar*). Zudem lassen sich XML-Dokumente in Verbindung mit einem Stylesheet oder einer konventionellen HTML-Seite mühelos in einem Webbrowser anzeigen. Da die in XML-Dokumenten enthaltenen Informationen so effektiv strukturiert und bezeichnet werden, kann der Browser diese Informationen auf unterschiedliche Weise suchen, extrahieren, sortieren, filtern, anordnen und bearbeiten.

XML stellt somit die ideale Lösung zur Bewältigung der rasch wachsenden Quantität und Komplexität der Informationen dar, die heute im Internet bereitgestellt werden müssen.

## Warum noch ein XML-Buch?

XML kann verwirrend sein. Mit erstaunlicher Geschwindigkeit erscheinen neue XML-Anwendungen, und XML ist eng verbunden mit einer stetig wachsenden Anzahl von verwandten Standards und Technologien zur Formatierung, Anzeige, Verarbeitung und Erweiterung von XML-Dokumenten. Viele dieser verwandten Standards und Technologien befinden sich noch in den Kinderschuhen und werden schnell geändert und weiterentwickelt.

Die meisten XML-Bücher, die ich gelesen habe, versuchen, umfassend auf diese Technologien einzugehen, und verzetteln sich etwas. Ich bin der Meinung, dass das typische XML-Buch auf zu oberflächliche Weise versucht, zu viele Technologien zu behandeln, ohne zwischen den praktischen und unpraktischen, den aktuellen und den künftigen Technologien zu unterscheiden.

Ich schrieb *XML Schritt für Schritt*, um die grundlegendsten Fragen hinsichtlich XML zu beantworten – Was ist XML, warum braucht man XML und wie kann man XML einsetzen? – und um die wichtigsten, praktischen XML-Technologien, die *heute* verfügbar sind, vorzustellen.

Bei der Auswahl der Themen, die in diesem Buch behandelt werden, war ich zwar recht wählerisch, aber ich gehe auf jedes Thema detailliert ein und vermeide Halbheiten. (Da ich in Teil B beispielsweise erläutere, wie man XML-Attribute definiert, zeige ich in Teil C, wie man auf diese Attribute zugreift, wenn man ein Dokument anzeigt.)

Ich habe XML erst dann richtig verstanden, nachdem ich begann, XML-Dokumente zu schreiben und anzuzeigen. Daher verfolgte ich in diesem Buch einen praxisbezogenen Ansatz, indem ich viele schrittweise Anleitungen, praktische Beispiele und Übungen darin aufnahm. Ich habe theoretische und abstrakte Diskussionen vermieden, die bei einem Thema wie XML schwer verständlich sein können.

Dieses Buch und die Begleit-CD zeichnen sich zudem dadurch aus, dass sie ein umfassendes XML-Trainingsset darstellen. Dieses Set enthält sämtliche Informationen, Anleitungen und Softwareprogramme, die Sie benötigen, um die praktischen Grundlagen der Erstellung und Anzeige von XML-Dokumenten zu erlernen. Dieses Buch enthält auch eine umfassende Sammlung von Hyperlinks zu XML-Informationen im Internet, die Sie erforschen können, wenn Sie sich mit fortgeschritteneren Themen befassen wollen.

# Was Sie in diesem Buch lernen

Teil A dieses Buches (Lektion 1 und 2) bietet eine behutsame Einführung in XML und bereitet Sie auf die detaillierten Informationen vor, die später folgen. Lektion 1 beantwortet die grundlegenden Fragen, die ich weiter oben nannte: Was ist XML, warum braucht man XML und wie wird XML zur Lösung von Problemen in der Praxis eingesetzt? Lektion 2 enthält praktische Übungen, die Ihnen einen kurzen Überblick über die Erstellung eines XML-Dokuments und dessen Anzeige in einem Webbrowser geben.

Teil B (Lektion 3 bis 6) konzentriert sich auf die Regeln und Techniken für die Erstellung von XML-Dokumenten. In den Lektionen 3 und 4 erfahren Sie, wie Sie wohlgeformte XML-Dokumente anlegen, also Dokumente, die die Grundanforderungen des XML-Standards erfüllen. Die Lektionen 5 und 6 erläutern, wie Sie gültige XML-Dokumente schreiben, d. h. Dokumente, die einer optionalen und anspruchsvolleren Regelmenge entsprechen. Die in Teil B enthaltenen Lektionen basieren auf der offiziellen XML-Spezifikation, die vom World Wide Web Consortium (W3C) entwickelt wurde.

Teil C (Lektion 7 bis 10) erläutert die wichtigsten der aktuell verfügbaren Techniken zur Anzeige von XML-Dokumenten in Webbrowsern. In den Lektionen 7 und 10 wird erklärt, wie man ein XML-Dokument anzeigt, indem man ein Stylesheet damit verknüpft, das dem Browser Formatierungsanweisungen liefert. Lektion 7 behandelt CSS-Stylesheets, den einfachsten, aber auch beschränktesten Stylesheettyp, während Lektion 10 in XSL (Extensible Stylesheet Language) erstellte Stylesheets erläutert, einen anspruchsvolleren und flexibleren Stylesheettyp, der in XML geschrieben wird.

In den Lektionen 8 und 9 erfahren Sie, wie Sie ein XML-Dokument anzeigen, indem Sie es mit einer herkömmlichen HTML-Webseite verknüpfen, die Anweisungen für den Zugriff auf, die Verarbeitung und Präsentation der XML-Daten enthält. Lektion 8 erklärt, wie Sie dies mithilfe der Datenbindung bewerkstelligen, einer einfachen Technik, die sich nur für bestimmte XML-Dokumente eignet. Lektion 9 zeigt, wie Sie ein XML-Dokument über eine HTML-Seite anzeigen, indem Sie Skripts schreiben, die ein äußerst flexibles Programmierobjektmodell namens XML-Dokumentobjektmodell (DOM) nutzen, welches mit jedem Typ von XML-Dokument einsetzbar ist.

In diesem Buch verwende ich durchgängig den Begriff *Seite* zur Bezeichnung von HTML-Quelltext und den Begriff *Dokument* zur Bezeichnung von XML-Quelltext. Ich habe diese Konvention gewählt, um klar zwischen diesen beiden Auszeichnungssprachen zu unterscheiden, die häufig in Verbindung miteinander eingesetzt werden.

Teil C III konzentriert sich insbesondere auf die Anzeige von XML-Dokumenten unter Verwendung des Webbrowsers Microsoft Internet Explorer 5. (Der nachfolgende Abschnitt dieser Einleitung enthält nähere Angaben zum Internet Explorer.)

Im Anhang finden Sie Adressen von Websites, die eine Unmenge weiterer Informationen zu den in diesem Buch behandelten Themen enthalten. Ich habe diese Adressen zudem an den entsprechenden Stellen in den Lektionen angegeben. Sie finden eine Kopie des Anhangs unter dem Dateinamen Anhang.htm im Ordner *Links* auf der Begleit-CD. Sie können diese Websites besuchen, indem Sie die Datei Anhang.htm in Ihrem Webbrowser öffnen und dann einfach auf einen Link klicken, statt die Adresse im Browser eingeben zu müssen.

Ergänzend zu den in diesem Buch gegebenen Informationen empfehle ich, die folgenden Websites mit allgemeinen Informationen zu XML zu besuchen. Das W3C stellt unter der Adresse *http://www.w3.org/* eine Vielzahl von Informationen, Standards und Dienste für Webautoren zur Verfügung. Microsoft Developer Network (MSDN) bietet ausführliche allgemeine Informationen zu XML und zur XML-Unterstützung der Microsoft-Produkte unter der Adresse *http://msdn.microsoft.com/xml/*

*default.asp*. Das Online-Referenzwerk *The XML Cover Pages*, das Sie unter der Adresse *http://www.oasis-open.org/cover/* finden, enthält umfassende Informationen zu XML und anderen Auszeichnungssprachen.

# 'XML Schritt für Schritt' und Internet Explorer

Obwohl die meisten der in diesem Buch beschriebenen Techniken auf öffentlichen Standards basieren und mit verschiedenen Browsern einsetzbar sind, habe ich dieses Buch speziell für die Versionen 5.0 bis 5.5 von Microsoft Internet Explorer geschrieben. Die zu diesem Buch gehörende Begleit-CD (die nachfolgend in dieser Einleitung beschrieben wird) enthält Internet Explorer Version 5.01. Sie können daher die auf der Begleit-CD befindliche Browsersoftware verwenden, um die von Ihnen erstellten XML-Dokumente anzuzeigen.

Sie können die neueste Version von Internet Explorer 5.5 von folgender Website herunterladen: *http://www.microsoft.com/windows/ie*.

In diesem Buch bezieht sich der Ausdruck *Internet Explorer 5* auf die Versionen 5.0 bis 5.5 des Browsers Microsoft Internet Explorer. Wenn Informationen in diesem Buch nur für eine bestimmte Version von Internet Explorer gelten, habe ich dies durch die Angabe der Versionsnummer kenntlich gemacht, wie z.B. *Internet Explorer 5.01* oder *Internet Explorer 5.5*.

Alle in diesem Buch beschriebenen Funktionen und Techniken funktionieren mit Internet Explorer 5.5. Version 5.5 verfügt über einige neue Leistungsmerkmale, die in älteren Versionen nicht verfügbar sind. Ich habe die betreffenden Leistungsmerkmale als nur in Internet Explorer 5.5 verfügbar gekennzeichnet.

# Systemvoraussetzungen

Die folgende grundlegende Hardware- und Softwareausstattung ist für die Arbeit mit diesem Buch *XML Schritt für Schritt* und der zugehörigen Begleit-CD erforderlich:

- Um auf die Begleit-CD zugreifen und die auf der Begleit-CD enthaltene Software Internet Explorer installieren zu können, benötigen Sie einen Computer, der unter Microsoft Windows betrieben wird und über ein CD-ROM-Laufwerk verfügt. Sie können Windows 95, Windows 98, Windows NT 4.0 (mit Service Pack 3 oder höher), Windows 2000 oder eine neuere Version von Windows verwenden.

■ Wenn Sie im Setup-Programm die Option *Beispielcode und Links installieren* wählen, wird ca. 1 MB freier Festplattenspeicher benötigt.

■ Um die Websites besuchen zu können, auf die in diesem Buch verwiesen wird, benötigen Sie eine Verbindung zum Internet. Da Sie dieses Buch aber auch nutzen können, ohne diese Websites zu besuchen, ist eine Internetverbindung optional.

Dieses Buch soll Sie in XML einführen und daher werden keine Vorkenntnisse in XML vorausgesetzt. Verschiedene in diesem Buch beschriebene Techniken zur Anzeige von XML-Dokumenten machen jedoch von einer oder mehreren der folgenden verwandten Sprachen Gebrauch: HTML, DHTML (Dynamic HTML) und Microsoft JScript (Microsofts Version der generischen Skriptsprache JavaScript). Dieses Buch beschreibt zwar die Merkmale der Sprachen, die in diesen Beispielen verwendet werden, allgemeine Grundkenntnisse dieser Sprachen sind jedoch hilfreich.

Weitere Informationen zum Einsatz von HTML und DHTML mit Internet Explorer 5 finden Sie auf der folgenden MSDN-Website: *http://msdn.microsoft.com/workshop/author/default.asp*. Wenn Sie die offizielle HTML-Spezifikation lesen möchten, besuchen Sie die folgende Website des W3C: *http://www.w3.org/TR/REC-html40/*. Umfassende Informationen zu JScript, einschließlich eines Tutorials für Anfänger, finden Sie auf den folgenden MSDN-Websites: *http://msdn.microsoft.com/workshop/ c-frame.htm#/workshop/languages/jscript/handling.asp* und *http:// msdn.microsoft.com/scripting/default.htm?/scripting/jscript/ default.htm*.

# Die Begleit-CD verwenden

Die Begleit-CD zu diesem Buch *XML Schritt für Schritt* beinhaltet folgende wertvolle Ressourcen, die die in diesem Buch enthaltenen Informationen ergänzen:

■ **Kopien der Quelltextdateien, die in den nummerierten Listings dieses Buches abgedruckt sind.** Diese Listings (z. B. Listing 2.1 in Lektion 2) enthalten XML-Beispieldokumente, Stylesheets und HTML-Seiten, die zur Anzeige der XML-Dokumente verwendet werden. An den Stellen, an denen nummerierte Listings abgedruckt sind, habe ich jeweils den Namen der entsprechenden Datei auf der Begleit-CD angegeben. (Beispielsweise finden Sie Listing 2.1 in der Datei Inventory.xml.) Alle abgedruckten Dateien sind im Ordner *Beispiele* der Begleit-CD enthalten.

■ **Alle Grafikdateien, die in den XML-Beispieldokumenten angezeigt werden.** Diese Dateien befinden sich im gleichen Ordner der Begleit-CD wie die Beispieldateien, nämlich *Beispiele*.

■ **Eine Kopie des Anhangs in der HTML-Datei Anhang.htm.** Diese Datei befindet sich im Ordner *Links* der Begleit-CD.

■ **Internet Explorer Version 5.01.**

Die Begleit-CD wird automatisch gestartet, wenn Sie sie in Ihr CD-ROM-Laufwerk einlegen. Falls Ihr Computer die CD nicht automatisch startet, zeigen Sie den Inhalt der CD im Windows Explorer an und doppelklicken auf die Datei StartCD.exe, die sich im Stammverzeichnis befindet. In beiden Fällen wird daraufhin ein Begrüßungsbildschirm angezeigt.

Der Begrüßungsbildschirm enthält Optionen zur Anzeige der Readme-Datei, zur Installation des Beispielcodes und der Hyperlinks (aus dem Anhang), zur Installation von Microsoft Internet Explorer 5.01, zum Durchsuchen des CD-Inhalts und zur Anwahl der Website von Microsoft Press. Wählen Sie eine Option und folgen Sie den Anweisungen, die auf dem Bildschirm angezeigt werden.

# So kontaktieren Sie den Autor

Ich lade Sie ein, meine Website unter der Adresse *http://www.mjyonline.com* zu besuchen. Sie finden dort Fragen und Antworten von Lesern, Quellen mit weiteren Informationen zu XML und den einschlägigen Technologien, Beschreibungen einiger meiner anderen Bücher und zusätzliche Informationen.

Sie können mir E-Mail-Nachrichten an meine Adresse *http://www.mjyonline.com* senden. Ich heiße Ihre Kommentare und Rückmeldungen willkommen. Obwohl mein Terminplan es mir selten erlaubt, Fragen zu beantworten, die weitere Recherchen erfordern, gebe ich mein Wissen gerne weiter, wenn Sie Fragen haben, die ich sofort beantworten kann.

# Korrekturen, Kommentare und Hilfe

Wir haben selbstverständlich alles unternommen, um die Richtigkeit dieses Buches und seiner Begleit-CD sicherzustellen. Korrekturen und zusätzliche Informationen zu Microsoft Press-Büchern finden Sie im World Wide Web in der Service Area von

http://www.microsoft.com/germany/mspress

Wenn Sie Kommentare, Fragen oder Anregungen bezüglich dieses Buches oder der Übungsdateien haben, können Sie uns diese gerne zusenden.

E-Mails senden Sie an:

presscd@microsoft.com

Bitte beachten Sie, dass die oben aufgeführten Adressen keinen Software Service für das Softwareprodukt Internet Explorer bieten. Hilfe zu Microsoft Internet Explorer erhalten Sie unter

http://www.microsoft.com/germany/support

# Typographische Konventionen

Sie können bei der Arbeit mit diesem Buch viel Zeit sparen, wenn Sie sich von vornherein mit der Art und Weise vertraut machen, wie hier Anweisungen und Tastatureingaben etc. dargestellt werden. Bitte lesen Sie die folgenden Abschnitte gründlich durch, denn sie enthalten auch Hinweise auf Teile des Buches, die vielleicht hilfreich für Sie sein werden.

- Text, den Sie eingeben sollen, wird in **fett gedruckten Buchstaben** dargestellt.

- Neue Begriffe, Oberflächenbegriffe, wie beispielsweise die Namen von Menüs und Befehlen, im Text angeführter Programmcode sowie Buch- und Kapiteltitel sind in *Kursivschrift* gedruckt.

- Tastenbezeichnungen werden durch Tastensymbole dargestellt. Ein Pluszeichen zwischen zwei Tasten bedeutet, dass Sie die Tasten gleichzeitig drücken müssen. Die Anweisung „drücken Sie ⎇ Alt + ⇆ " bedeutet beispielsweise, dass Sie die Alt-Taste gedrückt halten müssen, während Sie die Tabulatortaste drücken.

## Symbole in der Marginalienspalte

- Mit diesem Symbol sind Tipps gekennzeichnet, in denen Ihnen zusätzliche Informationen gegeben werden oder die eine alternative Vorgehensweise für einen Schritt beschreiben.

- Textpassagen, die mit diesem Symbol gekennzeichnet sind, enthalten Hinweise und Informationen, die Sie besonders beachten sollten.

- Dieses Symbol macht Sie auf wesentliche Zusatzinformationen aufmerksam, die Sie auf alle Fälle lesen und genau beachten sollten, bevor Sie mit der Lektion fortfahren.

# Weitere Informationen

▪ In Bildschirmabbildungen werden die in den Übungen erstellten Benutzeroberflächen und das Erscheinungsbild der Bildschirmanzeige nach der Ausführung der beschriebenen Arbeitsschritte dargestellt. Häufig werden durch Beschriftungen die Teile einer Abbildung hervorgehoben, die Sie besonders beachten sollten.

▪ Die grau schattierten Textabschnitte in diesem Buch enthalten Erläuterungen zu besonderen Funktionen und Hintergrundinformationen zu Leistungsmerkmalen, die in der betreffenden Lektion behandelt werden.

# Einstieg

# 1

# Warum XML?

XML (Extensible Markup Language) wurde von der XML-Arbeitsgruppe des World Wide Web Consortium (W3C) definiert. Diese Gruppe beschrieb die Sprache wie folgt:

*„Die Extensible Markup Language (XML) ist eine Teilmenge von SGML ... Das Ziel ist es zu ermöglichen, generisches SGML in der Weise über das Web auszuliefern, zu empfangen und zu verarbeiten, wie es jetzt mit HTML möglich ist. XML wurde entworfen, um eine einfache Implementierung und Zusammenarbeit sowohl mit SGML als auch mit HTML zu gewährleisten."*

Dieses Zitat stammt aus Version 1.0 der offiziellen XML-Spezifikation, die von der XML-Arbeitsgruppe im Februar 1998 verabschiedet wurde. Sie finden das gesamte Dokument auf der W3C-Website unter *http:// www.w3.org/TR/REC-xml*.

Die Auszeichnungssprache XML wurde speziell entwickelt, um Informationen im World Wide Web bereitzustellen, ebenso wie HTML (Hypertext Markup Language), das seit den Anfangszeiten des Webs die Standardsprache zur Erstellung von Webseiten ist. Da HTML, das anscheinend allen denkbaren Anforderungen entspricht, schon existiert, fragen Sie sich vielleicht, warum eine vollkommen neue Sprache für das Web erforderlich sein sollte. Was ist an XML neu und anders? Worin liegen die einzigartigen Vorteile und Stärken? Wie sieht die Beziehung zu HTML aus? Soll XML HTML ersetzen oder ergänzen? Worum handelt es sich bei SGML, dessen Teilmenge XML darstellt, und warum können wir nicht einfach SGML für Webseiten verwenden? In dieser Lektion sollen alle diese Fragen beantwortet werden.

## Warum XML notwendig ist

HTML stellt eine feste Menge vordefinierter *Elemente* bereit, mit denen Sie die Komponenten einer typischen, allgemeinen Zwecken dienenden Webseite auszeichnen können. Beispiele für solche Elemente sind Überschriften, Absätze, Listen, Tabellen, Bilder und Links. HTML ist sehr gut für die Erstellung einer persönlichen Homepage wie etwa der folgenden HTML-Seite geeignet:

```
<HTML>
<HEAD>
<TITLE>Homepage</TITLE>
</HEAD>

<BODY>
<H1><IMG SRC="MainLogo.gif">   Michael Youngs Homepage</H1>
<P><EM>Willkommen auf meiner Website!</EM></P>

<H2>Inhalt dieser Site</H2>
<P>Wählen Sie eines der folgenden Themen:</P>
<UL>
   <LI><A HREF="Hobby.htm"><B>Hobbies</B></A></LI>
   <LI><A HREF="Family.htm"><B>Familie</B></A></LI>
   <LI><A HREF="Photos.htm"><B>Fotogalerie</B></A></LI>
</UL>

<H2>Andere interessante Websites</H2>
<P>Klicken Sie einen der Links an, um eine andere Website zu erforschen:</P>
<UL>
   <LI>
      <A HREF="http://www.yahoo.de/">Yahoo Suchmaschine</A>
   </LI>
   <LI>
      <A HREF="http://www.amazon.de/">Amazon Buchhandlung</A>
   </LI>
   <LI>
      <A HREF="http://www.microsoft.com/germany/mspress/default.asp/
">Microsoft Press</A>
   </LI>
</UL>
</BODY>
</HTML>
```

Microsoft Internet Explorer 5 zeigt diese Seite wie in *Abbildung 1.1*
gezeigt an.

Jedes Element beginnt mit einem *Start-Tag*: einem Textblock, der in die
Zeichen < und > eingeschlossen ist und den Elementnamen sowie
womöglich weitere Informationen enthält. Die meisten Elemente enden
mit einem *End-Tag*, das dem korrespondierenden Start-Tag entspricht,
allerdings nur aus dem Schrägstrich (/) und dem Elementnamen besteht.
Der *Inhalt* eines Elements besteht aus dem Text, falls vorhanden, zwischen Start- und End-Tag. Beachten Sie, dass viele Elemente im vorherigen Beispiel verschachtelte Elemente enthalten.

**Abbildung 1.1**
*Beispiel für eine
HTML-Seite*

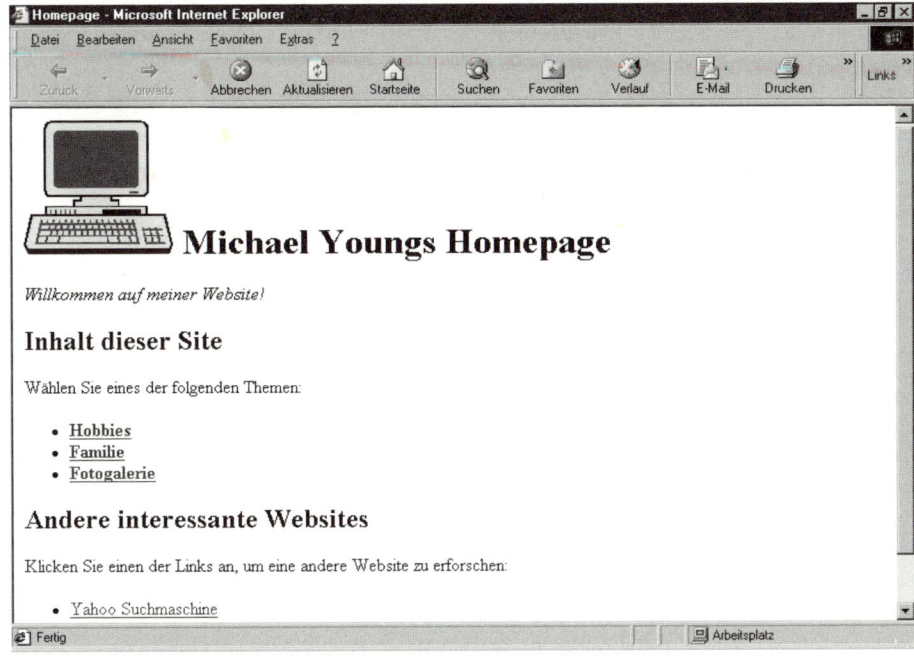

**Abbildung 1.2**
*Aufbau eines HTML-
Elements*

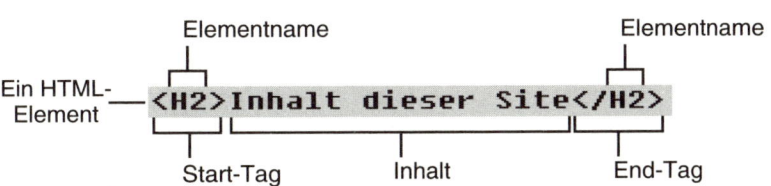

Die HTML-Beispielseite enthält folgende Elemente:

| HTML-Element | Ausgezeichnete Komponente der Seite |
| --- | --- |
| HTML | Die gesamte Seite |
| HEAD | Informationen für den Seitenkopf, wie z.B. der Seitentitel |
| TITLE | Der Seitentitel, wie er in der Titelleiste des Browsers erscheint |
| BODY | Der Haupttext, den der Browser anzeigt |
| H1 | Eine Überschrift auf oberster Ebene |

| HTML-Element | Ausgezeichnete Komponente der Seite |
|---|---|
| H2 | Eine Überschrift der zweiten Ebene |
| P | Ein Textabsatz |
| UL | Eine Aufzählung (ungeordnete Liste) |
| LI | Ein einzelnes Element einer Liste (Listenelement) |
| IMG | Ein Bild |
| A | Eine Verknüpfung mit einem anderen Ort oder einer anderen Seite (ein Anker) |
| EM | Ein Block kursiv gesetzten Textes |
| B | Ein Block fett gesetzten Textes |

Der Browser, der die HTML-Seite anzeigt, erkennt jedes dieser Standardelemente und weiß, wie sie zu formatieren und anzuzeigen sind. Beispielsweise zeigt der Browser eine H1-Überschrift normalerweise mit dem größten Schriftgrad, eine H2-Überschrift mit einem kleineren Schriftgrad und ein P-Element in einer noch kleineren Schrift an. Ein LI-Element innerhalb einer ungeordneten Liste wird wie ein mit einem Aufzählungszeichen ausgezeichneter eingerückter Absatz angezeigt. Der Browser konvertiert ein A-Element in einen unterstrichenen Link, den der Benutzer anklickt, um zu einem anderen Ort oder einer anderen Seite zu wechseln.

Die Menge der vordefinierten HTML-Elemente wurde zwar seit der ersten HTML-Version erheblich erweitert, doch HTML ist noch immer nicht zur Definition vieler Dokumenttypen geeignet. Die folgenden Dokumente stehen für solche Typen, die mit HTML nicht adäquat beschrieben werden können:

■ **Dokumente, die nicht aus typischen Komponenten bestehen (Überschriften, Absätze, Listen, Tabellen und so weiter).** HTML fehlen beispielsweise die Elemente, die zur Auszeichnung einer Partitur oder einer Menge von mathematischen Gleichungen notwendig sind.

■ **Datenbanken wie etwa ein Buchbestand.** Sie können eine HTML-Seite verwenden, um darin statische Datenbankinformationen zu speichern (etwa eine Liste mit Buchbesprechungen). Wollen Sie diese Informationen allerdings sortieren, filtern, durchsuchen oder auf eine andere Weise damit arbeiten, müsste jede einzelne Informationseinheit ausgezeichnet werden (wie etwa in einem Datenbankprogramm wie Microsoft Access). HTML verfügt nicht über die hierzu erforderlichen Elemente.

■ **Dokumente, die in einer hierarchischen Baumstruktur organisiert werden sollen.** Nehmen Sie beispielsweise an, dass Sie an einem Buch schreiben und es in Teile, Kapitel, Abschnitt A, Abschnitt B, Abschnitt C und so weiter unterteilen wollen. Ein Programm könnte dann dieses strukturierte Dokument verwenden, um ein Inhaltsverzeichnis zu generieren, unterschiedlich detaillierte Auszüge zu erstellen, bestimmte Abschnitte zu extrahieren und die Informationen auf andere Weise zu verarbeiten. Ein HTML-Überschriftelement zeichnet allerdings nur den Text der Überschrift selbst aus:

```
<H2>Inhalt der Website</H2>
```

Da Sie den eigentlichen Text sowie die Elemente eines Dokumentabschnitts nicht in ein Überschriftelement einbetten können, eignen sich diese Elemente nicht dazu, die hierarchische Struktur eines Dokuments klar aufzuzeigen.

Die Lösung zu diesen Einschränkungen stellt XML dar.

## XML, die Lösung

Die XML-Definition besteht nur aus einer Basissyntax. Wenn Sie ein XML-Dokument erstellen, dann greifen Sie nicht auf eine beschränkte Menge vordefinierter Elemente zurück, sondern erstellen eigene Elemente, denen Sie beliebige Namen zuweisen – daher der Begriff *Extensible* (deutsch: erweiterbar) in Extensible Markup Language. Sie können XML daher einsetzen, um buchstäblich jeden Dokumenttyp zu beschreiben, von einer Partitur bis hin zu einer Datenbank. Beispielsweise könnten Sie einen Buchbestand wie im folgenden XML-Dokument beschreiben.

```
<?xml version="1.0"?>

<INVENTORY>
   <BOOK>
      <TITLE>The Adventures of Huckleberry Finn</TITLE>
      <AUTHOR>Mark Twain</AUTHOR>
      <BINDING>Taschenbuch</BINDING>
      <PAGES>336</PAGES>
      <PRICE>DM 12,75</PRICE>
   </BOOK>
   <BOOK>
      <TITLE>Moby-Dick</TITLE>
      <AUTHOR>Herman Melville</AUTHOR>
      <BINDING>Taschenbuch</BINDING>
```

```
          <PAGES>605</PAGES>
          <PRICE>DM 14,95</PRICE>
      </BOOK>
      <BOOK>
          <TITLE>The Scarlet Letter</TITLE>
          <AUTHOR>Nathaniel Hawthorne</AUTHOR>
          <BINDING>Taschenbuch</BINDING>
          <PAGES>253</PAGES>
          <PRICE>DM 14,25</PRICE>
      </BOOK>
</INVENTORY>
```

Wird XML zur Beschreibung einer Datenbank eingesetzt, dann besitzt XML einige Vorteile gegenüber proprietären Formaten (wie z.B. dem Access-Format .mdb oder dem dBase-Format .dbf): XML ist für Menschen lesbar und basiert auf einem öffentlichen, offenen Standard.

Es ist sehr wichtig zu verstehen, dass die Elementnamen in einem XML-Dokument (wie etwa INVENTORY, BOOK und TITLE in diesem Beispiel) nicht Teil der XML-Definition sind. Statt dessen wählen Sie diese Namen, wenn Sie ein bestimmtes Dokument erstellen. Sie können für Ihre Elemente beliebige gültige Namen wählen (z.B. BESTAND statt INVENTORY oder ARTIKEL statt BOOK).

Wenn Sie Elemente in einem XML-Dokument benennen, dann wählen Sie beschreibende Namen, beispielsweise BUCH oder ELEMENT anstatt DIES oder DINGSDA. Einer der Vorteile eines XML-Dokuments besteht darin, dass es selbstbeschreibend sein kann. Jede Informationseinheit kann mit einer Beschreibung versehen werden.

Wie Sie dem vorherigen Beispiel entnehmen können, besitzt ein XML-Dokument eine hierarchische Struktur, in der Elemente vollständig in anderen Elementen verschachtelt sind, und ein einziges Element auf oberster Ebene (in diesem Beispiel INVENTORY), das *Dokumentelement* oder *Wurzelelement*, alle anderen Elemente enthält. Die Struktur des XML-Beispieldokuments sieht wie in Abb 1.3 dargestellt aus.

**Abbildung 1.3**
*Struktur eines XML-Dokuments*

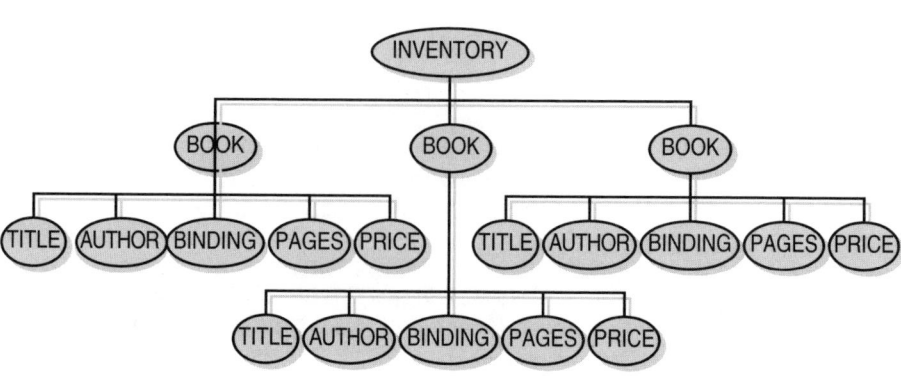

XML eignet sich also zur Definition eines hierarchisch strukturierten Dokuments, wie z. B. einem Buch, das in Teile, Kapitel und verschiedene Abschnittsebenen untergliedert ist.

## XML-Dokumente erstellen

Da XML keine vordefinierten Elemente kennt, scheint es sich um einen relativ zwanglosen Standard zu handeln. Allerdings besitzt XML eine streng definierte Syntax. Beispielsweise muss im Gegensatz zu HTML jedes XML-Element sowohl ein Start-Tag als auch ein End-Tag besitzen (oder das besondere Tag des *leeren Elements*, das in den folgenden Lektionen beschrieben wird). Und jedes verschachtelte Element muss vollständig innerhalb des Elements enthalten sein, das es umschließt.

Tatsächlich erfordert die Flexibilität bei der Erstellung eigener Elemente eine strenge Syntax, da die benutzerdefinierte Natur von XML-Dokumenten benutzerdefinierte Programme verlangt, um die Informationen dieser Dokumente verarbeiten und anzeigen zu können. Die strenge XML-Syntax verleiht XML-Dokumenten ein kalkulierbares Format und erleichtert die Erstellung solcher Programme. Sie wissen bereits aus dem Zitat am Anfang dieser Lektion, dass „einfache Implementierung" eines der Hauptziele der Sprache ist.

Teil B dieses Buches beschreibt die Erstellung von XML-Dokumenten, die zu den Syntaxregeln konform sind. Sie werden erfahren, dass Sie XML-Dokumente erstellen können, die zwei unterschiedlichen Ebenen syntaktischer Anforderungen genügen. Ein Dokument ist entweder „wohlgeformt" oder „gültig", abhängig davon, welche Ebene des Standards es erreicht.

## XML-Dokumente anzeigen

Bei einer HTML-Seite weiß der Browser, dass beispielsweise das Element H1 eine Überschrift der obersten Ebene ist, formatiert und zeigt das Element entsprechend an. Dies ist möglich, weil dieses Element zum HTML-Standard gehört. Doch woher soll ein Browser oder ein anderes Programm wissen, wie mit den Elementen in einem von Ihnen erstellen XML-Dokument (etwa BOOK und BINDING im Beispieldokument) umgegangen werden soll und wie sie angezeigt werden sollen, da Sie diese Elemente ja selbst eingeführt haben?

Es gibt drei Möglichkeiten, einen Browser (genauer gesagt, Microsoft Internet Explorer 5) darüber zu informieren, wie jedes XML-Element verarbeitet und angezeigt wird. (Diese Techniken werden detailliert in Teil C dieses Buches beschrieben.)

- **Stylesheet-Verknüpfungen.** Mit dieser Technik verknüpfen Sie ein Stylesheet mit dem XML-Dokument. Ein Stylesheet ist eine separate Datei, die Anweisungen zum Formatieren der einzelnen XML-Elemente enthält. Sie können entweder ein CSS-Stylesheet (CSS – Cascading Style Sheet), das auch bei HTML-Seiten verwendet wird, oder ein XLS-Stylesheet (XLS – Extensible Stylesheet Language) verwenden. Ein XSL-Stylesheet ist wesentlich leistungsfähiger als ein CSS-Stylesheet und es wurde speziell für XML-Dokumente entworfen. Sie lernen diese Techniken in den Lektionen 2, 7 und 10 kennen.

■ **Datenbindung.** Diese Option erfordert, dass Sie eine HTML-Seite erstellen, das XML-Dokument damit verknüpfen und HTML-Standardelemente in der Seite, etwa die Elemente SPAN oder TABLE, an die XML-Elemente anbinden. Die HTML-Elemente zeigen dann automatisch die Informationen der XML-Elemente an, an die sie gebunden sind. Diese Technik wird in Lektion 8 beschrieben.

■ **Skripts.** Bei dieser Technik erstellen Sie eine HTML-Seite und verknüpfen das XML-Dokument damit. Sie erstellen ein Skript (in JavaScript oder Microsoft Visual Basic Scripting Edition (VBScript)), um auf individuelle XML-Elemente zuzugreifen bzw. sie anzuzeigen. Der Browser legt das XML-Dokument als Dokumentobjektmodell (DOM) offen, das eine große Anzahl von Objekten, Eigenschaften und Methoden bereitstellt, über die der Skriptcode auf die XML-Elemente zugreifen, sie bearbeiten und ändern kann. Mehr über diese Technik erfahren Sie in Lektion 9.

## SGML, HTML und XML

SGML (Structured Generalized Markup Language) war die erste Auszeichnungssprache, aus der sowohl HTML als auch XML abgeleitet worden sind (obgleich in grundlegend verschiedener Weise). SGML definiert eine Basissyntax, erlaubt jedoch, eigene Elemente zu erstellen (daher der Begriff *Generalized*). Sie beschreiben mit SGML ein bestimmtes Dokument, indem Sie eine passende Elementmenge sowie eine Dokumentstruktur erstellen. Um beispielsweise ein Buch zu beschreiben, könnten Sie Elemente namens BUCH, TEIL, KAPITEL, EINFÜHRUNG, ABSCHNITT-A, ABSCHNITT-B, ABSCHNITT-C verwenden.

Eine allgemeinen Zwecken dienende Menge von Elementen, die einen bestimmten Dokumenttyp beschreibt, wird SGML-*Anwendung* genannt. (Eine SGML-Anwendung umfasst außerdem Regeln zur Beschreibung der Anordnung von Elementen sowie weitere Eigenschaften mit Techniken, die in Lektion 5 erläutert werden.) Sie können eine eigene SGML-Anwendung definieren, um einen bestimmten Dokumenttyp zu beschreiben, mit dem Sie arbeiten, oder ein Rumpf von Standards definiert eine SGML-Anwendung zur Beschreibung eines häufig verwendeten Dokumenttyps. Das bekannteste Beispiel für diesen zweiten Anwendungstyp ist HTML, eine 1991 entwickelte SGML-Anwendung zur Beschreibung von Webseiten.

SGML scheint die perfekte erweiterungsfähige Sprache zur Beschreibung von Webdokumenten zu sein. Allerdings erachteten die W3C-Mitglieder, die sich mit diesen Dingen befassen, SGML als zu kompliziert und schwerfällig, um Informationen effizient im Internet zur Verfügung zu stellen. Die Flexibilität und Fülle der von SGML bereitgestellten Eigenschaften erschwert es, Software zu schreiben, die für die Verarbeitung und Anzeige der SGML-Informationen in Webbrowsern notwendig ist. Benötigt wurde eine zweckmäßige Teilmenge von SGML, die speziell auf die Bereitstellung von Informationen im Web zugeschnitten war. Im Jahr 1996 entwickelte die XML-Arbeitsgruppe des W3C diese Teilmenge und nannte sie Extensible Markup Language. Wie aus dem Zitat am Anfang der Lektion hervorgeht, wurde XML für eine „einfache Implementierung" entworfen, eine Eigenschaft, an der es SGML klar mangelt.

XML stellt daher eine vereinfachte Version von SGML dar, die für das Web optimiert ist. Wie SGML erlaubt Ihnen auch XML, Ihre eigene Elementmenge zu ersinnen, wenn Sie ein bestimmtes Dokument beschreiben. Ebenso wie bei SGML kann eine Einzelperson oder ein Standardisierungsgremium eine XML-*Anwendung* (auch *Vokabular* genannt) definieren, wobei es sich um eine allgemeinen Zwecken dienende Menge von Elementen und eine Dokumentstruktur handelt, mit denen Dokumente eines bestimmten Typs beschrieben werden (beispielsweise Dokumente mit mathematischen Formeln oder Vektorgrafiken). Weitere Informationen über XML-Anwendungen finden Sie weiter hinten in dieser Lektion.

Die XML-Syntax bietet weniger Optionen als SGML, verbessert die Lesbarkeit von XML-Dokumenten und erleichtert den Programmierern die Erstellung von Browsern, Skripts und Webseiten, die auf Dokumentinformationen zugreifen und diese anzeigen.

## Wird HTML durch XML ersetzt?

Zum aktuellen Zeitpunkt lautet die Antwort nein. HTML ist noch immer die Primärsprache, um Browser anzuweisen, wie Informationen im Web anzuzeigen sind.

Im Internet Explorer 5 können Sie ein XML-Dokument, mit dem ein Stylesheet verknüpft ist, direkt im Browser öffnen, ohne eine HTML-Seite zu verwenden. Allerdings werden bei den beiden anderen wichtigen Methoden zur Anzeige von XML-Dokumenten, Datenbindung und DOM-Skripts, HTML-Seiten als Hilfsmittel eingesetzt. (Verwenden Sie XSL, dann benötigen Sie auch bei der Stylesheet-Methode HTML, um den Browser über die Formatierung der XML-Daten zu informieren.)

Statt HTML zu ersetzen, wird XML heute zusammen mit HTML eingesetzt, um die Fähigkeiten von Webseiten für folgende Zwecke zu erweitern:

- Darstellung fast jeden Dokumenttyps,
- Informationen auf andere Arten sortieren, filtern, anordnen, suchen und bearbeiten,
- Präsentation stark strukturierter Informationen.

Wie in dem Zitat am Anfang der Lektion angemerkt, wurde XML für die Zusammenarbeit mit HTML entworfen.

# Die offiziellen Ziele von XML

Die folgenden zehn Designziele stammen aus der offiziellen XML-Spezifikation, die Sie auf der W3C-Website (*http://www.w3.org/TR/REC-xml*) finden.

## Ziel 1:   XML soll im Internet leicht einsetzbar sein.

Wie Sie in dieser Lektion bereits erfahren haben, wurde XML primär zum Speichern und Bereitstellen von Informationen im Internet entwickelt.

## Ziel 2:   XML soll ein breites Spektrum von Anwendungen unterstützen.

Primär soll XML über Server und Browser Informationen im Web bereitstellen, doch es wurde beim Entwurf auch darauf geachtet, dass XML von anderen Programmtypen verwendet werden kann. Beispielsweise wird XML bereits zum Austausch von Informationen zwischen Finanzprogrammen, zur Verteilung und Aktualisierung von Software und zur Erstellung von Voice-Skripts für die telefonische Übermittlung eingesetzt.

## Ziel 3:   XML soll mit SGML kompatibel sein.

Wie schon erwähnt, ist XML eine besonderen Zwecken dienende Teilmenge von SGML. Dies hat unter anderem den Vorteil, dass SGML-Softwaretools sehr einfach an die Arbeit mit XML angepasst werden können.

## Ziel 4:   Es soll leicht sein, Programme zu schreiben, die XML-Dokumente verarbeiten.

Wenn XML praktikabel sein soll, dann muss es einfach sein, Browser und andere Programme zu schreiben, die XML-Dokumente verarbeiten. Tatsächlich war der Hauptgrund, aus SGML die Teilmenge XML abzuleiten, die Schwierigkeit, Programme zum Verarbeiten von SGML-Dokumenten zu schreiben.

Die folgenden Designziele dieser Liste dienen primär der Unterstützung dieses grundlegenden Ziels.

## Ziel 5: Die Anzahl optionaler Elemente von XML soll auf das absolute Minimum, idealerweise auf Null, beschränkt sein.

Wird die Anzahl der Optionen in XML auf ein Minimum beschränkt, dann sind Programme für die Verarbeitung von XML-Dokumenten einfacher zu schreiben. Die Fülle von Optionen in SGML ist einer der Hauptgründe, warum SGML für das Definieren von Webdokumenten als nicht prakti-kabel erachtet wird. Zu diesen optionalen SGML-Eigenschaften gehören die Neudefinition der Begrenzungszeichen von Tags (normalerweise < und >) und das Weglassen des End-Tags, sodass der Prozessor bestimmen kann, wo ein Element endet. Ein robustes Programm für die Verarbeitung von SGML-Dokumenten müsste allen optionalen Eigen-schaften Rechnung tragen, auch den selten genutzten.

## Ziel 6: XML-Dokumente sollen für Menschen lesbar und hinreichend klar sein.

XML wurde als *Lingua franca* für den weltweiten Informationsaustausch zwischen Menschen und Programmen entworfen. Lesbarkeit für Men-schen unterstützt dieses Ziel, da Menschen – wie auch spezialisierte Soft-wareprogramme – XML-Dokumente erstellen und lesen. Dieser Lesbar-keitsanspruch hebt XML gegenüber den meisten proprietären Formaten von Datenbanken und Textverarbeitungsdokumenten hervor.

Menschen verstehen ein XML-Dokument leicht, weil es in reinem Text geschrieben ist und eine logische hierarchische Struktur besitzt. Sie ver-bessern die Lesbarkeit von XML, wenn Sie sinntragende Namen für die Elemente, Attribute und Entities des Dokuments wählen und beschrei-bende Kommentare hinzufügen. (Elemente, Attribute, Entities und Kom-mentare werden in den folgenden Lektionen beschrieben.)

## Ziel 7: Das XML-Design soll rasch zur Verfügung stehen.

XML wird natürlich nur dann ein lebensfähiger Standard, wenn es von den Programmierern und den Benutzern angenommen wird. Daher musste der Standard abgeschlossen werden, bevor sich Alternativen durchsetzen konnten, die von Softwareunternehmen relativ zügig produ-ziert werden.

## Ziel 8: Das Design von XML soll formal und prägnant sein.

Die XML-Spezifikation ist in einer formalen Sprache geschrieben, die zur Beschreibung von Programmiersprachen dient, die Erweiterte Backus-Naur-Form (EBNF). Diese formale Sprache ist zwar gelegentlich schwer lesbar, vermeidet jedoch Zweideutigkeiten und erleichtert letztendlich die Erstellung von XML-Dokumenten und insbesondere von XML-Verarbeitungssoftware, wodurch die Akzeptanz von XML weiter erhöht wird.

## Ziel 9: XML-Dokumente sollen leicht zu erstellen sein.

Damit XML eine praktikable Auszeichnungssprache für Webdokumente ist, müssen nicht nur XML-Verarbeitungsprogramme, sondern auch die XML-Dokumente selbst leicht zu schreiben sein.

## Ziel 10: Knappheit soll beim XML-Markupcode von geringer Bedeutung sein.

Im Zusammenhang mit Ziel 6 (XML-Dokumente sollen für Menschen lesbar und hinreichend klar sein) darf der XML-Markupcode nicht so knapp sein, dass er kryptisch wird.

# XML-Standardanwendungen

Sie können also mit XML nicht nur ein einzelnes Dokument beschreiben, sondern eine Person, ein Unternehmen oder ein Standardisierungskomitee kann ebenso eine allgemeinen Zwecken dienende Menge von XML-Elementen definieren, die zusammen mit einer Dokumentstruktur auf eine bestimmte Dokumentklasse angewendet wird. Eine solche allgemeinen Zwecken dienende Elementmenge sowie eine Dokumentstruktur werden *XML-Anwendung* oder *XML-Vokabular* genannt.

Beispielsweise könnten Unternehmen XML-Anwendungen für die Erstellung von Dokumenten definieren, die Molekularstrukturen definieren, Personaldaten beschreiben, Multimediapräsentationen steuern oder Vektorgrafiken speichern. Am Ende der Lektion sind einige der frei verfügbaren XML-Anwendungen aufgelistet, die bereits implementiert oder in der Entwicklung sind.

Eine XML-Anwendung wird normalerweise definiert, indem eine *Dokumenttyp-Definition (DTD)* erstellt wird, wobei es sich um eine optionale Komponente eines XML-Dokuments handelt. Eine DTD entspricht einem Datenbankschema: Sie definiert und benennt die Elemente, die im Dokument eingesetzt werden können, die Reihenfolge der Elemente, die verfügbaren Elementattribute und weitere Dokumenteigenschaften. Sie verwenden eine bestimmte XML-Anwendung, indem Sie für gewöhnlich deren DTD in Ihr XML-Dokument aufnehmen. Dadurch werden die verfügbaren Elemente sowie die Struktur eingeschränkt, sodass Ihr Dokument zwangsweise dem Anwendungsstandard entspricht. Das XML-Beispieldokument in einem der vorherigen Abschnitte enthält keine DTD. Sie erfahren in Lektion 5, wie Sie DTDs definieren und verwenden.

Wenn Sie eine XML-Standardanwendung zur Entwicklung von Dokumenten verwenden, dann hat dies den Vorteil, dass Sie die resultierenden Dokumente gemeinsam mit allen anderen Benutzern der Anwendung nutzen können und dass Software diese Dokumente verarbeiten und anzeigen kann, die bereits für diese Anwendung entwickelt worden ist.

# XML-Anwendungen zur Erweiterung von XML-Dokumenten

Zusätzlich zu den XML-Anwendungen zur Beschreibung bestimmter Dokumentklassen wurden verschiedene XML-Anwendungen definiert, die Sie in jedem XML-Dokumenttyp einsetzen können. Diese Anwendungen erleichtern die Dokumenterstellung und erlauben Ihnen, das Dokument um Erweiterungen zu ergänzen. Dazu gehören beispielsweise die folgenden Anwendungen:

- **XLS (Extensible Stylesheet Language)** Damit können Sie leistungsfähige Dokument-Stylesheets in XML-Syntax erstellen.

- **XML-Schema** Damit können Sie detaillierte Schemata für Ihre XML-Dokumente in XML-Standardsyntax definieren. Es ist eine leistungsfähigere Alternative zur DTD-Erstellung.

- **XML Linking Language (XLink)** XLink erlaubt das Verknüpfen von XML-Dokumenten. Zulässig sind mehrere Verknüpfungsziele und andere weiterführende Eigenschaften. XLink ist wesentlich leistungsfähiger als der HTML-Verknüpfungsmechanismus.

- **XML Pointer Language (XPointer)** Damit können Sie flexible Verknüpfungsziele definieren. Sie verwenden XPointer zusammen mit XLink, um Verknüpfungen zu beliebigen Zielen im Zieldokument zu erstellen, also nicht nur zu einem besonders ausgezeichneten Verknüpfungsziel.

XLS wird in Lektion 10 beschrieben. Die anderen XML-Anwendungen befinden sich noch in der Entwicklung und werden daher in diesem Buch nicht weiter behandelt. (Internet Explorer unterstützt XLink und XPointer nicht.)

Sie sehen, dass XML nicht nur ein sofort einsetzbares Werkzeug für die Definition von Dokumenten ist, sondern auch als Gerüst für die Erstellung von Anwendungen und XML-Erweiterungen dient, die mit der Weiterentwicklung des Internets zukünftig erforderlich werden.

# Praktische XML-Anwendungen

Obwohl XML ein interessantes Konzept zu sein scheint, fragen Sie sich vielleicht, was Sie in der Praxis damit anfangen können. Dieser Abschnitt zeigt Beispiele für die praktische Verwendung von XML. Einige dieser Anwendungen sind bereits im Einsatz, andere befinden sich noch in der Entwicklung. Wenn XML-Anwendungen für einen bestimmten Verwendungszweck definiert worden sind, dann stehen diese Anwendungen in Klammern. Beispielsweise können Sie der Liste entnehmen, dass MathML eine XML-Anwendung für das Formatieren mathematischer Formeln ist.

Eine umfassende Liste der aktuellen und der in der Entwicklung befindlichen XML-Anwendungen einschließlich einer detaillierten Beschreibung jeder Anwendung finden Sie auf der Oasis-SGML/XML-Webseite (*http://www.oasis-open.org/cover/xml.html#applications*).

- **Datenbanken speichern.** Wie proprietäre Datenbankformate kann auch XML jedes Datenfeld innerhalb eines Datenbanksatzes beschreiben. (Beispielsweise könnten die Felder der Datenbanksätze einer Adressliste mit den Bezeichnungen Name, Straße, PLZ, Ort und Telefonnummer benannt werden.) Sind die Informationen benannt, dann haben Sie viele Möglichkeiten, die Daten anzuzeigen, zu sortieren, zu filtern und anderweitig zu verarbeiten.

- **Dokumente strukturieren.** Aufgrund der hierarchischen Struktur der XML-Dokumente ist XML für die Auszeichnung von Dokumenten wie Romane, Sachbücher und Bühnenstücke prädestiniert. Beispielsweise können Sie XML verwenden, um in einem Schauspiel die einzelnen Akte, Szenen, Sprecher, Regieanweisungen etc. auszuzeichnen. Anhand des XML-Markupcodes kann das Dokument dann von einer Software im richtigen Format angezeigt oder gedruckt werden. Die Dokumentinformationen können durchsucht, extrahiert oder bearbeitet werden. Es können Inhaltsverzeichnisse, Zusammenfassungen und Übersichten erstellt werden.

- **Vektorgrafiken speichern.** (VML oder Vector Markup Language)

- **Multimediapräsentationen beschreiben.** (SMIL oder Synchronized Multimedia Integration Language sowie HTML+TIME oder HTML Timed Interactive Multimedia Extensions)

- **Channels definieren.** Channels sind Webseiten, die automatisch an Abonnenten gesendet werden. (CDF oder Channel Definition Format)

- **Softwarepakete und deren gegenseitige Abhängigkeiten beschreiben.** Diese Beschreibungen erlauben es, Software über Netzwerke zu verteilen und zu aktualisieren. (OSD oder Open Software Description)

- **Offene und erweiterbare Kommunikation zwischen Anwendungen im Web über XML-basierte Nachrichten.** Diese Nachrichten sind von verwendeten Betriebssystemen, Objektmodellen und Programmiersprachen unabhängig. (SOAP oder Simple Object Access Protocol)

- **Elektronische Visitenkarten via E-Mail versenden.**

- **Finanzdaten austauschen.** Die Informationen werden in einem offenen, für Menschen lesbaren Format zwischen Finanzprogrammen (wie Quicken und Microsoft Money) und Finanzinstituten (wie Banken und Investmentgesellschaften) ausgetauscht. (OFX oder Open Financial Exchange)

- **Komplexe digitale Formulare für Internethandelstransaktionen erstellen, verwalten und anwenden.** Diese Formulare können digitale Unterschriften enthalten, um die Transaktion rechtlich bindend zu gestalten. (XFDL oder Extensible Forms Description Language)

- **Stellenbeschreibungen und Bewerbungen austauschen.** (HRMML oder Human Resource Management Markup Language)

- **Mathematische Formeln und wissenschaftliche Inhalte im Web formatieren.** (MathML oder Mathematical Markup Language)

- **Molekularstrukturen beschreiben.** (CML oder Chemical Markup Language)

- **DNA-, RNA- und Proteinsequenzinformationen verschlüsseln und anzeigen.** (BSML oder Bioinformatic Sequence Markup Language)

- **Genealogische Daten verschlüsseln.** (GedML oder Genealogical Data Markup Language)

- **Astronomische Daten austauschen.** (AML oder Astronomical Markup Language)

- **Noten schreiben.** (MusicML oder Music Markup Language)

- **Voice-Skripts für die telefonische Übermittlung von Informationen speichern.** Voice-Skripts können beispielsweise verwendet werden, um Voive-Mail-Anweisungen, Börsenkurse und Wetterberichte zu generieren. (VoxML)

- **Tracking-Informationen von Zustelldiensten speichern.** Beispielsweise verwendet Federal Express zurzeit XML zu diesem Zweck.

- **Zeitungswerbung in einem digitalen Format übermitteln.** (Ad Markup)

- **Elektronisch juristische Dokumente und Informationen austauschen.** (XCI oder XML Court Interface)

- **Wetterbeobachtungsberichte verschlüsseln.** (OMF oder Weather Observation Markup Format)

- **Immobilientransaktionsinformationen austauschen.** (RETS oder Real Estate Transaction Standard)

- **Versicherungsdaten austauschen.**

- **Nachrichten und Informationen über offene Webstandards austauschen.** (XMLNews)

- **Theologische Informationen repräsentieren und liturgische Texte auszeichnen.** (ThML oder Theological Markup Language sowie LitML oder Liturgical Markup Language)

# 2 Das erste XML-Dokument erstellen und anzeigen

In dieser Lektion erhalten Sie einen Überblick über den gesamten Prozess der Erstellung und Anzeige eines XML-Dokuments in einem Webbrowser. Zuerst erstellen Sie ein einfaches XML-Dokument, erforschen dessen Struktur und lernen einige der grundlegenden Regeln für die Erstellung von wohlgeformten XML-Dokumenten kennen. Dann erfahren Sie, wie Sie dieses Dokument im Webbrowser Microsoft Internet Explorer 5 anzeigen, in dem Sie ein einfaches Stylesheet anlegen und dem Dokument zuweisen. Dieses Stylesheet weist den Browser an, wie die Elemente im Dokument zu formatieren sind.

Diese Lektion bietet einen Überblick über die Themen, die in den weiteren Lektionen vertieft werden.

## Ein XML-Dokument erstellen

Da ein XML-Dokument aus reinem Text besteht, können Sie solche Dokumente mit Ihrem bevorzugten Texteditor erstellen. Beispielsweise können Sie den Editor verwenden, der im Lieferumfang von Microsoft Windows enthalten ist. Eine bessere Lösung stellt ein Programmiereditor dar, der über Eigenschaften verfügt, welche die Eingabe von Quelltext unterstützen, wie z.B. der Texteditor von Microsoft Visual Studio (dieser Editor wird mit Microsoft Visual C++, Microsoft Visual InterDev, Microsoft Visual J++ und weiteren Visual-Studio-Anwendungen ausgeliefert).

### Das XML-Dokument anlegen

❶ Öffnen Sie in Ihrem Editor eine neue, leere Datei und geben Sie das XML-Dokument aus Listing 2.1 ein. (Eine Kopie dieses Listings finden Sie auf der Begleit-CD dieses Buches unter dem Dateinamen Inventory.xml)

Wenn Sie möchten, können Sie einige der BOOK-Elemente weglassen. Sie müssen nicht alle acht eingeben, drei oder vier sind ausreichend. (Ein Element BOOK besteht aus den Tags <BOOK> und </BOOK> einschließlich des gesamten darin eingeschlossenen Textes.)

❷ Verwenden Sie den Befehl *Speichern unter* Ihres Editors, um das Dokument unter dem Namen Inventory.xml auf Ihrer Festplatte zu speichern.

**Listing 2.1**
Inventory.xml

```
<?xml version="1.0"?>

<!-- Dateiname: Inventory.xml -->

<INVENTORY>
   <BOOK>
      <TITLE>The Adventures of Huckleberry Finn</TITLE>
      <AUTHOR>Mark Twain</AUTHOR>
      <BINDING>Taschenbuch</BINDING>
      <PAGES>336</PAGES>
      <PRICE>DM 12,75</PRICE>
   </BOOK>
   <BOOK>
      <TITLE>Leaves of Grass</TITLE>
      <AUTHOR>Walt Whitman</AUTHOR>
      <BINDING>Gebundene Ausgabe</BINDING>
      <PAGES>462</PAGES>
      <PRICE>DM 25,00</PRICE>
   </BOOK>
   <BOOK>
      <TITLE>The Legend of Sleepy Hollow</TITLE>
      <AUTHOR>Washington Irving</AUTHOR>
      <BINDING>Taschenbuch</BINDING>
      <PAGES>98</PAGES>
      <PRICE>DM 4,95</PRICE>
   </BOOK>
   <BOOK>
      <TITLE>Der Graf von Monte Christo</TITLE>
      <AUTHOR>Alexandre Dumas</AUTHOR>
      <BINDING>Taschenbuch</BINDING>
      <PAGES>760</PAGES>
      <PRICE>DM 38,00</PRICE>
   </BOOK>
   <BOOK>
      <TITLE>Moby-Dick</TITLE>
      <AUTHOR>Herman Melville</AUTHOR>
      <BINDING>Gebundene Ausgabe</BINDING>
      <PAGES>724</PAGES>
      <PRICE>DM 44,00</PRICE>
   </BOOK>
   <BOOK>
      <TITLE>In der Strafkolonie</TITLE>
      <AUTHOR>Franz Kafka</AUTHOR>
      <BINDING>Taschenbuch</BINDING>
      <PAGES>125</PAGES>
      <PRICE>DM 17,80</PRICE>
   </BOOK>
   <BOOK>
      <TITLE>The Scarlet Letter</TITLE>
      <AUTHOR>Nathaniel Hawthorne</AUTHOR>
```

```
      <BINDING>Taschenbuch</BINDING>
      <PAGES>253</PAGES>
      <PRICE>DM 14.25</PRICE>
   </BOOK>
   <BOOK>
      <TITLE>Harry Potter und der Stein der Weisen</TITLE>
      <AUTHOR>Joanne K. Rowling</AUTHOR>
      <BINDING>Gebundene Ausgabe</BINDING>
      <PAGES>335</PAGES>
      <PRICE>DM 26,00</PRICE>
   </BOOK>
</INVENTORY>
```

# Die Struktur eines XML-Dokuments

Ein XML-Dokument wie etwa das Beispieldokument, das Sie gerade eingegeben haben, gliedert sich in zwei Hauptteile: *Prolog* und *Dokumentelement.* (Das Dokumentelement wird auch *Wurzelelement* genannt.)

**Abbildung 2.1**
Struktur eines XML-
Dokuments

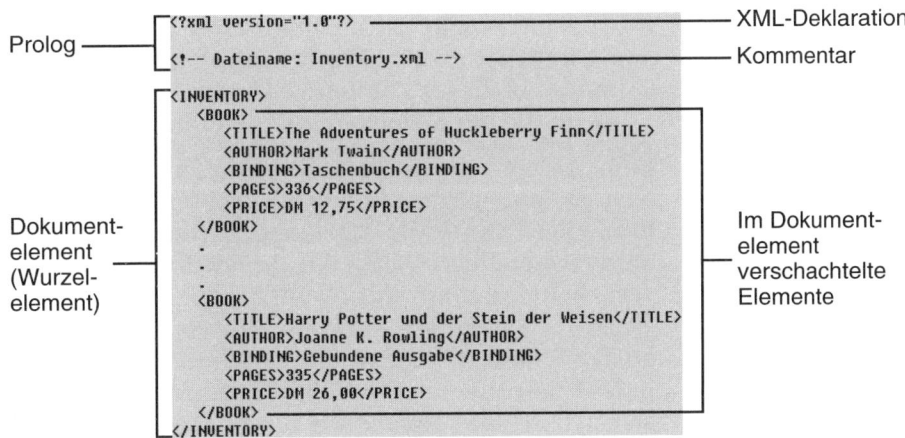

## Der Prolog

Der Prolog des Beispieldokuments besteht aus drei Zeilen:

```
<?xml version="1.0"?>
```

```
<!-- Dateiname: Inventory.xml -->
```

Die erste Zeile ist die *XML-Deklaration*, die beschreibt, dass es sich um
ein XML-Dokument handelt und die Versionsnummer aufführt. (Zum
Zeitpunkt der Niederschrift dieses Buches war 1.0 die aktuellste XML-
Version.) Die XML-Deklaration ist optional, sollte allerdings laut Spezifikation angegeben werden. Wenn Sie eine XML-Deklaration einschließen
möchten, muss sie am Anfang des Dokuments stehen.

Die zweite Zeile des Prologs ist eine Leerzeile. Um die Lesbarkeit zu verbessern, können Sie beliebig Leerzeilen zwischen die Elemente des Prologs einfügen. Der XML-Prozessor ignoriert sie.

Bei der dritten Zeile des Prologs handelt es sich um einen Kommentar. Kommentare sind in einem XML-Dokument optional, doch sind kommentierte Dokumente leichter lesbar. Ein Kommentar wird von den Zeichen <!-- und --> eingeschlossen. Zwischen diesen beiden Zeichengruppen können Sie einen beliebigen Text (mit Ausnahme von --) eingeben. Dieser Text wird vom XML-Prozessor ignoriert.

Alle in diesem Abschnitt beschriebenen Elemente des Prologs werden in den folgenden Lektionen detailliert erläutert.

Der Prolog kann außerdem die folgenden optionalen Komponenten enthalten:

- Eine Dokumenttyp-Deklaration, die den Typ und die Struktur des Dokuments definiert. Diese Komponente muss hinter der XML-Deklaration stehen.

- Eine oder mehrere *Verarbeitungsanweisungen*, die Informationen enthalten, die der XML-Prozessor an die Anwendung übergibt. Weiter hinten in dieser Lektion wird eine Verarbeitungsanweisung vorgestellt, die ein Stylesheet mit dem XML-Dokument verknüpft.

Beim *XML-Prozessor* handelt es sich um das Softwaremodul, das das XML-Dokument liest und den Zugriff auf die Inhalte des Dokuments ermöglicht. Der XML-Prozessor gewährt diesen Zugriff einem anderen Softwaremodul, nämlich der *Anwendung*, die die Inhalte des Dokuments verarbeitet und anzeigt. Wenn Sie ein XML-Dokument im Internet Explorer 5 anzeigen, stellt der Browser sowohl den XML-Prozessor als auch zumindest einen Teil der Anwendung bereit. (Erstellen Sie HTML- und Skriptcode, um ein XML-Dokument anzuzeigen, dann stellen Sie selbst Teile der Anwendung bereit.) Beachten Sie, dass es sich bei dem hier verwendeten Begriff *Anwendung* nicht um das Gleiche wie eine *XML-Anwendung* (oder *Vokabular*) handelt, die ich in Lektion 1 als eine allgemeinen Zwecken dienende Menge von Elementen und Dokumentstruktur definiert habe, die zur Beschreibung von Dokumenten eines bestimmten Typs eingesetzt werden kann.

## Das Dokumentelement

Den zweiten Teil eines XML-Dokuments bildet das einzelne Dokumentelement, das weitere Elemente enthalten kann.

In einem XML-Dokument zeigen die Elemente die logische Struktur des Dokuments an und sie enthalten dessen Informationsinhalt (im Beispieldokument sind dies die Buchinformationen wie die Titel, die Namen der Autoren und die Preise). Ein typisches Element besteht aus einem Start-

Tag, dem Inhalt des Elements sowie einem End-Tag. Beim Inhalt kann es sich um Zeichendaten, andere (verschachtelte) Elemente oder eine Kombination aus beidem handeln.

Der Text eines XML-Dokuments besteht aus einer Kombination aus Markupcode und Zeichendaten. Mit *Markupcode* ist Text gemeint, der die Struktur des Dokuments beschreibt, also Start- und End-Tags des Elements, Tags für leere Elemente, Kommentare, Dokumenttyp-Deklarationen, Verarbeitungsanweisungen, CDATA-Abschnittsbegrenzer, Entity- und Zeichenreferenzen. (Weitere Informationen zu diesen Markuptypen erhalten Sie in den folgenden Lektionen.) Beim übrigen Text handelt es sich um *Zeichendaten*, also den eigentlichen Informationsinhalt des Dokuments (im Beispieldokument die Informationen über Titel, Autoren, Preise und sonstige Buchinformationen).

Im Beispieldokument stellt INVENTORY das Dokumentelement dar. <INVENTORY> ist dessen Start-Tag, </INVENTORY> ist das End-Tag, und den Inhalt bilden acht verschachtelte BOOK-Elemente.

Das Dokumentelement eines XML-Dokuments ähnelt dem BODY-Element einer HTML-Seite, doch können Sie ihm im Gegensatz zum BODY-Element einen beliebigen gültigen Namen zuweisen.

Jedes BOOK-Element enthält wiederum eine Reihe verschachtelter Elemente (siehe Abbildung 2.2).

**Abbildung 2.2**
Struktur eines BOOK-Elements

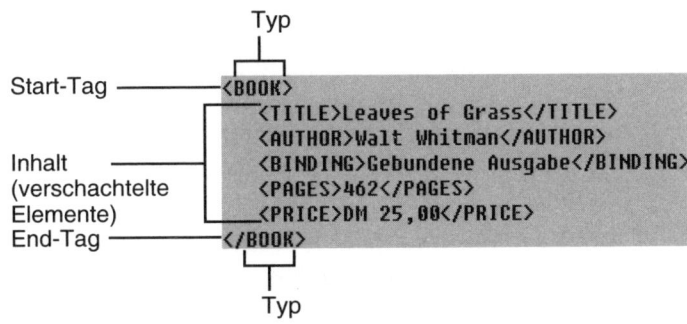

Der Name, der am Anfang des Start-Tags und im End-Tag erscheint, wird als *Typ* des Elements bezeichnet.

Jedes der in einem BOOK-Element verschachtelten Elemente, wie z.B. das Element TITLE, enthält ausschließlich Zeichendaten (siehe Abbildung 2.3).

In Teil B des Buches erfahren Sie, wie Sie Elemente in ein XML-Dokument einfügen und Attribute in das Start-Tag eines Elements aufnehmen.

**Abbildung 2.3**
Struktur eines TITLE-
Elements

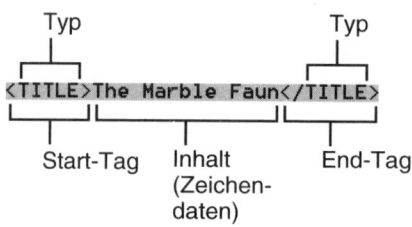

# Einige XML-Grundregeln

Im Folgenden sind einige der Grundregeln für die Erstellung eines wohlgeformten XML-Dokuments aufgeführt. Ein solches wohlgeformtes Dokument entspricht der Mindestmenge von Regeln, die dessen Verarbeitung durch einen Browser oder ein anderes Programm erlauben. Das von Ihnen eingegebene Beispielprogramm (Listing 2.1) ist ein Beispiel für ein wohlgeformtes XML-Dokument, das diesen Regeln entspricht.

- **Das Dokument muss auf der obersten Ebene ein einziges Element besitzen (das Dokumentelement).** Alle anderen Elemente müssen darin verschachtelt werden.

- **Elemente müssen korrekt verschachtelt werden.** Falls ein Element innerhalb eines anderen Elements beginnt, muss es auch in diesem Element enden.

- **Jedes Element muss sowohl ein Start- als auch ein End-Tag besitzen.** Im Gegensatz zu HTML ist es in XML nicht zulässig, das End-Tag wegzulassen – nicht einmal in Situationen, in denen der Browser das Elementende selbst bestimmen könnte. (In Lektion 3 werden Sie jedoch eine Kurznotation kennen lernen, die Sie bei einem leeren Element einsetzen können, also bei einem Element ohne Inhalt.)

- **Die Bezeichnung des Elementtyps muss im Start- und im korrespondierenden End-Tag übereinstimmen.**

- **Bei Namen von Elementtypen wird zwischen Groß- und Kleinschreibung unterschieden.** Tatsächlich wird beim gesamten Text innerhalb des XML-Markupcodes zwischen Groß- und Kleinschreibung unterschieden. Beispielsweise ist das folgende Element ungültig, da die Typnamen im Start- und im End-Tag nicht übereinstimmen:

```
<TITLE>Leaves of Grass</Title>  <!-- ungültiges Element -->
```

In Teil B des Buches erhalten Sie detaillierte Anweisungen dazu, wie Sie nicht nur wohlgeformte, sondern auch gültige XML-Dokumente erstellen, die strengeren Anforderungen genügen.

# Das XML-Dokument anzeigen

Sie können ein XML-Dokument, genau wie eine HTML-Webseite, direkt im Browser Internet Explorer 5 öffnen.

Ist das XML-Dokument nicht mit einem Stylesheet verknüpft, dann zeigt Internet Explorer 5 einfach den Text des gesamten Dokuments an, und zwar einschließlich des Markupcodes (beispielsweise die Tags und die Kommentare) und der Zeichendaten. Internet Explorer 5 zeichnet die verschiedenen Dokumentkomponenten farbig aus, damit sie besser iden- tifizierbar sind, und zeigt das Dokumentelement in einer erweiterbaren Darstellung an, um die logische Struktur des Dokuments eindeutig auf- zuzeigen und Ihnen die Anzeige unterschiedlicher Detailebenen zu erlauben.

Enthält das XML-Dokument allerdings eine Verknüpfung mit einem Style- sheet, dann zeigt Internet Explorer 5 nur die Textdaten aus den Ele- menten des Dokuments an und formatiert diese Daten entsprechend den Regeln, die Sie im Stylesheet festlegen. Sie können entweder ein CSS- Stylesheet (dieser Typ wird auch für HTML-Seiten verwendet) oder ein XSL-Stylesheet (XSL – Extensible Stylesheet Language) verwenden (dieser Stylesheettyp verwendet XML-Syntax und kann nur auf XML-Dokumente angewandt werden).

## Das XML-Dokument ohne Stylesheet anzeigen

❶ Doppelklicken Sie im Windows Explorer oder in einem Ordnerfenster auf den Namen der Datei Inventory.xml, die Sie in der vorherigen Übung er- stellt haben (siehe Abbildung 2.4).

**Abbildung 2.4**
Darstellung der Datei Inventory.xml im Win- dows Explorer

Internet Explorer 5 zeigt das Dokument wie in Abbildung 2.5 dargestellt an.

❷ Experimentieren Sie mit unterschiedlichen Detailebenen innerhalb des Dokumentelements. Klicken Sie auf das Minuszeichen (–) links von einem Start-Tag, damit die Elementanzeige reduziert wird, und auf das Pluszei- chen (+) neben einem reduzierten Element, um es zu erweitern. Wenn Sie beispielsweise auf das Minuszeichen (–) neben dem Element INVEN- TORY klicken (siehe Abbildung 2.6), dann wird die Anzeige des gesamten Dokumentelements reduziert (siehe Abbildung 2.7).

**Abbildung 2.5**
Darstellung der Datei
Inventory.xml im
Internet Explorer 5

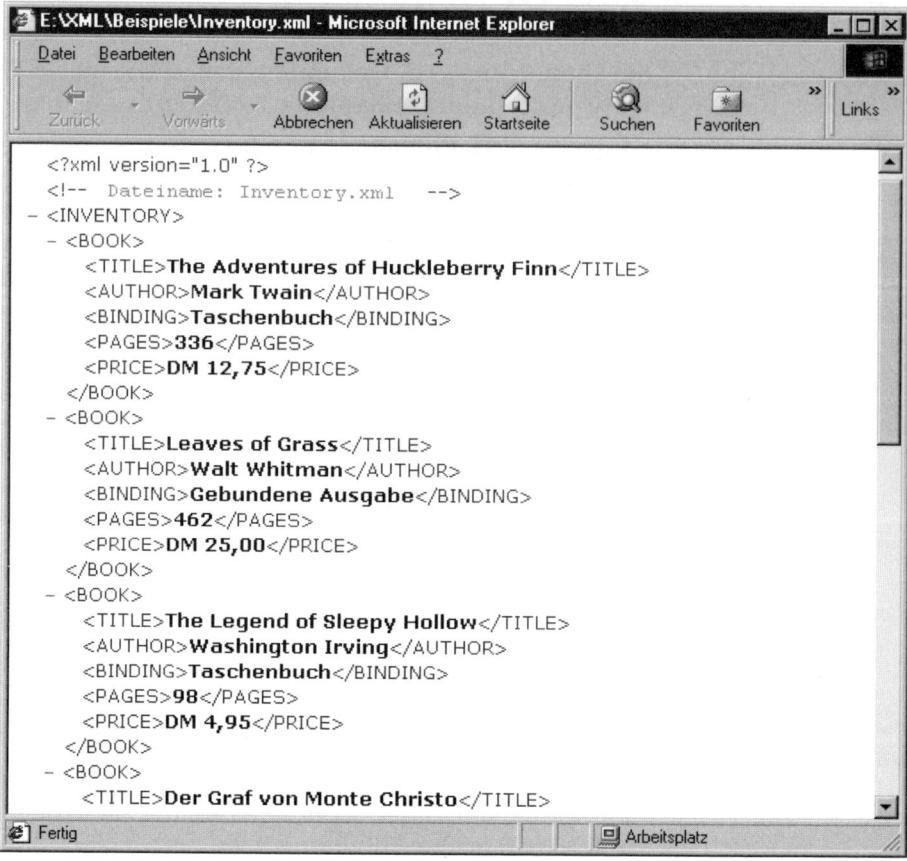

**Abbildung 2.6**
Das Minuszeichen vor
dem Element INVEN-
TORY zeigt an, dass
sich die Elementan-
zeige reduzieren lässt.

```
<?xml version="1.0" ?>
<!-- Dateiname: Inventory.xml  -->
- <INVENTORY>
  - <BOOK>
      <TITLE>The Adventures of Huckleberry Finn</TITLE>
      <AUTHOR>Mark Twain</AUTHOR>
      <BINDING>Taschenbuch</BINDING>
      <PAGES>336</PAGES>
      <PRICE>DM 12,75</PRICE>
    </BOOK>
  + <BOOK>
  ⊟ <BOOK>
  - <BOOK>
      <TITLE>Der Graf von Monte Christo</TITLE>
```

**Abbildung 2.7**
Reduzierte Darstellung des Dokumentelements

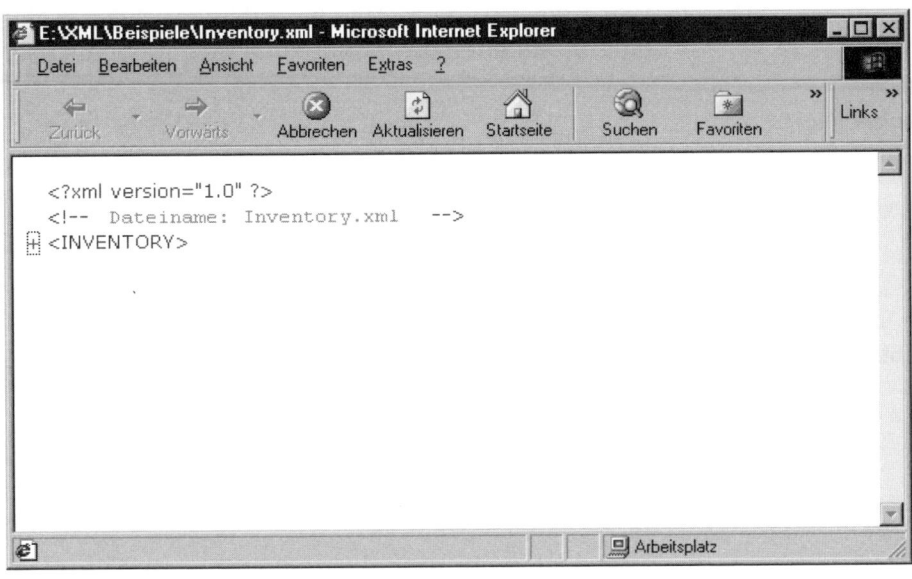

```
<?xml version="1.0" ?>
<!-- Dateiname: Inventory.xml   -->
<INVENTORY>
```

# Mit dem Internet Explorer 5 nach XML-Fehlern suchen

Bevor Internet Explorer 5 Ihr XML-Dokument anzeigt, analysiert der integrierte XML-Parser den Inhalt des Dokuments. Entdeckt der Parser einen Fehler, zeigt Internet Explorer 5 eine Seite mit einer Fehlermeldung statt des Dokuments an. Internet Explorer 5 zeigt die Fehlerseite unabhängig davon an, ob das XML-Dokument mit einem Stylesheet verknüpft ist.

Der *XML-Parser* ist der Teil des XML-Prozessors, der das XML-Dokument durchsucht, dessen Struktur analysiert und alle Syntaxfehler erkennt. (Der XML-Prozessor wird im Abschnitt *Die Struktur eines XML-Dokuments* weiter vorn in dieser Lektion definiert.)

In der folgenden Übung erforschen Sie die Fehlerprüfeigenschaften von Internet Explorer 5, indem Sie einen Fehler in das Dokument Inventory.xml einbauen.

❶ Öffnen Sie das Dokument Inventory.xml, das Sie in einer der vorherigen Übungen erstellt haben, in Ihrem Editor. Ändern Sie das erste TITLE-Element

```
<TITLE>The Adventures of Huckleberry Finn</TITLE>
```

in

```
<TITLE>The Adventures of Huckleberry Finn</Title>
```

❷ Speichern Sie das geänderte Dokument.

**③** Doppelklicken Sie im Windows Explorer oder in einem Ordnerfenster auf den Dateinamen des Dokuments Inventory.xml (siehe Abbildung 2.8).

**Abbildung 2.8**
Darstellung der Datei
Inventory.xml im Windows Explorer

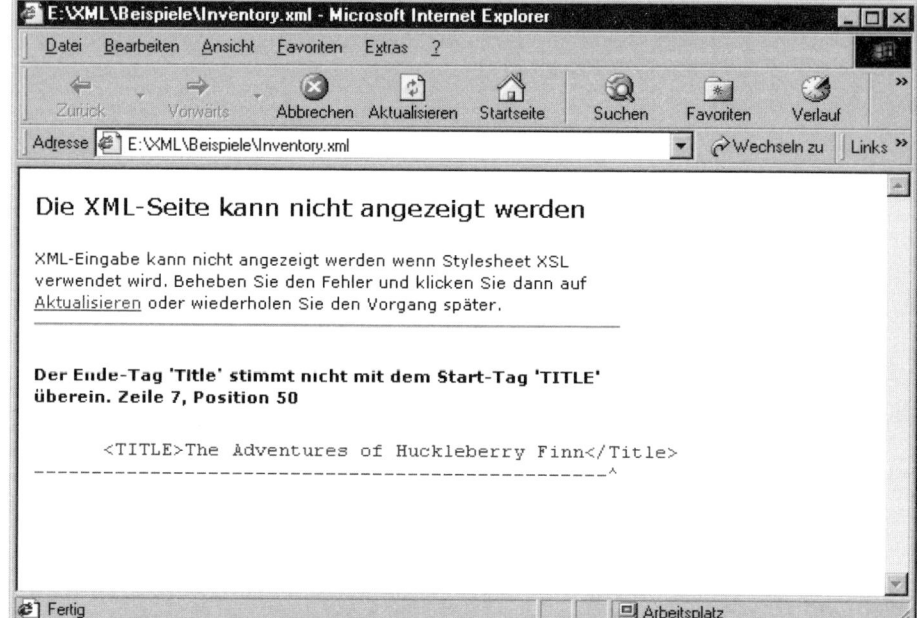

Statt das XML-Dokument anzuzeigen, blendet Internet Explorer 5 die in Abbildung 2.9 dargestellte Fehlermeldung ein.

**Abbildung 2.9**
Internet Explorer weist
auf einen Fehler in der
XML-Datei hin.

Wenn Sie wie in dieser Lektion ein XML-Dokument direkt im Internet Explorer 5 öffnen, prüft der Parser nur die Struktur des Dokuments und zeigt im Fehlerfall eine Meldung an. Die Gültigkeit des Dokuments wird nicht überprüft.

**④** Da Sie in den folgenden Lektionen weiterhin mit Inventory.xml arbeiten werden, sollten Sie nun das End-Tag im ersten TITLE-Element wieder in den ursprünglichen Zustand (</TITLE>) versetzen und das Dokument erneut speichern.

Sie haben zwar kein Stylesheet mit dem XML-Dokument verknüpft, doch Internet Explorer 5 verwendet ein voreingestelltes XSL-Stylesheet, um das Dokument anzuzeigen. Daher heißt es in der Fehlermeldung „XML-

Eingabe kann nicht angezeigt werden, wenn Stylesheet XSL verwendet wird". In Lektion 10 erhalten Sie weitere Informationen zu XSL-Stylesheets.

Denken Sie während Sie die Lektionen dieses Buches durcharbeiten daran, dass Sie die Syntax eines XML-Dokuments auf einfache Weise testen können, indem Sie es einfach direkt im Internet Explorer 5 öffnen. (Falls Sie ein XML-Dokument über eine HTML-Seite anzeigen, wie in Teil C beschrieben, kann ein fehlerbehaftetes XML-Dokument zwar nicht angezeigt werden, doch es wird so lange keine Fehlermeldung eingeblendet, bis Sie den entsprechenden Code bereitstellen.)

## Das XML-Dokument mit einem CSS-Stylesheet anzeigen

❶ Öffnen Sie in Ihrem Texteditor eine neue leere Datei und geben Sie das CSS-Stylesheet aus Listing 2.2 ein. (Eine Kopie dieses Listings finden Sie unter dem Dateinamen Inventory01.css auf der Begleit-CD.)

❷ Wählen Sie den Befehl *Speichern* Ihres Editors, um das Stylesheet unter dem Dateinamen Inventory01.css auf Ihrer Festplatte zu speichern.

Das gerade erstellte CSS weist Internet Explorer 5 an, die Zeichendaten des Elements wie folgt zu formatieren:

▪ Jedes BOOK-Element soll durch eine Zeilenvorschub von anderen Elementen getrennt werden (*display:block*), zusätzlich einen oberen Rand von 12 Punkt (*margin-top:12pt*) erhalten und mit dem Schriftgrad 10 Punkt (*font-size:10pt*) angezeigt werden.

▪ Jedes TITLE-Element soll in Kursivschrift (*font-style:italic*) angezeigt werden.

▪ Jedes AUTHOR-Element soll in fetter Schrift (*font-weight:bold*) angezeigt werden.

**Listing 2.2**
Inventory01.css

```
/* Dateiname: Inventory01.css */

BOOK
    {display:block;
     margin-top:12pt;
     font-size:10pt}

TITLE
    {font-style:italic}

AUTHOR
    {font-weight:bold}
```

❸ Öffnen Sie das Dokument Inventory.xml, das Sie in einer der vorherigen Übungen erstellt haben, in Ihrem Texteditor. Fügen Sie die folgende Verarbeitungsanweisung am Ende des Dokumentprologs ein (über dem IN-VENTORY-Element):

```
<?xml-stylesheet type="text/css" href="Inventory01.css"?>
```

Diese Verarbeitungsanweisung verknüpft das gerade erstellte CSS mit dem XML-Dokument. Wenn Sie das Dokument nun im Internet Explorer 5 öffnen, zeigt der Browser den Dokumentinhalt gemäß den Anweisungen des Stylesheets an.

❹ Da Sie einen neuen Dateinamen zuweisen werden, ändern Sie den Kommentar am Anfang des Dokuments von

```
<!-- Dateiname: Inventory.xml -->
```

in

```
<!-- Dateiname: Inventory01.xml -->
```

Listing 2.3 zeigt das vollständige XML-Dokument. (Eine Kopie dieses Listings finden Sie unter dem Dateinamen Inventory01.xml auf der Begleit-CD.)

❺ Verwenden Sie den Befehl *Speichern unter* Ihres Editors, um das geänderte Dokument unter dem Namen Inventory01.xml zu speichern. Beachten Sie, dass Sie das Dokument im gleichen Ordner wie Inventory01.css speichern müssen.

**Listing 2.3**
Inventory01.xml

```
<?xml version="1.0"?>

<!-- Dateiname: Inventory01.xml -->

<?xml-stylesheet type="text/css" href="Inventory01.css"?>

<INVENTORY>
   <BOOK>
      <TITLE>The Adventures of Huckleberry Finn</TITLE>
      <AUTHOR>Mark Twain</AUTHOR>
      <BINDING>Taschenbuch</BINDING>
      <PAGES>336</PAGES>
      <PRICE>DM 12,75</PRICE>
   </BOOK>
   <BOOK>
      <TITLE>Leaves of Grass</TITLE>
      <AUTHOR>Walt Whitman</AUTHOR>
      <BINDING>Gebundene Ausgabe</BINDING>
      <PAGES>462</PAGES>
      <PRICE>DM 25,00</PRICE>
   </BOOK>
```

```
<BOOK>1
    <TITLE>The Legend of Sleepy Hollow</TITLE>
    <AUTHOR>Washington Irving</AUTHOR>
    <BINDING>Taschenbuch</BINDING>
    <PAGES>98</PAGES>
    <PRICE>DM 4,95</PRICE>
</BOOK>
<BOOK>
    <TITLE>Der Graf von Monte Christo</TITLE>
    <AUTHOR>Alexandre Dumas</AUTHOR>
    <BINDING>Taschenbuch</BINDING>
    <PAGES>760</PAGES>
    <PRICE>DM 38,00</PRICE>
</BOOK>
<BOOK>
    <TITLE>Moby-Dick</TITLE>
    <AUTHOR>Herman Melville</AUTHOR>
    <BINDING>Gebundene Ausgabe</BINDING>
    <PAGES>724</PAGES>
    <PRICE>DM 44,00</PRICE>
</BOOK>
<BOOK>1
    <TITLE>In der Strafkolonie</TITLE>
    <AUTHOR>Franz Kafka</AUTHOR>
    <BINDING>Taschenbuch</BINDING>
    <PAGES>125</PAGES>
    <PRICE>DM 17,80</PRICE>
</BOOK>
<BOOK>
    <TITLE>The Scarlet Letter</TITLE>
    <AUTHOR>Nathaniel Hawthorne</AUTHOR>
    <BINDING>Taschenbuch</BINDING>
    <PAGES>253</PAGES>
    <PRICE>DM 14.25</PRICE>
</BOOK>
<BOOK>
    <TITLE>Harry Potter und der Stein der  Weisen</TITLE>
    <AUTHOR>Joanne K. Rowling</AUTHOR>
    <BINDING>Gebundene Ausgabe</BINDING>
    <PAGES>335</PAGES>
    <PRICE>DM 26,00</PRICE>
</BOOK>1
</INVENTORY>
```

**❻** Doppelklicken Sie im Windows Explorer oder in einem Ordnerfenster auf den Dateinamen Inventory01.xml, um das Dokument zu öffnen (siehe Abbildung 2.10).

**Abbildung 2.10**
Darstellung der Datei
Inventory01.xml im
Windows Explorer

Inventory01.xml

Internet Explorer 5 öffnet das Dokument Inventory01.xml und zeigt es
gemäß den Regeln im verknüpften Stylesheet Inventory01.css wie in
Abbildung 2.11 dargestellt an.

**Abbildung 2.11**
Darstellung der Datei
Inventory01.xml im
Internet Explorer 5

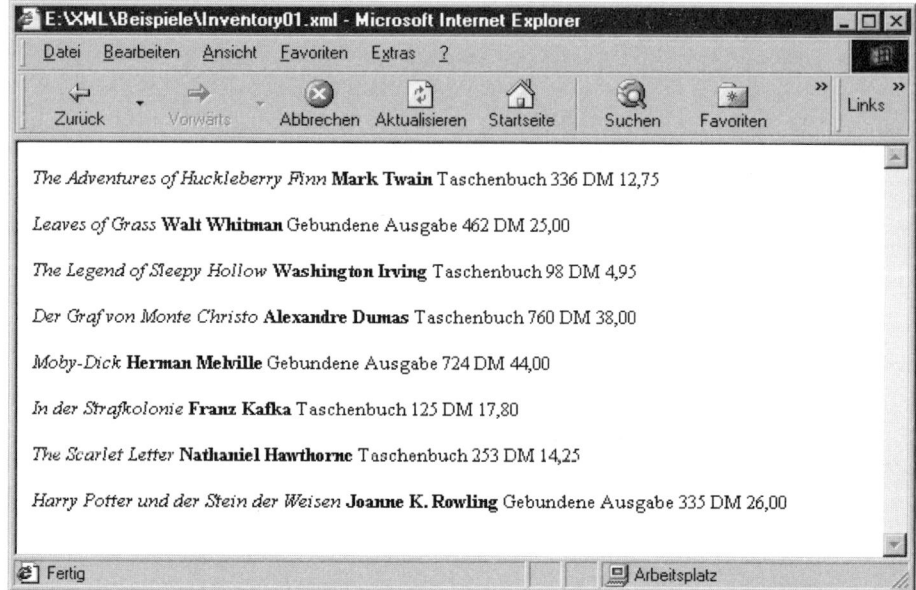

❼ Um ein Gefühl dafür zu bekommen, wie Sie das Erscheinungsbild des
XML-Dokuments über das damit verknüpfte Stylesheet ändern können,
öffnen Sie in Ihrem Texteditor eine neue leere Datei und geben das modifizierte CSS-Stylesheet aus Listing 2.4 ein. (Sie finden eine Kopie dieses
Listings unter dem Dateinamen Inventory02.css auf der Begleit-CD.)

❽ Verwenden Sie den Befehl *Speichern* Ihres Editors, um das neue Stylesheet unter dem Namen Inventory02.css auf Ihrer Festplatte zu speichern.

Das geänderte Stylesheet weist Internet Explorer 5 an, die Zeichendaten
des Elements wie folgt zu formatieren:

▪ Jedes BOOK-Element soll durch einen Zeilenvorschub von anderen
Elementen getrennt werden (*display:block*), zusätzlich einen oberen
Rand von 12 Punkt (*margin-top:12pt*) erhalten und mit dem Schrift-
grad 10 Punkt (*font-size:10pt*) angezeigt werden.

- Die Elemente TITLE, AUTHOR, BINDING und PRICE sollen jeweils in einer eigenen Zeile angezeigt werden (*display:block*).

- Das TITLE-Element soll in einer Schrift mit den Attributen Schriftgrad 12 Punkt (*font-size:12pt*), fett (*font-weight:bold*) und kursiv (*font-style:italic*) angezeigt werden. (Beachten Sie, dass die Definition des Schriftgrads von 12 Punkt für das TITLE-Element die Definition von 10 Punkt für das übergeordnete Element BOOK überschreibt.)

- Die Elemente AUTHOR, BINDING und PRICE sollen jeweils um 15 Punkt eingerückt werden (*margin-left:15pt*).

- Das AUTHOR-Element soll in Fettschrift (*font-weight:bold*) angezeigt werden.

- Das PAGES-Element soll nicht angezeigt werden (*display:none*).

**Listing 2.4**
Inventory02.css

```
/* Dateiname: Inventory02.css */

BOOK
    {display:block;
     margin-top:12pt;
     font-size:10pt}

TITLE
    {display:block;
     font-size:12pt;
     font-weight:bold;
     font-style:italic}

AUTHOR
    {display:block;
     margin-left:15pt;
     font-weight:bold}

BINDING
    {display:block;
     margin-left:15pt}

PAGES
    {display:none}

PRICE
    {display:block;
     margin-left:15pt}
```

❾ Öffnen Sie das Dokument Inventory.xml in Ihrem Editor. Fügen Sie am Ende des Dokumentprologs die folgende Verarbeitungsanweisung hinzu (vor dem INVENTORY-Element):

```
<?xml-stylesheet type="text/css" href="Inventory02.css"?>
```

Diese Verarbeitungsanweisung verknüpft das neue CSS-Stylesheet mit dem XML-Dokument.

**⑩** Da Sie einen neuen Dateinamen zuweisen werden, ändern Sie den Kommentar am Anfang des Dokuments von

```
<!-- Dateiname: Inventory.xml -->
```

in

```
<!-- Dateiname: Inventory02.xml -->
```

Listing 2.5 zeigt das vollständige XML-Dokument. (Sie finden eine Kopie dieses Listings unter dem Dateinamen Inventory02.xml auf der Begleit-CD.)

**⑪** Verwenden Sie den Befehl *Speichern unter* Ihres Editors, um das geänderte Dokument unter dem Namen Inventory02.xml zu speichern. Beachten Sie, dass Sie das Dokument im gleichen Ordner wie Inventory02.css speichern müssen.

**Listing 2.5**
Inventory02.xml

```
<?xml version="1.0"?>

<!-- Dateiname: Inventory02.xml -->

<?xml-stylesheet type="text/css" href="Inventory02.css"?>

<INVENTORY>
   <BOOK>
      <TITLE>The Adventures of Huckleberry Finn</TITLE>
      <AUTHOR>Mark Twain</AUTHOR>
      <BINDING>Taschenbuch</BINDING>
      <PAGES>336</PAGES>
      <PRICE>DM 12,75</PRICE>
   </BOOK>
   <BOOK>
      <TITLE>Leaves of Grass</TITLE>
      <AUTHOR>Walt Whitman</AUTHOR>
      <BINDING>Gebundene Ausgabe</BINDING>
      <PAGES>462</PAGES>
      <PRICE>DM 25,00</PRICE>
   </BOOK>
   <BOOK>
      <TITLE>The Legend of Sleepy Hollow</TITLE>
      <AUTHOR>Washington Irving</AUTHOR>
      <BINDING>Taschenbuch</BINDING>
      <PAGES>98</PAGES>
      <PRICE>DM 4,95</PRICE>
   </BOOK>
   <BOOK>
      <TITLE>Der Graf von Monte Christo</TITLE>
```

```
        <AUTHOR>Alexandre Dumas</AUTHOR>
        <BINDING>Taschenbuch</BINDING>
        <PAGES>760</PAGES>
        <PRICE>DM 38,00</PRICE>
    </BOOK>
    <BOOK>
        <TITLE>Moby-Dick</TITLE>
        <AUTHOR>Herman Melville</AUTHOR>
        <BINDING>Gebundene Ausgabe</BINDING>
        <PAGES>724</PAGES>
        <PRICE>DM 44,00</PRICE>
    </BOOK>
    <BOOK>
        <TITLE>In der Strafkolonie</TITLE>
        <AUTHOR>Franz Kafka</AUTHOR>
        <BINDING>Taschenbuch</BINDING>
        <PAGES>125</PAGES>
        <PRICE>DM 17,80</PRICE>
    </BOOK>
    <BOOK>
        <TITLE>The Scarlet Letter</TITLE>
        <AUTHOR>Nathaniel Hawthorne</AUTHOR>
        <BINDING>Taschenbuch</BINDING>
        <PAGES>253</PAGES>
        <PRICE>DM 14.25</PRICE>
    </BOOK>
    <BOOK>
        <TITLE>Harry Potter und der Stein der  Weisen</TITLE>
        <AUTHOR>Joanne K. Rowling</AUTHOR>
        <BINDING>Gebundene Ausgabe</BINDING>
        <PAGES>335</PAGES>
        <PRICE>DM 26,00</PRICE>
    </BOOK>
</INVENTORY>
```

**⓬** Doppelklicken Sie im Windows Explorer oder in einem Ordnerfenster auf die Datei Inventory02.xml, um sie zu öffnen (siehe Abbildung 2.12).

**Abbildung 2.12**
Darstellung der Datei
Inventory02.xml im
Windows Explorer

Inventory02.xml

Internet Explorer 5 öffnet das Dokument Inventory02.xml und zeigt es gemäß den Regeln im verknüpften Stylesheet Inventory02.css wie in Abbildung 2.13 dargestellt an. (Nur die ersten fünf Elemente werden angezeigt; führen Sie einen Bildlauf abwärts durch, um die restlichen drei Bücher anzuzeigen.)

**Abbildung 2.13**
Darstellung der Datei
Inventory02.xml im
Internet Explorer 5

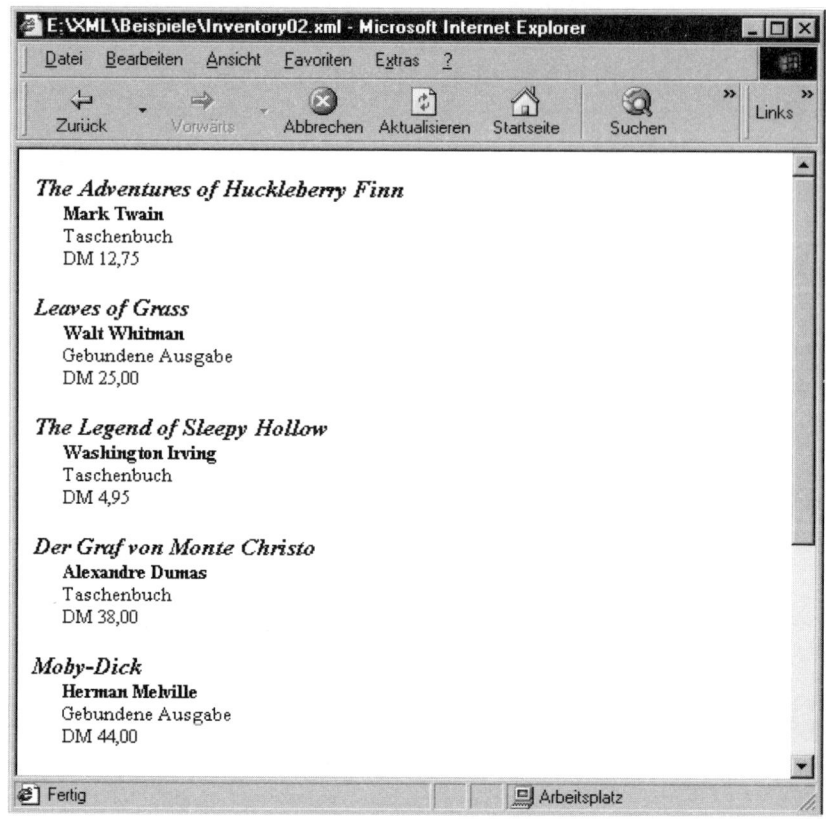

Teil C enthält umfassende Erläuterungen dazu, wie man XML-Dokumente im Web anzeigt. CSS-Stylesheets, wie das von Ihnen erstellte, werden in Lektion 7 behandelt. XSL-Stylesheets werden in Lektion 10 beschrieben. Alternative Methoden für die Anzeige von XML-Dokumenten im Web lernen Sie in den Lektionen 8 und 9 kennen.

# XML-Dokumente erstellen

# 3 Wohlgeformte XML-Dokumente erstellen

In dieser Lektion lernen Sie die grundlegenden Techniken zur Erstellung eines wohlgeformten XML-Dokuments kennen. Ein solches Dokument zeichnet sich dadurch aus, dass es den Minimalanforderungen an ein konformes XML-Dokument genügt. Wenn Sie ein wohlgeformtes XML-Dokument erstellen, können Sie benötigte Elemente einfach einfügen und die Daten Ihres Dokuments eingeben, wie Sie dies von der Erstellung einer HTML-Webseite her gewöhnt sind. (Wie Sie in den vorherigen Lektionen erfahren haben, verwenden Sie in einem XML-Dokument jedoch eigene Elemente und keine vordefinierten.) So werden Sie keine Probleme damit haben, mit einem wohlgeformten XML-Dokument im Microsoft Internet Explorer 5 umzugehen und es anzuzeigen.

In Lektion 5 wird vorgestellt, wie Sie ein *gültiges* XML-Dokument erstellen: ein Dokument, das nicht nur wohlgeformt ist, sondern außerdem strengeren Anforderungen genügt. Es ist einfacher, ein wohlgeformtes XML-Dokument zu erstellen als ein gültiges. Bevor Sie nun Elemente sowie Daten in ein gültiges Dokument einfügen, müssen Sie die Struktur des Dokuments vollständig in einer Dokumenttyp-Deklaration beschreiben, die in den Dokumentprolog aufgenommen wird. In Lektion 5 lernen Sie, dass gültige Dokumente einige Vorteile besitzen, insbesondere, wenn Sie eine Gruppe ähnlicher Dokumente erstellen.

In dieser Lektion werden Sie zunächst die erforderlichen sowie die optionalen Teile eines wohlgeformten XML-Dokuments kennen lernen. Dann fügen Sie Informationen in ein XML-Dokument ein, indem Sie die Elemente des Dokuments definieren. Zuletzt erfahren Sie, wie zusätzliche Dokumentinformationen bereitgestellt werden, indem Sie die Elemente mit Attributen versehen.

## Bestandteile eines wohlgeformten XML-Dokuments

Wie Sie in Lektion 2 erfahren haben, besteht ein XML-Dokument aus zwei Hauptteilen: dem Prolog und dem Dokumentelement (auch Wurzelelement genannt). Zusätzlich kann ein wohlgeformtes XML-Dokument nach dem Dokumentelement auch Kommentare, Verarbeitungsanweisungen und Leerzeilen enthalten. In Abbildung 3.1 sehen Sie ein Beispiel für ein wohlgeformtes XML-Dokument, das die verschiedenen Dokumentbereiche sowie die Elemente zeigt, die Sie jedem Bereich hinzufügen können.

**Abbildung 3.1**
Bestandteile eines
wohlgeformten XML-
Dokuments

Listing 3.1 zeigt die vollständige Version dieses Beispieldokuments. (Sie finden eine Kopie dieses Listings unter dem Dateinamen Parts.xml auf der Begleit-CD.)

**Listing 3.1**
Parts.xml

```
<?xml version='1.0' standalone='yes' ?>
<!- Dateiname: Parts.xml ->

<?xml-stylesheet type="text/css" href="Inventory01.css"?>

<INVENTORY>
    <BOOK>
        <TITLE>The Adventures of Huckleberry Finn</TITLE>
        <AUTHOR>Mark Twain</AUTHOR>
        <BINDING>Taschenbuch</BINDING>
        <PAGES>336</PAGES>
        <PRICE>DM 12,75</PRICE>
    </BOOK>
    <BOOK>
        <TITLE>Leaves of Grass</TITLE>
        <AUTHOR>Walt Whitman</AUTHOR>
        <BINDING>Gebundene Ausgabe</BINDING>
```

```
                <PAGES>462</PAGES>
                <PRICE>DM 25,00</PRICE>
        </BOOK>
        <BOOK>
                <TITLE>The Legend of Sleepy Hollow</TITLE>
                <AUTHOR>Washington Irving</AUTHOR>
                <BINDING>Taschenbuch</BINDING>
                <PAGES>98</PAGES>
                <PRICE>DM 4,95</PRICE>
        </BOOK>
        <BOOK>
                <TITLE>Der Graf von Monte Christo</TITLE>
                <AUTHOR>Alexandre Dumas</AUTHOR>
                <BINDING>Taschenbuch</BINDING>
                <PAGES>760</PAGES>
                <PRICE>DM 38,00</PRICE>
        </BOOK>
        <BOOK>
                <TITLE>Moby-Dick</TITLE>
                <AUTHOR>Herman Melville</AUTHOR>
                <BINDING>Gebundene Ausgabe</BINDING>
                <PAGES>724</PAGES>
                <PRICE>DM 44,00</PRICE>
        </BOOK>
        <BOOK>
                <TITLE>In der Strafkolonie</TITLE>
                <AUTHOR>Franz Kafka</AUTHOR>
                <BINDING>Taschenbuch</BINDING>
                <PAGES>125</PAGES>
                <PRICE>DM 17,80</PRICE>
        </BOOK>
        <BOOK>
                <TITLE>The Scarlet Letter</TITLE>
                <AUTHOR>Nathaniel Hawthorne</AUTHOR>
                <BINDING>Taschenbuch</BINDING>
                <PAGES>253</PAGES>
                <PRICE>DM 14,25</PRICE>
        </BOOK>
        <BOOK>
                <TITLE>Harry Potter und der Stein der  Weisen</TITLE>
                <AUTHOR>Joanne K. Rowling</AUTHOR>
                <BINDING>Gebundene Ausgabe</BINDING>
                <PAGES>335</PAGES>
                <PRICE>DM 26,00</PRICE>
        </BOOK>
</INVENTORY>

<!-- Kommentare, Verarbeitungsanweisungen und Leerzeilen
        k&#246;nnen auch nach dem Dokumentelement
```

```
eingef&#252;gt werden.  -->
```

```
<?NeuApp Parm1="Wert 1" Parm2="'Wert 2" ?>
```

Die Versionsnummer in der XML-Deklaration zu Anfang des Dokumentprologs kann entweder in Apostrophe oder in Anführungszeichen eingeschlossen werden. Für gewöhnlich werden Zeichenketten im XML-Markupcode, die so genannten *Literale*, immer entweder in Apostrophe oder in Anführungszeichen eingeschlossen. Daher sind die folgenden beiden Möglichkeiten gültig:

```
<?xml version='1.0'?>
```

```
<?xml version="1.0"?>
```

Die XML-Deklaration im Beispieldokument aus Listing 3.1 umfasst auch eine *Standalone-Dokumentdeklaration* (*standalone='yes'*). Diese Deklaration kann in einigen XML-Dokumenten zur Vereinfachung der Dokumentverarbeitung eingesetzt werden. (Die *Standalone*-Dokument-Deklaration wird detailliert in Lektion 6 erläutert.)

Das Beispieldokument enthält einen Kommentar im Prolog und ein weiterer Kommentar folgt dem Dokumentelement. (Weitere Informationen zu Kommentaren finden Sie in Lektion 4.)

Das Dokument enthält außerdem im Prolog entsprechend beschriftete Leerräume und nach dem Dokumentelement weitere Leerzeilen. Leerräume bestehen aus einem oder mehreren der Zeichen Tabulator, Wagenrücklauf, Zeilenvorschub oder Leerzeichen. Um ein XML-Dokument lesbarer zu gestalten, können Sie Leerräume beliebig zwischen XML-Markupcode, wie Start-Tags, End-Tags, Kommentare und Verarbeitungsanweisungen, und auch an vielen Stellen innerhalb des Markupcodes einfügen, wie beispielsweise das Leerzeichen zwischen *'yes'* und dem *?* am Ende der XML-Deklaration im Beispieldokument. Der Prozessor ignoriert Leerräume einfach, falls es sich nicht um ein Element handelt, das Zeichendaten enthält. (In diesem Fall übergibt der Prozessor den Leerraum als Teil der Zeichendaten des Elements an die Anwendung.)

Im Beispieldokument finden Sie eine Verarbeitungsanweisung im Prolog und eine weitere nach dem Dokumentelement. (Weitere Infomationen über Verarbeitungsanweisungen finden Sie in Lektion 4.)

Außerdem enthält das Dokument den unerlässlichen Teil eines XML-Dokuments: das Dokumentelement. Der Schwerpunkt dieser Lektion liegt auf der Erstellung des Dokumentelements und der darin enthaltenen verschachtelten Elemente.

Sie werden in Lektion 5 erfahren, dass ein gültiges XML-Dokument eine weitere Komponente enthalten muss, die im Beispieldokument in Listing 3.1 fehlt: eine Dokumenttyp-Deklaration, die Sie an einer beliebigen Stelle innerhalb des Prologs, außerhalb des sonstigen Markup nach der XML-Deklaration einfügen. Eine Dokumenttyp-Deklaration definiert die Struktur eines gültigen XML-Dokuments.

## Ein minimalistisches XML-Dokument

Der Prolog im XML-Beispieldokument in Listing 3.1 enthält ein Beispiel für jedes Element, das innerhalb des Prologs erlaubt ist. Beachten Sie aber, dass diese Elemente alle optional sind (obwohl die XML-Spezifikation festlegt, dass Sie die XML-Deklaration einfügen „sollten"). Allerdings ist der Prolog selbst optional und das folgende minimalistische Dokument ist konform zum XML-Standard für ein wohlgeformtes Dokument:

```
<minimal>Ein minimalistisches Dokument.</minimal>
```

Dieses Dokument wird im Internet Explorer 5 wie in Abbildung 3.2 angezeigt.

**Abbildung 3.2**
Beispiel für ein wohlgeformtes XML-Dokument

## Elemente zum Dokument hinzufügen

Die Elemente in einem XML-Dokument enthalten die eigentlichen Dokumentinformationen (in Listing 3.1 beispielsweise die Informationen über Titel, Autoren, Preise sowie weitere Informationen über den Buchbestand), und sie zeigen die logische Struktur dieser Informationen auf.

Die Elemente sind in einer hierarchischen Baumstruktur angeordnet, wobei Elemente in andere Elemente verschachtelt sind. Das Dokument muss genau ein Element auf oberster Ebene besitzen, das Dokumentelement, in das alle weiteren Elemente eingebettet sind. Daher handelt es sich beim folgenden Dokument um ein wohlgeformtes XML-Dokument:

```
<?xml version="1.0"?>
<!- Ein wohlgeformtes XML-Dokument. ->
<INVENTORY>
   <BOOK>
      <TITLE>The Adventures of Huckleberry Finn</TITLE>
      <AUTHOR>Mark Twain</AUTHOR>
      <BINDING>Taschenbuch</BINDING>
      <PAGES>336</PAGES>
      <PRICE>DM 12,75</PRICE>
   </BOOK>
   <BOOK>
      <TITLE>Leaves of Grass</TITLE>
      <AUTHOR>Walt Whitman</AUTHOR>
      <BINDING>Gebundene Ausgabe</BINDING>
      <PAGES>462</PAGES>
      <PRICE>DM 25,00</PRICE>
   </BOOK>
</INVENTORY>
```

Das folgende Dokument ist allerdings nicht wohlgeformt:

```
<?xml version="1.0"?>
<!- Dieses Dokument ist NICHT wohlgeformt. ->
<BOOK>
      <TITLE>The Adventures of Huckleberry Finn</TITLE>
      <AUTHOR>Mark Twain</AUTHOR>
      <BINDING>Taschenbuch</BINDING>
      <PAGES>336</PAGES>
      <PRICE>DM 12,75</PRICE>
   </BOOK>
   <BOOK>
      <TITLE>Leaves of Grass</TITLE>
      <AUTHOR>Walt Whitman</AUTHOR>
      <BINDING>Gebundene Ausgabe</BINDING>
      <PAGES>462</PAGES>
      <PRICE>DM 25,00</PRICE>
</BOOK>
```

Elemente müssen außerdem korrekt verschachtelt werden. Das heißt, wenn ein Element (das in ein Start- und ein End-Tag eingeschlossen ist, was weiter hinten erläutert wird) innerhalb eines anderen Elements beginnt, dann muss es in dem gleichen Element enden. Beispielsweise sind diese Elemente wohlgeformt:

```
<BOOK>
   <TITLE>Leaves of Grass</TITLE>
   <AUTHOR>Walt Whitman</AUTHOR>
</BOOK>
```

Diese Elemente sind allerdings nicht wohlgeformt:

```
<!- NICHT wohlgeformt: ->
<BOOK><TITLE>Leaves of Grass</BOOK></TITLE>
```

Enthält ein Element ein oder mehrere verschachtelte Elemente (wie etwa BOOK in Listing 3.1), dann wird es *übergeordnetes Element* genannt. Ist ein Element direkt im übergeordneten Element enthalten (wie etwa TITLE innerhalb von BOOK), dann wird es *untergeordnetes Element* oder im übergeordneten Element *verschachteltes Element* genannt.

## Die Struktur eines Elements

Sie wissen nun, dass ein Element gewöhnlich aus einem Start-Tag, Inhalt und einem End-Tag besteht (siehe Abb).

**Abbildung 3.3**
Struktur eines XML-Elements

Im Gegensatz zu HTML erfordert XML, dass Sie sowohl das Start- als auch das End-Tag angeben. (Die einzige Ausnahme bildet ein Element ohne Inhalt, wofür Sie ein besonderes Tag verwenden, das weiter hinten in dieser Lektion beschrieben wird.)

Der Name, der in Start- und End-Tag erscheint (im Beispiel aus Abbildung 3.1 TITLE), wird *Typ* oder *generischer Bezeichner* (Generic Identifier, GI) des Elements genannt. Der Typname identifiziert einen bestimmten Typ oder eine Klasse eines Elements, nicht aber ein bestimmtes Element. Daher kann ein Dokument mehrere Elemente mit dem gleichen Typnamen enthalten (wie etwa die Elemente BOOK oder TITLE in Listing 3.1).

Wenn Sie ein Element in Ihr XML-Dokument aufnehmen, können Sie einen beliebigen Typnamen wählen, sofern er den folgenden Bedingungen genügt:

▪ Der Name muss mit einem Buchstaben oder dem Unterstrich (_) beginnen, dem null oder beliebig viele Buchstaben, Zahlen, Punkte (.), Bindestriche (-) oder Unterstriche folgen können.

▪ Die XML-Spezifikation legt fest, dass Namen von Elementtypen, die mit dem Präfix „xml" beginnen (Groß-/Kleinschreibung ist hier nicht von Bedeutung), „für eine Standardisierung reserviert" sind. Internet Explorer 5 erzwingt dies zwar nicht, doch Sie sollten dieses Präfix nicht verwenden, um zukünftig Probleme zu vermeiden.

Die folgenden Namen von Elementtypen sind gültig:

```
Part
_1stPlace
A
B-SECTION
Street.Address.1
```

Die folgenden Namen von Elementtypen sind dagegen ungültig:

```
1stPlace    <!- Zahl als erstes Zeichen ist nicht erlaubt ->
B Section   <!- Leerzeichen ist innerhalb eines Namens nicht erlaubt ->
B/Section   <!- Schrägstrich ist innerhalb eines Namens nicht erlaubt ->
:Chapter    <!- Doppelpunkt als erstes Zeichen ist in IE5 nicht erlaubt ->
A:Section   <!- In IE5 nur erlaubt, wenn Sie A als Namespace deklarieren ->
```

Gemäß der XML-Spezifikation ist der Doppelpunkt in einem Attributnamen zur Kennzeichnung von Namespaces reserviert. Namespaces werden zur Unterscheidung von Attributen mit dem gleichen Namen verwendet. Sie werden in Lektion 7 im Abschnitt *HTML-Elemente in XML-Dokumente einfügen und Namespaces verwenden* behandelt. Internet Explorer 5 erlaubt einen Doppelpunkt im Attributnamen nur dann, wenn er einem Namespace folgt, den Sie in Ihrem Dokument deklariert haben. Beispielsweise wäre *A:Category* nur dann gültig, wenn Sie A als Namespace deklarieren.

Außerdem müssen die Namen in Start- und End-Tag exakt übereinstimmen, wobei die Groß-/Kleinschreibung von Bedeutung ist. Daher handelt es sich bei dem folgenden Element nicht um ein wohlgeformtes Element:

```
<Title>Kapitel Eins</title>   <!- NICHT wohlgeformt. ->
```

Bei Elementnamen wird wie im gesamten Text innerhalb des Markupcodes zwischen Groß- und Kleinschreibung unterschieden. Ein Elementtyp mit der Bezeichnung *As* ist deswegen nicht identisch mit den Elementtypen *as* oder AS.

## Typen von Elementinhalt

Der Elementinhalt besteht aus dem Text zwischen Start- und End-Tag. In den Inhalt eines Elements können Sie die folgenden Elementtypen aufnehmen:

- **Verschachtelte Elemente.** In Listing 3.1 enthalten sowohl das INVENTORY-Element als auch die BOOK-Elemente verschachtelte Elemente als deren Inhalt (siehe Abbildung 3.4).

- **Zeichendaten.** Zeichendaten entsprechen dem Text, der den Informationsinhalt eines Elements bildet, beispielsweise ein bestimmter Buchtitel in einem TITLE-Element (siehe Abbildung 3.5).

**Abbildung 3.4**
Struktur eines ver-
schachtelten Elements

Inhalt des BOOK-
Elements = fünf
verschachtelte
Elemente

```
<BOOK>
    <TITLE>The Scarlet Letter</TITLE>
    <AUTHOR>Nathaniel Hawthorne</AUTHOR>
    <BINDING>Taschenbuch</BINDING>
    <PAGES>253</PAGES>
    <PRICE>DM 14,25</PRICE>
</BOOK>
```

**Abbildung 3.5**
Element, dessen Inhalt
aus Zeichendaten
besteht

Inhalt des TITLE-Elements = Zeichendaten

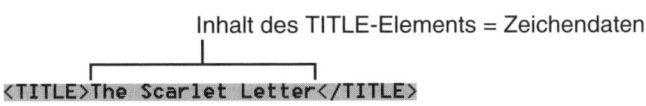

```
<TITLE>The Scarlet Letter</TITLE>
```

Der in Abbildung 3.6 dargestellte Elementinhalt besteht sowohl aus Zeichendaten als auch aus einem verschachtelten Element.

**Abbildung 3.6**
Element, das Zeichen-
daten sowie ein ver-
schachteltes Element
enthält

Inhalt des
TITLE-
Elements

Zeichendaten

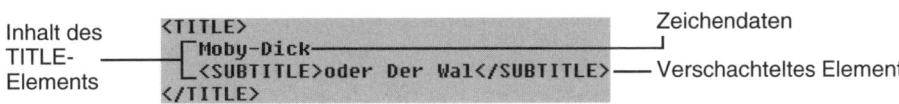

```
<TITLE>
    Moby-Dick
    <SUBTITLE>oder Der Wal</SUBTITLE>
</TITLE>
```
Verschachteltes Element

Wenn Sie Zeichendaten zu einem Element hinzufügen, können Sie beliebige +Zeichen mit Ausnahme der folgenden eingeben: <, & und die Zeichenkette ]]>.

Der XML-Parser durchsucht die Zeichendaten eines Elements nach XML-Markup. Sie dürfen die Zeichen < und & sowie die Zeichenkette ]]> nicht in Zeichendaten aufnehmen, da der Parser das Zeichen < als Beginn eines verschachtelten Elements, das Zeichen & als Beginn einer Entity- oder Zeichenreferenz und die Zeichenkette ]]> als Ende eines CDATA-Abschnitts interpretieren würde. (Entity- und Zeichenreferenzen werden in Lektion 6, CDATA-Abschnitte in Lektion 4 beschrieben.) Sie können jedoch einen CDATA-Abschnitt verwenden, wenn Sie die Zeichen < oder & in die Zeichendaten aufnehmen wollen. Außerdem stehen Ihnen Zeichenreferenzen zur Verfügung, um beliebige Zeichen (auch solche, die nicht auf der Tastatur vorhanden sind) einzufügen. Bestimmte Zeichen (wie < oder &) fügen Sie über vordefinierte allgemeine Entity-Referenzen ein.

▪ **Allgemeine Entity-Referenzen oder Zeichenreferenzen.** Das in Abbildung 3.7 dargestellte Element enthält eine Entity-Referenz und eine Zeichenreferenz.

▪ **CDATA-Abschnitte.** Bei CDATA-Abschnitten handelt es sich um einen Textblock, in den Sie beliebige Zeichen mit Ausnahme der Zeichenkette ]]> aufnehmen können. Abbildung 3.8 zeigt ein Beispiel für einen CDATA-Abschnitt in einem Element.

**Abbildung 3.7**
Element, das eine
Entity-Referenz und
Zeichenreferenz
enthält

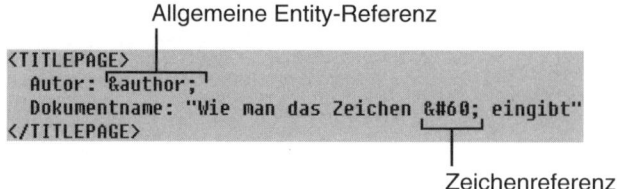

```
                    Allgemeine Entity-Referenz
<TITLEPAGE>
  Autor: &author;
  Dokumentname: "Wie man das Zeichen &#60; eingibt"
</TITLEPAGE>
                                              Zeichenreferenz
```

**Abbildung 3.8**
Element mit einem
CDATA-Abschnitt

```
      <TITLEPAGE>
        Autor: Mike
DATA-  <![CDATA[
Abschnitt  Dokumentname: "Wie man das Zeichen &#60; eingibt"
      ]]>
      </TITLEPAGE>
```

▪ **Verarbeitungsanweisungen.** Eine Verarbeitungsanweisung stellt der
XML-Anwendung Informationen bereit (siehe Lektion 4).

▪ **Kommentare.** Ein Kommentar ist eine Anmerkung zu einem XML-
Dokument, die für Menschen lesbar ist und den Inhalt oder die Notation des Dokuments erläutert, jedoch vom XML-Prozessor ignoriert
wird (siehe Lektion 4).

Das in Abbildung 3.9 gezeigte Element enthält sowohl eine Verarbeitungsanweisung als auch einen Kommentar.

**Abbildung 3.9**
Element mit einer Ver-
arbeitungsanweisung
und einem Kom-
mentar

Verarbeitungs-
anweisung

Kommentar

```
<BOOK>
  <?NeuApp Parm1="Wert 1" Parm2="Wert 2" ?>
  <TITLE>The Legend of Sleepy Hollow</TITLE>
  <AUTHOR>Washington Irving</AUTHOR>
  <!-- Kommentar innerhalb eines Elements -->
  <BINDING>Taschenbuch</BINDING>
  <PAGES>98</PAGES>
  <PRICE>DM 4,95</PRICE>
</BOOK>
```

## Leere Elemente

Sie können außerdem ein *leeres Element* in Ihr Dokument aufnehmen,
also ein Element ohne Inhalt. Sie erstellen ein leeres Element, in dem Sie
das End-Tag direkt hinter dem Start-Tag einfügen, wie es das folgende
Beispiel zeigt:

`<HR></HR>`

Alternativ verwenden Sie das besondere *Leeres-Element-Tag* wie folgt:

`<HR/>`

Diese beiden Notationen sind gleichbedeutend.

Da ein leeres Element keinen Inhalt besitzt, fragen Sie vielleicht nach dessen Sinn. Hier nun zwei Verwendungsmöglichkeiten:

- Sie können ein leeres Element einsetzen, um die XML-Anwendung anzuweisen, eine Aktion auszuführen oder ein Objekt anzuzeigen. Ein Beispiel aus HTML ist das leere Element BR, das dem Browser mitteilt, einen Zeilenumbruch einzufügen. Das leere Element HR dagegen weist an, eine horizontale Trennlinie einzufügen. In anderen Worten, allein das Auftreten eines Elements mit einem bestimmten Namen, jedoch ohne Inhalt, kann der Anwendung wichtige Informationen liefern.

- Ein leeres Element kann unter Verwendung von Attributen Informationen speichern. Diese Attribute lernen Sie weiter hinten in dieser Lektion kennen. (Bisher wurden keine Elemente mit Attributen verwendet.) Ein Beispiel aus HTML ist das leere Element IMG (Image), dessen Attribute dem Prozessor mitteilen, wo sich eine Grafikdatei befindet und wie diese anzuzeigen ist.

Sie erfahren in Lektion 7, wie ein CSS-Stylesheet ein leeres Element verwendet, um ein Bild anzuzeigen. In Lektion 8 wird vorgestellt, wie Sie Datenbindung verwenden, um auf die Attribute eines leeren oder eines anderen Elements zuzugreifen. Und in den Lektionen 9 und 10 lernen Sie, wie Sie über HTML-Skripts (Lektion 9) und XSL-Stylesheets (Lektion 10) auf Elemente (ob leer oder nicht) und deren Attribute zugreifen und entsprechende Aktionen ausführen.

## Unterschiedliche Elementtypen erstellen

❶ Öffnen Sie eine neue, leere Textdatei in Ihrem Editor und geben Sie das XML-Dokument aus Listing 3.2 ein. (Eine Kopie dieses Listings finden Sie unter dem Dateinamen Inventory03.xml auf der Begleit-CD.) Sie können das Dokument Inventory.xml, das Sie in Lektion 2 erstellten (siehe Listing 2.1 und Begleit-CD), als Startpunkt verwenden.

❷ Verwenden Sie den Befehl *Speichern* Ihres Editors, um das Dokument unter dem Dateinamen Inventory03.xml auf der Festplatte zu speichern.

**Listing 3.2**
Inventory03.xml

```
<?xml version="1.0"?>

<!- Dateiname: Inventory03.xml ->

<?xml-stylesheet type="text/css" href="Inventory02.css"?>

<INVENTORY> <!- Bestand an Werken englischsprachiger
                Literatur des 19. Jahrhunderts
    <BOOK>
        <COVER_IMAGE Source="Huck.gif" />
        <TITLE>The Adventures of Huckleberry Finn</TITLE>
```

```
      <AUTHOR>Mark Twain</AUTHOR>
      <BINDING>Taschenbuch</BINDING>
      <PAGES>336</PAGES>
      <PRICE>DM 12,75</PRICE>
   </BOOK>
   <BOOK>
      <COVER_IMAGE Source="Leaves.gif" />
      <TITLE>Leaves of Grass</TITLE>
      <AUTHOR>Walt Whitman</AUTHOR>
      <BINDING>Gebundene Ausgabe</BINDING>
      <PAGES>462</PAGES>
      <PRICE>DM 25,00</PRICE>
   </BOOK>
   <BOOK>
      <COVER_IMAGE Source="Faun.gif" />
      <TITLE>The Marble Faun</TITLE>
      <AUTHOR>Nathaniel Hawthorne</AUTHOR>
      <BINDING>Taschenbuch</BINDING>
      <PAGES>473</PAGES>
      <PRICE>DM 14,95</PRICE>
   </BOOK>
   <BOOK>
      <COVER_IMAGE Source="Moby.gif" />
      <TITLE>
         Moby-Dick
         <SUBTITLE>oder Der Wal</SUBTITLE>
      </TITLE>
      <AUTHOR>Herman Melville</AUTHOR>
      <BINDING>Gebundene Ausgabe</BINDING>
      <PAGES>724</PAGES>
      <PRICE>DM 44,00</PRICE>
   </BOOK>
</INVENTORY>
```

Das von Ihnen eingegebene Dokument verwendet das CSS-Stylesheet Inventory02.css, das Sie in einer der früheren Übungen erstellt haben. (Es ist in Listing 2.4 dargestellt und auf der Begleit-CD enthalten.) Vergewissern Sie sich, dass sich diese Stylesheetdatei im gleichen Ordner wie Inventory03.xml befindet.

**❸** Doppelklicken Sie im Windows Explorer oder in einem Ordnerfenster auf den Namen der Datei, die Sie gespeichert haben, Inventory03.xml.

**Abbildung 3.10**
Darstellung der Datei
Inventory03.xml im
Windows Explorer

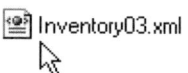

Internet Explorer 5 zeigt das Dokument nun wie in Abbildung 3.11 dargestellt an.

**Abbildung 3.11**
Darstellung der Datei
Inventory03.xml im
Internet Explorer

Das von Ihnen eingegebene Dokument enthält die folgenden Element- und Elementinhaltstypen:

- Ein Element mit einem Kommentar als Teil seines Inhalts (INVENTORY). Beachten Sie, dass der Browser den Text des Kommentars nicht anzeigt.

- Ein leeres Element mit dem Namen COVER_IMAGE zu Beginn jedes BOOK-Elements. Dieses Element dient dem Zweck, die XML-Anwendung anzuweisen, das angegebene Bild des Buchtitels anzuzeigen. (Das Attribut *Source* enthält den Namen der Bilddatei.) Um ein solches Element verwenden zu können, müssten Sie das XML-Dokument allerdings über ein Skript in einer HTML-Seite oder über ein XSL-Stylesheet anzeigen (dies wird in den Lektionen 9 und 10 erläutert), statt wie in diesem Beispiel ein einfaches CSS-Stylesheet einzusetzen.

- Ein Element (das TITLE-Element für *Moby-Dick*), das sowohl Zeichendaten als auch ein untergeordnetes Element (SUBTITLE) enthält. Beachten Sie, dass der Browser die Zeichendaten und auch das untergeordnete Element in einer einzigen Zeile im gleichen Format anzeigt. (Das dem TITLE-Element zugewiesene CSS-Format wird an das SUB-TITLE-Element vererbt.)

# Elementen Attribute hinzufügen

Im Start-Tag eines Elements oder in einem Leeres-Element-Tag können Sie eine oder mehrere *Attributspezifikationen* verwenden. Eine Attribut-spezifikation besteht aus einem Paar Name-Wert, das dem Element zugeordnet ist. Beispielsweise enthält das folgende PRICE-Element ein Attribut namens *Type*, dem der Wert *Einzelhandel* zugewiesen ist:

```
<PRICE Type="Einzelhandel">DM 14,95</PRICE>
```

Bei anderen Büchern könnte dieses Attribut beispielsweise auf *Groß-handel* festgelegt werden.

Das folgende BOOK-Element enthält zwei Attribute, *Category* und *Display*:

```
<BOOK Category="Belletristik" Display="Sonderaktion">
   <TITLE>The Marble Faun</TITLE>
   <AUTHOR>Nathaniel Hawthorne</AUTHOR>
   <BINDING>Taschenbuch</BINDING>
   <PAGES>473</PAGES>
   <PRICE>DM 14,95</PRICE>
</BOOK>
```

Das folgende leere Element enthält ein Attribut namens *Source*, das den Namen der Datei beschreibt, in der das anzuzeigende Bild gespeichert ist:

```
<COVER_IMAGE Source="Faun.gif" />
```

Attribute bieten eine Alternative, um Informationen zu einem Element hinzuzufügen. Normalerweise nehmen Sie einen Großteil der Informationen, die angezeigt werden sollen, in den Inhalt des Elements auf. Und Attribute setzen Sie ein, um verschiedene Eigenschaften des Elements zu speichern, die nicht notwendigerweise angezeigt werden sollen, etwa dessen Kategorie. Die XML-Spezifikation unterscheidet allerdings nicht streng zwischen den Informationstypen, die in Attributen bzw. im Inhalt gespeichert werden sollten.

Wenn Sie ein XML-Dokument unter Verwendung eines CSS-Stylesheets anzeigen (diese Methode wird in Lektion 7 behandelt), dann zeigt der Browser Attribute oder deren Werte *nicht* an. Zeigen Sie ein XML-Doku-ment dagegen unter Verwendung von Datenbindung (Lektion 8), mithilfe eines Skripts in einer HTML-Seite (Lektion 9) oder eines XSL-Stylesheets (Lektion 10) an, können Sie auf Attribute und deren Werte zugreifen, die Werte anzeigen oder andere entsprechende Aktionen ausführen.

# Regeln für die Attributerstellung

Wie Sie sehen, besteht eine Attributspezifikation aus einem Attributnamen gefolgt von einem Gleichheitszeichen und einem Attributwert. Sie können einen beliebigen Attributnamen wählen, sofern er den folgenden Regeln genügt:

- Der Name muss mit einem Buchstaben oder einem Unterstrich (_) beginnen, dem null oder beliebig viele Buchstaben, Zahlen, Punkte (.), Bindestriche (-) oder Unterstriche folgen können.

- Die XML-Spezifikation legt fest, dass Attributnamen, die mit dem Präfix „xml" beginnen (in beliebigen Kombinationen aus Groß- und Kleinbuchstaben), „für eine Standardisierung reserviert" sind. Internet Explorer 5 erzwingt dies zwar nicht, doch Sie sollten dieses Präfix nicht verwenden, um zukünftig Probleme zu vermeiden.

- Ein bestimmter Attributname kann im gleichen Start-Tag oder Empty-Element-Tag nur einmal vorkommen.

Beispielsweise sind die Attributnamen in den folgenden Start-Tags gültig:

```
<ANIMATION FileName="Waldo.ani">
<LIST _1stPlace="Sam">
<ENTRY Zip.Code="94941">
```

Die folgenden Attributnamen sind ungültig:

```
<!- Doppelter Attributname im gleichen Tag: ->
<ANIMATION FileName="Waldo1.ani" FileName="Waldo2.ani">
<LIST 1stPlace="Sam"> <!- Eine Zahl ist als erstes
                          Zeichen nicht erlaubt ->
<ITEM A:Category="cookware"> <!- In IE5 nur erlaubt, wenn Sie A
                               als Namespace deklariert haben ->
```

Gemäß der XML-Spezifikation ist der Doppelpunkt in einem Attributnamen zur Kennzeichnung von Namespaces reserviert. Namespaces werden zur Unterscheidung von Attributen mit dem gleichen Namen verwendet. Sie werden in Lektion 7 im Abschnitt *HTML-Elemente in XML-Dokumente einfügen und Namespaces verwenden* behandelt. Internet Explorer 5 erlaubt einen Doppelpunkt im Attributnamen nur dann, wenn er einem Namespace folgt, den Sie in Ihrem Dokument deklariert haben. Beispielsweise wäre *A:Category* nur dann gültig, wenn Sie A als Namespace deklarieren.

# Regeln für gültige Attributwerte

Sie weisen einem Attribut einen Wert zu, der aus einer Folge von Zeichen besteht, die in Apostrophe oder Anführungszeichen eingeschlossen sind, und auch *Literal* genannt wird. Sie können einem Attribut jeden Wert zuweisen, der den folgenden Regeln genügt:

■ Die Zeichenkette kann in Apostrophe (') oder in Anführungszeichen („) eingeschlossen werden.

■ Die Zeichenkette darf das Zeichen nicht enthalten, in das sie eingeschlossen ist.

■ Die Zeichenkette darf Zeichenreferenzen oder Referenzen auf allgemeine interne Entities enthalten. (Diese Referenzen werden detailliert in Lektion 6 erläutert.)

■ In der Zeichenkette darf das Zeichen < nicht enthalten sein. (Der Parser würde dieses Zeichen mit dem Anfang des XML-Markupcodes verwechseln.)

■ In der Zeichenkette darf das Zeichen & nicht enthalten sein, außer am Anfang einer Zeichen- oder Entity-Referenz.

Sie haben schon Beispiele für gültige Attributspezifikationen gesehen. Die folgenden Attributspezifikationen sind nicht zulässig:

```
<EMPLOYEE Status="""befördert""> <!- Einschließende Zeichen sind
                              innerhalb der Zeichenkette unzulässig. ->
<ALBUM Type="<CD>"> <!- < ist innerhalb einer Zeichenkette unzulässig. ->
<WEATHER Forecast="Kalt & Windig"> <!- & kann nur als Beginn einer
                              Referenz verwendet werden. ->
```

Wollen Sie Anführungszeichen („) innerhalb des Attributwerts verwenden, dann schließen Sie sie in Apostrophe (') ein, wie es das folgende Beispiel zeigt:

```
<EMPLOYEE Status='"befördert"'> <!- Gültiger Attributwert. ->
```

Entsprechend schließen Sie einen Apostroph innerhalb des Wertes in Anführungszeichen ein:

```
<CANDIDATE name="W.T. 'Bill' Bagley"> <!- Gültiger Attributwert. ->
```

Sie umgehen die Einschränkungen, die für Zeichenketten gelten, und können jedes beliebige Zeichen in einen Attributwert aufnehmen, wenn Sie eine Zeichenreferenz oder, falls verfügbar, eine vordefinierte allgemeine Entity-Referenz verwenden. Beide Referenztypen werden in Lektion 6 erläutert.

Erstellen Sie ein wohlgeformtes Dokument, das keine Dokumenttyp-Deklaration besitzt (wie das in dieser Lektion erstellte), können Sie einem Attribut jeden Wert zuweisen, der den obigen Regeln genügt. Wie Sie allerdings in Lektion 5 erfahren werden, können Sie die Typen der Werte einschränken, die einem bestimmten Attribut zugewiesen werden können, wenn Sie eine Dokumenttyp-Deklaration erstellen und darin Attribute definieren. Beispielsweise könnten Sie ein Attribut definieren, dem nur die Werte „ja" oder „nein" zugewiesen werden dürfen. Daher liegt einer der Vorteile des Speicherns bestimmter Informationstypen in

Elementattributen statt im Inhalt darin, dass Sie eine wesentlich bessere Steuerung der Datentypen erhalten, die dem Attribut zugewiesen werden können, wobei der Parser diese Typbeschränkungen erzwingt. (Sie werden in Lektion 5 sehen, dass die grundlegende XML-Spezifikation keine Möglichkeit bereitstellt, um die Typen der Zeichendaten in einem Element einzuschränken.)

## Inhalt in Attribute konvertieren

❶ Öffnen Sie in Ihrem Texteditor eine neue, leere Textdatei und geben Sie das XML-Dokument ein, das Listing 3.3 zeigt. (Eine Kopie dieses Listings finden Sie unter dem Dateinamen Inventory04.xml auf der Begleit-CD.) Wenn Sie möchten, verwenden Sie das Dokument Inventory.xml, das Sie schon eingegeben haben (in Listing 2.2 dargestellt und auf der Begleit-CD enthalten), als Ausgangspunkt.

❷ Verwenden Sie den Befehl *Speichern* Ihres Editors, um das Dokument unter dem Dateinamen Inventory04.xml auf der Festplatte zu speichern.

**Listing 3.3**
Inventory04.xml

```xml
<?xml version="1.0"?>

<!- Dateiname: Inventory04.xml ->

<?xml-stylesheet type="text/css" href="Inventory02.css"?>

<INVENTORY>
    <BOOK Binding="Taschenbuch">
        <TITLE>The Adventures of Huckleberry Finn</TITLE>
        <AUTHOR Born="1835">Mark Twain</AUTHOR>
        <PAGES>336</PAGES>
        <PRICE>DM 12,75</PRICE>
    </BOOK>
    <BOOK Binding="Gebundene Ausgabe">
        <TITLE>Leaves of Grass</TITLE>
        <AUTHOR Born="1819">Walt Whitman</AUTHOR>
        <PAGES>462</PAGES>
        <PRICE>DM 25,00</PRICE>
    </BOOK>
    <BOOK Binding="Taschenbuch">
        <TITLE>The Marble Faun</TITLE>
        <AUTHOR Born="1804">Nathaniel Hawthorne</AUTHOR>
        <PAGES>473</PAGES>
        <PRICE>DM 14,95</PRICE>
    </BOOK>
    <BOOK Binding="Gebundene Ausgabe">
        <TITLE>Moby-Dick</TITLE>
        <AUTHOR Born="1819">Herman Melville</AUTHOR>
        <PAGES>724</PAGES>
```

```
        <PRICE>DM 14,95</PRICE>
      </BOOK>
  </INVENTORY>
```

Das gerade eingegebene Dokument verwendet das CSS-Stylesheet Inventory02.css, das Sie in einer früheren Übung erstellt haben. (Es ist in Listing 2.4 dargestellt und auf der Begleit-CD enthalten.) Vergewissern Sie sich, dass sich diese Stylesheetdatei im gleichen Ordner wie Inventory04.xml befindet.

❸ Doppelklicken Sie im Windows Explorer oder in einem Ordnerfenster auf den Namen der gespeicherten Datei Inventory04.xml (siehe Abbildung 3.12).

**Abbildung 3.12**
Darstellung der Datei Inventory04.xml im Windows Explorer

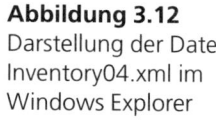 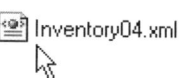

Internet Explorer 5 zeigt das Dokument daraufhin wie in Abbildung 3.13 dargestellt an.

**Abbildung 3.13**
Darstellung der Datei Inventory04.xml im Internet Explorer

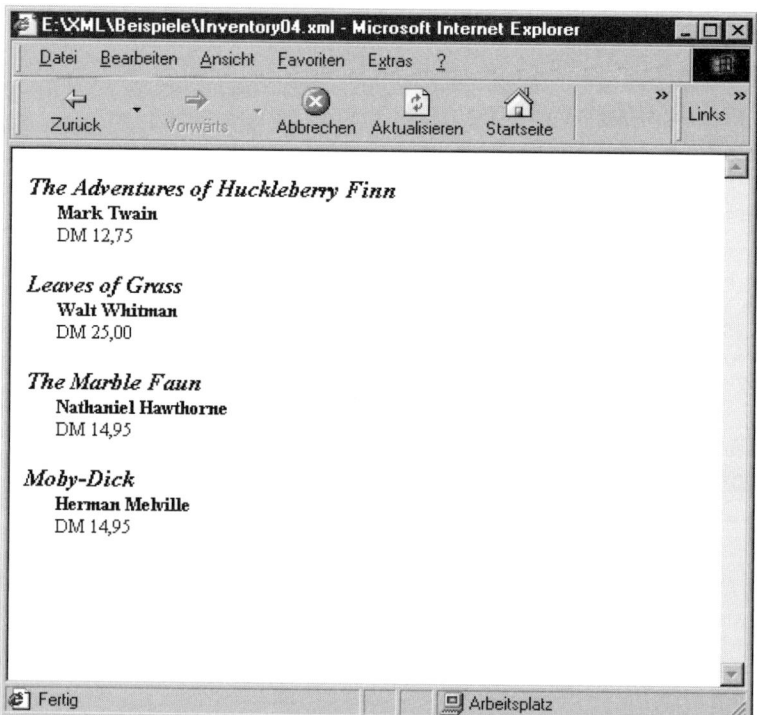

Dieses Dokument basiert auf der Datei Inventory.xml, die Sie in einer früheren Übung erstellt haben. Es enthält nicht nur weniger Elemente als Inventory.xml, sondern auch zwei Änderungen, die die Verwendung von Attributen illustrieren:

- In jedem BOOK-Element wurde die Ausstattung vom Inhalt (in Form des verschachtelten Elements BINDING) in ein Attribut mit dem Namen *Binding* konvertiert. Sie können diese Konvertierung durchführen, wenn Sie beispielsweise die Ausstattung zwar speichern, nicht aber mit den anderen Buchinformationen zusammen einblenden wollen, wenn das Dokument unter Verwendung eines CSS-Stylesheets angezeigt wird. (Beachten Sie in der obigen Abbildung 3.13, dass Internet Explorer 5 die Attributwerte nicht anzeigt.)

- Jedes AUTHOR-Element wurde um ein Attribut *Born* erweitert, um das Geburtsjahr des Verfassers zu speichern. Dies ist ein Beispiel für weniger wichtige Informationen, die Sie zwar speichern, nicht notwendigerweise jedoch anzeigen wollen. Eine Möglichkeit, solche Informationen zu verbergen und damit deren geringere Wichtigkeit anzugeben, besteht darin, sie einem Attribut zuzuweisen, statt sie in den Inhalt des Elements aufzunehmen.

Dies sind nur einige wenige Möglichkeiten, wie Attribute verwendet werden können. Weitere lernen Sie in Lektion 5 kennen.

# 4

# Kommentare, Verarbeitungs-anweisungen und CDATA-Abschnitte hinzufügen

In dieser Lektion erfahren Sie, wie Sie drei Typen von XML-Markupcode in Ihre Dokumente einfügen: Kommentare, Verarbeitungsanweisungen und CDATA-Abschnitte. Solche Elemente sind in einem wohlgeformten (oder gültigen) XML-Dokument zwar nicht erforderlich, doch sie können nützlich sein. Sie können Kommentare einsetzen, um Ihr Dokument verständlicher und lesbarer zu gestalten. Mit Verarbeitungsanweisungen ändern Sie, wie eine Anwendung mit Ihrem Dokument umgeht oder es anzeigt. Sie können mithilfe von CDATA-Abschnitten fast jede Kombination von Zeichen in die Zeichendaten eines Elements einfügen.

## Kommentare einfügen

Sie haben in Lektion 1 erfahren, dass das sechste Ziel in der XML-Spezifikation lautet: „XML-Dokumente sollten für Menschen lesbar und hinreichend klar sein". Der XML-Prozessor ignoriert Kommentare zwar generell, doch gut platzierte und aussagekräftige Kommentare können die Lesbarkeit und die Klarheit eines XML-Dokuments wesentlich verbessern, ebenso wie Kommentare einen Programmquelltext in der Programmiersprache C oder BASIC um vieles verständlicher gestalten.

Im Microsoft Internet Explorer 5 parst der XML-Prozessor Kommentartexte im XML-Markupcode nicht und sie werden auch auf keine andere Weise verarbeitet. Allerdings wird der Kommentartext einem Skript, das in eine HTML-Webseite eingefügt wurde, zur Verfügung gestellt. In Lektion 9 erfahren Sie, wie Sie über Skripts auf Kommentartext und auch auf andere Komponenten eines XML-Dokuments zugreifen. Internet Explorer 5 zeigt außerdem alle Kommentare in einem XML-Dokument an, wenn Sie es direkt im Browser öffnen, falls dem Dokument kein Stylesheet zugeordnet ist.

## Das Format von Kommentaren

Ein Kommentar beginnt mit den Zeichen <!-- und endet mit den Zeichen -->. Zwischen diesen Begrenzern können Sie einen beliebigen Text eingeben, abgesehen von zwei aufeinander folgenden Bindestrichen (--). Sogar das häufig unzulässige Kleiner-Zeichen (<) sowie das Et-Zeichen (&) sind erlaubt. Es folgt ein Beispiel für einen gültigen Kommentartext:

```
<!-- Hier kann man beliebigen Text mit Ausnahme zwei aufeinander folgender
     Bindestriche eingeben. Die Zeichen < und & sind erlaubt! -->
```

# Wo Sie Kommentare einfügen können

Sie können einen Kommentar an jeder beliebigen Stelle außerhalb des sonstigen Markupcodes in ein XML-Dokument eingeben. In anderen Worten, Sie können Kommentare in den Dokumentprolog aufnehmen:

```
<?xml version="1.0"?>
<!-- Hier steht ein Kommentar im Prolog. -->

<DOCELEMENT>
Dies ist ein sehr einfaches XML-Dokument.
</DOCELEMENT>
```

Sie können sie nach dem Dokumentelement einfügen:

```
<?xml version="1.0"?>

<DOCELEMENT>
Dies ist ein sehr einfaches XML-Dokument.
 </DOCELEMENT>
<!-- Dieser Kommentar folgt nach dem Dokumentelement. -->
```

Und Sie können Kommentare innerhalb des Inhalts eines Elements hinzufügen:

```
<?xml version="1.0"?>

<DOCELEMENT>
<!-- Dieser Kommentar ist Teil des Inhalts des Wurzelelements. -->
Dies ist ein sehr einfaches XML-Dokument.
</DOCELEMENT>
```

Hier folgt ein Beispiel für einen Kommentar, der innerhalb des Markupcodes steht und somit ungültig ist:

```
<?xml version="1.0"?>

<DOCELEMENT <!-- Dies ist ein UNGÜLTIGER Kommentar! --> >
Dies ist ein sehr einfaches XML-Dokument.
</DOCELEMENT>
```

Einen Kommentar können Sie sogar innerhalb einer Dokumenttyp-Definition (DTD) eingeben, auch wenn es sich bei der DTD um eine Art Markup handelt, solange sich der Kommentar nicht innerhalb sonstigen Markups innerhalb der DTD befindet. Näheres über DTDs und wie Kommentare darin eingefügt werden, erfahren Sie in Lektion 5.

# Verarbeitungsanweisungen verwenden

Eine Verarbeitungsanweisung stellt Informationen bereit, die der XML-Prozessor an die Anwendung übergibt.

Sie wissen aus Lektion 2, dass es sich beim XML-Prozessor um das Softwaremodul handelt, das die Inhalte eines XML-Dokuments liest und speichert. Die Anwendung ist ein separates Softwaremodul, das vom Prozessor den Inhalt des Dokuments erhält und diesen dann verarbeitet und anzeigt. Wenn Sie XML im Internet Explorer 5 anzeigen, stellt der Browser sowohl den XML-Prozessor als auch zumindest Teile der Anwendung bereit. (Erstellen Sie ein Skript, um ein XML-Dokument zu verarbeiten und anzuzeigen, dann stellen Sie selbst Teile der Anwendung bereit.)

# Das Format einer Verarbeitungsanweisung

Eine Verarbeitungsanweisung besitzt das folgende allgemeine Format:

```
<? ziel anweisung ?>
```

Hier ist *ziel* der Name der Anwendung, an die sich die Anweisung richtet. Gültig ist jeder Name, der den folgenden Regeln entspricht:

- Der Name muss mit einem Buchstaben oder mit einem Unterstrich (_) beginnen, dem null oder beliebig viele Buchstaben, Zahlen, Punkte (.), Bindestriche (-) oder Unterstriche folgen können.

- Der Name „xml" ist in jeder Kombination aus Groß- und Kleinbuchstaben reserviert. (Wie Sie wissen, verwenden Sie „xml" in Kleinschreibung in der XML-Deklaration eines Dokuments, die eine Form von Verarbeitungsanweisung darstellt.)

*anweisung* steht für die Informationen, die an die Anwendung übergeben werden. Hierbei kann es sich um jede Folge von Zeichen handeln, abgesehen von dem Zeichenpaar ?> (das die Verarbeitungsanweisung abschließt).

# Wie Sie Verarbeitungsanweisungen verwenden

Welche genaue Menge von Verarbeitungsanweisungen Sie in einem bestimmten XML-Dokument verwenden können, hängt von dem Prozessor ab, der das Dokument lesen wird. Ist Internet Explorer 5 Ihr XML-Prozessor (wie in diesem Buch beschrieben), dann gibt es zwei Hauptverwendungsmöglichkeiten für Verarbeitungsanweisungen:

- Sie können reservierte Standardverarbeitungsanweisungen einsetzen, um den Internet Explorer 5 anzuweisen, wie ein Dokument behandelt oder angezeigt werden soll. Ein Beispiel in diesem Buch zeigt eine Verarbeitungsanweisung, die Internet Explorer 5 anweist, das Dokument unter Verwendung eines bestimmten Stylesheets anzuzeigen. Beispielsweise teilt die folgende Verarbeitungsanweisung Internet Explorer 5 mit, das in der Datei Inventory01.css gespeicherte CSS-Stylesheet zu verwenden:

```
<?xml-stylesheet type="text/css" href="Inventory01.css"?>
```

Erstellen Sie ein Webseiten-Skript, das mit einem XML-Dokument umgehen und es anzeigen soll, dann können Sie beliebige nicht reservierte Verarbeitungsanweisungen in das Dokument einfügen. Ihr Skript liest diese Anweisungen und führt die entsprechenden Aktionen aus. Beispielsweise könnten Sie die folgende Verarbeitungsanweisung in ein Dokument einfügen und damit das Skript anweisen, welche Details angezeigt werden sollen:

```
<?MyScript detail="2" ?>
```

In Lektion 9 erfahren Sie, wie Sie über ein Skript auf die Komponenten eines XML-Dokuments und damit auch auf Verarbeitungsanweisungen zugreifen.

## Wo Sie Verarbeitungsanweisungen einfügen können

Sie können eine Verarbeitungsanweisung an beliebiger Stelle außerhalb sonstigen Markupcodes in ein XML-Dokument einfügen. Das bedeutet, dass Sie sie an den gleichen Positionen wie Kommentare einfügen können: in den Prolog, nach dem Dokumentelement oder in den Inhalt eines Dokuments. Es folgt ein XML-Dokument mit jeweils einer Verarbeitungsanweisung an diesen zulässigen Stellen:

```
<?xml version="1.0"?>

<!- Dies ist eine Verarbeitungsanweisung im Prolog: ->
<?xml-stylesheet type="text/css" href="Inventory01.css"?>

<INVENTORY>
    <BOOK>
        <!- Eine Verarbeitungsanweisung innerhalb des Inhalts
            eines Elements: ->
        <?ScriptA emphasize="yes" ?>

        <TITLE>The Adventures of Huckleberry Finn</TITLE>
        <AUTHOR>Mark Twain</AUTHOR>
        <BINDING>Taschenbuch</BINDING>
        <PAGES>336</PAGES>
        <PRICE>DM 12,75</PRICE>
    </BOOK>
    <BOOK>
        <TITLE>Leaves of Grass</TITLE>
        <AUTHOR>Walt Whitman</AUTHOR>
    <BINDING>Gebundene Ausgabe</BINDING>
    <PAGES>462</PAGES>
    <PRICE>DM 25,00</PRICE>
    </BOOK>
</INVENTORY>
```

```
<!- Und hier eine nach dem Dokumentelement: ->
<?ScriptA Category="books" Style="formal" ?>
```

Dies ist ein Beispiel für eine Verarbeitungsanweisung, die innerhalb des Markupcodes eingefügt wurde, also ungültig ist:

```
<!- Das folgende Element enthält eine UNGÜLTIGE Verarbeitungsanweisung: ->
<BOOK <?ScriptA emphasize="yes" ?> >
    <TITLE>Leaves of Grass</TITLE>
    <AUTHOR>Walt Whitman</AUTHOR>
    <BINDING>Gebundene Ausgabe</BINDING>
    <PAGES>462</PAGES>
    <PRICE>DM 25,00</PRICE>
</BOOK>
```

Sie können eine Verarbeitungsanweisung allerdings innerhalb einer Dokumenttyp-Definition (DTD) einfügen, auch wenn es sich bei einer DTD um eine Form von Markupcode handelt, vorausgesetzt, diese Anweisung wird nicht innerhalb weiteren Markupcodes innerhalb der DTD platziert. Sie erfahren mehr über DTDs und über das Einfügen von Verarbeitungsanweisungen in DTDs in Lektion 5.

# CDATA-Abschnitte einfügen

Sie haben in Lektion 3 erfahren, dass Sie die Zeichen < und & nicht innerhalb der Zeichendaten im Inhalt eines Elements verwenden dürfen. Eine Möglichkeit, diese Einschränkung zu umgehen, stellt der Einsatz einer Zeichenreferenz (&#60; oder &#38;) oder alternativ einer vordefinierten allgemeinen Entity-Referenz (&lt; oder &amp;) dar. Weitere Informationen hierzu finden Sie in Lektion 6. Wollen Sie allerdings mehrere dieser Zeichen einfügen, dann ist die Verwendung von Referenzen umständlich und führt zu schwer lesbaren Daten. In diesem Fall ist es einfacher, den Text mit diesen Zeichen in einen CDATA-Abschnitt aufzunehmen.

## Das Format von CDATA-Abschnitten

Ein CDATA-Abschnitt beginnt mit den Zeichen <![CDATA[ und endet mit den Zeichen ]]>. Zwischen diesen beiden Zeichengruppen können Sie beliebige Zeichen eingeben (einschließlich < oder &), ausgenommen ]]> (was natürlich als Ende des CDATA-Abschnitts interpretiert würde). Alle Zeichen innerhalb des CDATA-Abschnitts werden als Teil der Zeichendaten des Elements, nicht aber als XML-Markupcode interpretiert.

Dies ist ein Beispiel für einen gültigen CDATA-Abschnitt:

```
<![CDATA[
Hier können Sie beliebige Zeichen eingeben, ausgenommen zwei
schließende eckige Klammern, denen ein Größer-Zeichen folgt.
]]>
```

Das Schlüsselwort CDATA muss wie andere XML-Schlüsselwörter in Großbuchstaben geschrieben werden.

Möchten Sie einen Block mit Quelltext oder Markupcode in die eigentlichen Zeichendaten des Elements aufnehmen, die im Browser angezeigt werden, dann verwenden Sie einen CDATA-Abschnitt, damit der XML-Parser die Zeichen < oder & nicht als XML-Markup interpretiert. Das folgende Beispiel illustriert dies:

```
<A-SECTION>
Dies ist ein Beispiel für eine sehr einfache HTML-Seite:
<![CDATA[
<HTML>
<HEAD>
<TITLE>R. Jones & Sons</TITLE>
</HEAD>

<BODY>
<P>Willkommen auf unserer Homepage!</P>
</BODY>
</HTML>
]]>
</A-SECTION>
```

Ohne CDATA-Abschnitt würde der Prozessor davon ausgehen, dass es sich bei <HTML> beispielsweise um den Beginn eines verschachtelten Elements statt um einen Teil der Zeichendaten des A-SECTION-Elements handelt.

Da Sie die Zeichen < und & direkt innerhalb eines CDATA-Abschnitts eingeben können, müssen Sie keine Zeichenreferenz (&#60; und &#38;) oder vordefinierte allgemeine Entity-Referenzen (&lt; und &amp;) verwenden. Dies wird in Lektion 6 detailliert ausgeführt. Wenn Sie trotzdem eine solche Referenz einsetzen, würde der Parser jedes der Zeichen in der Referenz buchstäblich interpretieren und die Referenz nicht durch die Zeichen < bzw. & ersetzen.

# Wo Sie CDATA-Abschnitte einfügen können

Sie können einen CDATA-Abschnitt überall dort einfügen, wo auch Zeichendaten erlaubt sind, also innerhalb des Inhalts eines Elements, nicht aber innerhalb des XML-Markupcodes. Hier sehen Sie einen CDATA-Abschnitt an einer zulässigen Position:

```
<?xml version="1.0"?>

<MUSICAL>
   <TITLE_PAGE>
      <![CDATA[
         <Oklahoma!>
```

```
          By
    Rogers & Hammerstein
    ]]>
  </TITLE_PAGE>

  <!-- Weitere Elemente... -->

</MUSICAL>
```

Das folgende nicht wohlgeformte XML-Dokument enthält zwei ungültige CDATA-Abschnitte. Der erste Abschnitt befindet sich nicht innerhalb des Inhalts eines Elements. Der zweite ist zwar innerhalb des Inhalts des Dokumentelements eingefügt, steht allerdings auch innerhalb eines Start-Tag-Markups.

```
<?xml version="1.0"?>

<![CDATA[ UNGÜLTIG: nicht innerhalb des Elementinhalts! ]]>

<DOC_ELEMENT>
   <SUB_ELEMENT <![CDATA[ UNGÜLTIG: innerhalb des Markupcodes! ]]> >
      Inhalt des untergeordneten Elements...
   </SUB_ELEMENT>
</DOC_ELEMENT>
```

 CDATA-Abschnitte werden nicht verschachtelt. Sie können also einen CDATA-Abschnitt nicht in einen anderen CDATA-Abschnitt einfügen.

# 5

# Gültige XML-Dokumente erstellen

Gültige XML-Dokumente entsprechen strengeren Kriterien als die wohlgeformten Dokumente, die Sie in den vorherigen Lektionen kennen
gelernt haben. In dieser Lektion werden zunächst die wesentlichen
Anforderungen an ein gültiges XML-Dokument sowie dessen Vorteile
vorgestellt. Dann erfahren Sie, wie Sie die Dokumenttyp-Deklaration hinzufügen, die in allen gültigen XML-Dokumenten erforderlich ist. Danach
werden detaillierte Anweisungen zur Definition der Elemente und Attribute in einem gültigen Dokument vorgestellt, und zuletzt führt Sie eine
Übung durch den Prozess, das in Lektion 2 erstellte Beispieldokument in
ein gültiges Dokument zu konvertieren. In der nächsten Lektion erfahren
Sie, wie Sie Entities deklarieren und verwenden; sie sind optional, jedoch
nützliche Komponenten gültiger XML-Dokumente.

## Die Grundkriterien für ein gültiges XML-Dokument

Jedes XML-Dokument muss wohlgeformt sein, muss also den Minimalanforderungen an ein XML-Dokument genügen. Ist ein Dokument nicht
wohlgeformt, kann es nicht als XML-Dokument angesehen werden.

Ein wohlgeformtes XML-Dokument kann außerdem gültig sein. Bei
einem *gültigen* XML-Dokument handelt es sich um ein wohlgeformtes
Dokument, das zwei weiteren Anforderungen genügt:

- Der Prolog des Dokuments muss eine *Dokumenttyp-Deklaration* enthalten, die wiederum eine *Dokumenttyp-Definition* (DTD) zur Definition der Dokumentstruktur enthält.

- Das restliche Dokument muss der in der DTD definierten Struktur entsprechen.

In den folgenden Abschnitten dieser Lektion wie auch in Lektion 6
erfahren Sie, wie Sie Dokumente erstellen, die diesen beiden allgemeinen Anforderungen entsprechen.

# Anforderungen an Wohlgeformtheit und Gültigkeit

*Wohlgeformtheit* wird durch eine in der XML-Spezifikation definierte Regelmenge festgelegt, der Sie zusätzlich zu den grundlegenden Syntaxerfordernissen folgen müssen, um ein wohlgeformtes Dokument zu erstellen. Da ein XML-Dokument wohlgeformt sein muss, wird jeder Verstoß gegen eine der Regeln zur Wohlgeformtheit als *schwer wiegender Fehler* angesehen. Stellt der XML-Prozessor einen schwer wiegenden Fehler fest, wird die normale Verarbeitung des Dokuments abgebrochen und nicht fortgefahren.

*Gültigkeit* wird durch eine weitere in der XML-Spezifikation definierte Regelmenge festgelegt, der Sie folgen müssen, um ein gültiges Dokument zu erstellen. Da Gültigkeit für ein XML-Dokument optional ist, wird jeder Verstoß gegen eine der Regeln lediglich als *Fehler* angesehen. Stellt der XML-Prozessor einen solchen Fehler fest, kann er das Problem einfach berichten und versuchen fortzufahren. Gültigkeitsanforderungen bestehen aus einer bestimmten Regelmenge zur Erstellung einer Dokumenttyp-Deklaration mit einer DTD und zur Erstellung eines Dokuments, das den Spezifikationen in der DTD entspricht.

# Die Vorteile gültiger XML-Dokumente

Die Erstellung eines gültigen XML-Dokuments scheint mit sehr viel unnötiger Arbeit verbunden zu sein: Zuerst müssen Sie die Struktur des Dokuments vollständig in einer Dokumenttyp-Deklaration (DTD) definieren und dann das Dokument selbst erstellen, wobei es allen DTD-Spezifikationen genügen muss. Es erscheint wesentlich einfacher, sofort alle benötigten Elemente und Attribute hinzuzufügen, wie Sie bei den wohlgeformten Dokumenten in den vorherigen Lektionen vorgegangen sind.

Falls Sie allerdings sicherstellen wollen, dass Ihr Dokument einer bestimmten Struktur oder einem Standard entspricht, dann können Sie eine die Struktur definierende DTD hinzufügen und damit bewirken, dass ein XML-Prozessor (wie der in Microsoft Internet Explorer 5 integrierte) prüft, ob Ihr Dokument diese Struktur aufweist. Mit anderen Worten, eine DTD stellt dem Prozessor einen standardisierten Plan zur Verfügung, damit über die Prüfung der Gültigkeit des Dokuments die gewünschte Struktur erzwungen und garantiert werden kann, dass Ihr Dokument den erforderlichen Standards entspricht. Ist irgendein Teil des Dokuments nicht zur DTD-Spezifikation konform, kann der Prozessor eine Fehlermeldung einblenden und Ihnen damit die Bearbeitung und Berichtigung des Dokuments erleichtern.

Gültige XML-Dokumente sind insbesondere nützlich, wenn die Einheitlichkeit einer Gruppe gleichartiger Dokumente gewährleistet werden muss. Der XML-Standard definiert eine DTD als „eine Grammatik für eine Klasse von Dokumenten".

Stellen Sie sich beispielsweise ein Webpublishing-Unternehmen vor, dessen Lektoren XML-Dokumente erstellen, die alle eine gemeinsame Struktur besitzen. Wird eine einzige DTD erstellt und in alle Dokumente aufgenommen, dann kann sichergestellt werden, dass diese Dokumente der erforderlichen Struktur entsprechen und die Lektoren nicht willkürlich neue Elemente hinzufügen, Informationen in der falschen Reihenfolge anordnen, Attributen die falschen Datentypen zuweisen und so weiter. Natürlich muss das Dokument von einem Prozessor auf Gültigkeit geprüft werden.

Es ist insbesondere wichtig, eine DTD in Dokumente aufzunehmen und deren Gültigkeit zu prüfen, wenn sie von benutzerdefinierter Software verarbeitet werden, die eine bestimmte Dokumentstruktur erwartet. Nehmen alle Benutzer dieser Software eine allgemein passende DTD in ihre XML-Dokumente auf und wird die Gültigkeit der Dokumente geprüft, dann sind die Benutzer sicher, dass ihre Dokumente von der Verarbeitungssoftware erkannt werden. Erstellt beispielsweise eine Gruppe Mathematiker mathematische Dokumente, die von einem bestimmten Programm angezeigt werden, könnten sie in ihre Dokumente eine allgemeine DTD aufnehmen, welche die erforderliche Struktur, die Elemente, Attribute und weitere Eigenschaften beschreibt.

Tatsächlich bestehen die meisten realen XML-Anwendungen wie MathML, die am Ende von Lektion 1 aufgelistet sind, aus einer Standard-DTD, die alle Benutzer der Anwendung in ihre XML-Dokumente einbinden. Damit ist garantiert, dass die Gültigkeitsprüfung der Dokumente sicherstellt, dass sie konform zur Struktur der Anwendung sind und von jeder Software erkannt werden, die für diese Anwendung entwickelt wurde.

Öffnen Sie ein XML-Dokument (mit oder ohne Stylesheet) direkt im Internet Explorer 5, dann prüft der Prozessor des Internet Explorer 5 das gesamte Dokument (einschließlich der Dokumenttyp-Deklaration, falls vorhanden) auf Wohlgeformtheit und zeigt bei jedem Verstoß eine Fehlermeldung an. Allerdings überprüft der Prozessor des Internet Explorer 5 das Dokument nicht auf Gültigkeit.

Um ein Dokument auf Gültigkeit zu testen, können Sie das Gültigkeitstestskript verwenden, das im Abschnitt *Die Gültigkeit eines XML-Dokuments überprüfen* in Lektion 9 vorgestellt wird. Sie können diesen Abschnitt jetzt lesen, wenn Sie von nun an die Gültigkeit der von Ihnen erstellten Dokumente prüfen wollen.

# Die DTD hinzufügen

Eine Dokumenttyp-Deklaration besteht aus einem Block mit XML-Markupcode, den Sie in den Prolog eines gültigen XML-Dokuments aufnehmen. Dieser Block folgt im Prolog der XML-Deklaration und kann frei gewählt werden, muss sich jedoch außerhalb sonstigen Markupcodes befinden (siehe Abbildung 5.1). (Sie wissen, dass die XML-Deklaration zu Beginn des Dokuments eingefügt wird, falls Sie sie einschließen wollen.)

**Abbildung 5.1**
Struktur eines gültigen XML-Dokuments

Die Dokumenttyp-Deklaration kann hier ...

```
<?xml version="1.0"?>

<!-- Dateiname: Inventory.xml -->                          ─── Prolog

... oder hier ─── <INVENTORY>
eingefügt             <BOOK>
werden                    <TITLE>The Adventures of Huckleberry Finn</TITLE>
                          <AUTHOR>Mark Twain</AUTHOR>
                          <BINDING>Taschenbuch</BINDING>
                          <PAGES>336</PAGES>
                          <PRICE>DM 12,75</PRICE>
                      </BOOK>
Dokument-                  .
element                    .
                      <BOOK>
                          <TITLE>Harry Potter und der Stein der Weisen</TITLE>
                          <AUTHOR>Joanne K. Rowling</AUTHOR>
                          <BINDING>Gebundene Ausgabe</BINDING>
                          <PAGES>335</PAGES>
                          <PRICE>DM 26,00</PRICE>
                      </BOOK>
                  </INVENTORY>
```

Eine Dokumenttyp-Deklaration definiert die Struktur des Dokuments. Wenn Sie ein Dokument ohne Dokumenttyp-Deklaration im Internet Explorer 5 öffnen, dann prüft der Prozessor des Internet Explorer 5 lediglich, ob das Dokument wohlgeformt ist. Öffnen Sie allerdings ein Dokument mit Dokumenttyp-Deklaration im Internet Explorer 5 (siehe folgenden Hinweis), dann prüft der Prozessor außerdem auch die Gültigkeit, und daher muss Ihr Dokument konform zu allen Deklarationen innerhalb der Dokumenttyp-Deklaration sein. Beispielsweise könnten Sie dann keine Elemente oder Attribute in das Dokument aufnehmen, die Sie nicht auch in der Dokumenttyp-Deklaration deklariert haben. Und jedes Element und jedes Attribut muss den Spezifikationen (etwa für den zulässigen Inhalt eines Elements oder den zulässigen Typ eines Attributs) entsprechen, die in der korrespondierenden Deklaration festgelegt sind.

Internet Explorer 5 prüft die Gültigkeit eines Dokuments nur dann, wenn Sie das Dokument über eine HTML-Webseite öffnen (und die Techniken verwenden, die Sie in den Lektionen 8 und 9 kennen lernen werden). Öffnen Sie ein XML-Dokument dagegen direkt im Internet Explorer 5 (wie Sie bisher in diesem Buch vorgegangen sind und in den Lektionen 7 und 10 vorgehen werden), dann prüft der Prozessor das Dokument (einschließlich einer vorhandenen Dokumenttyp-Deklaration) auf Wohlgeformtheit, jedoch nicht auf Gültigkeit, auch wenn die Dokumenttyp-Deklaration vorliegt.

## Das Format der DTD

Eine Dokumenttyp-Deklaration besitzt das folgende allgemeine Format:

`<!DOCTYPE Name DTD>`

*Name* gibt den Namen des Dokumentelements an. Der Name des eigentlichen Dokumentelements muss mit dem Namen, den Sie hier eingeben, exakt übereinstimmen. (Eine Beschreibung der Regeln zur Benennung von Elementnamen finden Sie im Abschnitt *Die Struktur eines Elements* in Lektion 3.) Erstellen Sie beispielsweise eine Dokumenttyp-Deklaration für das Beispieldokument aus dem vorherigen Abschnitt, dann verwenden Sie den Namen INVENTORY:

`<!DOCTYPE INVENTORY DTD>`

(Dies ist bisher keine vollständige Dokumenttyp-Deklaration. Noch muss *DTD* durch den eigentlichen Inhalt ersetzt werden.)

*DTD* ist die Dokumenttyp-Definition mit den Deklarationen, welche die Elemente, Attribute und sonstigen Eigenschaften des Dokuments definieren. Im nächsten Abschnitt wird deren Format vorgestellt.

Wie alle XML-Schlüsselwörter muss DOCTYPE in Großbuchstaben eingegeben werden.

## Die DTD erstellen

Die DTD besteht aus einer linken eckigen Klammer ([), gefolgt von Markup-Deklarationen sowie einer rechten eckigen Klammer (]). *Markup-Deklarationen* beschreiben die logische Struktur des Dokuments; d.h. sie definieren die Elemente, Attribute und weitere Eigenschaften des Dokuments. Abbildung 5.2 zeigt ein vollständiges gültiges XML-Dokument, das eine DTD mit einer einzigen Markup-Deklaration enthält, die den einzigen Elementtyp des Dokuments namens SIMPLE definiert.

**Abbildung 5.2**
Eine DTD mit einer
Markup-Deklaration

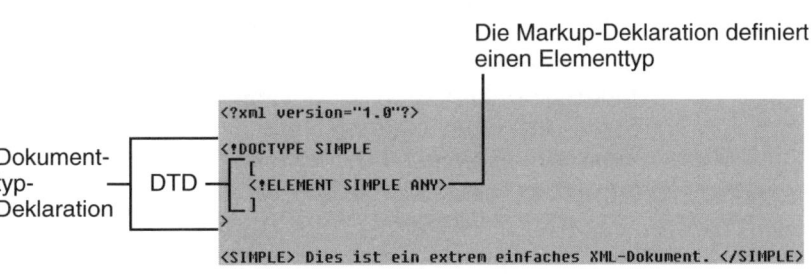

Die DTD dieses Beispieldokuments legt fest, dass das Dokument nur Elemente des Typs SIMPLE enthalten darf (da es der einzige definierte Elementtyp ist) und dass ein SIMPLE-Element Inhalte jedes möglichen Typs besitzen darf (das Schlüsselwort ANY).

Eine DTD kann die folgenden Typen von Markup-Deklarationen enthalten:

- **Elementtyp-Deklarationen**. Sie definieren die Typen der Elemente, die das Dokument enthalten darf, sowie den Inhalt und die Reihenfolge der Elemente. Elementtyp-Deklarationen werden im nächsten Abschnitt beschrieben.

- **Attributlisten-Deklarationen**. Jede Attributlisten-Deklaration definiert die Namen der Attribute, die auf einen bestimmten Elementtyp angewendet werden, sowie die Datentypen und Vorgabewerte dieser Attribute. Diese Deklarationen werden weiter hinten in dieser Lektion vorgestellt.

- **Entity-Deklarationen**. Sie können Entities verwenden, um häufig verwendete Textblöcke zu speichern oder nicht XML-konforme Daten in Ihr Dokument aufzunehmen. Entities werden in Lektion 6 beschrieben.

- **Notationsdeklarationen**. Eine Notation beschreibt ein Datenformat oder identifiziert das Programm, das ein bestimmtes Format verarbeitet. Sie werden in Lektion 6 beschrieben.

- **Verarbeitungsanweisungen**. Verarbeitungsanweisungen werden im Abschnitt *Verarbeitungsanweisungen verwenden* in Lektion 4 erläutert.

- **Kommentare**. Kommentare werden im Abschnitt *Kommentare einfügen* in Lektion 4 erläutert.

- **Parameter-Entity-Referenzen**. Jedes Element aus dieser Liste kann in einem Parameter-Entity enthalten sein und über eine Parameter-Entity-Referenz eingefügt werden. Eine Beschreibung hierzu finden Sie in Lektion 6. Parameter-Entity-Referenzen werden an dieser Stelle aus Gründen der Vollständigkeit aufgeführt.

Der in diesem Abschnitt beschriebene DTD-Typ (der auch in den Beispielen der folgenden Abschnitte verwendet wird) wird *interne DTD-Teilmenge* genannt, da er im Dokument vollständig innerhalb der Dokumenttyp-Deklaration steht. Gegen Ende dieser Lektion erfahren Sie, wie Sie eine in einer eigenen Datei gespeicherte DTD verwenden, eine so genannte *externe DTD-Teilmenge*.

# Elementtypen deklarieren

In einem gültigen XML-Dokument müssen Sie die Typen aller Elemente, die Sie im Dokument verwenden, explizit in einer *Elementtyp-Deklaration* innerhalb der DTD deklarieren. Eine Elementtyp-Deklaration beschreibt den Namen des Elementtyps und den erlaubten Inhalt des Elements (oft auch die Reihenfolge, in der untergeordnete Elemente auftreten können). Zusammen bilden die Elementtyp-Deklarationen in der DTD, ähnlich einem Datenbankentwurf, die gesamte logische Struktur des Dokuments ab. Das bedeutet, dass die Elementtyp-Deklarationen die im Dokument enthaltenen Elementtypen, deren Reihenfolge sowie die Inhaltsspezifikation der Elemente beschreiben.

## Das Format einer Elementtyp-Deklaration

Eine Elementtyp-Deklaration besitzt das folgende allgemeine Format:

```
<!ELEMENT Name inhaltsspez>
```

*Name* bezeichnet den Namen des Elementtyps, der deklariert wird. (Die Regeln für die Benennung von Elementnamen finden Sie im Abschnitt *Die Struktur eines Elements* in Lektion 3.) Und *inhaltsspez* ist die *Inhaltsspezifikation*, die den zulässigen Inhalt eines Elements definiert. Der nächste Abschnitt beschreibt die verschiedenen Typen von Inhaltsspezifikationen, die Ihnen zur Verfügung stehen.

Dies ist eine Deklaration eines Elementtyps TITLE, der nur Zeichendaten enthalten darf (untergeordnete Elemente sind nicht zulässig):

```
<!ELEMENT TITLE (#PCDATA)>
```

Und dies ist eine Deklaration des Elementtyps ALLGEMEIN, der jeden Inhaltstyp enthalten kann:

```
<!ELEMENT ALLGEMEIN ANY>
```

Das letzte Beispiel stellt ein vollständiges XML-Dokument mit zwei Elementtypen vor. Die Deklaration des Elementtyps COLLECTION zeigt an, dass dieser eines oder mehrere CD-Elemente enthalten darf, und die Deklaration des Elementtyps CD legt fest, dass dieser nur Zeichendaten enthalten darf. Beachten Sie, dass das Dokument diesen Deklarationen entspricht und daher gültig ist:

```
<?xml version="1.0"?>

<!DOCTYPE COLLECTION
    [
    <!ELEMENT COLLECTION (CD)+>
    <!ELEMENT CD (#PCDATA)>
    <!-- In eine DTD können Sie auch einen Kommentar einfügen. -->
    ]
```

```
>

<COLLECTION>
    <CD>Mozart Violinenkonzerte 1-3</CD>
    <CD>Telemann Trompetenkonzerte</CD>
    <CD>Händel Concerti Grossi Op. 3</CD>
</COLLECTION>
```

Sie können einen bestimmten Elementtyp in einem gegebenen Dokument nur einmal deklarieren.

# Die Elementinhaltsspezifikation

Sie können den Inhalt eines Elements, d.h. den Teil *inhaltsspez* der Elementtyp-Spezifikation, auf vier verschiedene Arten festlegen:

- **EMPTY, leeres Element.** Sie zeigen mit dem Schlüsselwort EMPTY an, dass das Element leer sein muss, dass es also keinen Inhalt besitzen darf. Ein Beispiel:

  ```
  <!ELEMENT IMAGE EMPTY>
  ```

  Die folgenden IMAGE-Elemente sind gültig und könnten in Ihr Dokument eingegeben werden:

  ```
  <IMAGE></IMAGE>
  <IMAGE />
  ```

- **ANY, beliebiger Inhalt.** Mit dem Schlüsselwort ANY zeigen Sie an, dass das Element einen beliebigen gültigen Inhaltstyp haben darf. Das bedeutet, dass ein Element dieses Typs keine oder mehrere untergeordnete Elemente in beliebiger Reihenfolge oder Anzahl von Wiederholungen enthalten kann, die wiederum Zeichendaten enthalten dürfen. Dies ist die lockerste Inhaltsspezifikation und sie erstellt einen Elementtyp ohne Inhaltsbeschränkungen. Es folgt ein Beispiel für eine Deklaration:

  ```
  <!ELEMENT MISC ANY>
  ```

- **Elementinhalt (auch *untergeordneter* Inhalt genannt).** Bei diesem Typ einer Inhaltsspezifikation darf das Element untergeordnete Elemente, selbst aber keine Zeichendaten enthalten. Diese Option wird im nächsten Abschnitt beschrieben.

- **Gemischter Inhalt.** Bei diesem Typ einer Inhaltsspezifikation kann das Element eine beliebige Anzahl von Zeichendaten enthalten und optional auch untergeordnete Elemente des angegebenen Typs. Diese Option wird weiter hinten in dieser Lektion beschrieben.

## Elementinhalte spezifizieren

Besitzt ein Element den Inhaltstyp Elementinhalt, dann darf es selbst nur die angegebenen untergeordneten Elemente, nicht jedoch Zeichendaten enthalten. Sie haben die Option, die untergeordneten Elemente im Dokument mit Leerzeilen zu separieren, um die Lesbarkeit zu verbessern, doch der Prozessor wird diese Zeichen ignorieren und nicht an die Anwendung übergeben.

Sehen Sie sich das folgende XML-Beispieldokument an, das ein einzelnes Buch beschreibt:

```
<?xml version="1.0"?>

<!DOCTYPE BOOK
    [
    <!ELEMENT BOOK (TITLE, AUTHOR)>
    <!ELEMENT TITLE (#PCDATA)>
    <!ELEMENT AUTHOR (#PCDATA)>
    ]
>

<BOOK>

    <TITLE>The Scarlet Letter</TITLE>

    <AUTHOR>Nathaniel Hawthorne</AUTHOR>

</BOOK>
```

Nach der Deklaration in diesem Dokument besitzt der Elementtyp BOOK einen Elementinhalt. Der dem Elementnamen in der Deklaration folgende Ausdruck (TITLE, AUTHOR) wird *Inhaltsmodell* genannt. Ein Inhaltsmodell zeigt die erlaubten Typen der untergeordneten Elemente sowie deren Reihenfolge an. In diesem Beispiel legt das Inhaltsmodell fest, dass ein BOOK-Element genau ein untergeordnetes TITLE-Element sowie genau ein untergeordnetes AUTHOR-Element besitzt. In diesem Dokument ignoriert der Prozessor die drei Leerzeilen, die die untergeordneten Elemente des BOOK-Elements trennen.

Ein Inhaltsmodell kann eines der beiden folgenden Formate besitzen:

■ **Sequenz.** Dieses Format eines Inhaltsmodells zeigt an, dass das Element eine bestimmte Reihenfolge untergeordneter Elemente besitzt. Die Namen der untergeordneten Elementtypen werden durch Kommas getrennt. Beispielsweise zeigt die folgende DTD an, dass ein Dokumentelement MOUNTAIN die untergeordneten Elemente NAME, HEIGHT sowie STATE besitzt:

```
<!DOCTYPE MOUNTAIN
    [
    <!ELEMENT MOUNTAIN (NAME, HEIGHT, STATE)>
    <!ELEMENT NAME (#PCDATA)>
    <!ELEMENT HEIGHT (#PCDATA)>
    <!ELEMENT STATE (#PCDATA)>
    ]
>
```

Das folgende Dokumentelement ist gültig:

```
<MOUNTAIN>
    <NAME>Wheeler</NAME>
    <HEIGHT>13161</HEIGHT>
    <STATE>New Mexico</STATE>
</MOUNTAIN>
```

Das folgende Dokumentelement wäre allerdings ungültig, da die Reihenfolge der untergeordneten Elemente nicht der Deklaration entspricht:

```
<MOUNTAIN> <!-- Ungültiges Element! -->
    <STATE>New Mexico</STATE>
    <NAME>Wheeler</NAME>
    <HEIGHT>13161</HEIGHT>
</MOUNTAIN>
```

Ungültig wäre es auch, ein untergeordnetes Element wegzulassen oder den gleichen untergeordneten Elementtyp mehrfach aufzunehmen. Wie Sie sehen, handelt es sich um einen sehr strengen Deklarationstyp.

**Auswahl.** Dieses Format eines Inhaltsmodells zeigt an, dass das Element jedes Element aus einer Folge möglicher untergeordneter Elemente besitzen darf. Diese untergeordneten Elemente werden durch das Zeichen | voneinander getrennt. Beispielsweise spezifiziert die folgende DTD, dass ein FILM-Element ein untergeordnetes STAR-Element *oder* ein untergeordnetes NARRATOR-Element *oder* ein untergeordnetes INSTRUCTOR-Element besitzen darf:

```
<!DOCTYPE FILM
    [
    <!ELEMENT FILM (STAR | NARRATOR | INSTRUCTOR)>
    <!ELEMENT STAR (#PCDATA)>
    <!ELEMENT NARRATOR (#PCDATA)>
    <!ELEMENT INSTRUCTOR (#PCDATA)>
    ]
>
```

Das folgende Dokumentelement ist gültig:

```
<FILM>
    <STAR>Robert Redford</STAR>
</FILM>
```

und dieses Element auch:

```
<FILM>
    <NARRATOR>Sir Gregory Parsloe</NARRATOR>
</FILM>
```

wie auch dieses:

```
<FILM>
    <INSTRUCTOR>Galahad Threepwood</INSTRUCTOR>
</FILM>
```

Das nächste Dokumentelement wäre allerdings ungültig, da Sie nur *einen* der untergeordneten Elementtypen aufnehmen dürfen:

```
<FILM> <!-- Ungültiges Element! -->
    <NARRATOR>Sir Gregory Parsloe</NARRATOR>
    <INSTRUCTOR>Galahad Threepwood</INSTRUCTOR>
</FILM>
```

Sie können jedes Format eines Inhaltsmodells modifizieren, indem Sie das Fragezeichen (?), das Pluszeichen (+) und den Stern (*) einsetzen, deren Bedeutung die folgende Tabelle beschreibt.

| Zeichen | Bedeutung |
|---------|-----------|
| ? | Keines oder das vorausgehende Element |
| + | Eines oder mehrere der vorausgehenden Elemente |
| * | Keines oder mehrere der vorausgehenden Elemente |

Beispielsweise bedeutet die folgende Deklaration, dass Sie eines oder auch mehrere des untergeordneten Elements NAME einfügen dürfen und dass das untergeordnete Element HEIGHT optional ist:

```
<!ELEMENT MOUNTAIN (NAME+, HEIGHT?, STATE)>
```

Daher ist das folgende Element gültig:

```
<MOUNTAIN>
    <NAME>Pueblo Peak</NAME>
    <NAME>Taos Mountain</NAME>
    <STATE>New Mexico</STATE>
</MOUNTAIN>
```

Die nächste Deklaration bedeutet, dass Sie keines oder mehrere der untergeordneten Elemente STAR oder ein untergeordnetes Element NARRATOR oder ein untergeordnetes Element INSTRUCTOR einfügen dürfen:

```
<!ELEMENT FILM (STAR* | NARRATOR | INSTRUCTOR)>
```

Daher ist jedes der drei folgenden Elemente gültig:

```
<FILM>
   <STAR>Tom Hanks</STAR>
   <STAR>Meg Ryan</STAR>
</FILM>

<FILM>
   <NARRATOR>Sir Gregory Parsloe</NARRATOR>
</FILM>

<FILM/>
```

Sie können die Zeichen ?, + oder * auch verwenden, um das gesamte Inhaltsmodell zu modifizieren, indem Sie eines dieser Zeichen direkt hinter der schließenden Klammer eingeben. Beispielsweise erlaubt die folgende Deklaration, eines oder mehrere untergeordnete Elemente jedes der drei Typen in beliebiger Reihenfolge aufzunehmen:

```
<!ELEMENT FILM (STAR | NARRATOR | INSTRUCTOR)+>
```

Durch diese Deklaration sind die folgenden Elemente gültig:

```
<FILM>
   <NARRATOR>Bertram Wooster</NARRATOR>
   <STAR>Sean Connery</STAR>
   <NARRATOR>Plug Basham</NARRATOR>
</FILM>

<FILM>
   <STAR>Sean Connery</STAR>
   <STAR>Meg Ryan</STAR>
</FILM>

<FILM>
   <INSTRUCTOR>Stinker Pike</INSTRUCTOR>
</FILM>
```

Sie haben außerdem die Möglichkeit, komplexere Inhaltsmodelle zu erstellen, indem Sie ein Auswahl-Inhaltsmodell in ein Sequenz-Inhaltsmodell schachteln oder umgekehrt. Die folgende DTD gibt beispielsweise an, dass das Dokumentelement FILM die untergeordneten Elemente TITLE sowie CLASS besitzen muss, denen ein untergeordnetes Element STAR, NARRATOR oder INSTRUCTOR folgt:

```
<!DOCTYPE FILM
    [
    <!ELEMENT FILM (TITLE, CLASS, (STAR | NARRATOR | INSTRUCTOR))>
    <!ELEMENT TITLE (#PCDATA)>
    <!ELEMENT CLASS (#PCDATA)>
    <!ELEMENT STAR (#PCDATA)>
    <!ELEMENT NARRATOR (#PCDATA)>
    <!ELEMENT INSTRUCTOR (#PCDATA)>
    ]
>
```

Nach dieser DTD ist das folgende Dokumentelement gültig:

```
<FILM>
    <TITLE>The Net</TITLE>
    <CLASS>Fiktion</CLASS>
    <STAR>Sandra Bullock</STAR>
</FILM>
```

und dieses auch:

```
<FILM>
    <TITLE>How to Use XML</TITLE>
    <CLASS>Lehre</CLASS>
    <INSTRUCTOR>Penny Donaldson</INSTRUCTOR>
</FILM>
```

## Gemischten Inhalt spezifizieren

Hat ein Element einen gemischten Inhalt, dann kann es Zeichendaten
enthalten. Und wenn Sie einen oder mehrere untergeordnete Elementtypen in der Deklaration spezifizieren, kann es jedes dieser untergeordneten Elemente in beliebiger Reihenfolge und in beliebiger Anzahl (oder
gar nicht) enthalten. In anderen Worten, bei gemischtem Inhalt können
Sie die Typen der untergeordneten Elemente erzwingen, nicht jedoch die
Reihenfolge oder die Anzahl eines untergeordneten Elementtyps, und Sie
können auch nicht vorschreiben, dass ein bestimmter untergeordneter
Elementtyp vorkommen muss.

Um einen Elementtyp mit gemischtem Inhalt zu deklarieren, verwenden
Sie eines der beiden folgenden Formate eines Inhaltsmodells:

■ **Nur Zeichendaten.** Sie deklarieren einen Elementtyp, der nur Zeichendaten enthalten darf, mit dem Inhaltsmodell (#PCDATA). Die folgende Deklaration erlaubt beispielsweise, dass ein SUBTITLE-
Element nur Zeichendaten enthält:

```
<!ELEMENT SUBTITLE (#PCDATA)>
```

Nach dieser Deklaration sind die beiden folgenden Elemente gültig:

```
<SUBTITLE>Ein neuer Ansatz</SUBTITLE>
<SUBTITLE></SUBTITLE>
```

Beachten Sie, dass im zweiten Beispiel ein Element, das laut Deklaration Zeichendaten enthalten darf, auch kein Zeichen enthalten kann, d.h. es darf leer sein. (Bei diesem Inhaltsmodell ist der Begriff *gemischter Inhalt* technisch gesehen falsch.)

Das Schlüsselwort PCDATA steht für *Parsed Character Data*. Sie wissen aus Lektion 3, dass der XML-Prozessor Zeichenketten innerhalb eines Elements *parst*, also das Element nach XML-Markupcode durchsucht. Daher können Sie die Zeichen < und & oder die Zeichenkette ]]> nicht in diese Daten aufnehmen, da der Parser jedes der Zeichen bzw. die Zeichenkette als Markup interpretieren würde. Verwenden Sie allerdings eine Zeichenreferenz oder eine vordefinierte Entity-Referenz (siehe Lektion 6) oder einen CDATA-Abschnitt (siehe Lektion 4), dann können Sie jedes Zeichen einfügen.

- **Zeichendaten plus optionale untergeordnete Elemente.** Sie deklarieren einen Elementtyp, der Zeichendaten und auch keines oder mehrere untergeordnete Elemente enthalten kann, indem Sie im Inhaltsmodell nach #PCDATA jeden untergeordneten Elementtyp auflisten, wobei Sie die einzelnen Typen mit dem Zeichen | trennen und das gesamte Inhaltsmodell mit dem Stern (*) abschließen. Jeder Elementname kann im Inhaltsmodell nur einmal auftreten. Beispielsweise erlaubt die folgende Deklaration, dass das TITLE-Element Zeichendaten sowie keines oder mehrere untergeordnete Elemente SUBTITLE enthält:

```
<!ELEMENT TITLE (#PCDATA | SUBTITLE)*>
```

Die folgenden TITLE-Elemente sind gültig und entsprechen dieser Deklaration:

```
<TITLE>
   Moby-Dick
   <SUBTITLE>oder Der Wal</SUBTITLE>
</TITLE>

<TITLE>
   <SUBTITLE>oder Der Wal</SUBTITLE>
   Moby-Dick
</TITLE>

<TITLE>
   Moby-Dick
</TITLE>

<TITLE>
   <SUBTITLE>oder Der Wal</SUBTITLE>
   <SUBTITLE>Ein weiterer Untertitel</SUBTITLE>
</TITLE>

<TITLE></TITLE>
```

# Attribute deklarieren

In einem gültigen XML-Dokument müssen Sie außerdem alle Attribute explizit deklarieren, die Sie zusammen mit den Elementen des Dokuments verwenden wollen. Sie definieren alle einem bestimmten Element zugeordnete Attribute über einen DTD-Typ, die so genannte *Attributlisten-Deklaration*. Diese Deklaration erfüllt folgende Zwecke:

- Sie definiert die Namen der Attribute, die dem Element zugeordnet sind. In einem gültigen Dokument können Sie in das Start-Tag eines Elements nur die Attribute aufnehmen, die für dieses Element definiert sind.

- Sie spezifiziert den Datentyp jedes Attributs.

- Sie gibt für jedes Attribut an, ob es erforderlich ist. Ist ein Attribut nicht erforderlich, zeigt die Attributlisten-Deklaration außerdem an, was der Prozessor ausführen soll, wenn das Attribut fehlt. (Die Deklaration könnte dem Prozessor beispielsweise einen voreingestellten Attributwert bereitstellen.)

## Das Format einer Attributlisten-Deklaration

Eine Attributlisten-Deklaration hat folgendes Format:

```
<!ATTLIST Name AttDefs>
```

*Name* bezeichnet den Typnamen des Elements, dem das Attribut bzw. die Attribute zugeordnet sind. *AttDefs* besteht aus einer Folge von einer oder mehreren *Attributdefinitionen*, die jeweils ein Attribut definieren.

Eine Attributdefinition besitzt die folgende Syntax:

```
Name AttTyp VorgabeDekl
```

*Name* steht für den Namen des Attributs. (Die Regeln für gültige Attributnamen werden im Abschnitt *Regeln für die Attributerstellung* in Lektion 3 beschrieben.) *AttTyp* ist der *Attributtyp,* also der Typ des Wertes, der dem Attribut zugewiesen werden kann. (Der Attributtyp wird im nächsten Abschnitt beschrieben.) Und *VorgabeDekl* ist die *Vorgabedeklaration.* Sie zeigt an, ob das Attribut erforderlich ist und stellt weitere Informationen zur Verfügung. (Die Vorgabedeklaration wird weiter hinten in dieser Lektion beschrieben.)

Angenommen, Sie deklarieren einen Elementtyp namens FILM wie folgt:

```
<!ELEMENT FILM (TITLE, (STAR | NARRATOR | INSTRUCTOR))>
```

Eine Attributlisten-Deklaration, die für FILM-Elemente zwei Attribute *Class* und *Year* deklariert, könnte dann so aussehen:

```
<!ATTLIST FILM   Class CDATA "fictional"   Year CDATA #REQUIRED>
```

Diese Deklaration besitzt die in Abbildung 5.3 dargestellten Bestandteile.

**Abbildung 5.3**
Aufbau einer Attribut-
listen-Deklaration

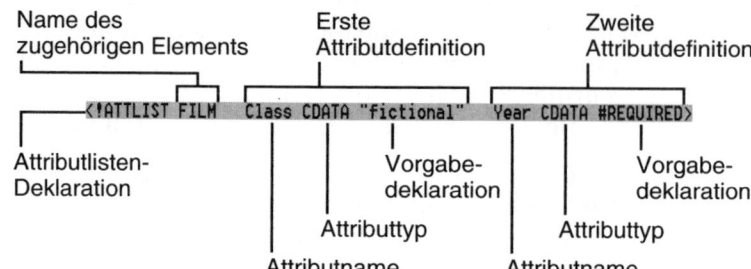

Sie können dem Attribut *Class* jede gültige Zeichenkette in Anführungszeichen (das Schlüsselwort CDATA) zuweisen; lassen Sie das Attribut bei
einem bestimmten Element weg, wird ihm automatisch der Vorgabewert
„fictional" zugewiesen. Sie können dem Attribut *Year* jede gültige Zeichenkette in Anführungszeichen zuweisen; diesem Attribut muss allerdings in jedem FILM-Element (das Schlüsselwort #REQUIRED) ein Wert
zugewiesen werden und daher fehlt eine Voreinstellung.

Das folgende vollständige XML-Dokument enthält sowohl diese Attributlisten-Deklaration als auch ein FILM-Element:

```
<?xml version="1.0"?>

<!DOCTYPE FILM
    [
    <!ELEMENT FILM (TITLE, (STAR | NARRATOR | INSTRUCTOR))>
    <!ATTLIST FILM   Class CDATA "Fiktion"   Year CDATA #REQUIRED>
    <!ELEMENT TITLE (#PCDATA)>
    <!ELEMENT STAR (#PCDATA)>
    <!ELEMENT NARRATOR (#PCDATA)>
    <!ELEMENT INSTRUCTOR (#PCDATA)>
    ]
>

<FILM Year="1948">
    <TITLE>The Morning After</TITLE>
    <STAR>Morgan Attenbury</STAR>
</FILM>
```

In diesem FILM-Element wird dem Attribut *Year* der Wert „1948" zugewiesen. Das Attribut *Class* fehlt zwar, doch da dessen Attribut einen Vorgabewert („fictional") besitzt, wird dieser Wert zugewiesen, als hätten
Sie das Attribut selbst und diesen Wert angegeben.

Schließen Sie mehrere Attributlisten-Deklarationen für einen gegebenen Elementtyp ein, dann werden die Inhalte der beiden Deklarationen zusammengeführt. Wird ein Attribut mit einem gegebenen Namen für das gleiche Element mehrfach deklariert, kommt die erste Deklaration zur Anwendung und die zweite wird ignoriert. (Mehrfache Attributlisten-Deklarationen sind üblich, wenn ein Dokument sowohl eine interne als auch eine externe DTD-Teilmenge besitzt. Dies wird weiter hinten in dieser Lektion erläutert.)

# Der Attributtyp

Beim Attributtyp handelt es sich um die zweite erforderliche Komponente einer Attributdefinition. Der Attributtyp gibt an, welche Art von Wert Sie dem Attribut im Dokument zuweisen können.

**Abbildung 5.4**
Attributtypdefinition in der Attributlisten-Deklaration

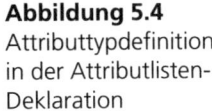
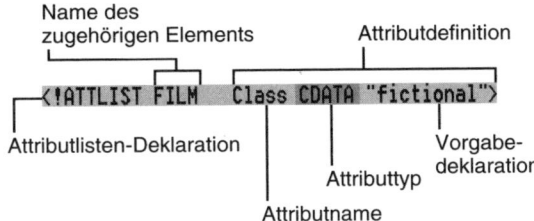

Sie haben drei Möglichkeiten, den Attributtyp anzugeben:

▦ **Zeichenkettentyp.** Einem Attribut dieses Typs kann jede *Zeichenkette in Anführungszeichen* (auch *Literal* genannt) zugewiesen werden, die den allgemeinen Regeln genügt, die im Abschnitt *Regeln für gültige Attributwerte* in Lektion 3 beschrieben sind. Sie deklarieren ein Attribut vom Zeichenkettentyp über das Schlüsselwort CDATA wie in der Attributdefinition von *Class* im folgenden Beispiel:

```
<!ATTLIST FILM   Class CDATA "fictional">
```

▦ **Token-Typ.** Die Werte, die Sie diesem Attributtyp zuweisen können, werden auf verschiedenen Wegen erzwungen, wie im nächsten Abschnitt beschrieben.

▦ **Aufzählungstyp.** Sie können einem Attribut vom Aufzählungstyp einen Wert aus einer Liste von Werten zuweisen. Dieser Typ wird weiter hinten in dieser Lektion vorgestellt.

## Einen Token-Typ spezifizieren

Wie jeder Attributwert muss auch der Wert, den Sie einem Token-Typ zuweisen, eine Zeichenkette in Anführungszeichen sein, die den allgemeinen Regeln genügt, die im Abschnitt *Regeln für gültige Attributwerte* in Lektion 3 beschrieben sind.

Zusätzlich muss der Wert konform zu der Einschränkung sein, die Sie mithilfe eines entsprechenden Schlüsselworts in der Attributdefinition spezifizieren. Beispielsweise ist im folgenden XML-Dokument das Attribut *StockCode* über das Schlüsselwort ID als Token-Typ definiert. (ID ist nur eines der Schlüsselwörter, mit denen Sie einen Token-Typ deklarieren können.) Dieses Schlüsselwort legt fest, dass dem Attribut in jedem Element ein eindeutiger Wert zugewiesen werden muss. (Es wäre unzulässig, den *StockCode* „S021" zwei ITEM-Elementen zuzuweisen.)

```
<?xml version="1.0"?>

<!DOCTYPE INVENTORY
    [
    <!ELEMENT INVENTORY (ITEM*)>
    <!ELEMENT ITEM (#PCDATA)>
    <!ATTLIST ITEM    StockCode ID #REQUIRED>
    ]
>

<INVENTORY>
    <!-- Jedes ITEM muss einen eigenen Wert StockCode besitzen. -->
    <ITEM StockCode="S021">Teekanne mit Rosenmuster</ITEM>
    <ITEM StockCode="S034">Elektrische Kaffee-Mühle</ITEM>
    <ITEM StockCode="S086">Backofen-Thermometer</ITEM>
</INVENTORY>
```

Es folgt eine vollständige Liste der Schlüsselwörter, die Sie zur Definition von Attributen vom Token-Typ verwenden können. Außerdem sind die Einschränkungen beschrieben, die mit diesen Schlüsselwörtern für Attributwerte definiert werden.

■ **ID**. Das Attribut muss in jedem Element einen eindeutigen Wert besitzen. Der Wert muss mit einem Buchstaben oder einem Unterstrich (_) beginnen, dem null oder mehrere Buchstaben, Zahlen, Punkte (.), Bindestriche (-) oder Unterstriche folgen können. Außerdem darf ein einzelner Doppelpunkt (:) eingefügt werden, ausgenommen an der ersten Zeichenposition. Ein bestimmter Elementtyp darf nur ein Attribut vom Typ ID besitzen und die voreingestellte Deklaration des Attributs muss entweder #REQUIRED oder #IMPLIED lauten (Details hierzu erfahren Sie weiter hinten in dieser Lektion). Ein Beispiel für diesen Attributtyp finden Sie im obigen Dokument INVENTORY.

■ **IDREF**. Der Attributwert muss mit dem Wert eines Attributs vom Typ ID in einem Element innerhalb des Dokuments übereinstimmen. Dieser Attributtyp verweist also auf den eindeutigen Bezeichner eines anderen Attributs. Beispielsweise können Sie ein IDREF-Attribut namens *GoesWith* zum ITEM-Element hinzufügen:

```
<!ELEMENT ITEM (#PCDATA)>
<!ATTLIST ITEM
    StockCode ID #REQUIRED    GoesWith IDREF #IMPLIED>
```

Sie können dieses Attribut dann verwenden, um auf ein weiteres ITEM-Element zu verweisen:

```
<ITEM StockCode="S034">Elektrische Kaffee-Mühle</ITEM>
<ITEM StockCode="S047" GoesWith="S034">
    Kaffee-Mühlen-Bürste
    </ITEM>
```

▪ **IDREFS.** Dieser Attributtyp entspricht dem Typ IDREF, doch der Wert kann Verweise auf verschiedene Bezeichner enthalten, die durch Leerzeichen getrennt werden und alle in der in Anführungszeichen eingeschlossenen Zeichenkette stehen. Würden Sie dem Attribut *GoesWith* beispielsweise den Typ IDREFS zuweisen:

```
<!ATTLIST ITEM    StockCode ID #REQUIRED    GoesWith IDREFS #IMPLIED>
```

könnten Sie damit auf verschiedene weitere Elemente verweisen:

```
<ITEM StockCode="S034">Elektrische Kaffee-Mühle</ITEM>
<ITEM StockCode="S039">
    1 Pfund Kaffeebohnen Frühstückskaffee
    </ITEM>
<ITEM StockCode="S047" GoesWith="S034 S039">
    Kaffee-Mühlen-Bürste
</ITEM>
```

▪ **ENTITY.** Der Attributwert muss mit dem Namen eines in der DTD deklarierten nicht geparsten Entity übereinstimmen. Ein nicht geparstes Entity verweist auf eine externe Datei, normalerweise eine, die XML-fremde Daten enthält. Diese Entities werden in Lektion 6 vorgestellt.

Sie können etwa ein Element namens IMAGE in der DTD deklarieren, das eine Grafik repräsentiert, sowie einen Attributtyp ENTITY namens *Source*, um die Quelle der Grafikdaten zu indizieren:

```
<!ELEMENT IMAGE EMPTY>
<!ATTLIST IMAGE    Source ENTITY #REQUIRED>
```

Haben Sie ein nicht geparstes Entity *Logo* deklariert (mit Techniken, die in Lektion 6 vorgestellt werden), das die Grafikdaten für ein Bild enthält, dann könnten Sie dieses Entity dem Attribut *Source* eines IMAGE-Elements im Dokument wie folgt zuweisen:

```
<IMAGE Source="Logo" />
```

▪ **ENTITIES.** Dieser Attributtyp entspricht dem ENTITY-Typ, jedoch kann der Wert die Namen mehrerer nicht geparster Entities enthalten, die durch Leerzeichen voneinander getrennt und alle in der in Anführungszeichen eingeschlossenen Zeichenkette enthalten sind. Definieren Sie beispielsweise das Attribut *Source* als vom ENTITIES-Typ:

```
<!ELEMENT IMAGE EMPTY>
<!ATTLIST IMAGE   Source ENTITIES #REQUIRED>
```

könnten Sie damit auf mehrere nicht geparste Entities verweisen (vielleicht auf Entities, die die Grafikdaten in verschiedenen Formaten speichern):

```
<IMAGE Source="LogoGif LogoBmp" />
```

(Dieses Beispiel beruht darauf, dass es sich bei *LogoGif* und *LogoBmp* um die Namen nicht geparster Entities handelt, die mit Techniken in der DTD deklariert wurden, die Sie in Lektion 6 kennen lernen werden.)

**NMTOKEN.** Der Wert ist ein *Namenstoken*, also ein Name, der aus einer beliebigen Zusammenstellung von Buchstaben, Zahlen, Punkten (.), Bindestrichen (-) oder Unterstrichen (_) besteht. Ein Namenstoken kann außerdem einen einzelnen Doppelpunkt (:) enthalten, nicht jedoch an der ersten Zeichenposition. Weisen Sie beispielsweise dem ISBN-Attribut den Typ NMTOKEN zu:

```
<!ELEMENT BOOK (#PCDATA)>
<!ATTLIST BOOK   ISBN NMTOKEN #REQUIRED>
```

dann könnten Sie ihm einen Wert zuweisen, der mit einer Zahl beginnt (bei den Typen NMTOKEN und NMTOKENS ist eine Zahl als erstes Zeichen erlaubt, nicht jedoch bei den anderen Token-Typen):

```
<BOOK ISBN="9-99999-999-9">Die Strafkolonie</BOOK>
```

**NMTOKENS.** Dieser Attributtyp entspricht dem Typ NMTOKEN, jedoch kann der Wert mehrere Namenstoken umfassen, die durch Leerzeichen getrennt und alle innerhalb der in Anführungszeichen stehenden Zeichenkette enthalten sind. Würden Sie dem Attribut *Codes* den NMTOKENS-Typ zuweisen:

```
<!ELEMENT SHIRT (#PCDATA)>
<!ATTLIST SHIRT   Codes NMTOKENS #REQUIRED>
```

könnten Sie ihm mehrere Namenstokenwerte zuweisen:

```
<SHIRT Codes="38 21 97">Hemd mit langen Ärmeln</SHIRT>
```

## Einen Aufzählungstyp spezifizieren

Wie jeder Attributwert muss auch der Wert, den Sie einem Aufzählungstyp zuweisen, eine in Anführungszeichen eingeschlossene Zeichenkette sein, die den im Abschnitt *Regeln für gültige Attributwerte* in Lektion 3 aufgeführten Regeln genügt. Zusätzlich muss der Wert mit einem der Namen übereinstimmen, die Sie in der Attributtyp-Spezifikation auflisten, die einem der folgenden Formate entsprechen muss:

Eine öffnende Klammer, gefolgt von einer durch die Zeichen | getrennten Liste von Namenstokens, gefolgt von einer schließenden Klammer. Ein *Namenstoken* ist ein Name, der aus einer beliebigen Zusammenstellung von Buchstaben, Zahlen, Punkten (.), Bindestrichen (-) und Unterstrichen (_) besteht. Er kann außerdem einen einzelnen Doppelpunkt (:) enthalten, nicht jedoch an der ersten Zeichenposition. Wollen Sie beispielsweise die Werte des Attributs *Class* auf „fictional", „instructional" oder „documentary" beschränken, könnten Sie dieses Attribut wie folgt als Aufzählungstyp definieren:

```
<!ATTLIST FILM
    Class (fictional | instructional | documentary)
    "Fiktion">
```

Dieses vollständige XML-Dokument zeigt die Verwendung des Attributs *Class*:

```
<?xml version="1.0"?>

<!DOCTYPE FILM
    [
    <!ELEMENT FILM (TITLE, (STAR | NARRATOR | INSTRUCTOR))>
    <!ATTLIST FILM
        Class (fictional|instructional|documentary) "fictional">
    <!ELEMENT TITLE (#PCDATA)>
    <!ELEMENT STAR (#PCDATA)>
    <!ELEMENT NARRATOR (#PCDATA)>
    <!ELEMENT INSTRUCTOR (#PCDATA)>
    ]
>

<FILM Class="instructional">
    <TITLE>The Use and Care of XML</TITLE>
    <NARRATOR>Michael Young</NARRATOR>
</FILM>
```

Lassen Sie das Attribut *Class* weg, dann wird der Vorgabewert „fictional" zugewiesen. Weisen Sie *Class* einen anderen Wert als „fictional", „instructional" oder „documentary" zu, dann ist das ein Gültigkeitsfehler.

Das Schlüsselwort NOTATION, gefolgt von einem Leerzeichen, einer öffnenden Klammer, einer durch | getrennten Liste von Notationsnamen und einer schließenden Klammer. Jeder dieser Namen muss mit dem Namen einer in der DTD deklarierten Notation übereinstimmen. Eine Notation beschreibt ein Datenformat oder identifiziert das Programm, das ein bestimmtes Format verarbeitet. Notationen werden in Lektion 6 erläutert.

Unter der Annahme, dass die Notationen HTML, SGML und RTF in Ihrer DTD deklariert sind, könnten Sie die Werte des Attributs *Format* auf einen dieser Notationsnamen einschränken, indem Sie es wie folgt deklarieren:

```
<!ELEMENT EXAMPLE_DOCUMENT (#PCDATA)>
<!ATTLIST EXAMPLE_DOCUMENT
    Format NOTATION (HTML|SGML|RTF) #REQUIRED>
```

Sie können dann mit dem *Format*-Element das Format eines bestimmten EXAMPLE_DOCUMENT-Elements anzeigen:

```
<EXAMPLE_DOCUMENT Format="HTML">
   <![CDATA[
      <HTML>
      <HEAD>
      <TITLE>Miriams Homepage</TITLE>
      </HEAD>

      <BODY>
      <P>Willkommen!</P>
      </BODY>
      </HTML>
   ]]>
</EXAMPLE_DOCUMENT>
```

Wird *Format* ein anderer Wert als „HTML", „SGML" oder „RTF" zugewiesen, dann führt dies zu einem Gültigkeitsfehler. (Beachten Sie hier die Verwendung des CDATA-Abschnitts, der es Ihnen erlaubt, das Zeichen < ohne Einschränkungen innerhalb der Zeichendaten des Elements einzusetzen.)

# Die Vorgabedeklaration

Die Vorgabedeklaration ist die dritte und letzte erforderliche Komponente einer Attributdefinition (siehe Abbildung 5.5). Sie legt fest, ob das Attribut erforderlich ist, und falls dies nicht der Fall ist, zeigt sie an, wie der Prozessor reagieren soll, wenn das Attribut weggelassen wird. Die Deklaration könnte beispielsweise einen voreingestellten Attributwert bereitstellen, der im Fall eines fehlenden Attributs verwendet wird.

**Abbildung 5.5**
Vorgabedeklaration in der Attributlisten-Deklaration

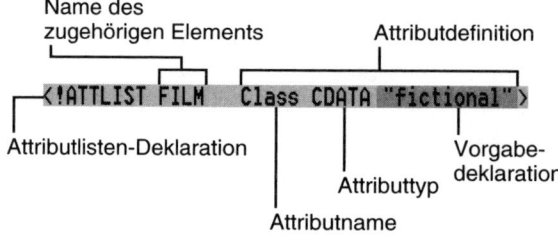

Die Vorgabedeklaration kann von einem der folgenden vier Typen sein:

▪ **#REQUIRED.** Bei dieser Vorgabe müssen Sie für jedes Element des zugehörigen Typs einen Attributwert angeben. Die folgende Deklaration zeigt zum Beispiel an, dass Sie dem Attribut *Class* im Start-Tag jedes FILM-Elements im Dokument einen Wert zuweisen müssen:

```
<!ATTLIST FILM    Class CDATA #REQUIRED>
```

▪ **#IMPLIED.** Diese Vorgabe zeigt an, dass Sie das Attribut eines Elements des zugehörigen Typs entweder aufnehmen oder weglassen können; dem Prozessor wird kein Vorgabewert zur Verfügung gestellt, falls das Attribut fehlt. (Diese Form „impliziert" eher einen Wert und veranlasst, dass die Anwendung die eigene Voreinstellung verwendet – daher auch der Name.) Beispielsweise zeigt die folgende Deklaration an, dass die Zuweisung eines Wertes an das Attribut *Class* innerhalb eines FILM-Elements optional ist und das Dokument keinen Vorgabewert für *Class* bereitstellt:

```
<!ATTLIST FILM    Class CDATA #IMPLIED>
```

▪ *AttWert*, wobei *AttWert* für einen voreingestellten Attributwert steht. Hier können Sie das Attribut bei einem Element des zugehörigen Typs entweder aufnehmen oder weglassen. Im letzteren Fall verwendet der Prozessor den Vorgabewert, so als ob Sie das Attribut angegeben und den Wert eingetipppt hätten. Der von Ihnen festgelegte Vorgabewert muss natürlich dem Attributtyp entsprechen. Beispielsweise weist die folgende Deklaration dem Attribut *Class* den Vorgabewert „fictional" zu:

```
<!ATTLIST FILM    Class CDATA "fictional">
```

Gemäß dieser Deklaration sind die beiden folgenden Elemente äquivalent:

```
<FILM>The Graduate</FILM>
<FILM Class="fictional">The Graduate</FILM>
```

▪ **#FIXED** *AttWert*, wobei *AttValue* für einen voreingestellten Attributwert steht. Hier können Sie das Attribut bei einem Element des zugehörigen Typs aufnehmen oder weglassen. Lassen Sie es weg, verwendet der Prozessor den Vorgabewert; sonst müssen Sie die Voreinstellung spezifizieren. (Da Sie nur den voreingestellten Wert spezifizieren können, gibt es keinen zwingenden Grund, in ein Element eine Attributspezifikation einzufügen, außer vielleicht, um die Lesbarkeit des Dokuments zu verbessern.) Die folgende Deklaration etwa weist dem Attribut *Class* einen festen voreingestellten Wert zu:

```
<!ATTLIST FILM    Class CDATA #FIXED "documentary">
```

Gemäß dieser Deklaration sind die beiden folgenden äquivalenten Elemente gültig:

```
<FILM>The Making of XML</FILM>
<FILM Class="documentary">The Making of XML</FILM>
```

das nächste jedoch nicht:

```
<!-- Ungültiges Element! -->
<FILM Class="instructional">The Making of XML</FILM>
```

# Eine externe DTD-Teilmenge verwenden

Die bisher in dieser Lektion vorgestellten Dokumenttyp-Definitionen stehen alle vollständig innerhalb der Dokumenttyp-Deklaration des Dokuments. Dieser DTD-Typ wird *interne DTD-Teilmenge* genannt.

Alternativ können Sie die gesamte DTD des Dokuments oder auch Teile davon in eine separate Datei aufnehmen und dann aus der Dokumenttyp-Deklaration auf diese Datei verweisen. Eine DTD (oder ein Teil einer DTD), die in einer separaten Datei abgelegt ist, wird *externe DTD-Teilmenge* genannt.

Die Verwendung einer externen DTD-Teilmenge ist primär bei einer allgemeinen DTD von Vorteil, die von einer Dokumentgruppe angewendet wird. Jedes Dokument kann auf eine einzelne DTD-Datei (oder auf eine Kopie dieser Datei) als eine externe DTD-Teilmenge verweisen. Damit muss der DTD-Inhalt nicht in jedes Dokument kopiert werden und die Pflege der DTD wird erleichtert. (Sie müssen nur diese eine DTD-Datei bzw. Kopien dieser Datei modifizieren, statt alle Dokumente zu ändern, die diese DTD verwenden.) Sie wissen aus Lektion 1, dass viele XML-Standardanwendungen auf einer allgemeinen DTD basieren, die in alle XML-Dokumente aufgenommen wird, die zur Anwendung konform sein sollen. Informationen hierzu finden Sie in den Abschnitten *XML-Standardanwendungen* sowie *Praktische XML-Anwendungen* in Lektion 1.

## Nur eine externe DTD-Teilmenge verwenden

Um nur eine externe DTD-Teilmenge zu verwenden, lassen Sie den Block mit Markup-Deklarationen innerhalb der eckigen Klammern weg und tragen statt dessen das Schlüsselwort SYSTEM, gefolgt vom Ort der Datei ein, die die DTD enthält. Betrachten Sie etwa das Dokument SIMPLE aus einem vorherigen Abschnitt dieser Lektion, das eine interne DTD-Teilmenge besitzt:

```
<?xml version="1.0"?>

<!DOCTYPE SIMPLE
    [
    <!ELEMENT SIMPLE ANY>
    ]
>

<SIMPLE> Dies ist ein extrem einfaches XML-Dokument. </SIMPLE>
```

Verwendet dieses Dokument eine externe DTD-Teilmenge, dann würde es wie folgt aussehen:

```
<?xml version="1.0"?>

<!DOCTYPE SIMPLE SYSTEM "Simple.dtd">

<SIMPLE> Dies ist ein extrem einfaches XML-Dokument. </SIMPLE>
```

Die Datei Simple.dtd hätte dann den folgenden Inhalt:

```
<!ELEMENT SIMPLE ANY>
```

Die Datei mit der externen DTD-Teilmenge kann jede der Markup-Deklarationen enthalten, die auch in einer internen DTD-Teilmenge zulässig sind. Sie sind im Abschnitt *Die DTD erstellen* weiter vorne in dieser Lektion beschrieben.

Die Beschreibung des Speicherorts der Datei (im Beispiel Simple.dtd) wird *Systemliteral* genannt. Der Ausdruck kann in Apostrophe (') oder in Anführungszeichen („) eingeschlossen sein und darf jedes Zeichen abgesehen vom einschließenden Zeichen enthalten.

Das Systemliteral gibt den *Uniform Resource Identifier* (URI) der Datei an, welche die externe DTD-Teilmenge enthält. Zum gegenwärtigen Zeitpunkt ist ein URI das Gleiche wie eine Internet-Standardadresse, der Uniform Resource Locator oder URL. Sie verwenden einen voll qualifizierten URI folgendermaßen:

```
<!DOCTYPE SIMPLE SYSTEM "http://bogus.com/dtds/Simple.dtd">
```

Alternativ verwenden Sie einen partiellen URI, der einen Ort relativ zum Ort des XML-Dokuments beschreibt, das den URI enthält:

```
<!DOCTYPE SIMPLE SYSTEM "Simple.dtd">
```

Ein URI ist ein neues, sehr flexibles Notationssystem für die Adressierung von Ressourcen. Ein Typ eines URI ist der URL (Uniform Resource Locator), der allgemein im Internet eingesetzt wird (etwa *http://mspress.microsoft.com/*). Zukünftig werden URIs weitere Notationstypen umfassen, die sich allerdings noch in der Entwicklungsphase befinden.

Relative URIs in XML-Dokumenten werden wie relative URLs in HTML-Seiten interpretiert. Im zweiten Beispiel würde „Simple.dtd" auf *http://bogus.com/documents/Simple.dtd* verweisen, falls der vollständige URL des XML-Dokuments *http://bogus.com/documents/Simple.xml* lautete. Entsprechend würde „Simple.dtd" auf *file:///C:\XML Schritt für Schritt\Beispiele\Simple.dtd* verweisen, wäre das XML-Dokument unter *file:///C:\XML Schritt für Schritt\Beispiele\\Simple.xml* gespeichert.

# Sowohl eine externe als auch eine interne DTD-Teilmenge verwenden

Um sowohl eine externe als auch eine interne DTD-Teilmenge zu verwenden, geben Sie das Schlüsselwort SYSTEM zusammen mit dem Systemliteral an, das den Ort der Datei mit der externen DTD-Teilmenge beschreibt. Dahinter folgen die Markup-Deklarationen der internen DTD-Teilmenge in eckigen Klammern ([]).

Das folgende Beispiel zeigt ein einfaches XML-Dokument, das sowohl eine interne als auch eine externe DTD-Teilmenge besitzt:

```
<?xml version="1.0"?>

<!DOCTYPE BOOK SYSTEM "Book.dtd"
   [
   <!ATTLIST BOOK   ISBN CDATA #IMPLIED   Year CDATA "2000">
   <!ELEMENT TITLE (#PCDATA)>
   ]
>

<BOOK Year="1998">
   <TITLE>The Scarlet Letter</TITLE>
</BOOK>
```

Die Datei Book.dtd, welche die externe DTD-Teilmenge enthält, hat folgenden Inhalt:

```
<!ELEMENT BOOK ANY>
<!ATTLIST BOOK   ISBN NMTOKEN #REQUIRED>
```

Schließen Sie sowohl eine externe als auch eine interne DTD-Teilmenge ein, dann führt der XML-Prozessor deren Inhalte wie folgt zusammen:

- Im Allgemeinen werden die Inhalte der beiden Teilmengen zusammengeführt und bilden dann die vollständige DTD. Im Beispiel definiert die resultierende DTD zwei Elemente, TITLE und BOOK, sowie zwei Attribute für das BOOK-Element, ISBN und *Year*.

- Ist ein Attribut mit dem gleichen Namen und Elementtyp jedoch mehrfach deklariert, verwendet der XML-Prozessor die erste Deklaration. Alle weiteren werden ignoriert. (Dies ist ebenso auf erneute Deklarationen von Entities anwendbar; Erläuterungen hierzu finden Sie in Lektion 6.)

Die interne DTD-Teilmenge wird als Erste bearbeitet (auch wenn der Verweis auf die externe Teilmenge in der Dokumenttyp-Deklaration zuerst steht). Daher besitzt jedes in der internen Teilmenge definierte Attribut (und jedes Entity) Vorrang vor solchen, die unter dem gleichen Namen und dem gleichen Elementtyp in der externen Teilmenge deklariert sind. Im Beispiel nimmt der XML-Prozessor an, dass das Attribut ISBN vom Typ CDATA ist und die voreingestellte Deklaration #IMPLIED besitzt. Daher ist das folgende Element (das ISBN weglässt) gültig:

```
<BOOK Year="1850">
    <TITLE>The Scarlet Letter</TITLE>
</BOOK>
```

Der XML-Prozessor ignoriert zwar erneute Deklarationen von Attributen und Entities, doch eine erneute Deklaration eines Elements (auch wenn es auf die gleiche Weise deklariert ist) ist ungültig.

Die Art und Weise, wie der XML-Prozessor interne und externe DTD-Teilmengen zusammenführt, bietet Ihnen die Möglichkeit, eine allgemeine DTD (etwa eine für eine XML-Anwendung bereitgestellte DTD wie MathML) als externe DTD-Teilmenge zu verwenden, dann jedoch die DTD für das aktuelle Dokument *anzupassen* (oder im Programmierjargon *eine Klasse abzuleiten*), indem Sie eine interne Teilmenge einschließen. Diese interne Teilmenge kann Elemente, Attribute oder Entities hinzufügen und auch die Definitionen von Attributen oder Entities ändern.

## Abhängig von Bedingungen Abschnitte einer externen DTD-Teilmenge ignorieren

Mithilfe eines IGNORE-Abschnitts veranlassen Sie den XML-Prozessor, einen Teil einer externen DTD-Teilmenge zu ignorieren. Beispielsweise können Sie einen IGNORE-Abschnitt während der Entwicklung eines Dokuments einsetzen, um eine Alternative oder einen optionalen Deklarationsabschnitt zeitweise zu deaktivieren. Sie vermeiden damit, Zeilen löschen und später wieder einfügen zu müssen. (Falls Sie Programmierer sind, wird Ihnen diese Technik bekannt vorkommen, denn sie gleicht dem „Auskommentieren" eines Quelltextabschnitts, der temporär ignoriert werden soll.) Ein IGNORE-Abschnitt beginnt mit den Zeichen <![IGNORE[ und endet mit ]]>.

Abbildung 5.6 zeigt ein Beispiel für eine vollständige externe DTD-Teilmenge einschließlich eines IGNORE-Abschnitts.

**Abbildung 5.6**
Externe DTD-Teil-
menge mit IGNORE-
Abschnitt

Beginn des
IGNORE-
Abschnitts

Ignorierte
Markup-
Deklarationen

Ende des
IGNORE-
Abschnitts

```
<!ELEMENT BOOK ANY>
<!ATTLIST BOOK    ISBN NMTOKEN #REQUIRED>

<![IGNORE[
   <!-- Ein optionaler Block mit Markup-Deklarationen,
        die temporär deaktiviert sind -->
   <!ATTLIST BOOK   Category CDATA "Fiktion">
   <!ELEMENT TITLE (#PCDATA)>
   <!ELEMENT AUTHOR (#PCDATA)>
]]>
```

IGNORE-
Abschnitt

Wollen Sie einen Block mit Markup-Deklarationen in einem IGNORE-
Abschnitt temporär reaktivieren, dann ersetzen Sie das Schlüsselwort
IGNORE einfach durch INCLUDE, ohne die Begrenzungszeichen (<![, [,
und ]]>) zu entfernen, wie es das folgende Beispiel zeigt:

```
<![INCLUDE[
   <!-- Ein optionaler Block mit Markup-Deklarationen,
        die temporär reaktiviert werden -->
   <!ATTLIST BOOK   Category CDATA "Fiktion">
   <!ELEMENT TITLE (#PCDATA)>
   <!ELEMENT AUTHOR (#PCDATA)>
]]>
```

Sie deaktivieren den Abschnitt wieder, indem Sie einfach wieder das
Schlüsselwort IGNORE eintragen. Ein verschachtelter INCLUDE-
Abschnitt innerhalb eines IGNORE-Abschnitts wird allerdings immer
noch ignoriert.

IGNORE- und INCLUDE-Abschnitte können Sie nur in einer externen
DTD-Teilmenge oder in einem externen Parameter-Entity verwenden.
(Sie erfahren in Lektion 6, dass ein externes Parameter-Entity auf eine
separate Datei verweist, die wie eine externe DTD-Teilmenge Markup-
Deklarationen enthält.)

# Ein wohlgeformtes Dokument in ein gültiges Dokument umwandeln

In diesem Abschnitt werden Sie einige praktische Erfahrungen im
Umgang mit den in dieser Lektion vorgestellten Konzepten sammeln. Sie
werden ein wohlgeformtes Dokument, das in Lektion 2 erstellte Dokument Inventory.xml, in ein gültiges Dokument konvertieren. Sie werden
außerdem ein neues Element sowie zwei Attribute hinzufügen, um
Erfahrungen mit den anderen Techniken zu sammeln, die Sie in dieser
Lektion gelernt haben.

# Ein Dokument in ein gültiges Dokument umwandeln

**❶** Öffnen Sie in Ihrem Editor das Dokument Inventory.xml, das Sie in Lektion 2 erstellt haben. (Das Dokument ist in Listing 2.1 dargestellt und auf der Begleit-CD enthalten.)

**❷** Unmittelbar über dem Dokumentelement INVENTORY geben Sie die folgende Dokumenttyp-Deklaration ein:

```
<!DOCTYPE INVENTORY
   [
   <!ELEMENT INVENTORY (BOOK)*>

   <!ELEMENT BOOK (TITLE, AUTHOR, BINDING, PAGES, PRICE)>
   <!ATTLIST BOOK   InStock (ja|nein) #REQUIRED>

   <!ELEMENT TITLE (#PCDATA | SUBTITLE)*>

   <!ELEMENT SUBTITLE (#PCDATA)>

   <!ELEMENT AUTHOR (#PCDATA)>
   <!ATTLIST AUTHOR   Born CDATA #IMPLIED>

   <!ELEMENT BINDING (#PCDATA)>

   <!ELEMENT PAGES (#PCDATA)>

   <!ELEMENT PRICE (#PCDATA)>
   ]
>
```

Wenn Sie die Änderungen in diesen Übungen ausführen, können Sie sich auf das vollständige modifizierte Dokument beziehen, das in Listing 5.1 am Ende dieser Lektion dargestellt ist.

Beachten Sie, dass der Name nach dem Schlüsselwort DOCTYPE wie erforderlich mit dem Namen des Dokumentelements, INVENTORY, übereinstimmt. Die DTD besteht nur aus einer internen Teilmenge, welche die Elemente und Attribute des Dokuments wie folgt definiert:

▪ Das Dokumentelement INVENTORY besitzt Elementinhalt. Es kann keines oder mehrere untergeordnete BOOK-Elemente enthalten.

▪ Auch das BOOK-Element besitzt Elementinhalt. Es muss jeweils genau eins der folgenden Elemente in der Reihenfolge enthalten, wie sie in der Elementdeklaration beschrieben ist: TITLE, AUTHOR, BINDING, PAGES und PRICE.

■ Das TITLE-Element besitzt einen gemischten Inhalt. Es kann Zeichendaten enthalten, die mit keinem oder mehreren SUBTITLE-Elementen durchsetzt sind.

■ Die Elemente AUTHOR, BINDING, PAGES und PRICE besitzen ebenfalls einen gemischten Inhalt. Allerdings dürfen diese Elemente nur Zeichendaten und keine untergeordneten Elemente aufnehmen.

■ Das BOOK-Element besitzt ein Attribut vom Aufzählungstyp namens *InStock*, ein erforderliches Attribut, dem entweder „ja" oder „nein" zugewiesen werden kann.

■ Das AUTHOR-Element besitzt ein optionales Zeichenkettenattribut namens *Born* ohne voreingestellten Wert.

❸ Fügen Sie für das Buch *Moby-Dick* das folgende untergeordnete SUBTITLE-Element zum TITLE-Element hinzu:

```
<BOOK>
    <TITLE>Moby-Dick
        <SUBTITLE>oder der Wal</SUBTITLE>
    </TITLE>
```

❹ Fügen Sie das erforderliche Attribut *InStock* zu jedem BOOK-Element hinzu, und weisen Sie entweder „ja" oder „nein" zu, wie in diesem Beispiel:

```
<BOOK InStock="ja">
    <TITLE>The Adventures of Huckleberry Finn</TITLE>
    <AUTHOR>Mark Twain</AUTHOR>
    <BINDING>Taschenbuch</BINDING>
    <PAGES>336</PAGES>
    <PRICE>DM 12,75</PRICE>
</BOOK>
```

❺ Fügen Sie das optionale Element *Born* zu einem oder mehreren Elementen hinzu. Diesem Attribut kann zwar jedes gültige Literal zugewiesen werden, doch es soll dazu dienen, das Geburtsjahr eines Autors zu speichern. Hier ein Beispiel:

```
<AUTHOR Born="1835">Mark Twain</AUTHOR>
```

❻ Um den neuen Dateinamen zu reflektieren, ändern Sie den Kommentar am Dokumentanfang von:

```
<!-- Dateiname: Inventory.xml -->
```

in:

```
<!-- Dateiname: Inventory Valid.xml -->
```

❼ Verwenden Sie den Befehl *Speichern unter* Ihres Editors, um eine Kopie des geänderten Dokuments unter dem Dateinamen Inventory Valid.xml zu speichern.

Das vollständige XML-Dokument ist in Listing 5.1 dargestellt. (Eine Kopie dieses Listings finden Sie unter dem Dateinamen Inventory Valid.xml auf der Begleit-CD.)

**Listing 5.1**
Inventory Valid.xml

```
<?xml version="1.0"?>

<!-- Dateiname: Inventory Valid.xml -->

<!DOCTYPE INVENTORY
   [
   <!ELEMENT INVENTORY (BOOK)*>

   <!ELEMENT BOOK (TITLE, AUTHOR, BINDING, PAGES, PRICE)>
   <!ATTLIST BOOK   InStock (ja|nein) #REQUIRED>

   <!ELEMENT TITLE (#PCDATA | SUBTITLE)*>

   <!ELEMENT SUBTITLE (#PCDATA)>

   <!ELEMENT AUTHOR (#PCDATA)>
   <!ATTLIST AUTHOR   Born CDATA #IMPLIED>

   <!ELEMENT BINDING (#PCDATA)>

   <!ELEMENT PAGES (#PCDATA)>

   <!ELEMENT PRICE (#PCDATA)>
   ]
>

<INVENTORY>
   <BOOK InStock="ja">
      <TITLE>The Adventures of Huckleberry Finn</TITLE>
      <AUTHOR Born="1835">Mark Twain</AUTHOR>
      <BINDING>Taschenbuch</BINDING>
      <PAGES>336</PAGES>
      <PRICE>DM 12,75</PRICE>
   </BOOK>
   <BOOK InStock="nein">
      <TITLE>Leaves of Grass</TITLE>
      <AUTHOR Born="1819">Walt Whitman</AUTHOR>
      <BINDING>Gebundene Ausgabe</BINDING>
      <PAGES>462</PAGES>
      <PRICE>DM 25,00</PRICE>
   </BOOK>
   <BOOK InStock="ja">
      <TITLE>The Legend of Sleepy Hollow</TITLE>
      <AUTHOR>Washington Irving</AUTHOR>
      <BINDING>Taschenbuch</BINDING>
```

```
        <PAGES>98</PAGES>
        <PRICE>DM 4,95</PRICE>
    </BOOK>
    <BOOK InStock="ja">
        <TITLE>Der Graf von Monte Christo</TITLE>
        <AUTHOR Born="1802">Alexandre Dumas</AUTHOR>
        <BINDING>Taschenbuch</BINDING>
        <PAGES>760</PAGES>
        <PRICE>DM 38,00</PRICE>
    </BOOK>
    <BOOK InStock="nein">
        <TITLE>Moby-Dick
            <SUBTITLE>oder der Wal</SUBTITLE>
        </TITLE>
        <AUTHOR Born="1819">Herman Melville</AUTHOR>
        <BINDING>Gebundene Ausgabe</BINDING>
        <PAGES>724</PAGES>
        <PRICE>DM 44,00</PRICE>
    </BOOK>
    <BOOK InStock="ja">
        <TITLE>In der Strafkolonie</TITLE>
        <AUTHOR>Franz Kafka</AUTHOR>
        <BINDING>Taschenbuch</BINDING>
        <PAGES>125</PAGES>
        <PRICE>DM 17,80</PRICE>
    </BOOK>
    <BOOK InStock="ja">
        <TITLE>The Scarlet Letter</TITLE>
        <AUTHOR>Nathaniel Hawthorne</AUTHOR>
        <BINDING>Taschenbuch</BINDING>
        <PAGES>253</PAGES>
        <PRICE>DM 14,25</PRICE>
    </BOOK>
    <BOOK InStock="nein">
        <TITLE>Harry Potter und der Stein der Weisen</TITLE>
        <AUTHOR>Joanne K. Rowling</AUTHOR>
        <BINDING>Gebundene Ausgabe</BINDING>
        <PAGES>335</PAGES>
        <PRICE>DM 26,00</PRICE>
    </BOOK>
</INVENTORY>
```

**8** Wenn Sie die Gültigkeit Ihres Dokuments testen wollen, verwenden Sie das XML-Gültigkeitsprüfskript aus dem Abschnitt *Die Gültigkeit eines XML-Dokuments überprüfen* von Lektion 9.

# 6

# Entities definieren und verwenden

Der XML-Entity-Mechanismus ist sowohl ein zeitsparendes Werkzeug als auch eine Möglichkeit, verschiedene Datentypen in Ihre XML-Dokumente einzufügen. Sie können in einem XML-Dokument einen häufig verwendeten Block mit XML-Text als Entity definieren und diesen Text schnell und einfach überall da einfügen, wo er benötigt wird. Sie können außerdem eine externe Datei als Entity definieren und somit die Daten aus dieser Datei mit Ihrem Dokument verknüpfen; bei diesen Daten kann es sich um XML-Text, sonstigen Text oder sonstige Daten handeln.

Sie definieren ein Entity in der Dokumenttyp-Definition (DTD) und verwenden eine Syntax, die derjenigen zur Deklaration eines Elements oder Attributs in einem gültigen XML-Dokument gleicht. DTDs und die sie enthaltenden Dokumenttyp-Deklarationen wurden in Lektion 5 erläutert.

In dieser Lektion lernen Sie zunächst die grundlegende Terminologie im Zusammenhang mit Entities und deren Klassifikation kennen. Sie erfahren, wie die verschiedenen Entity-Typen deklariert und wie Entities an der richtigen Stelle in ein Dokument eingefügt werden. Danach wird die Verwendung von zwei XML-Eigenschaften vorgestellt, mit deren Hilfe Sie jeden Zeichentyp in jeden beliebigen Kontext einfügen können: Zeichenreferenzen und vordefinierte Entities. Die Lektion schließt mit einer praktischen Übung, mit der Sie Ihr Wissen über die Verwendung von Entities in einem vollständigen XML-Dokument vertiefen.

## Entity-Definitionen und Klassifikationen

Die XML-Spezifikation verwendet den Begriff *Entity* in einem allgemeinen Sinn für jeden der folgenden Typen von Speicherelementen, die zu einem XML-Dokument gehören:

- Das gesamte XML-Dokument selbst.

- Eine externe DTD-Teilmenge (im Abschnitt *Eine externe DTD-Teilmenge verwenden* von Lektions 5 erläutert).

- Eine externe Datei, die in der DTD als externes Entity definiert ist und auf die über eine Entity-Referenz verwiesen wird.

- Eine in Anführungszeichen eingeschlossene Zeichenkette, die in der DTD als internes Entity definiert ist und auf die über eine Entity-Referenz Bezug genommen wird.

Ich werde die Begriffe der beiden letzten Punkte in Kürze erläutern. Beachten Sie, dass es sich bei den ersten drei Speichertypen in dieser Liste um Dateien handelt, beim letzten jedoch um eine in Anführungszeichen eingeschlossene Zeichenkette.

In dieser Lektion wird der Begriff *Entity* allerdings enger gefasst, nämlich im Sinn der beiden letzten Speichertypen, also externe Dateien oder in Anführungszeichen eingeschlossene Zeichenketten, die in der DTD des Dokuments als Entities definiert sind und auf die im Dokument über Entity-Referenzen verwiesen wird. Beispielsweise definiert die folgende DTD die externe Datei Topics.xml (diese Datei enthält eine Liste der Themen, die in dem Artikel behandelt werden, den das Dokument enthält) als externes Entity *topics*, und sie definiert außerdem eine Zeichenkette in Anführungszeichen („A Short History of XML") als internes Entity *title*:

```
<!DOCTYPE ARTICLE
    [
    <!ELEMENT ARTICLE (TITLEPAGE, INTRODUCTION, SECTION*)>
    <!ELEMENT TITLEPAGE (#PCDATA)>
    <!ELEMENT INTRODUCTION (#PCDATA)>
    <!ELEMENT SECTION (#PCDATA)>

    <!ENTITY topics SYSTEM "Topics.xml">
    <!ENTITY title "A Short History of XML">
    ]
>
```

Sie können dann die vollständige Themenliste überall im Element ARTICLE einfügen (etwa im Inhaltsverzeichnis, in der Einführung oder in der abschließenden Zusammenfassung), indem Sie einfach die Entity-Referenz *&topics;* verwenden, wie es das folgende Element zeigt:

```
<INTRODUCTION>
    This article will cover the following topics:
    &topics;
</INTRODUCTION>
```

Sie können den Titel des Artikels überall einfügen, indem Sie die Entity-Referenz *&title;* verwenden, wie es dieses Element zeigt:

```
<TITLEPAGE>
    Title: &title;
    Author: Michael Young
</TITLEPAGE>
```

Der Entity-Mechanismus ist insbesondere zum Speichern häufig verwendeter Blöcke mit XML-Text geeignet. Erscheint etwa ein Titel mehrfach innerhalb eines Artikels, dann vermindern Sie den Eingabeaufwand, fördern die Konsistenz und erleichtern das Ändern des Titels, wenn Sie ein

Entity verwenden (wie im vorherigen Beispiel). Sie ändern den Titel im gesamten Artikel, indem Sie einfach die Entity-Deklaration in der DTD bearbeiten, beispielsweise wie folgt:

```
<!ENTITY title " A Long History of XML">
                        <!-- geänderte Entity-Deklaration -->
```

Wenn Sie Programmierer sind, dann wird Ihnen die Ähnlichkeit zwischen dem XML-Entity-Mechanismus und Konstantendefinitionen in einer Programmiersprache auffallen (in C etwa solche, die mit der Präprozessoranweisung *#define* deklariert werden).

Sie erfahren später, dass der Entity-Mechanismus außerdem unentbehrlich ist, um XML-fremde Daten wie Grafikdaten eines Bildes in ein XML-Dokument einzufügen.

# Entity-Typen

Entities mögen zunächst etwas verwirren, da sie eine erhebliche Vielfalt aufweisen. Zu diesem Zeitpunkt mag alles etwas abstrakt erscheinen (Sie haben Details und Beispiele noch nicht kennen gelernt), doch rückblickend werden es Ihnen diese Informationen erleichtern, Entities zu verstehen.

Es gibt drei Möglichkeiten, Entities zu klassifizieren:

- **Allgemein und Parameter.** Ein *allgemeines Entity* enthält Dokumentinhalt, also XML-Text, sonstigen Text oder Daten, die Sie innerhalb des Dokumentelements verwenden können. Bei beiden Beispielen aus dem vorherigen Abschnitt (*title* und *topics*) handelt es sich um allgemeine Entities. Ein *Parameter-Entity* enthält XML-Text, der innerhalb der DTD eingefügt werden kann. In der XML-Spezifikation beschreibt der nicht qualifizierte Begriff *Entity* ein allgemeines Entity.

- **Intern und extern.** Ein *internes Entity* ist in einer in Anführungszeichen eingeschlossenen Zeichenkette enthalten (wie das Entity *title* im vorherigen Abschnitt). Ein *externes Entity* ist in einer separaten Datei enthalten (wie das Entity *topics* im vorherigen Abschnitt).

- **Geparst und nicht geparst.** Ein *geparstes Entity* besteht aus XML-Text (Zeichendaten, Markup oder beidem). Fügen Sie eine Referenz auf ein geparstes Entity in ein Dokument ein, dann wird die Referenz durch den Inhalt des Entity ersetzt (auch *Ersetzungstext* genannt), der zu einem Bestandteil des Dokuments wird. Der XML-Parser parst den Inhalt des Entity genauso wie Text, den Sie direkt in das Dokument eingetipppt haben. Beide Beispiel-Entities im vorherigen Abschnitt (*title* und *topics*) sind geparste Entities.

Ein *nicht geparstes Entity* kann jeden Datentyp enthalten: XML-Daten oder häufiger XML-fremde Daten. XML-fremde Daten bestehen entweder aus Textdaten (wie etwa ein Titel) oder aus sonstigen Daten (wie etwa Grafikdaten für ein Bild). Da ein nicht geparstes Entity gewöhnlich kein XML enthält, werden dessen Inhalte nicht direkt über eine Entity-Referenz in das Dokument eingefügt. Allerdings können Sie den Namen des Entity einem Attribut vom Typ ENTITY oder ENTITIES zuweisen, damit die Anwendung auf den Namen und die Beschreibung des Entity zugreifen und die Daten verarbeiten kann.

Da Entities auf diese drei Arten klassifiziert werden und jede Klassifikation zwei Kategorien besitzt, gibt es theoretisch acht potenzielle Entity-Typen (siehe Abbildung 6.1).

**Abbildung 6.1**
Entity-Typen

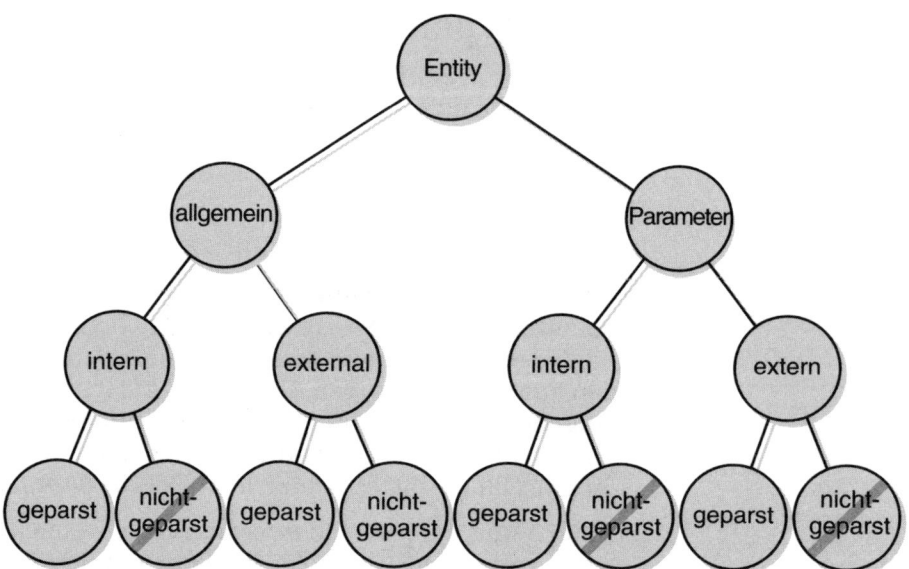

XML stellt die drei Entity-Typen, die in der Abbildung 6.1 durch einen Schrägstrich gekennzeichnet sind, allerdings nicht zur Verfügung. Daher besitzt XML tatsächlich nur fünf Entity-Typen, deren Definition und Verwendung Sie in dieser Lektion kennen lernen:

- Allgemein, intern geparst

- Allgemein, extern geparst

- Allgemein, extern nicht geparst

- Parameter, intern geparst

- Parameter, extern geparst

# Allgemeine Entities deklarieren

Sie erstellen ein Entity, indem Sie es in der DTD des Dokuments deklarieren. Dazu verwenden Sie einen Typ der Markup-Deklaration, der derjenigen zur Deklaration von Elementen und Attributen gleicht. In den folgenden Abschnitten erfahren Sie, wie Sie jeden Typ eines allgemeinen Entity deklarieren.

## Ein allgemeines internes geparstes Entity deklarieren

Eine Deklaration eines allgemeinen internen geparsten Entity besitzt das folgende Format:

```
<!ENTITY EntityName EntityWert>
```

*EntityName* bezeichnet den Namen des Entity. Sie können einen beliebigen Namen wählen, sofern er diesen Regeln genügt:

- Der Name muss mit einem Buchstaben oder einem Unterstrich (_) beginnen, dem null oder mehrere Buchstaben, Zahlen, Punkte (.), Bindestriche (-) oder Unterstriche folgen können.

- Das Entity darf den gleichen Namen wie ein Parameter-Entity im Dokument tragen. (Allgemeine Entities und Parameter-Entities gehören verschiedenen *Namespaces* an.) Das Entity kann ebenfalls den gleichen Namen wie ein Element oder ein Attribut tragen.

- Achten Sie im gesamten Text innerhalb des Markups, also auch bei Entity-Namen, auf die Groß- und Kleinschreibung. Ein Entity namens *Bowser* ist ein anderes Entity als eines mit dem Namen *bowser*.

*EntityWert* ist der Wert des Entity. Einem allgemeinen internen Entity weisen Sie einen Wert zu, der aus einer in Anführungszeichen eingeschlossenen Zeichenkette besteht, also ein *Literal*. Sie können einem allgemeinen internen Entity jeden Zeichenkettenwert zuweisen, der den folgenden Regeln genügt:

- Die Zeichenkette kann in Apostrophe (') oder in Anführungszeichen („) eingeschlossen sein.

- Die Zeichenkette darf das Zeichen nicht enthalten, in das sie eingeschlossen ist.

- In der Zeichenkette darf das Et-Zeichen (&) nur zu Beginn einer Zeichen- oder allgemeinen Entity-Referenz enthalten sein. Auch das Prozentzeichen (%) ist nicht erlaubt. (Informationen zu Ausnahmen finden Sie in Abschnitt 4 der XML-Spezifikation unter *http://www.w3.org/TR/REC-xml.*)

■ Der Inhalt der Zeichenkette muss innerhalb der Umgebung, in der er eingefügt werden soll, gültig sein. Fügen Sie das Entity beispielsweise innerhalb eines Elements ein, dann muss es mindestens eins der Elemente enthalten, die dort legal eingefügt werden können (verschachtelte Elemente, Zeichendaten und so weiter, wie im Abschnitt *Typen des Element-Inhalts* in Lektion 3 beschrieben). Fügen Sie das Entity innerhalb eines Attributwerts ein, muss es Zeichen enthalten, die in Attributwerten gültig sind (wie im Abschnitt *Regeln für gültige Attributwerte* in Lektion 3 erläutert). Weiter hinten in dieser Lektion werden die Umgebungen beschrieben, in die allgemeine interne geparste Entities eingefügt werden dürfen.

Die folgende DTD definiert ein allgemeines internes geparstes Entity namens *title*:

```
<!DOCTYPE ARTICLE
    [
    <!ELEMENT ARTICLE (TITLEPAGE, INTRODUCTION, SECTION*)>
    <!ELEMENT TITLEPAGE (#PCDATA|SUBTITLE)*>
    <!ELEMENT SUBTITLE (#PCDATA)>
    <!ELEMENT INTRODUCTION (#PCDATA)>
    <!ELEMENT SECTION (#PCDATA)>

    <!ENTITY title
        "The Story of XML
        <SUBTITLE>The Future Language of the Internet</SUBTITLE>">
    ]
>
```

Das Entity *title* enthält Zeichendaten sowie ein Element (SUBTITLE). Nach den Deklarationen in der DTD kann dieser Inhalt nur innerhalb eines TITLEPAGE-Elements legal eingefügt werden:

```
<TITLEPAGE>
    Title: &title;
    Author: Michael Young
</TITLEPAGE>
```

Der XML-Prozessor ersetzt die Entity-Referenz (*&title;*) durch den Inhalt des Entity und verarbeitet die Inhalte genau wie Daten, die Sie direkt an dieser Position in das Dokument eingeben würden:

```
<TITLEPAGE>
    Title:  The Story of XML
    <SUBTITLE>The Future Language of the Internet</SUBTITLE>
    Author: Michael Young
</TITLEPAGE>
```

# Ein allgemeines externes geparstes Entity deklarieren

Die Deklaration eines allgemeinen externen geparsten Entity besitzt das folgende Format:

```
<!ENTITY EntityName SYSTEM SystemLiteral>
```

*EntityName* bezeichnet den Namen des Entity. Sie können einen beliebigen Namen wählen, sofern er den allgemeinen Benennungsregeln für Entities genügt, die im vorherigen Abschnitt vorgestellt wurden.

*SystemLiteral* ist ein Systemliteral, das den Ort der Datei mit den Entity-Daten beschreibt. Das Systemliteral ist entweder in Apostrophe (') oder in Anführungszeichen („) eingeschlossen und kann jedes Zeichen enthalten, abgesehen von dem, in das es eingeschlossen ist.

Das Systemliteral gibt den Uniform Resource Identifier (URI) der Datei an, welche die Entity-Daten enthält. Momentan ist ein URI im Grunde genommen das Gleiche wie eine Internet-Standardadresse, ein so genannter Uniform Resource Locator (URL). Sie verwenden entweder einen voll qualifizierten URI wie

```
<!ENTITY abstract SYSTEM "http://bogus.com/documents/Abstract.xml">
```

oder einen partiellen URI, der den Ort relativ zum Ort des XML-Dokuments angibt, das den URI enthält:

```
<!ENTITY abstract SYSTEM "Abstract.xml">
```

Relative URIs in XML-Dokumenten arbeiten wie relative URLs in HTML-Seiten. Weitere Informationen über URIs erhalten Sie im Abschnitt *Nur eine externe DTD-Teilmenge verwenden* von Lektion 5.

Die externe Entity-Datei darf nur Elemente enthalten, die legal in ein Element eingefügt werden können (Zeichendaten, verschachtelte Elemente und so weiter, wie im Abschnitt *Typen des Elementinhalts* in Lektion 3 beschrieben). Sie erfahren weiter hinten in dieser Lektion, dass Sie ein allgemeines externes geparstes Entity nur innerhalb des Inhalts eines Elements einfügen dürfen. (Sie können es in den Wert einer internen Entity-Deklaration aufnehmen, müssen dann allerdings diesen Inhalt in ein Element einfügen.)

Beispielsweise definiert die folgende DTD die externe Datei Topics.xml als allgemeines externes geparstes Entity:

```
<!DOCTYPE ARTICLE
   [
   <!ELEMENT ARTICLE (TITLEPAGE, INTRODUCTION, SECTION*)>
   <!ELEMENT TITLEPAGE (#PCDATA)>
   <!ELEMENT INTRODUCTION ANY>
   <!ELEMENT SECTION (#PCDATA)>
```

```
<!ENTITY topics SYSTEM "Topics.xml">
]
>
```

Die Datei Topics.xml besitzt den folgenden Inhalt:

```
<HEADING>Topics</HEADING>
The Need for XML
The Official Goals of XML
Standard XML Applications
Real-World Uses for XML
```

Diese externe Entity-Datei enthält zwei der Elemente, die Sie in ein XML-Element aufnehmen können: ein verschachteltes Element sowie einen Block mit Zeichendaten. Diese Inhalte können legal in ein INTRODUC-TION-Element (das einen beliebigen Inhalt besitzen darf) eingefügt werden, wie dieses Beispiel zeigt:

```
<INTRODUCTION>
   Here's what this article covers:
   &topics;
</INTRODUCTION>
```

# Ein allgemeines externes nicht geparstes Entity deklarieren

Eine Deklaration eines allgemeinen externen nicht geparsten Entity besitzt dieses Format:

```
<!ENTITY EntityName SYSTEM SystemLiteral NDATA NotationName>
```

*EntityName* bezeichnet den Namen des Entity. Sie können einen beliebigen Namen wählen, sofern er den allgemeinen Benennungsregeln für Entities genügt, die im Abschnitt *Ein allgemeines internes geparstes Entity deklarieren* weiter vorne in dieser Lektion vorgestellt wurden.

*SystemLiteral* ist ein Systemliteral, das den Ort der Datei mit den Entity-Daten beschreibt. Es hat hier die gleiche Funktion wie bei einem allgemeinen externen geparsten Entity, das im vorherigen Abschnitt beschrieben wird.

Das Schlüsselwort NDATA zeigt an, dass die gesamte Datei nicht geparste Daten enthält.

*NotationName* bezeichnet den Namen der Notation, die in der DTD deklariert ist. Die Notation beschreibt das Format der Daten in der Entity-Datei oder gibt den Ort eines Programms an, das diese Daten verarbeiten kann. Notationsdeklarationen werden im nächsten Abschnitt beschrieben.

Die nicht geparste externe Entity-Datei kann Textdaten oder sonstige Daten enthalten. Sie sollten natürlich zur Formatbeschreibung konform sein, wie sie die angegebene Notation liefert.

Die DTD im folgenden XML-Dokument definiert etwa die Datei christo.gif (die ein Bild eines Buchtitels enthält) als allgemeines externes nicht geparstes Entity namens *christo*. Die Notation dieses Entity trägt den Namen GIF und zeigt per Definition auf den Ort eines Programms, das eine Grafikdatei des GIF-Formats anzeigen kann (ShowGif.exe). Die DTD definiert außerdem ein leeres Element COVERIMAGE sowie für dieses Element ein Attribut *Source* vom Typ ENTITY:

```
<?xml version="1.0"?>

<!DOCTYPE BOOK
    [
    <!ELEMENT BOOK (TITLE, AUTHOR, COVERIMAGE)>
    <!ELEMENT TITLE (#PCDATA)>
    <!ELEMENT AUTHOR (#PCDATA)>
    <!ELEMENT COVERIMAGE EMPTY>
    <!ATTLIST COVERIMAGE    Source ENTITY #REQUIRED>

    <!NOTATION GIF SYSTEM "ShowGif.exe">
    <!ENTITY christo SYSTEM "Christo.gif" NDATA GIF>
    ]
>

<BOOK>
    <TITLE>Der Graf von Monte Christo</TITLE>
    <AUTHOR>Alexandre Dumas</AUTHOR>
    <COVERIMAGE Source="christo" />
</BOOK>
```

Im Dokumentelement wird dem Attribut *Source* des COVERIMAGE-Elements der Name des externen Entity zugewiesen, das die Grafikdaten für das anzuzeigende Titelbild enthält. Da *Source* den Typ ENTITY besitzt, können Sie den Namen eines allgemeinen externen nicht geparsten Entity zuweisen. Genauer gesagt, Sie können diesen Entity-Typ nur verwenden, indem Sie dessen Namen einem Attribut vom Typ ENTITY oder ENTITIES zuweisen.

Im Gegensatz zu einer externen geparsten Entity-Datei greift der XML-Prozessor auf eine externe nicht geparste Entity-Datei nicht direkt zu. Statt dessen stellt der Prozessor das Entity sowie dessen Notation der Anwendung zur Verfügung, die dann die Informationen verarbeitet. (Die Anwendung könnte beispielsweise das Programm ausführen, das der Notation zugeordnet ist, um die Daten in der Entity-Datei anzuzeigen.) In Lektion 9 erfahren Sie, wie Webseitenskripts erstellt werden, die auf Entities und Notationen zugreifen.

# Eine Notation deklarieren

Eine Notation beschreibt ein bestimmtes Datenformat. Dazu wird die Adresse einer Beschreibung des Formats, die Adresse eines Programms, das mit Daten in diesem Format umgehen kann, oder eine einfache Formatbeschreibung bereitgestellt. Sie verwenden Notationen, um das Format eines allgemeinen externen nicht geparsten Entity zu beschreiben (wie im vorherigen Abschnitt), oder weisen eine Notation einem Attribut vom Aufzählungstyp NOTATION zu (wie im Abschnitt *Einen Aufzählungstyp spezifizieren* von Lektion 5 beschrieben).

Eine Notation besitzt dieses allgemeine Format:

```
<!NOTATION NotationName SYSTEM SystemLiteral>
```

*NotationName* bezeichnet den Notationsnamen. Sie können einen beliebigen Namen wählen, sofern er mit einem Buchstaben oder einem Unterstrich (_) beginnt, dem null oder mehrere Buchstaben, Zahlen, Punkte (.), Bindestriche (-) oder Unterstriche folgen. Entscheiden Sie sich zu Gunsten eines aussagekräftigen Namens, der das Format beschreibt. Definieren Sie beispielsweise eine Notation zur Beschreibung des Bitmap-Formats, könnten Sie es BMP nennen.

*SystemLiteral* ist ein Systemliteral, das entweder in Apostrophe (') oder in Anführungszeichen („) eingeschlossen ist, und kann jedes Zeichen enthalten, abgesehen von dem, in das es eingeschlossen ist. Sie können darin jede Formatbeschreibung aufnehmen, die für die Anwendung von Bedeutung ist, die das XML-Dokument anzeigt oder es verarbeitet. (Sie wissen, dass der XML-Prozessor die Notationsinformationen nicht selbst verwendet, sondern an die Anwendung weitergibt, etwa an ein Skript in einer Webseite.) In das Systemliteral könnten Sie zum Beispiel Folgendes aufnehmen:

- Den URI eines Programms, welches das Datenformat verarbeiten oder anzeigen kann:

  ```
  <!NOTATION BMP SYSTEM "Pbrush.exe">
  <!NOTATION GIF SYSTEM "http://bogus.com/ShowGif.exe">
  ```

- Den URI eines Onlinedokuments, welches das Format beschreibt:

  ```
  <!NOTATION STRANGEFORMAT SYSTEM "http://bogus.com/StrangeFormat.htm">
  ```

- Eine einfache Beschreibung des Formats:

  ```
  <!NOTATION GIF SYSTEM "Graphic Interchange Format">
  ```

Weitere Informationen und Beispiele zu URIs finden Sie im Abschnitt *Nur eine externe DTD-Teilmenge verwenden* von Lektion 5.

# Parameter-Entities deklarieren

Sie deklarieren ein Parameter-Entity mit einem Typ der Markup-Deklaration, der derjenigen zur Deklaration von allgemeinen Entities gleicht. In den folgenden Abschnitten erfahren Sie, wie Sie beide Typen der Parameter-Entites deklarieren.

## Ein internes geparstes Parameter-Entity deklarieren

Eine Deklaration eines internen geparsten Parameter-Entity besitzt das folgende Format:

```
<!ENTITY % EntityName EntityWert>
```

*EntityName* bezeichnet den Namen des Entity. Sie können einen beliebigen Namen wählen, sofern er diesen Regeln genügt:

- Der Name muss mit einem Buchstaben oder einem Unterstrich (_) beginnen, dem null oder mehrere Buchstaben, Zahlen, Punkte (.), Bindestriche (-) oder Unterstriche folgen.

- Das Entity darf den gleichen Namen wie ein allgemeines Entity im Dokument tragen. (Allgemeine Entities und Parameter-Entities gehören verschiedenen *Namespaces* an.) Das Entity kann ebenfalls den gleichen Namen wie ein Element oder ein Attribut tragen.

- Achten Sie im gesamten Text innerhalb des Markups, also auch bei Entity-Namen, auf die Groß- und Kleinschreibung. Ein Entity namens *Spot* ist ein anderes Entity als eines mit dem Namen *spot*.

*EntityWert* ist der Wert des Entity. Einem Parameter-Entity weisen Sie einen Wert zu, der aus einer in Anführungszeichen eingeschlossenen Zeichenkette besteht, also ein *Literal*. Sie können einem Parameter-Entity jeden Zeichenkettenwert zuweisen, der den folgenden Regeln genügt:

- Die Zeichenkette kann in Apostrophe (') oder in Anführungszeichen („) eingeschlossen sein.

- Die Zeichenkette darf das Zeichen nicht enthalten, in das sie eingeschlossen ist.

- In der Zeichenkette darf das Et-Zeichen (&) nur zu Beginn einer Zeichen- oder allgemeinen Entity-Referenz enthalten sein. Auch das Prozentzeichen (%) ist nicht erlaubt.

- Sie können ein Parameter-Entity nur an einer Stelle einfügen, an der in der DTD auch eine Markup-Deklaration zulässig ist, nicht jedoch *innerhalb* einer Markup-Deklaration. Daher muss die Zeichenkette *EntityWert* mindestens eine vollständige Markup-Deklaration der Typen enthalten, die in einer DTD zulässig sind. Diese Typen sind im

Abschnitt *Die DTD erstellen* in Lektion 5 beschrieben. Ein Parameter-Entity kann also Elementtyp-Deklarationen, Attributlisten-Deklarationen, allgemeine Entity-Deklarationen, Notationsdeklarationen, Verarbeitungsanweisungen oder Kommentare enthalten. Parameter-Entity-Deklarationen und -Referenzen sind nicht zulässig.

Die hier vorgegebenen Regeln für Entity-Werte, denen Sie in allen Situationen folgen können, sind gegenüber den Regeln in der XML-Spezifikation vereinfacht. Die Spezifikation erlaubt in bestimmten Situationen, zusätzliche Elemente in einen Entity-Wert aufzunehmen und auch eine Entity-Referenz innerhalb des Markups sowie zwischen Markup-Deklarationen. Details finden Sie in Abschnitt 4 der XML-Spezifikation unter *http://www.w3.org/TR/REC-xml*.

Beispielsweise deklariert die folgende DTD ein internes geparstes Parameter-Entity namens *author*, das drei Markup-Deklarationen enthält: einen Kommentar, eine Elementtyp-Deklaration sowie eine Attributlisten-Deklaration. Die Inhalte des Entity (also dessen Ersetzungstext) werden über eine Parameter-Entity-Referenz (*%author;*) am Ende der DTD eingefügt:

```
<!DOCTYPE BOOK
    [
    <!ENTITY % author
       "<!-- Autoreninformationen -->
        <!ELEMENT AUTHOR (#PCDATA)>
        <!ATTLIST AUTHOR   Nationality CDATA 'Amerikaner'>"
    >

    <!ELEMENT BOOK (TITLE, AUTHOR)>
    <!ELEMENT TITLE (#PCDATA)>
    %author;
    ]
>
```

Beachten Sie, dass der voreingestellte Attributwert innerhalb der Entity-Deklaration ('Amerikaner') in Apostrophe eingeschlossen ist und damit eine Unterscheidung zu dem Zeichen gegeben ist, das den gesamten Entity-Wert einschließt. Die oben stehende DTD ist zur folgenden äquivalent:

```
<!DOCTYPE BOOK
    [
    <!ELEMENT BOOK (TITLE, AUTHOR)>
    <!ELEMENT TITLE (#PCDATA)>
    <!-- Autoreninformationen -->
    <!ELEMENT AUTHOR (#PCDATA)>
    <!ATTLIST AUTHOR   Nationality CDATA 'Amerikaner'>
    ]
>
```

# Ein externes geparstes Parameter-Entity deklarieren

Die Deklaration eines externen geparsten Parameter-Entity besitzt folgendes allgemeines Format:

```
<!ENTITY % EntityName SYSTEM SystemLiteral>
```

*EntityName* bezeichnet den Namen des Entity. Sie können einen beliebigen Namen wählen, sofern er den allgemeinen Benennungsregeln für Parameter-Entities genügt, die im vorherigen Abschnitt vorgestellt wurden.

*SystemLiteral* ist ein Systemliteral, das den Ort der Datei mit den Entity-Daten beschreibt. Das Systemliteral ist entweder in Apostrophe (') oder in Anführungszeichen („) eingeschlossen und kann jedes Zeichen enthalten, abgesehen von dem, in das es eingeschlossen ist.

Das Systemliteral gibt den Uniform Resource Identifier (URI) der Datei an, welche die Entity-Daten enthält. Momentan ist ein URI essenziell das Gleiche wie eine Internet-Standardadresse, ein so genannter Uniform Resource Locator (URL). Sie verwenden entweder einen voll qualifizierten URI wie

```
<!ENTITY % declarations
    SYSTEM "http://bogus.com/documents/Declarations.dtd">
```

oder einen partiellen URI, der den Ort relativ zum Ort des XML-Dokuments angibt, das den URI enthält:

```
<!ENTITY % declarations SYSTEM "Declarations.dtd">
```

Relative URIs in XML-Dokumenten arbeiten wie relative URLs in HTML-Seiten. Weitere Informationen über URIs finden Sie im Abschnitt *Nur eine externe DTD-Teilmenge verwenden* von Lektion 5.

Die Datei des externen Parameter-Entity muss vollständige Markup-Deklarationen aller Typen enthalten, die in einer DTD zulässig sind. Sie kann also Elementtyp-Deklarationen, Attributlisten-Deklarationen, Entity-Deklarationen, Notationsdeklarationen, Verarbeitungsanweisungen oder Kommentare enthalten. (Diese Typen sind im Abschnitt *Die DTD erstellen* in Kapitel 5 beschrieben.) Sie können außerdem Parameter-Entity-Referenzen sowie IGNORE- und INCLUDE-Abschnitte einschließen. (IGNORE- und INCLUDE-Abschnitte werden im Abschnitt *Abhängig von Bedingungen Abschnitte einer externen DTD-Teilmenge ignorieren* von Lektion 5 beschrieben.)

Mit externen geparsten Parameter-Entities speichern Sie Gruppen von Deklarationen, die miteinander verwandt sind. Nehmen Sie beispielsweise an, Ihr Unternehmen verkauft Bücher, CDs, Poster und andere Waren. Sie könnten die Deklarationen für jeden Warentyp in eine sepa-

rate Datei aufnehmen. Damit wäre es möglich, diese Deklarations-
gruppen unterschiedlich zu kombinieren. Beispielsweise möchten Sie ein
XML-Dokument erstellen, das nur den Bestand an Büchern und CDs
beschreibt. Sie würden dann nur die Buch- und CD-Deklarationen in die
DTD des Dokuments aufnehmen und dazu externe geparste Parameter-
Entities verwenden, wie es das folgende XML-Beispieldokument zeigt:

```
<?xml version="1.0"?>

<!DOCTYPE INVENTORY
    [
    <!ELEMENT INVENTORY (BOOK | CD)*>

    <!ENTITY % book_decls SYSTEM "Book.dtd">
    <!ENTITY % cd_decls SYSTEM "CD.dtd">

    %book_decls;
    %cd_decls;
    ]
>


<INVENTORY>
    <BOOK>
        <BOOKTITLE>Der Graf von Monte Christo</BOOKTITLE>
        <AUTHOR>Alexandre Dumas</AUTHOR>
        <PAGES>760</PAGES>
    </BOOK>
    <CD>
        <CDTITLE>Concerti Grossi Opus 3</CDTITLE>
        <COMPOSER>Händel</COMPOSER>
        <LENGTH>72 Minuten</LENGTH>
    </CD>
    <BOOK>
        <BOOKTITLE>Leaves of Grass</BOOKTITLE>
        <AUTHOR>Walt Whitman</AUTHOR>
        <PAGES>462</PAGES>
    </BOOK>

    <!-- weitere Elemente... -->

</INVENTORY>
```

Die Entity-Datei Book.dtd besitzt folgenden Inhalt:

```
<!ELEMENT BOOK (BOOKTITLE, AUTHOR, PAGES)>
<!ELEMENT BOOKTITLE (#PCDATA)>
<!ELEMENT AUTHOR (#PCDATA)>
<!ELEMENT PAGES (#PCDATA)>
```

Und hier der Inhalt der Entity-Datei CD.dtd:

```
<!ELEMENT CD (CDTITLE, COMPOSER, LENGTH)>
<!ELEMENT CDTITLE (#PCDATA)>
<!ELEMENT COMPOSER (#PCDATA)>
<!ELEMENT LENGTH (#PCDATA)>
```

Beachten Sie, dass externe geparste Parameter-Entities ähnlich wie externe DTD-Teilmengen arbeiten. Allerdings sind externe Parameter-Entities wesentlich flexibler, denn sie erlauben, mehrere externe Deklarationsdateien in beliebiger Folge aufzunehmen. (Sie wissen, dass eine externe DTD-Teilmenge immer erst nach der internen DTD-Teilmenge verarbeitet wird.)

# Entity-Referenzen einfügen

Sie fügen die Inhalte (den Ersetzungstext) eines Entity über eine Entity-Referenz in das Dokument ein. Bisher haben Sie schon einige Beispiele für Entity-Referenzen kennen gelernt. Allgemeine Entities werden wie folgt referenziert:

*&EntityName;*

und Parameter-Entities auf diese Weise:

*%EntityName;*

*EntityName* steht für den Namen, der dem Entity in der Deklaration zugewiesen wird. Die Ausnahme stellt ein allgemeines externes nicht geparstes Entity dar, das Sie nicht über eine Referenz einfügen können. In diesem Fall weisen Sie dessen Namen einem Attribut vom Typ ENTITY oder ENTITIES zu (siehe Abschnitt *Einen Token-Typ spezifizieren* in Lektion 5).

Die Deklaration eines Entity muss vor jedem Verweis auf dieses Entity erfolgen.

Die folgende Tabelle beschreibt für jeden Entity-Typ das Format der Entity-Referenz sowie den Ort, an dem Sie Referenzen auf dieses Entity einfügen. Außerdem sind Verweise auf die Abschnitte in dieser Lektion aufgeführt, in denen Sie ein Beispiel finden. Zeichenreferenzen werden weiter hinten in dieser Lektion behandelt, doch aus Gründen der Vollständigkeit sind auch sie in der Tabelle beschrieben.

| Entity-Typ | Format der Entity-Referenz, wobei *EntityName* den Namen des Entity bezeichnet | Orte, an denen Sie eine Entity-Referenz einfügen (Beispiel) |
|---|---|---|
| allgemein intern geparst | &EntityName; | Im Elementinhalt (siehe *Ein allgemeines internes geparstes Entity deklarieren*). Im Attributwert (als voreingestellter Wert in Attributdeklarationen oder im Start-Tag eines Elements) (siehe *Entity-Referenz, Beispiel 1*). Im Wert einer internen Entity-Deklaration (siehe *Entity-Referenz, Beispiel 2*). |
| allgemein extern geparst | &EntityName; | Im Elementinhalt (siehe *Ein allgemeines externes geparstes Entity deklarieren*). Im Wert einer internen Entity-Deklaration (siehe *Entity-Referenz, Beispiel 2*). |
| allgemein extern nicht geparst | *EntAttr='EntityName'* wobei *EntAttr* ein Attribut vom Typ ENTITY oder ENTITIES bezeichnet | Eine Referenz auf diesen Entity-Typ können Sie nicht einfügen, doch es ist zulässig, den Entity-Namen einem Attribut vom Typ ENTITY oder ENTITIES zuzuweisen (siehe *Ein allgemeines externes nicht geparstes Entity deklarieren*). |
| Parameter intern geparst | %EntityName; | In einer DTD an einer für Markup geeigneten Stelle, nicht *innerhalb* Markup-Deklarationen (Ausnahmen sind in Abschnitt 4 der XML-Spezifikation unter *http://www.w3.org/TR/REC-xml* beschrieben) (siehe *Ein internes geparstes Parameter-Entity deklarieren*). ▶ |

| Entity-Typ | Format der Entity-Referenz, wobei *EntityName* den Namen des Entity bezeichnet | Orte, an denen Sie eine Entity-Referenz einfügen (Beispiel) |
|---|---|---|
| Parameter extern geparst | %EntityName; | In einer DTD an einer für Markup geeigneten Stelle, nicht *innerhalb* Markup-Deklarationen (Ausnahmen sind in Abschnitt 4 der XML-Spezifikation unter *http://www.w3.org/TR/REC-xml* beschrieben) (siehe *Ein externes geparstes Parameter-Entity deklarieren*). |
| Zeichenreferenz | &#9; oder &#xh; 9 bezeichnet den numerischen Code des Zeichens in Dezimaldarstellung, *h* dagegen in Hexadezimaldarstellung | Im Elementinhalt (siehe *Zeichenreferenzen einfügen*). Im Attributwert (als Vorgabe in einer Attributlisten-Deklaration oder im Start-Tag eines Elements) (siehe *Zeichenreferenzen einfügen*). Im Wert einer internen Entity-Deklaration (siehe *Zeichenreferenzen einfügen*). |

# Entity-Referenz, Beispiel 1

Das folgende XML-Dokument deklariert zwei allgemeine interne geparste Entities *am* und *en*. Das Dokument verwendet eine Referenz auf *am*, um dem Attribut *Nationality* einen voreingestellten Wert zuzuweisen, und eine Referenz auf *en*, um dem Attribut *Nationality* im AUTHOR-Element einen Wert zuzuweisen. Entities bieten hier den Vorteil, dass Sie den Wert im gesamten Dokument (unter der Annahme, dass es viele Elemente enthält) ändern, indem Sie einfach die Entity-Definition bearbeiten (beispielsweise, indem Sie den Wert von *en* von „Engländer" in „Brite" ändern).

```
<!DOCTYPE INVENTORY
   [
   <!ENTITY am "Amerikaner">
   <!ENTITY en "Engländer">

   <!ELEMENT INVENTORY (BOOK*)>
   <!ELEMENT BOOK (TITLE, AUTHOR)>
   <!ELEMENT TITLE (#PCDATA)>
   <!ELEMENT AUTHOR (#PCDATA)>
   <!ATTLIST AUTHOR   Nationality CDATA "&am;">
   ]
```

```
>
<INVENTORY>
   <BOOK>
      <TITLE>David Copperfield</TITLE>
      <AUTHOR Nationality="&en;">Charles Dickens</AUTHOR>
   </BOOK>

   <!-- weitere Elemente... -->

</INVENTORY>
```

## Entity-Referenz, Beispiel 2

Die folgende DTD definiert ein allgemeines internes geparstes Entity (*int_entity*) und ein allgemeines externes geparstes Entity (*ext_entity*). Ein weiteres allgemeines internes geparstes Entity, *combo_entity*, wird definiert und die ersten beiden Entities in den Wert von *combo_entity* eingefügt.

```
<!DOCTYPE INVENTORY
   [
   <!ENTITY int_entity "interner Entity-Wert">
   <!ENTITY ext_entity SYSTEM "Entity.xml">

   <!ENTITY combo_entity
      "Wert zuammengesetzt aus &ext_entity; plus &int_entity;">

   <!-- weitere Markup-Deklarationen... -->

   ]
>
```

# Zeichenreferenzen einfügen

Sie können eine Zeichenreferenz verwenden, um ein Zeichen einzufügen, das Sie nicht auf der Tastatur finden (z. B. ç), oder ein Zeichen, das nicht direkt in den aktuellen Kontext eingegeben werden darf (beispielsweise die Zeichen < oder & innerhalb der Zeichendaten eines Elements). Sie müssen nichts definieren, um eine Zeichenreferenz zu verwenden, sondern fügen sie einfach ein, wo sie benötigt wird.

Eine Zeichenreferenz besitzt zwei unterschiedliche Formate. Im ersten Format

```
&#9;
```

steht *9* für eine oder mehrere Dezimalziffern (0 bis 9), die den numerischen Code des Zeichens im ISO/IEC-10646-Zeichencode repräsentieren.

Im zweiten Format

```
&#xh;
```

steht *h* für eine oder mehrere Hexadezimalziffern (0 bis f oder F), die ebenfalls den numerischen Code des Zeichens im ISO/IEC-10646-Zeichencode repräsentieren.

Beispielsweise fügen die beiden Referenzen *&#65;* und *&#x41;* den Großbuchstaben *A* ein. (Der numerische Code für *A* lautet 65 in Dezimal- und 41 in Hexadezimal-Darstellung.)

ISO/IEC 10646 ist ein internationaler Zeichencode zur Repräsentation von Zeichen aus praktisch jeder Schriftsprache. (ISO ist die International Organization for Standardization und IEC ist die International Electrotechnical Commission.) Die ersten 128 Zeichencodes stimmen mit den Codes im bekannten, weit verbreiteten ASCII-Zeichencode überein. Die folgende Abbildung 6.2 zeigt die ersten 256 Zeichen des ISO/IEC-10646-Codes. Die erste Zahl (1:, 2:, 3: und so weiter) bezeichnet jeweils den Dezimalcode des Zeichens und nach dem Doppelpunkt folgt das Zeichen selbst, wie es Microsoft Internet Explorer 5 anzeigt.

**Abbildung 6.2**
Die ersten 256 Zeichen des ISO/IEC-10646-Codes

| | | | | | | | | |
|---|---|---|---|---|---|---|---|---|
| 1: □ | 31: □ | 61: = | 91: [ | 121: y | 151: □ | 181: µ | 211: Ó | 241: ñ |
| 2: □ | 32: | 62: > | 92: \ | 122: z | 152: □ | 182: ¶ | 212: Ô | 242: ò |
| 3: □ | 33: ! | 63: ? | 93: ] | 123: { | 153: □ | 183: · | 213: Õ | 243: ó |
| 4: □ | 34: " | 64: @ | 94: ^ | 124: | | 154: □ | 184: ¸ | 214: Ö | 244: ô |
| 5: □ | 35: # | 65: A | 95: _ | 125: } | 155: □ | 185: ¹ | 215: × | 245: õ |
| 6: □ | 36: $ | 66: B | 96: ` | 126: ~ | 156: □ | 186: º | 216: Ø | 246: ö |
| 7: □ | 37: % | 67: C | 97: a | 127: □ | 157: □ | 187: » | 217: Ù | 247: ÷ |
| 8: □ | 38: & | 68: D | 98: b | 128: □ | 158: □ | 188: ¼ | 218: Ú | 248: ø |
| 9: | 39: ' | 69: E | 99: c | 129: □ | 159: □ | 189: ½ | 219: Û | 249: ù |
| 10: | 40: ( | 70: F | 100: d | 130: □ | 160: | 190: ¾ | 220: Ü | 250: ú |
| 11: | 41: ) | 71: G | 101: e | 131: □ | 161: ¡ | 191: ¿ | 221: Ý | 251: û |
| 12: | 42: * | 72: H | 102: f | 132: □ | 162: ¢ | 192: À | 222: Þ | 252: ü |
| 13: | 43: + | 73: I | 103: g | 133: □ | 163: £ | 193: Á | 223: ß | 253: ý |
| 14: □ | 44: , | 74: J | 104: h | 134: □ | 164: ¤ | 194: Â | 224: à | 254: þ |
| 15: □ | 45: - | 75: K | 105: i | 135: □ | 165: ¥ | 195: Ã | 225: á | 255: ÿ |
| 16: □ | 46: . | 76: L | 106: j | 136: □ | 166: ¦ | 196: Ä | 226: â | 256: Ā |
| 17: □ | 47: / | 77: M | 107: k | 137: □ | 167: § | 197: Å | 227: ã | |
| 18: □ | 48: 0 | 78: N | 108: l | 138: □ | 168: ¨ | 198: Æ | 228: ä | |
| 19: □ | 49: 1 | 79: O | 109: m | 139: □ | 169: © | 199: Ç | 229: å | |
| 20: □ | 50: 2 | 80: P | 110: n | 140: □ | 170: ª | 200: È | 230: æ | |
| 21: □ | 51: 3 | 81: Q | 111: o | 141: □ | 171: « | 201: É | 231: ç | |
| 22: □ | 52: 4 | 82: R | 112: p | 142: □ | 172: ¬ | 202: Ê | 232: è | |
| 23: □ | 53: 5 | 83: S | 113: q | 143: □ | 173: | 203: Ë | 233: é | |
| 24: □ | 54: 6 | 84: T | 114: r | 144: □ | 174: ® | 204: Ì | 234: ê | |
| 25: □ | 55: 7 | 85: U | 115: s | 145: □ | 175: ¯ | 205: Í | 235: ë | |
| 26: □ | 56: 8 | 86: V | 116: t | 146: □ | 176: ° | 206: Î | 236: ì | |
| 27: □ | 57: 9 | 87: W | 117: u | 147: □ | 177: ± | 207: Ï | 237: í | |
| 28: □ | 58: : | 88: X | 118: v | 148: □ | 178: ² | 208: Ð | 238: î | |
| 29: □ | 59: ; | 89: Y | 119: w | 149: □ | 179: ³ | 209: Ñ | 239: ï | |
| 30: □ | 60: < | 90: Z | 120: x | 150: □ | 180: ´ | 210: Ò | 240: ð | |

Beispielsweise sehen Sie in der Abbildung, dass ç den Dezimalcode 231 besitzt. Sie geben daher die folgende Zeichenreferenz ein, wenn Sie dieses Zeichen in Ihr Dokument einfügen wollen:

```
&#231;
```

Die Tabelle im Abschnitt *Entity-Referenzen einfügen* beschreibt die Orte, an denen Sie eine Zeichenreferenz einfügen können. Beispiele finden Sie im Folgenden.

Im folgenden Element wird das Zeichen < über die Zeichenreferenz *&#60;* (60 ist der Dezimalcode für <) in die Zeichendaten eines Elements eingefügt. Beachten Sie, dass es nicht zulässig ist, < direkt in Zeichendaten einzugeben.

```
<TITLE>&#60;The Legend of Sleepy Hollow></TITLE>
```

Im folgenden Element wird die Zeichenreferenz *&#231;* eingesetzt, um ç (das auf einer deutschen Tastatur nicht verfügbar ist) in einen Attributwert einzufügen:

```
<RESIDENT Address="Rue Gar&#231;on 30, Paris">Miriam Kapp</RESIDENT>
```

In der folgenden DTD-Deklaration eines allgemeinen internen geparsten Entity wird das Zeichen % (37 ist der Dezimalcode für %) eingefügt. Dieses Zeichen darf nicht direkt in den Wert eines internen Entity eingegeben werden.

```
<!ENTITY heading1 "&#37; bearbeitet">
```

# Vordefinierte Entities verwenden

Sie verwenden in einem XML-Dokument eine Referenz auf ein vordefiniertes Entity, um eines der fünf Zeichen aus der folgenden Tabelle an einem Ort einzufügen, an dem die direkte Eingabe unzulässig ist.

| Vordefinierte Entity-Referenz | Eingefügtes Zeichen | Äquivalente Zeichenreferenz |
|---|---|---|
| &amp; | & | &#38; |
| &lt; | < | &#60; |
| &gt; | > | &#62; |
| &apos; | ' | &#39; |
| &quot; | " | &#34; |

Das Einfügen einer dieser vordefinierten Entity-Referenzen entspricht dem Einfügen der korrespondierenden Zeichenreferenz. Vordefinierte Entity-Referenzen sind einfach einprägsamer und verständlicher, wenn Sie sie in einem Dokument sehen.

Diese vordefinierten Entities entsprechen anderen internen geparsten Entities, doch Sie können sie verwenden, ohne die Entities zu definieren, und einfügen, wo immer dieser Entity-Typ zulässig ist, also

- im Elementinhalt,
- im Wert eines Attributs (als voreingestellter Wert in einer Attribut-deklaration oder im Start-Tag eines Elements) und
- im Wert der Deklaration eines internen Entity.

Die folgenden drei Beispiele beschreiben, wie vordefinierte Entity-Referenzen zum Einfügen von Zeichen eingesetzt werden, die nicht direkt eingegeben werden dürfen.

Im ersten Beispiel wird das Zeichen < über die Referenz *&lt;* in den Inhalt eines Elements eingefügt:

```
<TITLE>&lt;The Legend of Sleepy Hollow></TITLE>
```

Im zweiten Beispiel wird das Zeichen & über die Referenz *&amp;* in einen Attributwert eingefügt:

```
<PRODUCT Company="Ongaro &amp; Sons">3/4" T fitting</PRODUCT>
```

Im dritten Beispiel wird ein Anführungszeichen über die Referenz *&quot;* in einen Entity-Wert eingefügt (direktes Einfügen wäre nicht zulässig, da die Zeichenkette in dieses Zeichen eingeschlossen ist):

```
<!ENTITY heading "Christopher &quot;Kit&quot; Carson">
```

# Die Standalone-Dokumentdeklaration

Sie wissen aus Lektion 3, dass Sie optional eine *Standalone*-Dokument-deklaration in die XML-Deklaration aufnehmen können. Die *Standalone*-Deklaration weist den Prozessor an, ob externe Deklarationen für die Verarbeitung des Dokuments erforderlich sind.

Besitzt ein XML-Dokument externe Markup-Deklarationen (entweder in einer externen DTD-Teilmenge oder in einem externen geparsten Para-meter-Entity), wirkt sich jedoch keine der Deklarationen auf den Inhalt des Dokuments aus, das vom XML-Prozessor an die Anwendung über-geben wird, können Sie *standalone* auf 'yes' oder wie in dieser XML-Deklaration auf „yes" setzen:

```
<?xml version="1.0" standalone="yes"?>
```

Ist *standalone* mit „yes" definiert, wird das unnötige Verarbeiten externer Dateien vermieden. Wird der Wert 'no' oder „no" zugewiesen oder die *Standalone*-Deklaration weggelassen, wird der Prozessor damit angewiesen, die externen Markup-Deklarationen des Dokuments zu ver-arbeiten, da sich mindestens eine auf den Dokumentinhalt auswirkt.

Eine Liste der Typen externen Markupcodes, die sich auf den Dokument-inhalt auswirken (und daher verbieten, *standalone* auf „yes" festzu-legen), finden Sie in Abschnitt 2.9 der XML-Spezifikation unter *http://www.w3.org/TR/REC-xml*.

# Entities einem Dokument hinzufügen

In der folgenden Übung erhalten Sie praktische Erfahrungen mit Enti-ties, indem Sie einige allgemeine Entities in das Beispieldokument Inven-tory Valid.xml aus Lektion 5 einfügen.

## Entities in das Beispieldokument einfügen

❶ Öffnen Sie in Ihrem Editor das Dokument Inventory Valid.xml, das Sie im Abschnitt *Ein wohlgeformtes Dokument in ein gültiges Dokument konver-tieren* in Lektion 5 erstellten. (Das Dokument ist in Listing 5.1 dargestellt und auf der Begleit-CD enthalten.)

❷ Am Anfang der DTD des Dokuments (der Textblock, der im oberen Doku-mentabschnitt in die Zeichen [] eingeschlossen ist) fügen Sie die folgen-den Entity- und Notationsdeklarationen ein:

```
<!-- Entities, die dem BINDING-Element zugewiesen werden: -->
<!ENTITY trade "Taschenbuch">
<!ENTITY hard "Gebundene Ausgabe">

<!-- Externe Entities mit Rezensionen, die dem -->
<!-- Review-Attribut der BOOK-Elemente zugewiesen werden
     BOOK elements -->
<!NOTATION DOC SYSTEM "Microsoft Word-Dokument (.doc)">
<!NOTATION TXT SYSTEM "Nur Text (.txt)">
<!ENTITY rev_leaves
    SYSTEM "Review von Leaves of Grass.doc"
    NDATA DOC>
<!ENTITY rev_christo1
    SYSTEM "Review 01 von Der Graf von Monte Christo.doc"
    NDATA DOC>
<!ENTITY rev_christo2
    SYSTEM "Review 02 von Der Graf von Monte Christo.txt"
    NDATA TXT>
<!ENTITY rev_potter
    SYSTEM "Review von Harry Potter und der Stein der Weisen.txt"
    NDATA TXT>
```

Bei den ersten drei Entities handelt es sich um allgemeine interne geparste Entities, die Sie in BINDING-Elemente einfügen können, statt die eigentliche Bindungsinformation in jedes Element einzeln einzu-geben. Sie stellen sicher, dass Ihre Beschreibung eines gegebenen Bin-dungstyps von Buch zu Buch konsistent ist, wenn Sie dazu Entities verwenden. Außerdem erleichtern sie die Überarbeitung einer Beschreibung. (Sie könnten beispielsweise in jedem entsprechenden BINDING-Element „Taschenbuch" in „Broschur" ändern, indem Sie einfach das Entity *trade* bearbeiten.)

Die nächsten (und letzten) vier Entities sind allgemeine externe nicht geparste Entities, über die Sie externe Dateien, die Buchbesprechungen enthalten, den BOOK-Elementen zuordnen.

**❸** Fügen Sie das Attribut *Reviews* weiter hinten in der DTD in die Attributlisten-Deklaration des BOOK-Elements hinzu:

```
<!ATTLIST BOOK    InStock (ja|nein) #REQUIRED
                  Reviews ENTITIES #IMPLIED>
```

*Reviews* ist ein optionales Attribut (#IMPLIED), dem Sie die Namen eines oder mehrerer allgemeiner externer nicht geparster Entities zuweisen können. (*Reviews* ist vom ENTITIES-Typ.)

**❹** Ersetzen Sie in jedem BINDING-Element die Bindungsbeschreibung durch die korrespondierende Entity-Referenz. Beispielsweise ändern Sie das BINDING-Element für *The Adventures of Huckleberry Finn* von

```
<BINDING>Taschenbuch</BINDING>
```

in

```
<BINDING>&trade;</BINDING>
```

**❺** Fügen Sie die Attribute *Reviews* wie folgt zu BOOK-Elementen hinzu:

– Für Leaves of Grass:

```
<BOOK InStock="nein" Reviews="rev_leaves">
```

– Für Der Graf von Monte Christo:

```
<BOOK InStock="ja" Reviews="rev_christo1 rev_christo2">
```

– Für Harry Potter und der Stein der Weisen:

```
<BOOK InStock="nein" Reviews="rev_potter">
```

**❻** Ändern Sie den Kommentar am Dokumentanfang, um den neuen Dateinamen zu reflektieren, von

```
<!-- Dateiname: Inventory Valid.xml -->
```

in

```
<!-- Dateiname: Inventory Valid Entity.xml -->
```

**❼** Verwenden Sie den Befehl *Speichern unter* Ihres Editors, um eine Kopie des geänderten Dokuments unter dem Dateinamen Inventory Valid Entity.xml zu speichern.

Listing 6.1 zeigt das vollständige XML-Dokument. (Eine Kopie dieses Listings finden Sie unter dem Dateinamen Inventory Valid Entity.xml auf der Begleit-CD.)

**Listing 6.1**
Inventory Valid
Entity.xml

```
<?xml version="1.0"?>

<!-- Dateiname: Inventory Valid Entity.xml -->

<!DOCTYPE INVENTORY
    [
    <!-- Entities, die dem BINDING-Element zugewiesen werden: -->
    <!ENTITY trade "Taschenbuch">
    <!ENTITY hard "Gebundene Ausgabe">

    <!-- Externe Entities mit Rezensionen, die dem -->
    <!-- Review-Attribut der BOOK-Elemente zugewiesen werden
<!NOTATION DOC SYSTEM "Microsoft Word-Dokument (.doc)">
<!NOTATION TXT SYSTEM "Nur Text (.txt)">
    <!ENTITY rev_leaves
        SYSTEM "Review Leaves of Grass.doc"
        NDATA DOC>
    <!ENTITY rev_christo1
        SYSTEM "Review 01 von Der Graf von Monte Christo.doc"
        NDATA DOC>
    <!ENTITY rev_christo2
        SYSTEM "Review 02 von Der Graf von Monte Christo.txt"
        NDATA TXT>
    <!ENTITY rev_Potter
        SYSTEM "Review von Harry Potter und der Stein der Weisen.txt"
        NDATA TXT>

    <!ELEMENT INVENTORY (BOOK)*>

    <!ELEMENT BOOK (TITLE, AUTHOR, BINDING, PAGES, PRICE)>
    <!ATTLIST BOOK    InStock (ja|nein) #REQUIRED
                      Reviews ENTITIES #IMPLIED>

    <!ELEMENT TITLE (#PCDATA | SUBTITLE)*>
    <!ELEMENT SUBTITLE (#PCDATA)>

    <!ELEMENT AUTHOR (#PCDATA)>
    <!ATTLIST AUTHOR    Born CDATA #IMPLIED>

    <!ELEMENT BINDING (#PCDATA)>

    <!ELEMENT PAGES (#PCDATA)>

    <!ELEMENT PRICE (#PCDATA)>
    ]
```

```
>

<INVENTORY>
   <BOOK InStock="ja">
      <TITLE>The Adventures of Huckleberry Finn</TITLE>
      <AUTHOR Born="1835">Mark Twain</AUTHOR>
      <BINDING>&trade;</BINDING>
      <PAGES>336</PAGES>
      <PRICE>DM 12,75</PRICE>
   </BOOK>
   <BOOK InStock="nein" Reviews="rev_leaves">
      <TITLE>Leaves of Grass</TITLE>
      <AUTHOR Born="1819">Walt Whitman</AUTHOR>
      <BINDING>&hard;</BINDING>
      <PAGES>462</PAGES>
      <PRICE>DM 25,00</PRICE>
   </BOOK>
   <BOOK InStock="ja">
      <TITLE>The Legend of Sleepy Hollow</TITLE>
      <AUTHOR>Washington Irving</AUTHOR>
      <BINDING>&trade;</BINDING>
      <PAGES>98</PAGES>
      <PRICE>DM 4,95</PRICE>
   </BOOK>
   <BOOK InStock="ja" Reviews="rev_christo1 rev_christo2">
      <TITLE>Der Graf von Monte Christo</TITLE>
      <AUTHOR Born="1802">Alexandre Dumas</AUTHOR>
      <BINDING>&trade;</BINDING>
      <PAGES>760</PAGES>
      <PRICE>DM 38,00</PRICE>
   </BOOK>
   <BOOK InStock="nein">
      <TITLE>Moby-Dick
         <SUBTITLE>oder der Wal</SUBTITLE>
      </TITLE>
      <AUTHOR Born="1819">Herman Melville</AUTHOR>
      <BINDING>&hard;</BINDING>
      <PAGES>724</PAGES>
      <PRICE>DM 44,00</PRICE>
   </BOOK>
   <BOOK InStock="ja">
      <TITLE>In der Strafkolonie</TITLE>
      <AUTHOR>Franz Kafka</AUTHOR>
      <BINDING>&trade;</BINDING>
      <PAGES>125</PAGES>
      <PRICE>DM 17,80</PRICE>
   </BOOK>
   <BOOK InStock="ja">
      <TITLE>The Scarlet Letter</TITLE>
```

```
        <AUTHOR>Nathaniel Hawthorne</AUTHOR>
        <BINDING>&trade;</BINDING>
        <PAGES>253</PAGES>
        <PRICE>DM 14,25</PRICE>
    </BOOK>
    <BOOK InStock="nein" Reviews="rev_potter">
        <TITLE>Harry Potter und der Stein der Weisen</TITLE>
        <AUTHOR>Joanne K. Rowling</AUTHOR>
        <BINDING>&hard;</BINDING>
        <PAGES>335</PAGES>
        <PRICE>DM 26,00</PRICE>
    </BOOK>
</INVENTORY>
```

**❽** Wenn Sie die Gültigkeit Ihres Dokuments testen wollen, verwenden Sie das XML-Gültigkeitsprüfskript aus dem Abschnitt *Die Gültigkeit eines XML-Dokuments überprüfen* von Lektion 9.

# XML-Dokumente im Internet darstellen

# 7

# XML-Dokumente mithilfe von CSS-Stylesheets anzeigen

In dieser Lektion lernen Sie die erste der in diesem Buch behandelten Methoden zur Anzeige von XML-Dokumenten im Browser Microsoft Internet Explorer 5 kennen: CSS-Stylesheets. Ein CSS-Stylesheet ist eine Datei, die Formatierungsanweisungen für die in einem XML-Dokument enthaltenen Elemente enthält.

Da man in XML selbst Elemente erfindet, können Browser an sich nicht wissen, wie man diese Elemente korrekt anzeigt. Eine Möglichkeit, Browser darüber zu informieren, wie die einzelnen Elemente eines XML-Dokuments angezeigt werden sollen, besteht darin, in CSS-Stylesheet zu erstellen und es mit dem Dokument zu verknüpfen. XML-Dokumente, die mit einem CSS-Stylesheet verknüpft sind, können direkt in Internet Explorer 5 geöffnet werden. Für den Zugriff auf die Daten und deren Anzeige ist keine HTML-Seite erforderlich (wie bei den Methoden zur Anzeige von XML-Dokumenten, die in den beiden folgenden Lektionen vorgestellt werden).

Wenn Sie die Anzeigeanweisungen in einem Stylesheet getrennt vom eigentlichen XML-Dokument erfassen, wird das XML-Dokument damit noch flexibler und einfacher zu pflegen. Sie könnten beispielsweise ein bestimmtes XML-Dokument rasch an verschiedenste Anzeigeumgebungen (unterschiedliche Browser, Anwendungen, Kontexte, Geräte usw.) anpassen, indem Sie es einfach mit dem geeigneten Stylesheet verknüpfen, ohne das Dokument selbst umstrukturieren zu müssen. Zudem können Sie rasch die Formatierung einer Gruppe ähnlicher XML-Dokumente aktualisieren, indem Sie das mit diesen Dokumenten verknüpfte gemeinsame Stylesheet überarbeiten, ohne jedes einzelne Dokument öffnen und bearbeiten zu müssen.

Der Einsatz eines CSS-Stylesheets stellt wahrscheinlich die einfachste Methode zur Anzeige eines XML-Dokuments dar. Ein Vorteil besteht darin, dass viele Webdesigner bereits mit der CSS-Sprache vertraut sind, da sie gegenwärtig bereits zur Anzeige von HTML-Seiten verwendet wird. Die aktuellen Webbrowser unterstützen CSS-Stylesheets zudem in hohem Maße, während andere Methoden zur Anzeige von XML-Dokumenten sich noch in der Entwicklung befinden und noch nicht von allen Browsern unterstützt werden.

Verglichen mit den XML-Anzeigemethoden, die Sie in späteren Lektionen kennen lernen werden, sind CSS-Stylesheets allerdings relativ beschränkt. Obwohl Ihnen CSS-Stylesheets eine recht umfangreiche Kontrolle darüber bieten, wie Browser den Inhalt der Elemente eines XML-Dokuments formatieren, können Sie damit den Inhalt der Elemente nicht modifizieren oder neu anordnen. Mit CSS-Stylesheets können Sie zudem weder auf XML-Attribute, Entities, Verarbeitungsanweisungen und andere Komponenten zugreifen noch die in diesen Komponenten enthaltenen Daten verarbeiten.

In den folgenden Lektionen lernen Sie etwas kompliziertere – aber auch viel flexiblere – Möglichkeiten zur Anzeige von XML-Dokumenten kennen. In Lektion 8 erfahren Sie, wie Sie ein XML-Dokument mit einer HTML-Seite verknüpfen und die XML-Elemente anzeigen, indem Sie sie an HTML-Standardelemente binden. In Lektion 9 lernen Sie, wie Sie auf einzelne Elemente, Attribute und andere Komponenten eines XML-Dokuments zugreifen und diese anzeigen, indem Sie Skriptcode in eine HTML-Seite einfügen. In Lektion 10 lernen Sie schließlich, wie Sie eine viel leistungsfähigere Stylesheet-Sprache verwenden, nämlich XSL (Extensible Stylesheet Language), die es Ihnen nicht nur ermöglicht, den Inhalt von XML-Elementen zu formatieren, sondern auch den Dokumentinhalt in vielfältiger Weise umzugestalten.

Diese Lektion behandelt die meisten CSS-Eigenschaften, die Internet Explorer 5 unterstützt und die Teil der ursprünglichen Version von CSS sind, die vom World Wide Web Consortium (W3C) definiert wurde und unter der Bezeichnung Cascading Style Sheets Level 1 oder CSS1 bekannt ist. Das W3C hat des Weiteren eine fortgeschrittenere Version von CSS definiert, die im Großen und Ganzen eine Obermenge von CSS1 darstellt und die Bezeichnung Cascading Style Sheets Level 2 oder CSS2 trägt. CSS2 wird von den gegenwärtig verfügbaren Browsern nur teilweise unterstützt und ist nicht Gegenstand dieses Buches. Sie finden die komplette W3C-Spezifikation für CSS1 unter der Adresse *http:// www.w3.org/TR/REC-CSS1* und die Spezifikation für CSS2 unter der Adresse *http://www.w3.org/TR/REC-CSS2*.

# Grundschritte der Verwendung eines CSS-Stylesheets

Die Verwendung eines CSS-Stylesheets zur Anzeige eines XML-Dokuments umfasst zwei grundlegende Arbeitsschritte:

❶ Die Stylesheetdatei erstellen.

❷ Das Stylesheet mit dem XML-Dokument verknüpfen.

# Der erste Schritt: Die CSS-Datei erstellen

Ein CSS-Stylesheet ist eine reine Textdatei, die normalerweise über die Dateinamenerweiterung .css verfügt und eine Regelmenge enthält, die den Browser anweist, wie die Elemente eines bestimmten XML-Dokuments zu formatieren und anzuzeigen sind. Ebenso wie für XML-Dokumente können Sie Ihren Lieblingseditor verwenden, um ein CSS-Stylesheet zu erstellen.

Listing 7.1 enthält ein Beispiel für ein einfaches CSS-Stylesheet. (Sie finden eine Kopie dieses Listings unter dem Dateinamen Inventory01.css auf der Begleit-CD.)

**Listing 7.1**
Inventory01.css

```
/* Dateiname: Inventory01.css */

BOOK
    {display:block;
     margin-top:12pt;
     font-size:10pt}

TITLE
    {font-style:italic}

AUTHOR
    {font-weight:bold}
```

Dieses Stylesheet ist dafür vorgesehen, mit dem XML-Dokument aus Listing 7.2 verknüpft zu werden. (Sie finden eine Kopie dieses Listings unter dem Dateinamen Inventory01.xml auf der Begleit-CD.) Da diese Datei auch in anderen Beispielen dieser Lektion verwendet wird, sollten Sie die Seite mit dem Listing 7.2 markieren, um einfacher nachschlagen zu können.

**Listing 7.2**
Inventory01.xml

```
<?xml version="1.0"?>

<!-- Dateiname: Inventory01.xml -->

<?xml-stylesheet type="text/css" href="Inventory01.css"?>

<INVENTORY>
    <BOOK>
        <TITLE>The Adventures of Huckleberry Finn</TITLE>
        <AUTHOR>Mark Twain</AUTHOR>
        <BINDING>Taschenbuch</BINDING>
        <PAGES>336</PAGES>
        <PRICE>DM 12,75</PRICE>
    </BOOK>
    <BOOK>
```

```
        <TITLE>Leaves of Grass</TITLE>
        <AUTHOR>Walt Whitman</AUTHOR>
        <BINDING>Gebundene Ausgabe</BINDING>
        <PAGES>462</PAGES>
        <PRICE>DM 25,00</PRICE>
    </BOOK>
    <BOOK>
        <TITLE>The Legend of Sleepy Hollow</TITLE>
        <AUTHOR>Washington Irving</AUTHOR>
        <BINDING>Taschenbuch</BINDING>
        <PAGES>98</PAGES>
        <PRICE>DM 4,95</PRICE>
    </BOOK>
    <BOOK>
        <TITLE>Der Graf von Monte Christo</TITLE>
        <AUTHOR>Alexandre Dumas</AUTHOR>
        <BINDING>Taschenbuch</BINDING>
        <PAGES>760</PAGES>
        <PRICE>DM 38,00</PRICE>
    </BOOK>
    <BOOK>
        <TITLE>Moby-Dick</TITLE>
        <AUTHOR>Herman Melville</AUTHOR>
        <BINDING>Gebundene Ausgabe</BINDING>
        <PAGES>724</PAGES>
        <PRICE>DM 44,00</PRICE>
    </BOOK>
    <BOOK>
        <TITLE>In der Strafkolonie</TITLE>
        <AUTHOR>Franz Kafka</AUTHOR>
        <BINDING>Taschenbuch</BINDING>
        <PAGES>125</PAGES>
        <PRICE>DM 17,80</PRICE>
    </BOOK>
    <BOOK>
        <TITLE>The Scarlet Letter</TITLE>
        <AUTHOR>Nathaniel Hawthorne</AUTHOR>
        <BINDING>Taschenbuch</BINDING>
        <PAGES>253</PAGES>
        <PRICE>DM 14,25</PRICE>
    </BOOK>
    <BOOK>
        <TITLE>Harry Potter und der Stein der Weisen</TITLE>
        <AUTHOR>Joanne K. Rowling</AUTHOR>
        <BINDING>Gebundene Ausgabe</BINDING>
        <PAGES>335</PAGES>
        <PRICE>DM 26,00</PRICE>
    </BOOK>
</INVENTORY>
```

Bei dem Beispielstylesheet aus Listing 7.1 und dem XML-Beispieldokument aus Listing 7.2 handelt es sich um Kopien von Dateien, die Sie in der Übung im Abschnitt *Das XML-Dokument mit einem CSS-Stylesheet anzeigen* in Lektion 2 erstellt haben.

Ein Stylesheet besteht aus einer oder mehreren *Regeln* (gelegentlich auch *Regelmengen* genannt). Eine Regel enthält die Anzeigedaten für einen bestimmten Elementtyp des XML-Dokuments. Das Beispielstylesheet beinhaltet drei Regeln: eine für BOOK-Elemente, eine für TITLE-Elemente und eine für AUTHOR-Elemente. Abbildung 7.1 zeigt die Regel für BOOK-Elemente und deren Bestandteile.

**Abbildung 7.1**
Die CSS-Regel für
BOOK-Elemente

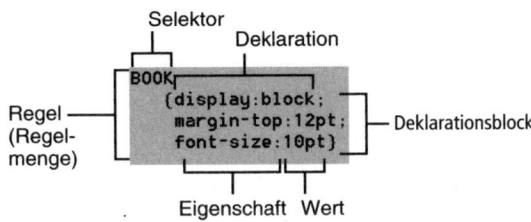

Der *Selektor* ist der Name des Elementtyps, für den die Anzeigedaten gelten.

Dem Selektor folgt ein *Deklarationsblock,* der in geschweifte Klammern ({}) eingeschlossen ist und eine oder mehrere *Deklarationen* enthält, die durch Semikolons (;) voneinander getrennt sind.

Jede Deklaration legt die Einstellung einer bestimmten *Eigenschaft* fest, wie z. B. den Schriftgrad, der zur Anzeige des Elements verwendet werden soll. Eine Deklaration umfasst den Namen einer Eigenschaft, einen Doppelpunkt (:) und den *Wert*, der dieser Eigenschaft zugewiesen werden soll. Mit der in Abbildung 7.2 dargestellten Deklaration wird beispielsweise der Eigenschaft *font-size* der Wert *10pt* (10 Punkt) zugewiesen.

**Abbildung 7.2**
Eine Deklaration

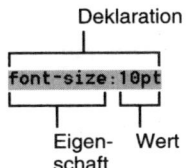

Ein Stylesheet kann zudem *Kommentare* enthalten. Ein Stylesheet-Kommentar beginnt mit einem Schrägstrich und einem Stern (/*) und endet mit einem Stern und einem Schrägstrich (*/). Zwischen diesen beiden begrenzenden Zeichenpaaren kann beliebiger Text stehen. Wenn der

Browser das Stylesheet liest, um das Dokument zu formatieren, ignoriert er diesen Kommentartext. Sie können Kommentare verwenden, um das Stylesheet für menschliche Leser zu dokumentieren oder zu erläutern. Am Anfang des Beispielstylesheets aus Listing 7.1 finden Sie z.B. den folgenden Kommentar:

```
/* Dateiname: Inventory01.css */
```

Sie können Kommentare auch während der Erstellung eines Stylesheets dazu verwenden, um zeitweilig eine Regel oder einen Teil einer Regel zu deaktivieren. Wenn Sie beispielsweise ausprobieren möchten, wie BOOK-Elemente ohne den oberen Rand aussehen würden, dann könnten Sie die betreffende Deklaration wie in der folgenden BOOK-Regel durch Kommentarzeichen außer Kraft setzen:

```
BOOK
    {display:block;
     /* margin-top:12pt; */
     font-size:10pt}
```

Leerräume (Leerzeichen, Tabulatoren und Zeilenumbrüche) trennen verschiedene CSS-Komponenten voneinander, z.B. die einzelnen Deklarationen im Deklarationsblock. Die Art und Weise, in der ich Leerräume in diesem Buch verwende, stellt nur eine mögliche Schreibweise dar. Sie können Leerräume in der Weise verwenden, die es Ihnen erleichtert, Ihre eigenen Stylesheets zu strukturieren und verständlich zu gestalten. Beispielsweise können Sie sämtliche Deklarationen, die zu einer Regel gehören, in eine Zeile schreiben, statt in verschiedene Zeilen wie in den hier angeführten Beispielen.

Das Beispielstylesheet aus Listing 7.1 enthält die folgenden Deklarationen:

- *display:block.* Fügt ein Zeilenumbruchzeichen vor und nach dem Text des Elements ein. (Diese Einstellung hat andere Auswirkungen, die ich weiter hinten in dieser Lektion erläutere.)

- *margin-top:12pt.* Fügt einen 12 Punkt breiten Rand über dem Text des Elements ein.

- *font-size:10pt.* Legt den Schriftgrad, der zur Anzeige des Elementtextes verwendet wird, auf 10 Punkt fest.

- *font-style:italic.* Zeigt den Text des Elements in Kursivschrift an.

- *font-weight:bold.* Zeigt den Text des Elements in Fettschrift an.

Abbildung 7.3 zeigt, wie Internet Explorer 5 das XML-Dokument darstellt, das mit diesem Stylesheet verknüpft ist, indem er es entsprechend der oben angeführten Deklarationen formatiert.

**Abbildung 7.3**
Darstellung der Datei
Inventory01.xml ent-
sprechend dem CSS-
Stylesheet
Inventory01.css

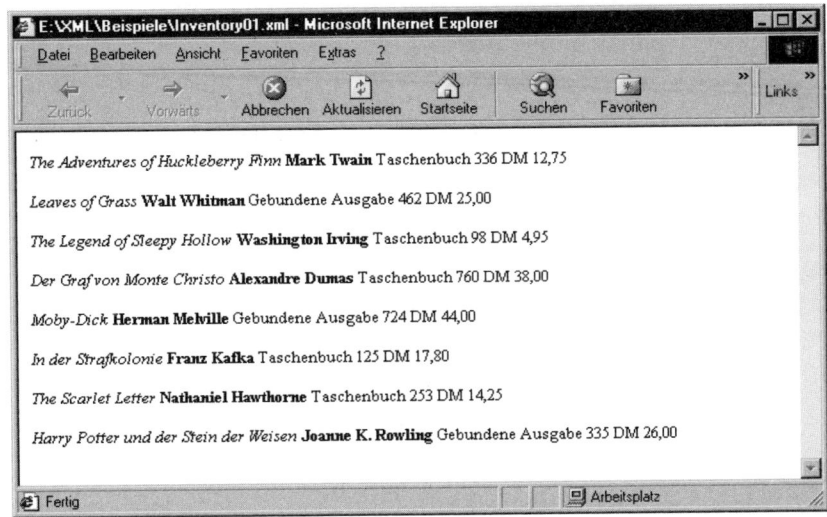

Die Menge der in CSS-Stylesheets verfügbaren Eigenschaften ähnelt den Eigenschaften, die man Text in einem Textvearbeitungsprogramm zuweisen kann. Weiter hinten in dieser Lektion lernen Sie die verschiedenen zur Verfügung stehenden Eigenschaften und die Werte kennen, die Sie diesen Eigenschaften jeweils zuweisen können.

## Groß- und Kleinschreibung in CSS-Stylesheets

Bei Internet Explorer 5 wird in CSS-Stylesheets nicht zwischen Groß- und Kleinschreibung unterschieden. Das heißt, wenn Internet Explorer 5 ein Stylesheet verarbeitet, dann unterscheidet er nicht zwischen Klein- und Großbuchstaben. Sie könnten die folgende Regel beispielsweise in allen drei Schreibweisen eingeben:

```
TITLE
    {font-style:italic}
Title
    {FONT-STYLE:Italic}
title
    {Font-Style:ITALIC}
```

Dass in CSS-Stylesheets nicht zwischen Groß- und Kleinschreibung unterschieden wird, hat eine wichtige Implikation. Da in XML-Dokumenten zwischen Groß- und Kleinschreibung unterschieden wird, ist es dort durchaus möglich, zwei unterschiedliche Elemente zu definieren, die sich nur durch die Groß-/Kleinschreibung unterscheiden, wie z.B. *Book* und BOOK. In einem CSS-Stylesheet würden diese beiden Namen jedoch als *gleichbedeutend* interpretiert und Sie wären infolgedessen nicht in der Lage, diesen Elementtypen unterschiedliche Eigenschaftenwerte zuzuweisen. Wenn Sie ein XML-Dokument mithilfe eines CSS-

Stylesheets anzeigen wollen, sollten Sie daher keine Elementtypen verwenden, deren Namen sich nur durch die Groß-/Kleinschreibung eines oder mehrerer Buchstaben unterscheiden.

## Vererbung der Eigenschaftseinstellungen

Im Allgemeinen gilt eine Eigenschaftseinstellung, die Sie einem bestimmten Element (z.B. BOOK) zuweisen, für alle untergeordneten Elemente, die direkt oder indirekt in diesem Element verschachtelt sind, sofern die Einstellung nicht durch eine andere Einstellung überschrieben wird, die für ein bestimmtes untergeordnetes Element festgelegt wird.

Die folgenden Eigenschaften stellen allerdings Ausnahmen dar und werden *nicht* an die untergeordneten Elemente vererbt:

- Die *display*-Eigenschaft, die im Abschnitt *Die display-Eigenschaft festlegen* weiter hinten in dieser Lektion behandelt wird.

- Die Eigenschaften zur Festlegung des Hintergrunds (*background-color, background-image, background-repeat* und *background-position*), die im Abschnitt *Background-Eigenschaften festlegen* weiter hinten in dieser Lektion besprochen werden.

- Die Eigenschaft *vertical-align*, die im Abschnitt *Die Eigenschaften für den Zeilenabstand und die Textausrichtung festlegen* weiter hinten in dieser Lektion beschrieben wird.

- Die Rahmeneigenschaften, die im Abschnitt *Rahmeneigenschaften festlegen* weiter hinten in dieser Lektion behandelt werden.

Das Beispielstylesheet aus Listing 7.1 formatiert die BOOK-Elemente (die im Dokument aus Listing 7.2 enthalten sind) beispielsweise wie folgt:

```
BOOK
    {display:block;
     margin-top:12pt;
     font-size:10pt}
```

Jedes BOOK-Element verfügt über fünf untergeordnete Elemente. Da die Eigenschaft *font-size* vererbt wird, werden sämtliche untergeordneten Elemente eines BOOK-Elements mit dem Schriftgrad 10 Punkt angezeigt. Untergeordnete Elemente erben allerdings nicht die Eigenschaftseinstellungen für *display* und *margin-top* (*margin-top* ist eine Rahmeneigenschaft).

Wenn Sie den Wert einer nicht vererbbaren Eigenschaft für ein bestimmtes Element nicht ausdrücklich festlegen, dann verwendet der Browser den Vorgabewert dieser Eigenschaft. Beispielsweise hat die Eigenschaft *display* den Vorgabewert *inline*. Sie finden in dieser Lektion die Vorgabewerte für alle nicht vererbbaren Eigenschaften.

Da viele Eigenschaftswerte vererbt werden, sollten Sie beim Entwurf eines Stylesheets mit den Elementen der obersten Ebene beginnen und dann erst die Einstellungen für die jeweils untergeordneten Elemente definieren, da Sie dann nur gelegentlich bestimmte Eigenschaftseinstellungen der übergeordneten Elemente überschreiben müssen. Dieses Vorgehen reduziert die Zahl unnötiger Eigenschaftseinstellungen (nämlich die Einstellungen, die untergeordnete Elemente erben und die Sie daher nicht anzugeben brauchen) auf ein Minimum.

Im Abschnitt *Rangfolge der Regeln in CSS-Stylesheets* weiter hinten in dieser Lektion erfahren Sie mehr über die Vererbung und deren Rolle im CSS-Mechanismus.

## Mehrere Elemente und mehrere Regeln angeben

Sie können eine Regel auf mehrere Elemente anwenden, indem Sie die betreffenden Elementnamen im Selektor durch Kommas voneinander getrennt aufführen. Beispielsweise gilt die folgende Regel für die Elementtypen POEM, TITLE, AUTHOR, DATE und STANZA:

```
POEM, TITLE, AUTHOR, DATE, STANZA
    {display:block;
     margin-bottom:12pt}
```

Wenn eine Gruppe von Elementen die gleichen Eigenschaftseinstellungen aufweisen soll, dann können Sie Ihr Stylesheet kürzer und verständlicher gestalten, indem Sie eine Regel für alle diese Elemente definieren, statt für jeden Elementtyp die gleichen Einstellungen in getrennten Regeln eigens festzulegen.

Es ist auch zulässig, einen bestimmten Elementtyp in mehrere Regeln innerhalb eines Stylesheets aufzunehmen. Beispielsweise enthalten die folgenden Regeln beide den Elementtyp DATE:

```
POEM, TITLE, AUTHOR, DATE, STANZA
    {display:block;
     margin-bottom:12pt}
```

```
DATE
    {font-style:italic}
```

Die erste Regel enthält die Deklaration, die für den Elementtyp DATE sowie die anderen angegebenen Elementtypen gilt, während die zweite Regel eine Eigenschaftseinstellung festlegt, die lediglich auf den Elementtyp DATE angewandt wird.

## Kontextbezogene Selektoren verwenden

Wenn Sie den Elementnamen in einem Selektor die Namen übergeordneter Elemente voranstellen (das direkt übergeordnete Element, das direkt übergeordnete Element plus dessen übergeordnete Elemente usw.), dann gilt die betreffende Regel nur für Elemente, die den angegebenen Namen haben und in der angegebenen Weise verschachtelt sind. Selektoren, die ein oder mehrere übergeordnete Elementnamen enthalten, werden *kontextbezogene* Selektoren genannt. Selektoren, die keine Namen übergeordneter Elemente enthalten (wie die Selektoren aus den vorherigen Abschnitten), werden als *generische* Selektoren bezeichnet.

Wenn einer bestimmten Eigenschaft in einer Regel mit einem kontextbezogenen Selektor eine Einstellung und in einer anderen Regel mit einem generischen Selektor eine andere Einstellung zugewiesen wird, dann hat die Einstellung in der kontextbezogenen Regel Vorrang, da sie spezifischer ist.

Angenommen, das Wurzelelement eines XML-Dokuments sei wie folgt definiert:

```
<MAPS>
   <CITY>
      <NAME>Santa Fe</NAME>
      <STATE>New Mexico</STATE>
   </CITY>
   <STATE>California</STATE>
</MAPS>
```

Wenn ein mit diesem Element verknüpftes Stylesheet die folgende Regel enthält, dann formatiert der Browser „New Mexico" in der Standardschrift und „California" in Kursivschrift:

```
CITY STATE
   {font-style:normal}

STATE
   {font-style:italic}
```

Das STATE-Element New Mexico entspricht zwar sowohl dem kontextbezogenen Selektor in der für die Elementtypen CITY STATE geltenden Regel als auch dem generischen Selektor in der Regel für den Elementtyp STATE, da der Selektor in der Regel für CITY STATE jedoch spezifischer ist, hat er Vorrang. (Im Abschnitt *Rangfolge der Regeln in CSS-Stylesheets* weiter hinten in dieser Lektion erfahren Sie mehr über die Rangfolge miteinander in Konflikt stehender Regeln.)

Beachten Sie, dass Sie die Elementnamen in einem kontextbezogenen Selektor nicht durch Kommas voneinander trennen dürfen. Andernfalls würde die Regel für alle angeführten Elementtypen gelten (wie im vorherigen Abschnitt beschrieben) und nicht nur für den zuletzt aufgeführten untergeordneten Elementtyp.

## Das STYLE-Attribut verwenden

Sie können in dem XML-Dokument – statt im Stylesheet – das spezielle STYLE-Attribut verwenden, um einem bestimmten Element eine oder mehrere spezielle Eigenschaftseinstellungen zuzuweisen. Wenn eine über das STYLE-Attribut zugewiesene Eigenschaftseinstellung einer Eigenschaftseinstellung in dem mit dem XML-Dokument verknüpften Stylesheet widerspricht, dann hat die Einstellung des STYLE-Attributs Vorrang. Folglich stellt das STYLE-Attribut eine bequeme Möglichkeit dar, für ein bestimmtes Element die allgemeinen Eigenschaftseinstellungen zu überschreiben, die im Stylesheet für den betreffenden Elementtyp festgelegt sind. Allerdings verstößt der Einsatz des STYLE-Attributs gegen das CSS-Prinzip, die Formatinformationen von der in der XML-Datei enthaltenen Definition des Dokumentinhalts und der Dokumentstruktur getrennt zu halten.

Sie geben eine oder mehrere Eigenschaftseinstellungen an, indem Sie dem STYLE-Attribut die Deklarationen in einfachen Anführungszeichen als Wert zuweisen, wobei die einzelnen Deklarationen wie bei einem CSS-Deklarationsblock durch Semikolons voneinander getrennt werden müssen.

Mit dem Beispielstylesheet aus Listing 7.1 werden die TITLE-Elemente beispielsweise in Kursivschrift mit dem Schriftgrad 10 Punkt angezeigt. Wenn Sie jedoch das folgende STYLE-Attribut in das Start-Tag eines *bestimmten* TITLE-Elements des Dokuments einfügen, dann wird dieses Element in der (nicht kursiven) Standardschrift mit dem Schriftgrad 14 Punkt angezeigt:

```
<TITLE STYLE='font-style:normal; font-size:14pt'>
    The Adventures of Huckleberry Finn
</TITLE>
```

Abbildung 7.4 zeigt, wie das Dokument im Internet Explorer 5 aussieht.

Um ein gültiges XML-Dokument zu erhalten, müssen Sie das STYLE-Attribut in der Dokumenttyp-Definition (DTD) deklarieren, bevor Sie das Attribut verwenden. Deklarieren Sie das Attribut wie folgt:

```
<!ATTLIST TITLE    STYLE CDATA #IMPLIED>
```

## Andere Stylesheets importieren

Sie können mithilfe der *@import*-Direktive eines oder mehrere andere Stylesheets in Ihr CSS-Stylesheet importieren. Die Möglichkeit, getrennt vorliegende Stylesheets zu importieren, erlaubt es Ihnen, verwandte Formatierungsregeln in getrennten Dateien abzulegen und bei Bedarf für bestimmte Dokumenttypen miteinander zu kombinieren.

**Abbildung 7.4**
Dem ersten TITLE-Element wurde über das STYLE-Attribut eine spezielle Schrift zugewiesen.

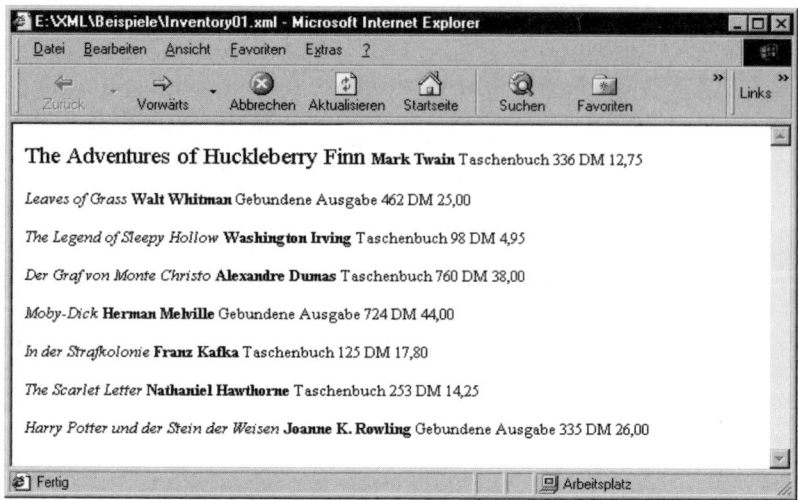

Die @*import*-Direktive hat das unten angegebene allgemeine Format, wobei *StyleSheetURL* für den vollqualifizierten oder relativen URL (Uniform Resource Locator) der Datei steht, die das zu importierende CSS-Stylesheet enthält:

```
@import url(StyleSheetURL);
```

Nähere Informationen zur Angabe von URL-Werten finden Sie im nachfolgenden Einschub *URL-Werte angeben*. Wird z. B. die folgende Direktive (die einen relativen URL enthält) am Beginn des Stylesheets aus Listing 7.1 eingefügt, dann würde das Stylesheet aus der Datei Book.css importiert (die sich im gleichen Verzeichnis wie das importierende Stylesheet befinden muss):

```
/* Dateiname: Inventory01.css */

@import url(Book.css);

BOOK
    {display:block;
     margin-top:12pt;
     font-size:10pt}

/* Restliches Stylesheet... */
```

Die @*import*-Direktive muss sich am Beginn des Stylesheets vor allen Regeln befinden. Sie können mehrere @*import*-Direktiven am Beginn eines Stylesheets angeben.

Wenn Sie ein Stylesheet importieren, dann führt der Browser die Regeln zusammen, die sich im importierten Stylesheet und im importierenden Stylesheet befinden. Falls Konflikte zwischen Regeln bestehen, dann haben die Regeln des importierenden Stylesheets Vorrang gegenüber denen des importierten Stylesheets. Werden mehrere Stylesheets importiert, dann erhalten die Stylesheets, die später importiert werden, Vorrang gegenüber denjenigen Stylesheets, die zuvor importiert worden sind. Weitere Informationen über die Rangfolge finden Sie im Abschnitt *Rangfolge der Regeln in CSS-Stylesheets* weiter hinten in dieser Lektion.

## URL-Werte angeben

Ein URL ist eine Standardinternetadresse, wie z. B. *http://mspress.micro-soft.com/*. Sowohl die *@import*-Direktive als auch die *background-image*-Eigenschaft erfordern die Angabe eines URL-Wertes, der den Speicherort der zugehörigen Ressource nennt (das Stylesheet bzw. die Grafikdatei). Sie geben URL-Werte im folgenden Format an, wobei *URL* für einen gültigen URL steht. Beachten Sie, dass sich zwischen der öffnenden runden Klammer ( und dem URL-Wert keine Leerzeichen befinden dürfen.

```
url(URL)
```

Sie können wie in den folgenden Beispielen einen voll qualifizierten URL angeben:

```
@import url(http://www.meine_domain.com/stylesheets/NeueStyles.css);
```

```
INVENTORY
{background-image:url(file:///E:\Beispiele\Background.gif)}
```

Sie können aber auch einen relativen URL verwenden, dessen Speicherortangabe sich auf den Speicherort der Stylesheetdatei, die den URL enthält, bezieht. Die Bedeutung relativer URLs in Stylesheets entspricht der Bedeutung relativer URLs in HTML-Seiten. Wenn sich die Stylesheetdatei beispielsweise im Ordner *Beispiele* befindet, dann wäre der folgende relative URL gleichbedeutend mit dem voll qualifizierten URL des vorherigen Beispiels (nämlich *file:///E:\Beispiele\Background.gif*):

```
INVENTORY {background-image:url(Background.gif)}
```

## Der zweite Schritt: Das Stylesheet mit dem XML-Dokument verknüpfen

Um ein CSS-Stylesheet mit einem XML-Dokument zu verknüpfen, fügen Sie die reservierte Verarbeitungsanweisung *xml-stylesheet* in das Dokument ein. Diese Verarbeitungsanweisung hat das folgende allgemeine Format, wobei *CSSDateipfad* für einen URL steht, der den Speicherort der Stylesheetdatei angibt:

```
<?xml-stylesheet type="text/css" href=CSSDateipfad?>
```

Sie können einen voll qualifizierten URL angeben, wie zum Beispiel:

```
<?xml-stylesheet type="text/css"
   href="http://www.meine_domain.com/Inventory01.css"?>
```

Gebräuchlicher ist es jedoch, einen relativen URL anzugeben, dessen Speicherortangabe sich auf den Speicherort des XML-Dokuments bezieht, das die Verarbeitungsanweisung *xml-stylesheet* enthält, wie zum Beispiel:

```
<?xml-stylesheet type="text/css" href="Inventory01.css"?>
```

(Relative URLs sind gebräuchlicher, da die Stylesheetdatei in der Regel im gleichen Ordner wie das XML-Dokument oder einem Unterordner dieses Ordners gespeichert wird.)

Sie fügen die Verarbeitungsanweisung *xml-stylesheet* nach der XML-Deklaration in den Prolog des XML-Dokuments ein, wie Sie dem Beispieldokument XML aus Listing 7.2 entnehmen können. (Weitere Informationen zu Verarbeitungsanweisungen und eine Beschreibung der Stellen, an denen diese zulässig sind, finden Sie im Abschnitt *Verarbeitungsanweisungen verwenden* in Lektion 4.)

Da man ein XML-Dokument mit einem externen Stylesheet verknüpfen kann, lässt sich dessen Formatierung sehr flexibel gestalten. Sie können die Formatierung des Dokuments radikal ändern, indem Sie ihm ein anderes Stylesheet zuordnen. Um ein anderes Stylesheet zuzuweisen, bearbeiten Sie lediglich den URL in der Verarbeitungsanweisung *xml-stylesheet*, ohne weitere Änderungen an dem XML-Dokument vornehmen zu müssen.

Nachdem Sie ein XML-Dokument mit einem Stylesheet verknüpft haben, können Sie dieses Dokument direkt im Internet Explorer 5 öffnen. Beispielsweise können Sie den URL oder Dateipfad des Dokuments in die Adressleiste von Internet Explorer 5 eingeben und ⏎ drücken (siehe Abbildung 7.5).

**Abbildung 7.5**
Ein XML-Dokument im Internet Explorer öffnen

Geben Sie den URL oder Dateipfad des XML-Dokuments hier ein und drücken Sie ⏎ .

Falls Internet Explorer 5 Ihr Standardbrowser ist, können Sie auch einfach im Windows Explorer oder einem Ordnerfenster auf den Dateinamen des XML-Dokuments doppelklicken (siehe Abbildung 7.6).

**Abbildung 7.6**
Darstellung des XML-
Dokuments
Inventory01.xml im
Windows Explorer

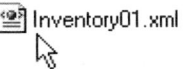 Inventory01.xml

Internet Explorer 5 öffnet daraufhin das XML-Dokument und zeigt es entsprechend den Anweisungen des verknüpften Stylesheets an.

Falls der Browser die in der Verarbeitungsanweisung *xml-stylesheet* angegebene Stylesheetdatei nicht findet, zeigt er das Dokument unter Verwendung seiner eigenen Eigenschaftseinstellungen an (z. B. den aktuellen Einstellungen für Schriftart und Schriftgrad). Wie Sie in Lektion 2 erfahren haben, zeigt Internet Explorer 5 den XLM-Quelltext des Dokuments statt dessen Inhalt an, wenn das XML-Dokument nicht mit einem Stylesheet verknüpft ist (das heißt, wenn das Dokument keine *xml-stylesheet*-Verarbeitungsanweisung enthält).

Sie können mehrere Stylesheets mit einem XML-Dokument verknüpfen, indem Sie für jedes Stylesheet eine eigene *xml-stylesheet*-Verarbeitungsanweisung einfügen, wie im folgenden Beispiel eines XML-Dokuments gezeigt:

```
<?xml version="1.0"?>

<?xml-stylesheet type="text/css" href="Book01.css"?>
<?xml-stylesheet type="text/css" href="Book02.css"?>

<INVENTORY>
    <!-Inhalt des Dokumentelements -->
</INVENTORY>
```

Die Möglichkeit, mehrere Stylesheets zu verknüpfen, erlaubt es Ihnen, Gruppen verwandter Regeln in getrennten Dateien zu speichern und diese bei Bedarf für bestimmte Dokumenttypen miteinander zu kombinieren.

Wenn Sie mehrere Stylesheets mit einem Dokument verknüpfen, dann führt Internet Explorer 5 die Regeln der verschiedenen Stylesheets zusammen. Enthalten verschiedene Stylesheets widersprüchliche Regeln, dann haben die Regeln eines Stylesheets, das später mit dem Dokument verknüpft wird, Vorrang gegenüber den Regeln eines Stylesheets, das zuvor mit dem Dokument verknüpft wurde. (Im vorstehenden Beispiel hätten die Regeln aus Book02.css Vorrang gegenüber damit in Konflikt stehenden Regeln aus Book01.css.) Sie erfahren im nächsten Abschnitt mehr über die Rangfolge miteinander in Konflikt stehender Regeln.

# Rangfolge der Regeln in CSS-Stylesheets

Der Begriff „Cascading" im Namen der Cascading Style Sheets (kurz CSS-Stylesheets) weist darauf hin, dass Sie Eigenschaften auf verschiedenen Ebenen Werte zuweisen können (ebenso wie eine Kaskade verschiedene Ebenen aufweist). Die folgende Liste beschreibt die Hauptebenen, auf denen Sie einer Eigenschaft einen Wert zuweisen können. Ich habe die Ebenen gemäß ihrer Rangfolge von der höchsten zur niedrigsten geordnet aufgeführt. Wenn einem Element auf unterschiedlichen Ebenen für eine Eigenschaft wie z. B. *font-size* widersprüchliche Werte zugewiesen werden, verwendet der Browser die Einstellung, die in der Rangfolge an oberster Stelle steht.

**❶** Wenn Sie über das STYLE-Attribut eines bestimmten Elements im Dokument einer Eigenschaft einen Wert zuweisen, dann zeigt der Browser das Element entsprechend dieser Eigenschaftseinstellung an. Beispielsweise würde das folgende Element in Fettschrift angezeigt:

```
<TITLE STYLE="font-weight:bold">Leaves of Grass</TITLE>
```

**❷** Legen Sie die Einstellung einer Eigenschaft nicht über das STYLE-Attribut fest, dann verwendet der Browser die Eigenschaftseinstellung, die in einer CSS-Regel mit einem kontextbezogenen Selektor festgelegt ist (also einem Selektor, in dem das Element zusammen mit einem oder mehreren seiner übergeordneten Elemente angegeben wird, wie weiter oben im Abschnitt *Kontextbezogene Selektoren verwenden* beschrieben). Angenommen, das Dokumentelement eines XML-Dokuments ist wie folgt definiert:

```
<MAPS>
    <CITY>
        <NAME>Santa Fe</NAME>
        <STATE>New Mexico</STATE>
    </CITY>
    <STATE>California</STATE>
</MAPS>
```

Nehmen wir weiter an, dass das zugehörige Stylesheet die folgenden Regeln enthält:

```
CITY STATE
    {font-style:normal}

STATE
    {font-style:italic}
```

Der Browser würde das STATE-Element „New Mexico" entsprechend der CITY STATE-Regel formatieren, das diese Regel einen kontextbezogenen Selektor enthält und daher Vorrang vor der STATE-Regel hat, die lediglich einen generischen Selektor beinhaltet. „New Mexico" würde folglich in der normalen Standardschrift angezeigt.

❸ Wenn Sie den Wert einer bestimmten Eigenschaft nicht in einer CSS-Regel mit einem entsprechenden kontextbezogenen Selektor festlegen, dann verwendet der Browser die Einstellung, die in einer Regel mit einem generischen Selektor (also einem Selektor, der nur den Elementnamen umfasst) deklariert ist. In dem Beispielstylesheet aus Punkt 2 würde der Browser beispielsweise keinen passenden kontextbezogenen Selektor für das STATE-Element „California" finden. Daher würde er die generische STATE-Regel verwenden und „California" daher in Kursivschrift anzeigen.

❹ Wird der Wert einer Eigenschaft nicht in einer Regel mit einem generischen Selektor für das Element festgelegt, dann verwendet der Browser die Eigenschaftseinstellung, die für das nächste übergeordnete Element deklariert worden ist. In dem Stylesheet aus Listing 7.1 legt die Regel für das TITLE-Element beispielsweise keinen Wert für die Eigenschaft *font-size* fest:

```
TITLE
    {font-style:italic}
```

Daher verwendet der Browser die *font-size*-Einstellung des übergeordneten Elements, hier des Elements BOOK (BOOK ist in dem XML-Dokument, mit dem dieses Stylesheet verknüpft ist, dem TITLE-Element übergeordnet):

```
BOOK
    {display:block;
     margin-top:12pt;
     font-size:10pt}
```

Daher wird der Text des TITLE-Elements mit dem Schriftgrad 10 Punkt angezeigt.

Beachten Sie jedoch, dass dies nur für vererbbare Eigenschaften gilt. Bei einer nicht vererbbaren Eigenschaft verwendet der Browser den Vorgabewert der Eigenschaft (siehe den Abschnitt *Vererbung der Eigenschaftseinstellungen* weiter oben in dieser Lektion).

❺ Falls das Stylesheet keine Eigenschaftseinstellung für eines der übergeordneten Elemente enthält, dann verwendet der Browser seine eigene Einstellung. Bei dieser Einstellung kann es sich um eine im Browser vordefinierte Voreinstellung oder eine vom Browserbenutzer gewählte Einstellung handeln. Da das Beispielstylesheet aus Listing 7.1 die Eigenschaft *font-family* für kein Element definiert, benutzt der Browser seinen eigenen *font-family*-Wert zur Anzeige der Elemente. (Bei Internet Explorer 5 ist dies Times New Roman, sofern der Browserbenutzer über den Befehl *Internetoptionen* im Menü *Extras* keine andere Schriftart eingestellt hat.)

Auch dies gilt nur für vererbbare Eigenschaften. Bei nicht vererbbaren Eigenschaften verwendet der Browser den Vorgabewert der Eigenschaft.

Wie Sie aus dieser Liste ersehen können, gilt das folgende allgemeine Prinzip: Werden einer Eigenschaft auf unterschiedlichen Ebenen miteinander in Widerspruch stehende Werte zugewiesen, dann gibt der Browser der jeweils *spezifischeren* Regel den Vorrang. Beispielsweise ist eine Eigenschaftseinstellung für ein bestimmtes Element spezifischer als eine Einstellung für das übergeordnete Element dieses Elements und erhält damit Vorrang. Sie können anhand dieses Prinzips kompliziertere Fälle lösen. (Welche Regel wird beispielsweise angewendet, wenn das übergeordnete Element sowohl über eine kontextbezogene als auch über eine generische Regel verfügt? Sie haben Recht: Der Browser verwendet die kontextbezogene Regel!)

Die in der obigen Liste angeführte Rangfolge ist nicht in Stein gemeißelt. Es ist möglich, dass die Eigenschaftseinstellungen des Browsers Vorrang gegenüber den Eigenschaftseinstellungen des Stylesheets haben, das mit einem XML-Dokument verknüpft ist. Dies versetzt Benutzer mit besonderen Anforderungen in die Lage, die Formatierung zu steuern (beispielsweise kann ein Benutzer mit einer Sehbehinderung eine besonders große Schrift verwenden). Im Internet Explorer 5 kann der Benutzer beispielsweise den Eigenschaftseinstellungen des Browsers Vorrang gegenüber den Stylesheeteinstellungen geben, indem er im Menü *Extras* den Befehl *Internetoptionen* wählt, dann auf der Registerkarte *Allgemein* auf die Schaltfläche *Eingabehilfen* klickt und die gewünschten Optionen auswählt.

Was geschieht, wenn einer bestimmten Eigenschaft *auf derselben Ebene* widersprüchliche Einstellungen zugewiesen werden? In diesem Fall verwendet der Browser die Einstellung, die er *zuletzt* verarbeitet. Enthalten beispielsweise wie im folgenden Beispiel zwei generische Regeln für dasselbe Element unterschiedliche Einstellungen für die Eigenschaft *font-style*, dann verwendet der Browser die zweite Einstellung, da er diese zuletzt verarbeitet:

```
TITLE, AUTHOR, BINDING, PRICE
    {display:block;
     font-size:12pt;
     font-weight:bold;
     font-style:italic}

AUTHOR
    {font-style:normal}
```

Daher würde das Element AUTHOR in diesem Beispiel in normaler Schrift statt in Kursivschrift formatiert.

Die folgenden Punkte beschreiben, in welcher Reihenfolge der Browser Stylesheetregeln verarbeitet:

- Verknüpfen Sie mithilfe von *xml-stylesheet*-Verarbeitungsanweisungen mehrere Stylesheets mit dem Dokument, dann verarbeitet der Browser die Stylesheets in der Reihenfolge, in der Sie die Verarbeitungsanweisungen angegeben haben.

- Wenn Sie eines oder mehrere Stylesheets über die *@import*-Direktive importieren (wie weiter vorn im Abschnitt *Andere Stylesheets importieren* erläutert), dann verarbeitet der Browser die importierten Stylesheets vor dem importierenden Stylesheet und zwar in der Reihenfolge, in der sie importiert werden.

- In einem gegebenen Stylesheet werden die Regeln in der Reihenfolge verarbeitet, in der sie definiert sind.

Die Regel, nach der der Browser die zuletzt von ihm verarbeitete Eigenschaftseinstellung verwendet, ist der Regel entgegengesetzt, die ein XML-Prozessor anwendet, wenn er auf mehrere Attribut- oder Entity-Deklarationen stößt. Sie werden sich aus den vorherigen Lektionen daran erinnern, dass der XML-Prozessor die erste Attribut- oder Entity-Deklaration verwendet und alle nachfolgenden Attribut- oder Entity-Deklarationen ignoriert.

# Die display-Eigenschaft festlegen

Die *display*-Eigenschaft steuert die grundlegenden Merkmale der Anzeige des Textinhalts von Elementen. Sie können dieser Eigenschaft eines der folgenden drei CSS-Schlüsselwörter zuweisen:

- *block.* Der Browser fügt jeweils vor und nach dem Text des Elements (der auch den Text aller untergeordneten Elemente umfasst) einen Zeilenumbruch ein. Infolgedessen wird der Text des Elements in einem separaten „Block" angezeigt, über dem der voranstehende Text steht und unter dem der nachfolgende Text folgt. Wenn Sie der Eigenschaft den Wert *block* zuweisen, können Sie den Textblock zudem mithilfe verschiedener box properties formatieren und z.B. Ränder, sichtbare Rahmenlinien und Leerräume definieren. (Ich beschreibe die Rahmeneigenschaften weiter hinten in dieser Lektion.) Ein *block*-Element ähnelt daher einem Absatz in einem Textverarbeitungsprogramm, der durch Zeilenumbrüche von voranstehendem und nachfolgendem Text getrennt ist und normalerweise mit Rändern, Rahmenlinien etc. ausgestattet werden kann.

- *inline* (**Vorgabe**). Der Browser fügt weder vor noch nach dem Elementtext Zeilenumbrüche ein (sofern der voranstehende Text oder der Elementtext nicht den rechten Fensterrand erreicht und der Browser den Text in die nächste Zeile umbrechen muss). Der Browser fügt nur dann Zeilenumbrüche in den Elementtext ein, wenn dies erforderlich ist, um den Text innerhalb des Fensters anzeigen zu können. Der Text des Elements kann sich infolgedessen in der gleichen Zeile wie der vorangehende oder nachfolgende Text befinden. Ein *inline*-Element ähnelt einer Zeichenfolge *innerhalb* eines Absatzes in einem Textverarbeitungsprogramm.

- **none.** Der Browser zeigt das Element nicht an. Sie können diese Einstellungen für Elemente verwenden, die Informationen speichern, die nicht auf dem Bildschirm erscheinen sollen.

Die CSS-Spezifikation sagt aus, dass die *display*-Eigenschaft nicht an untergeordnete Elemente vererbt wird. Das ist eindeutig zutreffend, wenn Sie der *display*-Eigenschaft eines Elements die Einstellung *block* zuweisen. Allerdings erben untergeordnete Elemente praktisch die Einstellung *none*, da alle untergeordneten Elemente verborgen werden, wenn Sie diese Einstellung der *display*-Eigenschaft des übergeordneten Elements zuweisen. Beachten Sie zudem, dass auch für die untergeordneten Elemente eines *inline*-Elements die Einstellung *inline* gilt, falls sie nicht über einen eigenen *display*-Wert verfügen, da *inline* der Vorgabewert ist.

Weitere Informationen dazu, wie Sie Eigenschaften CSS-Schlüsselwörter zuweisen, finden Sie im nachfolgenden Einschub *Werte über CSS-Schlüsselwörter festlegen*.

Nehmen wir beispielsweise an, Sie verwenden das folgende Stylesheet, um das XML-Beispieldokument aus Listing 7.2 anzuzeigen (denken Sie daran, dass Sie die *xml-stylesheet*-Verarbeitungsanweisung in diesem XML-Dokument abändern müssen, wenn Sie das XML-Dokument mit einem anderen Stylesheet anzeigen):

```
BOOK
    {display:block;
     margin-top:12pt;
     font-size:10pt}

TITLE
    {font-style:italic}

AUTHOR
    {font-weight:bold}

PAGES
    {display:none}
```

Da der *display*-Eigenschaft des BOOK-Elements der Wert *block* zugewiesen wird, fügt der Browser vor und nach dem Text dieses Elements jeweils einen Zeilenumbruch ein. (Das Element BOOK beinhaltet andere Elemente. Sein Text besteht aus dem Text, der in den untergeordneten Elementen enthalten ist.)

Da im Stylesheet keine *display*-Werte für die Elemente TITLE, AUTHOR, BINDING und PRICE festgelegt werden (und diese Elemente den *display*-Wert ihres übergeordneten Elements nicht erben), behandelt der Browser sie als *inline*-Elemente, was der Vorgabe entspricht. Der Browser fügt folglich keine Zeilenumbrüche zwischen diese Elemente ein und zeigt sie alle in derselben Zeile an, sofern das Browserfenster breit genug ist.

Da der *display*-Eigenschaft des PAGES-Elements der Wert *none* zugewiesen wird, zeigt der Browser dieses Element nicht an.

Abbildung 7.7 zeigt, wie das Dokument Inventory01.xml mit diesem Beispielstylesheet dargestellt wird.

**Abbildung 7.7**
Darstellung der Datei Inventory01.xml mit dem Beispielstylesheet im Internet Explorer 5

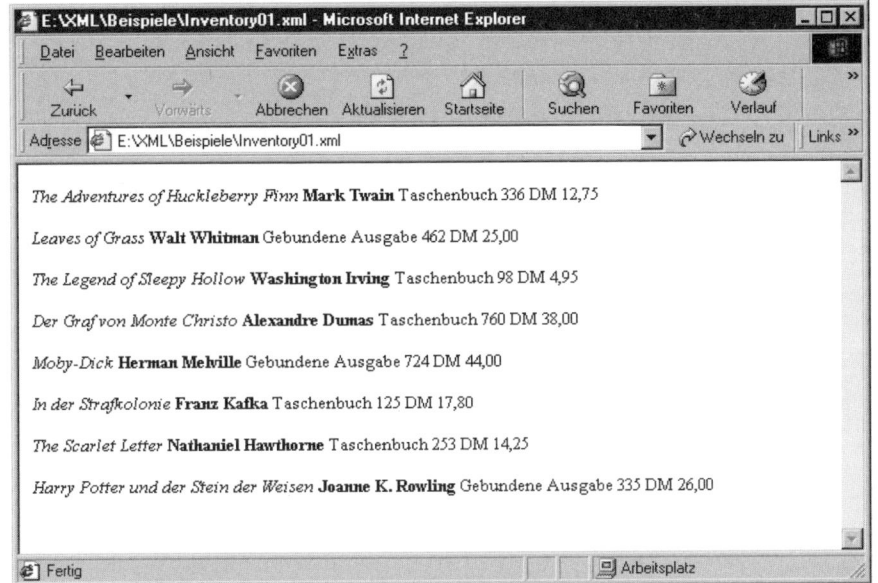

## Werte über CSS-Schlüsselwörter festlegen

Vielen CSS-Eigenschaften können – oder müssen – Sie einen Wert mithilfe eines vordefinierten CSS-Schlüsselworts zuweisen. Welche Schlüsselwörter Sie hierzu verwenden können, hängt von der betreffenden Eigenschaft ab. Sie können beispielsweise der *display*-Eigenschaft eines der drei Schlüsselwörter *block*, *inline* und *none* zuweisen. Der Eigenschaft *color* können Sie eines der 16 Schlüsselwörter zuweisen, die die Grundfarben beschreiben, wie z. B. *red*, *green*, *yellow* oder wie im folgenden Beispiel *fuchsia*:

```
PARA {color:fuchsia}
```

Der Eigenschaft *border-style* kann eines von neun zulässigen Schlüsselwörtern zugewiesen werden: *solid*, *dotted*, *dashed*, *double*, *groove*, *ridge*, *inset*, *outset* oder *none*, wie das folgende Beispiel zeigt:

```
SECTION {border-style:solid}
```

# Schriftarteigenschaften festlegen

Der CSS-Standard definiert die folgenden Eigenschaften, mit denen Sie die Merkmale der Schriftart festlegen können, in der der Elementtext angezeigt wird:

- *font-family*
- *font-size*
- *font-style*
- *font-weight*
- *font-variant*

Alle diese Eigenschaften werden an die untergeordneten Elemente vererbt.

## Die font-family-Eigenschaft festlegen

Die Eigenschaft *font-family* gibt den Namen der Schriftart an, die zur Anzeige des Elementtextes verwendet wird, wie zum Beipiel:

```
BOOK {font-family:Arial}
```

Sie können jeden beliebigen Schriftartnamen angeben. (Die Schriftartnamen sind keine vordefinierten CSS-Schlüsselwörter.) Wenn der Browser die geforderte Schriftart nicht findet, ersetzt er diese durch eine verfügbare Schriftart.

Wenn ein Schriftartname Leerzeichen enthält, setzen Sie den gesamten Namen wie im folgenden Beispiel in Anführungszeichen: *BOOK {font-family:"Times New Roman"}.*

Sie erhöhen die Wahrscheinlichkeit, dass die gewünschte Schriftart angezeigt wird, indem Sie mehrere Auswahlmöglichkeiten durch Kommas voneinander getrennt und in der von Ihnen bevorzugten Reihenfolge angeben. Es folgt ein Beispiel hierfür:

```
BOOK {font-family:Arial, Helvetica}
```

Falls die Schriftart namens Arial nicht verfügbar ist, verwendet der Browser die Schriftart Helvetica. Ist Helvetica auch nicht verfügbar, dann verwendet er statt dessen eine andere verfügbare Schriftart.

Sie können die Wahrscheinlichkeit, die gewünschte Schriftart zu erhalten, weiter erhöhen, indem Sie ein CSS-Schlüsselwort – normalerweise am Ende der Schriftartenliste – angeben, das den allgemeinen Typ der gewünschten Schriftart bezeichnet:

```
BOOK {font-family:Arial, Helvetica, sans-serif}
```

Wenn der Browser in diesem Beispiel die Schriftarten Arial und Helvetica nicht findet, dann verwendet er statt dessen eine andere Schriftart ohne Serifen (Schriftarten ohne Serifen werden auch *Frakturschriften* genannt).

In der folgenden Tabelle sind die Schlüsselwörter aufgeführt, die Sie zur Angabe des allgemeinen Schriftarttyps angeben können. Die CSS-Spezifikation nennt diese Schlüsselwörter *allgemeine Schriftfamiliennamen*. Neben diesen allgemeinen Schriftfamiliennamen wird der Name einer bestimmten Schriftart aufgeführt, die zu der betreffenden Schriftfamilie gehört, sowie ein Textbeispiel, das zeigt, wie Internet Explorer 5 Text in der betreffenden Schriftart anzeigt. (Welche Schriftarten Internet Explorer 5 im Einzelnen anzeigt, hängt davon ab, welche Schriften aktuell unter Microsoft Windows installiert sind. Die Darstellung auf Ihrem Bildschirm kann daher von den hier gezeigten Beispielen abweichen.)

**Tabelle 7.1**
CSS-Schlüsselwörter
für Schriftfamilien

| Für *font-family* zulässiges Schlüsselwort für eine Schriftfamilie | Beispiel für eine Schriftart dieser Familie | Textbeispiel |
|---|---|---|
| *serif* | Times New Roman | The Adventures of Huckleberry Finn |
| *sans-serif* | Arial | The Adventures of Huckleberry Finn |
| *cursive* | ZapfChancery | The Adventures of Huckleberry Finn |
| *fantasy* | Western | THE ADVENTURES OF HUCKLEBERRY FINN |
| *monospace* | Courier New | The Adventures of Huckleberry Finn |

Wenn Sie beispielsweise das folgende Stylesheet mit dem XML-Beispieldokument aus Listing 7.2 verknüpfen, zeigt Internet Explorer 5 das Dokument wie in Abbildung 7.8 dargestellt an.

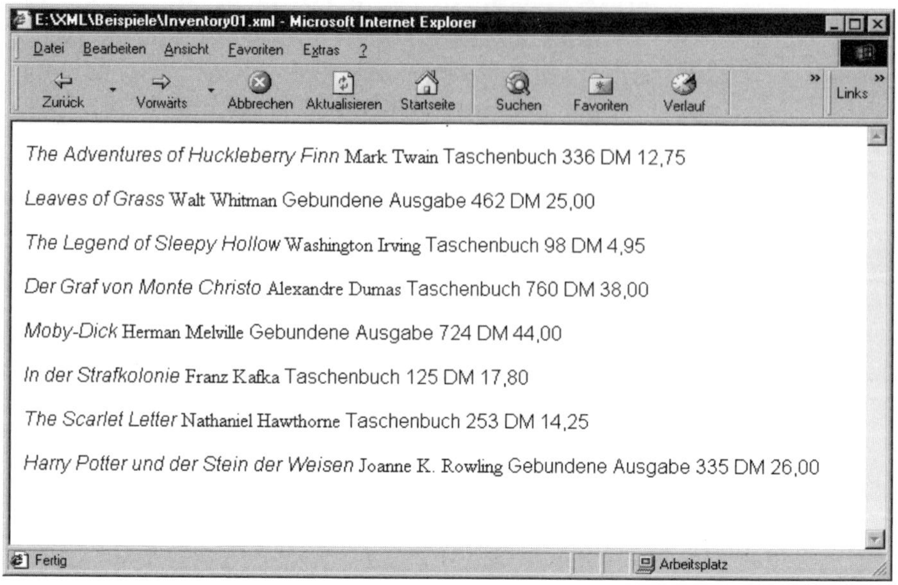

**Abbildung 7.8**
Die Eigenschaft *font-family* wurde für die Elemente BOOK und AUTHOR definiert

```
E:\XML\Beispiele\Inventory01.xml - Microsoft Internet Explorer
Datei   Bearbeiten   Ansicht   Favoriten   Extras   ?

Zurück    Vorwärts    Abbrechen  Aktualisieren  Startseite   Suchen   Favoriten   Verlauf          Links

The Adventures of Huckleberry Finn Mark Twain Taschenbuch 336 DM 12,75

Leaves of Grass Walt Whitman Gebundene Ausgabe 462 DM 25,00

The Legend of Sleepy Hollow Washington Irving Taschenbuch 98 DM 4,95

Der Graf von Monte Christo Alexandre Dumas Taschenbuch 760 DM 38,00

Moby-Dick Herman Melville Gebundene Ausgabe 724 DM 44,00

In der Strafkolonie Franz Kafka Taschenbuch 125 DM 17,80

The Scarlet Letter Nathaniel Hawthorne Taschenbuch 253 DM 14,25

Harry Potter und der Stein der Weisen Joanne K. Rowling Gebundene Ausgabe 335 DM 26,00

Fertig                                                      Arbeitsplatz
```

```
BOOK
    {display:block;
     margin-top:12pt;
     font-family:Arial, sans-serif;
     font-size:12pt}

TITLE
    {font-style:italic}

AUTHOR
    {font-family:"Times New Roman", serif}
```

Die Schriftart Arial, die für die *font-family*-Eigenschaft des BOOK-Elements eingestellt ist, wird von allen untergeordneten Elementen mit Ausnahme des Elements AUTHOR geerbt, das einen eigenen *font-family*-Wert (*„Times New Roman", serif*) besitzt, der diese Einstellung überschreibt.

## Die font-size-Eigenschaft festlegen

Die Eigenschaft *font-size* legt die Höhe der Schriftart (den Schriftgrad) fest, die zur Anzeige des Elementtextes verwendet wird. Sie können dieser Eigenschaft vier verschiedene Wertetypen zuweisen:

■ **Ein relativer Wert, der sich auf die Größe der Standardschriftart des Browsers bezieht.** Sie können einen Schriftgrad angeben, der sich auf den Schriftgrad der aktuell im Browser eingestellten Schriftart bezieht, indem Sie der *font-size*-Eigenschaft eines der Schlüsselwörter aus der folgenden Übersicht zuweisen. Wenn Sie mit Internet Explorer 5 arbeiten, bewirkt der Wert *small*, dass der Browser seinen aktuell eingestellten Schriftgrad verwendet. Die übrigen Werte beziehen sich auf diesen Schriftgrad.

| | |
|---|---|
| *font-size*-**Schlüsselwort:** | *xx-small* |
| **Beispiel für CSS-Regel:** | TITLE {font-size:xx-small} |
| **Beschreibung:** | Der kleinste Schriftgrad, der sich über ein Schlüsselwort festlegen lässt. |
| **Textbeispiel:** | The Adventures of Huckleberry Finn |

| | |
|---|---|
| *font-size*-**Schlüsselwort:** | *x-small* |
| **Beispiel für CSS-Regel:** | TITLE {font-size:x-small} |
| **Beschreibung:** | Etwa 1,5-mal so groß wie *xx-small* |
| **Textbeispiel:** | The Adventures of Huckleberry Finn |

| | |
|---|---|
| *font-size*-**Schlüsselwort:** | *small* |
| **Beispiel für CSS-Regel:** | TITLE {font-size:small} |
| **Beschreibung:** | Etwa 1,5-mal so groß wie *x-small*. Dieser Wert bewirkt, dass Internet Explorer 5 seinen aktuell eingestellten Schriftgrad verwendet. |
| **Textbeispiel:** | The Adventures of Huckleberry Finn |

| | |
|---|---|
| *font-size*-*Schlüsselwort:* | *medium* |
| **Beispiel für CSS-Regel:** | TITLE {font-size:medium} |
| **Beschreibung:** | Etwa 1,5-mal so groß wie *small* |
| **Textbeispiel:** | The Adventures of Huckleberry Finn |

| | |
|---|---|
| *font-size*-*Schlüsselwort:* | *large* |
| **Beispiel für CSS-Regel:** | TITLE {font-size:large} |
| **Beschreibung:** | Etwa 1,5-mal so groß wie *medium* |
| **Textbeispiel:** | |

The Adventures of Huckleberry Finn

| | |
|---|---|
| *font-size*-**Schlüsselwort:** | *x-large* |
| **Beispiel für CSS-Regel:** | TITLE {font-size:x-large} |
| **Beschreibung:** | Etwa 1,5-mal so groß wie *large* |
| **Textbeispiel:** | |

The Adventures of Huckleberry Finn

| | |
|---|---|
| *font-size*-**Schlüsselwort:** | *xx-large* |
| **Beispiel für CSS-Regel:** | TITLE {font-size:xx-large} |
| **Beschreibung:** | Etwa 1,5-mal so groß wie *x-large* |
| **Textbeispiel:** | |

The Adventures of Huckleberry Finn

Die CSS-Spezifikation empfiehlt den Skalierungsfaktor 1,5. Beim Internet Explorer 5 weicht das tatsächliche Verhältnis zwischen den verschiedenen Schriftgraden etwas davon ab. Beispielsweise ist *medium* nur etwa 1,15-mal größer als *small*.

**Einen relativen Wert, der sich auf den Schriftgrad des übergeordneten Elements bezieht.** Sie können einen Schriftgrad angeben, der sich auf den aktuellen Schriftgrad des übergeordneten Elements bezieht, indem Sie der *font-size*-Eigenschaft eines der folgenden Schlüsselwörter zuweisen.

| | |
|---|---|
| *font-size-Schlüsselwort:* | *smaller* |
| **Beispiel für CSS-Regel:** | TITLE {font-size:smaller} |
| **Beschreibung:** | Ein Schriftgrad, der etwa um 33% kleiner ist als der Schriftgrad des übergeordneten Elements (bzw. beim Wurzelelement wird ein um 33% kleinerer Schriftgrad als der aktuelle Schriftgrad des Browsers gewählt). |
| **Textbeispiel:** | The Adventures of Huckleberry Finn |
| *font-size-Schlüsselwort:* | *larger* |
| **Beispiel für CSS-Regel:** | TITLE {font-size:larger} |
| **Beschreibung:** | Ein Schriftgrad, der etwa um 50% größer ist als der Schriftgrad des übergeordneten Elements (bzw. beim Wurzelelement wird ein um 50% größerer Schriftgrad als der aktuelle Schriftgrad des Browsers gewählt). |
| **Textbeispiel:** | The Adventures of Huckleberry Finn |

Die in obiger Übersicht angegebenen Prozentwerte von 33% und 50% basieren auf dem in der CSS-Spezifikation empfohlenen Skalierungsfaktor 1,5. Die Browseranzeige kann davon abweichen.

**Ein auf den Schriftgrad des übergeordneten Elements bezogener Prozentwert.** Statt das Schlüsselwort *smaller* oder *larger* zu verwenden, können Sie einen auf den aktuellen Schriftgrad des übergeordneten Elements bezogenen Schriftgrad genauer angeben, indem Sie der Eigenschaft *font-size* einen Prozentwert zuweisen. Beispielsweise fordert die folgende Regel einen Schriftgrad, der 1,5-mal größer als der Schriftgrad des übergeordneten Elements ist:

```
TITLE {font-size:150%}
```

(Falls der Browser den empfohlenen Skalierungsfaktor von 1,5 einsetzt, dann ist diese Regel gleichbedeutend mit der Regel *TITLE {font-size:larger}*.)

Die folgende Regel fordert einen Schriftgrad, der etwas größer ist als der, der in der vorherigen Regel angefordert wurde:

```
TITLE {font-size:160%}
```

Beachten Sie, dass sich die Prozentangabe beim Wurzelelement auf den Schriftgrad der aktuell im Browser eingestellten Schrift bezieht. (Weitere Informationen dazu, wie Sie Eigenschaften Prozentwerte zuweisen, finden Sie im nachfolgenden Einschub *Prozentwerte angeben*.)

**Eine bestimmte Größenangabe.** Sie können den Schriftgrad eines Elements auch festlegen, indem Sie der *font-size*-Eigenschaft eine *Größenangabe* zuweisen. (Die verschiedenen Typen von Größenangaben werden im Einschub *Größenangaben verwenden* weiter hinten in dieser Lektion beschrieben.) Mit der folgenden Regel wird bispiels-weise der Schriftgrad 12 Punkt eingestellt:

```
TITLE {font-size:12 pt}
```

Die nächste Regel legt einen Schriftgrad fest, der zweimal so groß wie der Schriftgrad des übergeordneten Elements ist:

```
TITLE {font-size:2 em}
```

(Das zweite Beispiel ist gleichbedeutend mit *TITLE {font-size:200%}*.)

# Prozentwerte angeben

Sie können bestimmten Eigenschaften einen Prozentwert zuweisen. Prozentwerte sind hilfreich, wenn Ihnen die relative Größe verschiedener Komponenten wichtiger ist als deren tatsächliche Größe.

Ein Prozentwert gibt den Wert einer Eigenschaft als Prozentanteil eines anderen Wertes an. Um welchen anderen Wert es sich dabei handelt, hängt von der Eigenschaft ab, die Sie festlegen. Für gewöhnlich handelt es sich um den Schriftgrad des Elements selbst. Die folgende Einstellung legt beispielsweise fest, dass die Linienhöhe zweimal so hoch wie der aktuelle Schriftgrad sein soll, sodass sich ein doppelter Zeilenabstand ergibt:

```
SECTION {line-height:200%}
```

Bei der Eigenschaft *font-size* bezieht sich der Prozentwert allerdings auf den aktuellen Schriftgrad des übergeordneten Elements. Zum Beispiel legt die folgende Regel fest, dass der Schriftgrad des Elements 0,75-mal so hoch wie der Schriftgrad des übergeordneten Elements sein soll:

```
PARAGRAPH {font-size:75%}
```

Beachten Sie, dass untergeordnete Elemente, die eine als Prozentwert angegebene Eigenschaftseinstellung erben, das berechnete *Ergebnis* des Prozentwerts erben und nicht den Prozentwert an sich. (Andernfalls würde der Wert mit jeder Generation kleiner oder größer werden, wenn eine Folge untergeordneter Elemente einen Prozentwert erbt.)

# Größenangaben verwenden

Vielen CSS-Eigenschaften kann oder muss eine Größenangabe zugewiesen werden. Größenangaben legen den Schriftgrad, die Position von Hintergrundbildern, den Zeichenabstand, Einrückungen, die Zeilenhöhe, die Breite von Rändern, die Breite und Höhe von Elementen und andere Eigenschaften fest. Sie können jeder Eigenschaft, die Größenangaben akzeptiert, entweder eine absolute Größenangabe oder eine relative Größenangabe zuweisen.

Eine *absolute Größenangabe* legt eine exakte Größe in einer Standardmaßeinheit fest. Die folgende Tabelle 7.1 führt die verschiedenen Maßeinheiten auf, die Sie verwenden können, die Abkürzung, die Sie zur Angabe der Maßeinheit in einer Regel einsetzen müssen, und die einer Einheit einer Maßeinheit entsprechende Anzahl von Einheiten in den anderen Maßeinheiten.

**Tabelle 7.2**
Für absolute Größenangaben zulässige Maßeinheiten

| Abkürzungen* | Zentimeter | Zoll | Millimeter | Pica | Punkt |
|---|---|---|---|---|---|
| *cm* | 1 | 0,3937 | 10,0 | 2,3622 | 28,3465 |
| *in* | 2,54 | 1 | 25,4 | 6 | 72 |
| *mm* | 0,1 | 0,03937 | 1 | 0,23622 | 2,83465 |
| *pc* | 0,42333 | 0,16667 | 4,23333 | 1 | 12 |
| *pt* | 0,03528 | 0,01389 | 0,35278 | 0,08333 | 1 |

* *cm* = Zentimeter; *in* = Zoll; *mm* = Millimeter; *pc* = Pica; *pt* = Punkt

In den folgenden beiden Regeln werden beispielsweise absolute Größenangaben eingesetzt:

```
STANZA {font-size:12pt}
PARAGRAPH {margin-top:.25in}
```

Eine *relative Größenangabe* definiert eine Größe in Bezug auf den Schriftgrad der aktuellen Schriftart des Elements oder auf die Größe eines Pixels auf dem Bildschirm, der zur Anzeige des Dokuments verwendet wird. (Ein *Pixel* ist ein Bildelement, d.h. einer der Bildpunkte, aus denen sich ein Bild auf dem Computermonitor oder Fernsehbildschirm zusammensetzt.) Die folgende Tabelle 7.3 führt die verschieden Einheiten für relative Größenangaben auf, die Sie verwenden können:

**Tabelle 7.3**
Für relative Größen-
angaben zulässige
Maßeinheiten

| Einheit | Größe der Einheit |
|---------|-------------------|
| *em* | Höhe der aktuellen Schriftart des Elements |
| *ex* | Höhe des Kleinbuchstabens x in der aktuellen Schriftart des Elements |
| *px* | Größe eines Bildschirmpixels |

Eine Ausnahme besteht darin, dass sich ein in der Einheit *em* oder *ex* angegebener Wert für die *font-size*-Eigenschaft auf den Schriftgrad des *übergeordneten* Elements bezieht.

Mit der folgenden Regel wird beispielsweise ein Element mit einem oberen Rand ausgestattet. Die Höhe des Rands entspricht der Höhe der Schriftart des Elements:

```
BOOK {margin-top:1em}
```

Die folgende Regel erzeugt einen 15 Pixel hohen Rand:

```
SECTION {margin-top:15px}
```

Mit der folgenden Regel wird festgelegt, dass der Schriftgrad eines Elements 0,75-mal so hoch wie der Schriftgrad des übergeordneten Elements sein soll:

```
PARAGRAPH {font-size:.75em}
```

(Die letzte Regel ist gleichbedeutend mit der Beispielregel *PARAGRAPH {font-size:75%}* aus dem vorherigen Einschub.)

Beachten Sie, dass untergeordnete Elemente das berechnete *Ergebnis* einer relativen Größenangabe erben und nicht die relative Größenangabe selbst.

# Die font-style-Eigenschaft festlegen

Die Eigenschaft *font-style* legt fest, ob der Text eines Elements in Kursivschrift oder normaler Schrift (einer Antiquaschrift) angezeigt wird. Sie können dieser Eigenschaft eines der folgenden drei Schlüsselwörter als Wert zuweisen:

| | |
|---|---|
| *font-size*-Schlüsselwort: | *italic* |
| **Beispiel für CSS-Regel:** | TITLE {font-style:italic} |
| **Effekt:** | Weist eine Kursivschrift zu, falls verfügbar. Ist keine Kursivschrift verfügbar, wird eine Oblique-Schrift zugewiesen. |

| | |
|---|---|
| **Textbeispiel:** | *The Adventures of Huckleberry Finn* |
| *font-size*-Schlüsselwort: | *oblique* |
| **Beispiel für CSS-Regel:** | TITLE {font-style:oblique} |
| **Effekt:** | Weist eine Oblique-Schrift zu, falls verfügbar. (Eine Schriftart, die durch Schrägstellung der Buchstaben einer Normalschrift erzeugt wird.) |
| **Textbeispiel:** | *The Adventures of Huckleberry Finn* |
| *font-size*-Schlüsselwort: | *normal* |
| **Beispiel für CSS-Regel:** | TITLE {font-style:normal} |
| **Effekt:** | Weist eine Antiquaschrift zu. |
| **Textbeispiel:** | The Adventures of Huckleberry Finn |

# Die font-weight-Eigenschaft festlegen

Die Eigenschaft *font-weight* bestimmt, wie fett die Zeichen eines Elements angezeigt werden (d.h. wie dick und dunkel der Schriftschnitt ist). Sie können dieser Eigenschaft eines der folgenden 13 Schlüsselwörter als Wert zuweisen:

| | |
|---|---|
| *font-weight*-Schlüsselwort: | *normal* |
| **Beispiel für CSS-Regel:** | TITLE {font-weight:normal} |
| **Effekt:** | Zeigt den Text in normalem Schriftschnitt an. |
| **Textbeispiel:** | The Adventures of Huckleberry Finn |
| *font-weight*-Schlüsselwort: | *bold* |
| **Beispiel für CSS-Regel:** | TITLE {font-weight:bold} |
| **Effekt:** | Zeigt den Text in typischen halbfetten Zeichen an. |
| **Textbeispiel:** | **The Adventures of Huckleberry Finn** |
| *font-weight*-Schlüsselwort: | *bolder* |
| **Beispiel für CSS-Regel:** | TITLE {font-weight:bolder} |
| **Effekt:** | Zeigt den Text in einer fetteren Schrift als das übergeordnete Element an (bzw. beim Wurzelelement wird eine fettere Schrift als die Standardschrift des Browsers gewählt). |
| **Textbeispiel:** | **The Adventures of Huckleberry Finn** |
| *font-weight*-Schlüsselwort: | *lighter* |
| **Beispiel für CSS-Regel:** | TITLE {font-weight:lighter} |
| **Effekt:** | Zeigt den Text in einer weniger fetten Schrift als das übergeordnete Element an (bzw. beim Wurzelelement wird eine weniger fette Schrift als die Standardschrift des Browsers gewählt). |

| | |
|---|---|
| Textbeispiel: | The Adventures of Huckleberry Finn |
| *font-weight*-Schlüsselwort: | *100* |
| Beispiel für CSS-Regel: | TITLE {font-weight:100} |
| Effekt: | Zeigt den Text in dem wenigsten fetten, verfügbaren Schriftschnitt an. Die folgenden Werte in dieser Übersicht (200-900) bewirken, dass der Text in einer zunehmend fetteren Schrift dargestellt wird. |
| Textbeispiel: | The Adventures of Huckleberry Finn |
| *font-weight*-Schlüsselwort: | *200* |
| Beispiel für CSS-Regel: | TITLE {font-weight:200} |
| Textbeispiel: | The Adventures of Huckleberry Finn |
| *font-weight*-Schlüsselwort: | *300* |
| Beispiel für CSS-Regel: | TITLE {font-weight:300} |
| Textbeispiel: | The Adventures of Huckleberry Finn |
| *font-weight*-Schlüsselwort: | *400* |
| Beispiel für CSS-Regel: | TITLE {font-weight:400} |
| Effekt: | Gleichbedeutend mit der Zuweisung des Schlüsselworts *normal*. |
| Textbeispiel: | The Adventures of Huckleberry Finn |
| *font-weight*-Schlüsselwort: | *500* |
| Beispiel für CSS-Regel: | TITLE {font-weight:500} |
| Textbeispiel: | The Adventures of Huckleberry Finn |
| *font-weight*-Schlüsselwort: | *600* |
| Beispiel für CSS-Regel: | TITLE {font-weight:600} |
| Textbeispiel: | **The Adventures of Huckleberry Finn** |
| *font-weight*-Schlüsselwort: | *700* |
| Beispiel für CSS-Regel: | TITLE {font-weight:700} |
| Effekt: | Gleichbedeutend mit der Zuweisung des Schlüsselworts *bold*. |
| Textbeispiel: | **The Adventures of Huckleberry Finn** |
| *font-weight*-Schlüsselwort: | *800* |
| Beispiel für CSS-Regel: | TITLE {font-weight:800} |
| Textbeispiel: | **The Adventures of Huckleberry Finn** |
| *font-weight*-Schlüsselwort: | *900* |
| Beispiel für CSS-Regel: | TITLE {font-weight:900} |
| Effekt: | Der fetteste verfügbare Schriftschnitt. |
| Textbeispiel: | **The Adventures of Huckleberry Finn** |

Nicht alle Browser sind in der Lage, diese unterschiedlichen Schrift-schnitte darzustellen. Die Textbeispiele in dieser Übersicht zeigen, wie Internet Explorer 5 den Text für die verschiedenen *font-weight*-Werte anzeigt.

## Die font-variant-Eigenschaft festlegen

Sie können mithilfe der Eigenschaft *font-variant* den Text eines Elements in Großbuchstaben umwandeln. Dieser Eigenschaft kann eines der beiden folgenden Schlüsselwörter als Wert zugewiesen werden:

| | |
|---|---|
| *font-variant*-**Schlüsselwort:** | *small-caps* |
| **Beispiel für CSS-Regel:** | TITLE {font-variant:small-caps} |
| **Effekt:** | Wandelt sämtliche Buchstaben des Elementtextes in Großbuchstaben um. |

**Textbeispiel:**
THE ADVENTURES OF HUCKLEBERRY FINN

| | |
|---|---|
| *font-variant*-**Schlüsselwort:** | *normal* |
| **Beispiel für CSS-Regel:** | TITLE {font-variant:normal} |
| **Effekt:** | Der Text wird in seiner ursprünglichen Schreibweise aus Groß- und Kleinbuch-staben belassen (der Text wird *nicht* konvertiert). |

**Textbeispiel:** The Adventures of Huckleberry Finn

# Die color-Eigenschaft festlegen

Die Eigenschaft *color* legt die Farbe des Elementtextes fest. Sie können dieser Eigenschaft einen Farbwert zuweisen, der über eines der im Ein-schub *Farbwerte angeben* erläuterten Formate verfügen kann. Beispiels-weise wird mit der folgenden Regel der Text des AUTHOR-Elements in Blau angezeigt:

```
AUTHOR {color:blue}
```

Mit der folgenden Regel wird dem Text des AUTHOR-Elements die Farbe Rot zugewiesen:

```
AUTHOR {color:rgb(255,0,0)}
```

Die *color*-Eigenschaft wird von untergeordneten Elementen geerbt. Wenn Sie daher das folgende Stylesheet mit dem XML-Beispieldokument aus Listing 7.2 verknüpfen, dann wird der Text aller Elemente außer dem Element PRICE in Blau angezeigt, und der Text der PRICE-Elemente wird aufgrund der speziellen Farbeinstellung in diesem Stylesheet rot dargestellt:

```
BOOK
  {display:block;
   margin-top:12pt;
```

```
        font-size:10pt;
        color:blue}

TITLE
    {font-style:italic}

AUTHOR
    {font-weight:bold}

PRICE
    {color:red}
```

Die *color*-Eigenschaft legt die Farbe der einzelnen Textzeichen fest (gelegentlich auch *Vordergrundfarbe* des Textes genannt). Um die Texthintergrundfarbe einzustellen, verwenden Sie die Eigenschaft *background-color*, die im Abschnitt *Die background-color-Eigenschaft festlegen* weiter hinten in dieser Lektion behandelt wird.

## Farbwerte angeben

Zu den Eigenschaften, denen Sie Farbwerte zuweisen können, gehören *color*, *background-color* und *border-color*. Sie können Farbwerte in vier verschiedenen Formaten angeben, die durch die folgenden Beispielregeln veranschaulicht werden. Diese Beispielregeln sind gleichbedeutend, sie alle weisen der *color*-Eigenschaft die Farbe Rot zu.

```
PARA {color:red}
PARA {color:rgb(255,0,0)}
PARA {color:#FF0000}
PARA {color:rgb(100%,0%,0%)}
```

Im ersten Format wird ein CSS-Schlüsselwort (*red*) verwendet, während in den anderen drei Formaten die Farbe durch die Angabe der relativen Intensität der Farbkomponenten Rot, Grün und Blau (die in genau dieser Reihenfolge aufgeführt werden) definiert wird. Im zweiten Format wird die Farbintensität durch einen Dezimalwert im Bereich zwischen 0 und 255 angegeben. Im dritten Format wird die Farbe durch eine Hexadezimalzahl zwischen 000000 und FFFFFF definiert, wobei die ersten beiden Stellen die Intensität der roten Farbkomponente, die dritte und vierte Stelle die Intensität der grünen Farbkomponente und die letzten beiden Stellen die Intensität der blauen Farbkomponente angeben. Im vierten Format wird die Intensität der einzelnen Farbkomponenten durch einen Prozentwert zwischen 0% und 100% definiert.

In der nachfolgenden Tabelle 7.4 sind die Farbwerte aufgeführt, die Sie mithilfe von CSS-Schlüsselwörtern festlegen können, und die jeweils äquivalenten Farbspezifikationen in den übrigen drei Formaten. (Die CSS-Schlüsselwörter repräsentieren beschreibende englische Farbnamen; in der ersten Spalte dieser Tabelle sind dagegen die unter Windows üblichen deutschen Farbbezeichnungen angegeben.)

**Tabelle 7.4**
CSS-Schlüsselwörter für Farbangaben und entsprechende Farbwerte

| Farbe | CSS-Schlüsselwort | Dezimales RGB-Format | Hexadezimales RGB-Format | Prozentuales RGB-Format |
|-------|-------------------|---------------------|--------------------------|-------------------------|
| Rot | *red* | rgb(255,0,0) | #FF0000 | rgb(100%,0%,0%) |
| Dunkelrot | *maroon* | rgb(128,0,0) | #800000 | rgb(50%,0%,0%) |
| Grün | *lime* | rgb(0,255,0) | #00FF00 | rgb(0%,100%,0%) |
| Dunkelgrün | *green* | rgb(0,128,0) | #008000 | rgb(0%,50%,0%) |
| Blau | *blue* | rgb(0,0,255) | #0000FF | rgb(0%,0%,100%) |
| Dunkelblau | *navy* | rgb(0,0,128) | #000080 | rgb(0%,0%,50%) |
| Gelb | *yellow* | rgb(255,255,0) | #FFFF00 | rgb(100%,100%,0%) |
| Ocker | *olive* | rgb(128,128,0) | #808000 | rgb(50%,50%,0%) |
| Cyan | *aqua* | rgb(0,255,255) | #00FFFF | rgb(0%,100%,100%) |
| Blaugrün | *teal* | rgb(0,128,128) | #008080 | rgb(0%,50%,50%) |
| Magenta | *fuchsia* | rgb(255,0,255) | #FF00FF | rgb(100%,0%,100%) |
| Violett | *purple* | rgb(128,0,128) | #800080 | rgb(50%,0%,50%) |
| Weiß | *white* | rgb(255,255,255) | #FFFFFF | rgb(100%,100%,100%) |
| Schwarz | *black* | rgb(0,0,0) | #000000 | rgb(0%,0%,0%) |
| Hellgrau | *silver* | rgb(192,192,192) | #C0C0C0 | rgb(75%,75%,75%) |
| Dunkelgrau | *gray* | rgb(128,128,128) | #808080 | rgb(50%,50%,50%) |

Wenn Sie eines der RGB-Formate verwenden, können Sie natürlich weit mehr benutzerdefinierte Farben angeben. Da Sie jeder der drei Farbkomponenten 256 verschiedene Werte zuweisen können, sind insgesamt 16.777.216 unterschiedliche Farben (256 * 256 * 256) definierbar. Wird das Dokument auf einem System mit einer Farbtiefe von 24 Bit oder mehr angezeigt, dann kann der Bildschirm auch alle diese verschiedenen Farben tatsächlich anzeigen.

# Eigenschaften für die Hintergrundgestaltung festlegen

Der CSS-Standard definiert die folgenden Eigenschaften, mit denen Sie den Hintergrund eines Elements verändern können:

- *background-color*
- *background-image*
- *background-repeat*
- *background-position*

Mit Hintergrund ist der Bereich gemeint, der die einzelnen Zeichen des Elementtextes umgibt. Sie können Elemente mit einem einfarbigen Hintergrund oder einem Hintergrundbild ausstatten.

Technisch gesehen, erben untergeordnete Elemente keine dieser Eigenschaften. Gemäß Vorgabe ist der Hintergrund eines Elements jedoch *transparent*. Infolgedessen ist bei untergeordneten Elementen, für die keine *background*-Eigenschaftseinstellungen festgelegt wurden, die Hintergrundfarbe bzw. das Hintergrundbild des übergeordneten Elements (oder Browsers) sichtbar, sodass das untergeordnete Element im Endeffekt über den gleichen Hintergrund wie das übergeordnete Element (oder der Browser) verfügt.

## Die background-color-Eigenschaft festlegen

Sie können ein Element mit einem einfarbigen Hintergrund ausstatten, indem Sie dessen *background-color*-Eigenschaft einen Farbwert zuweisen. (Ich habe die verschiedenen Arten von Farbwerten, die Sie dieser Eigenschaft zuweisen können, im Einschub *Farbwerte angeben* weiter vorn in dieser Lektion beschrieben.) Mit der folgenden Regel wird das TITLE-Element beispielsweise mit einem gelben Hintergrund versehen:

```
TITLE {background-color:yellow}
```

Sie erinnern sich daran, dass mit der *color*-Eigenschaft die Vordergrundfarbe eines Elements festgelegt wird, d.h. die Farbe der Textzeichen. Daher ergibt die folgende Regel blaue Buchstaben auf einem gelben Hintergrund:

```
TITLE
   {color:blue;
    background-color:yellow}
```

Wenn Sie ein Element nicht mit einem einfarbigen Hintergrund versehen möchten, können Sie der *background-color*-Eigenschaft den Wert *transparent* zuweisen, wie es das folgende Beispiel zeigt:

```
TITLE {background-color:transparent}
```

Da *transparent* der Vorgabewert ist, können Sie statt dessen die *background-color*-Eigenschaft für das betreffende Element auch einfach nicht definieren. Sofern Sie dem Element kein Hintergrundbild zuweisen, bewirkt die Einstellung *transparent*, dass der Hintergrund des übergeordneten Elements (oder des Browsers) durchscheint.

# Die background-image-Eigenschaft festlegen

Sie können ein Element mit einem Hintergrundbild ausstatten, indem Sie der *background-image*-Eigenschaft den URL einer Grafikdatei zuweisen. (Nähere Informationen dazu, wie URLs angegeben werden, finden Sie im Einschub *URL-Werte angeben* weiter vorn in dieser Lektion.) Mit der folgenden Regel wird dem STANZA-Element beispielsweise das Hintergrundbild aus der Grafikdatei Leaf.bmp zugewiesen:

```
STANZA {background-image:url(Leaf.bmp)}
```

Zur weiteren Veranschaulichung dieser Eigenschaft dient das in Listing 7.3 gezeigte Stylesheet, das mit dem XML-Dokument aus Listing 7.4 verknüpft ist. (Sie finden Kopien dieser beiden Listings unter den Dateinamen Leaves.css und Leaves.xml auf der Begleit-CD.)

**Listing 7.1**
Leaves.css

```
/* Dateiname: Leaves.css */

POEM
    {font-size:145%}

POEM, TITLE, SUBTITLE, AUTHOR, SECTION, NUMBER, STANZA, VERSE
    {display:block}

SECTION, STANZA
    {margin-top:1em}

STANZA
    {background-image:url(Leaf.bmp)}
```

**Listing 7.2**
Leaves.xml

```
<?xml version="1.0"?>

<!-- Dateiname: Leaves.xml -->

<?xml-stylesheet type="text/css" href="Leaves.css"?>

<POEM>

<TITLE>Leaves of Grass
    <SUBTITLE>I Sing the Body Electric</SUBTITLE>
</TITLE>
<AUTHOR>by Walt Whitman</AUTHOR>
```

```
<SECTION>
<NUMBER>1.</NUMBER>
<STANZA>
    <VERSE>I SING the Body electric;</VERSE>
    <VERSE>The armies of those I love engirth me,
            and I engirth them;</VERSE>
    <VERSE>They will not let me off till I go with them,
            respond to them,</VERSE>
    <VERSE>And discorrupt them, and charge them full with
            the charge of the Soul.</VERSE>
</STANZA>
<STANZA>
    <VERSE>Was it doubted that those who corrupt their own
            bodies conceal themselves;</VERSE>
    <VERSE>And if those who defile the living are as
            bad as they who defile the dead?</VERSE>
    <VERSE>And if the body does not do as much as
            the Soul?</VERSE>
    <VERSE>And if the body were not the Soul, what is
            the Soul?</VERSE>
</STANZA>
</SECTION>

</POEM>
```

Der Inhalt der Grafikdatei Leaf.bmp ist nebenstehend in der Marginalienspalte abgebildet.

Internet Explorer 5 zeigt die Datei Leaves.xml wie in Abbildung 7.9 dargestellt an.

Beachten Sie, dass das Bild so oft wiederholt wird (d.h. neben- und untereinander dargestellt wird), bis der gesamte vom Elementinhalt belegte Bereich ausgefüllt ist, der sich fast bis zum rechten Rand des Browserfensters erstreckt. (Im nächsten Abschnitt wird beschrieben, wie man die Anordnung von Hintergrundbildern steuert.) Beachten Sie zudem, dass die Teile des Bilds, die über oder unter den Elementtext hinausragen, beschnitten (d.h. entfernt) werden. In diesem Beispiel wird nur ein kleiner Teil des Bilds in der unteren Reihe der einzelnen STANZA-Elemente beschnitten.

Falls Sie ein Element nicht mit einem Hintergrundbild versehen sollen, weisen Sie der *background-image*-Eigenschaft wie im folgenden Beispiel den Wert *none* zu:

```
STANZA {background-image:none}
```

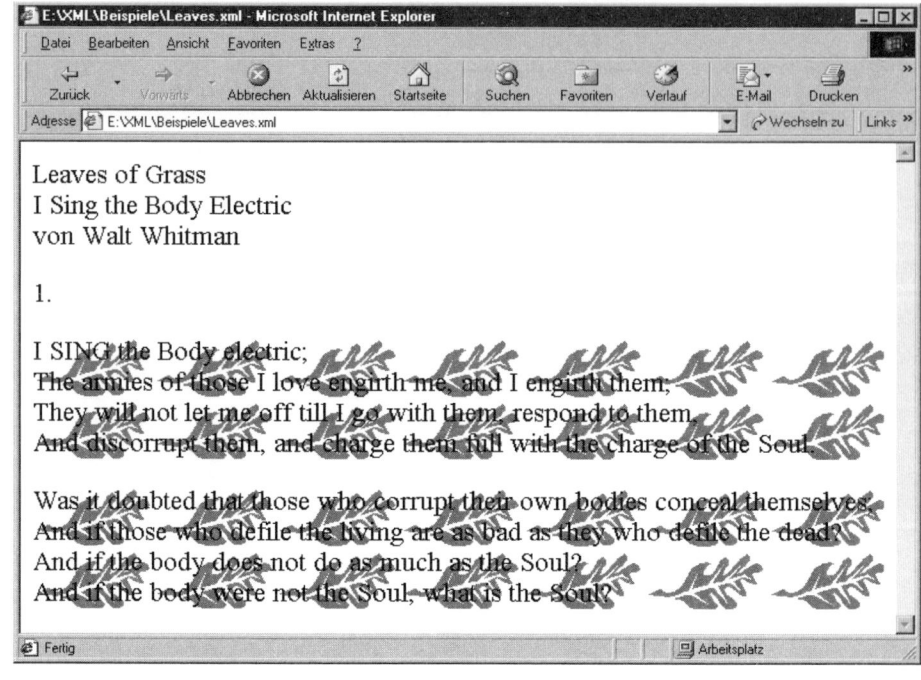

Da *none* der Vorgabewert ist, können Sie statt dessen die *background-image*-Eigenschaft auch einfach nicht angeben. Sofern Sie das Element nicht mit einem einfarbigen Hintergrund ausgestattet haben, bewirkt die Einstellung *none*, dass der Hintergrund des übergeordneten Elements (oder des Browsers) durchscheint.

Falls Sie ein Element sowohl mit einem Hintergrundbild als auch (über die *background-color*-Eigenschaft) mit einer Hintergrundfarbe versehen, dann überdeckt das Bild die Farbe.

# Die background-repeat-Eigenschaft festlegen

Wenn Sie der *background-image*-Eigenschaft eine Grafikdatei zuge-wiesen haben, dann können Sie mithilfe der Eigenschaft *background-repeat* steuern, wie oft das Bild wiederholt wird, indem Sie eines der fol-genden Schlüsselwörter als Wert dieser Eigenschaft angeben:

- *repeat* **(Vorgabe).** Das Bild wird sowohl in horizontaler als auch in vertikaler Richtung wiederholt. Da es sich um den Vorgabewert han-delt, würde die Art und Weise, in der das Dokument angezeigt wird, nicht verändert, wenn die Angabe *background-repeat:repeat*, wie unten gezeigt, der STANZA-Regel im Stylesheet aus Listing 7.3 hinzu-gefügt würde. Das Dokument wird mit dieser Regel wie in Abbildung 7.10 gezeigt dargestellt.

```
STANZA
    {background-image:url(Leaf.bmp);
    background-repeat:repeat}
```

**Abbildung 7.10**
STANZA-Elementen
wurde die Eigen-
schaftseinstellung
*background-repeat:
repeat* zugewiesen.

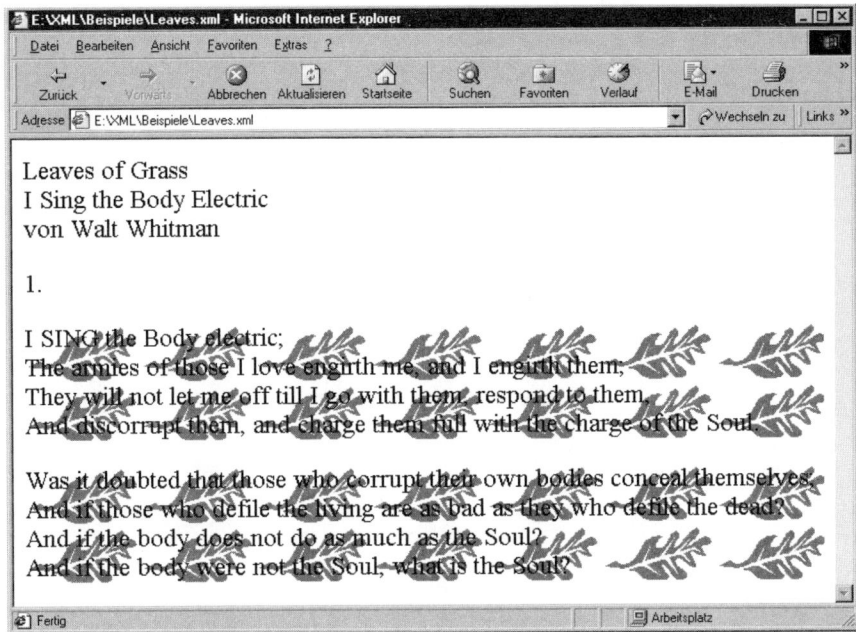

- *repeat-x.* Das Bild wird nur in horizontaler Richtung wiederholt. Die folgende Regel für STANZA-Elemente bewirkt, dass das Dokument wie in Abbildung 7.11 gezeigt dargestellt wird.

```
STANZA
    {background-image:url(Leaf.bmp);
    background-repeat:repeat-x}
```

- *repeat-y.* Das Bild wird nur in vertikaler Richtung wiederholt. Die folgende Regel für STANZA-Elemente bewirkt, dass das Dokument wie in Abbildung 7.12 gezeigt dargestellt wird.

```
STANZA
    {background-image:url(Leaf.bmp);
    background-repeat:repeat-y}
```

- *no-repeat.* Das Bild wird nur einmal angezeigt. Mit der folgenden Regel für STANZA-Elemente wird das Dokument wie in Abbildung 7.13 dargestellt angezeigt.

```
STANZA
    {background-image:url(Leaf.bmp);
    background-repeat:no-repeat}
```

**Abbildung 7.11**
STANZA-Elementen
wurde die Eigen-
schaftseinstellung
*background-repeat:*
*repeat-x* zugewiesen.

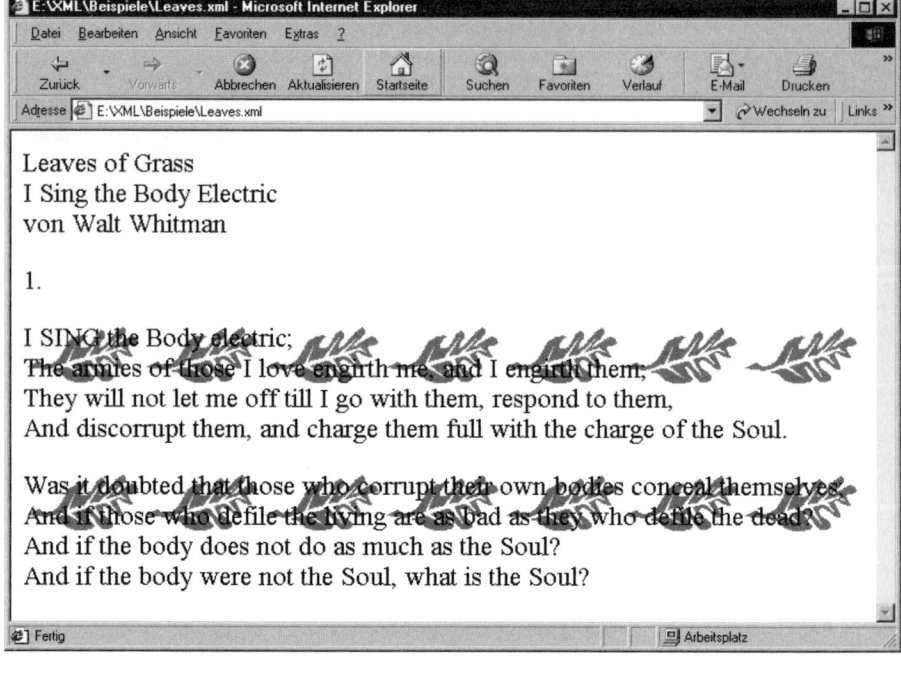

**Abbildung 7.12**
STANZA-Elementen
wurde die Eigen-
schaftseinstellung
*background-repeat:*
*repeat-y* zugewiesen.

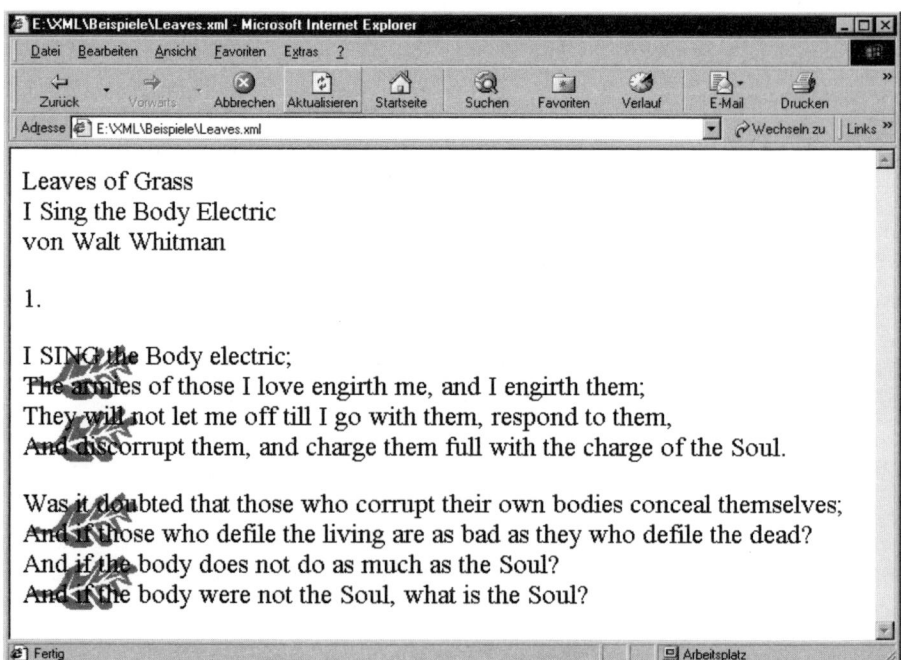

**Abbildung 7.13**
STANZA-Elementen
wurde die Eigen-
schaftseinstellung
*background-repeat:
no-repeat* zuge-
wiesen.

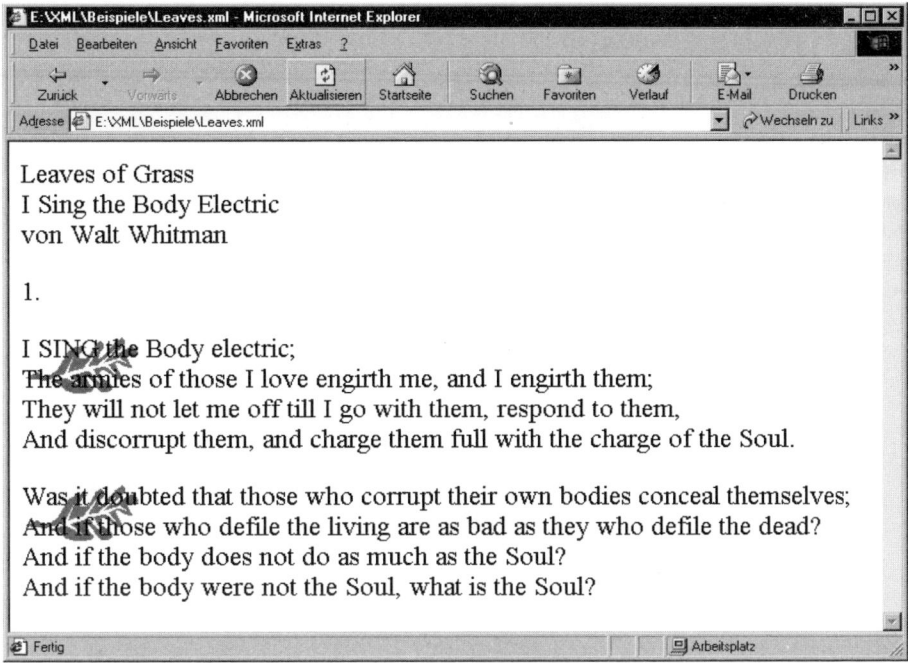

## Die background-position-Eigenschaft festlegen

Gemäß Voreinstellung wird die obere linke Ecke des Hintergrundbilds
(bzw. die obere linke Kopie des Bilds, falls dieses wiederholt wird) an der
oberen linken Ecke des Elements ausgerichtet. Sie können diese Ausrichtung mithilfe der Eigenschaft *background-position* ändern. Dieser Eigenschaft können drei verschiedene Arten von Werten zugewiesen werden:

■ **Größenangaben für die horizontale und vertikale Position.** Sie können der *background-position*-Eigenschaft zwei *Größenangaben*
zuweisen. Der erste Wert legt die horizontale Position des Bilds innerhalb des Elements fest und der zweite Wert gibt die vertikale Position
des Bilds innerhalb des Elements an. Hierbei sind die Typen von Größenangaben zulässig, die weiter vorn in dieser Lektion im Einschub
*Größenangaben verwenden* beschrieben wurden. Die folgende Regel
bewirkt beispielsweise, dass die obere linke Ecke des Bilds 0,5 Zoll
rechts von der und 0,25 Zoll unter der oberen linken Ecke des
STANZA-Elements platziert wird:

```
STANZA
    {background-image:url(Leaf.bmp);
    background-repeat:no-repeat;
    background-position:.5in .25in}
```

Das Dokument wird mit dieser Regel wie in Abbildung 7.14 gezeigt dargestellt.

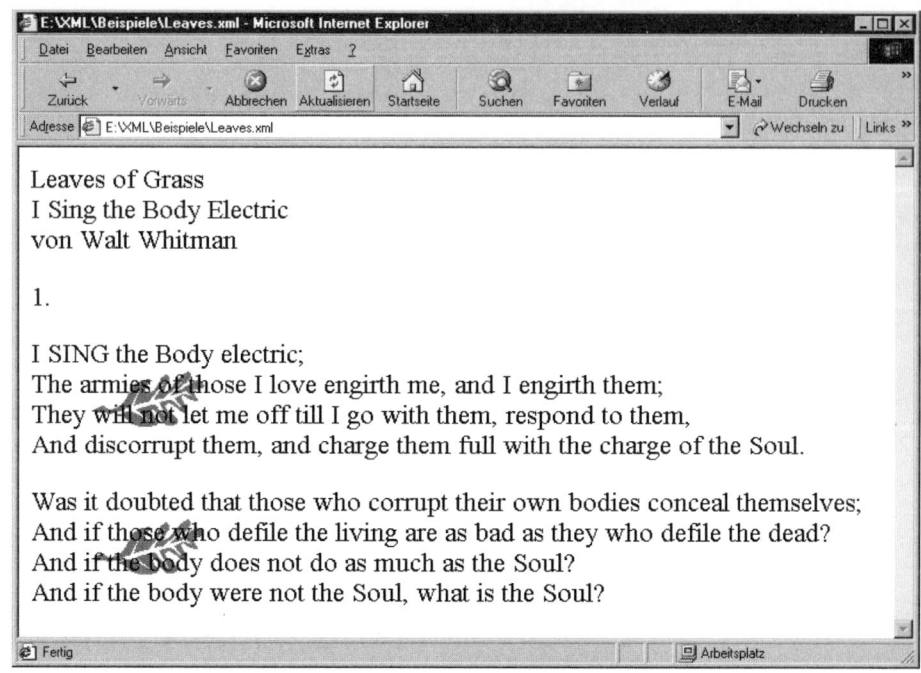

Wird das Bild, wie in der nachfolgenden Regel definiert, wiederholt, dann wird das gesamte Bildmuster um die angegebene Größe versetzt und wie in Abbildung 7.15 gezeigt dargestellt.

```
STANZA
    {background-image:url(Leaf.bmp);
    background-repeat:repeat;
    background-position:.5in .25in}
```

**Prozentangaben für die horizontale und vertikale Position.** Sie können der *background-position*-Eigenschaft auch zwei Prozentwerte zuweisen. Der erste Prozentwert definiert die horizontale Position innerhalb des Elements, wobei das Bild bei der Angabe 0% am linken Rand (der vorgegebenen horizontalen Position), bei 50% in der horizontalen Mitte des Elements und bei 100% am rechten Rand des Elements platziert wird. Der zweite Prozentwert legt die vertikale Position des Bilds fest, wobei das Bild bei der Angabe 0% am oberen Rand (die vorgegebene vertikale Position), bei 50% in der vertikalen Mitte des Elements und bei 100% am unteren Rand des Elements platziert wird.

**Abbildung 7.15**
Die Position der Hintergrundbilder wird duch Größenangaben festgelegt.

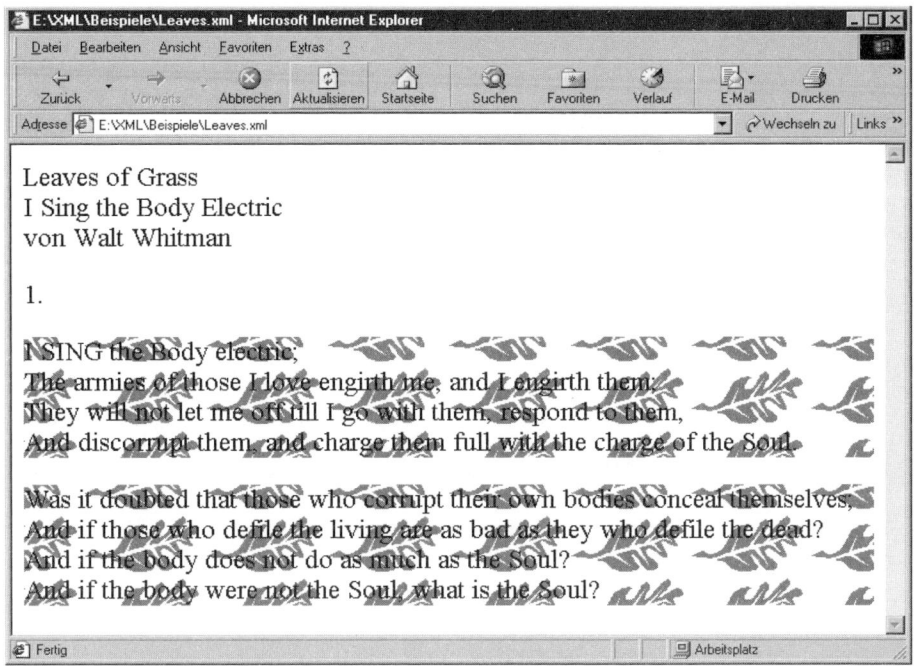

Mit der folgenden Regel würde das Bild beispielsweise in der Mitte des Elements angezeigt:

```
STANZA
    {background-image:url(Leaf.bmp);
    background-repeat:no-repeat;
    background-position:50% 50%}
```

Abbildung 7.16 zeigt, wie Internet Explorer 5 diese Regel interpretiert.

Wird das Bild, wie in der nachfolgenden Regel definiert, wiederholt, dann wird das gesamte Bildmuster um die angegebene Größe versetzt und wie in Abbildung 7.17 gezeigt dargestellt.

```
STANZA
    {background-image:url(Leaf.bmp);
    background-repeat:repeat;
    background-position:50% 50%}
```

▪ **Schlüsselwörter.** Sie können die Position des Hintergrundbilds auch festlegen, indem Sie der *background-position*-Eigenschaft eines oder zwei CSS-Schlüsselwörter zuweisen. Wenn Sie z.B. wie in der folgenden Regel die Schlüsselwörter *right* und *bottom* angeben, wird das Bild an der rechten unteren Ecke des Elements eingefügt (siehe Abbildung 7.18).

**Abbildung 7.16**
Das Bild wird in der
Mitte des Elements
angezeigt.

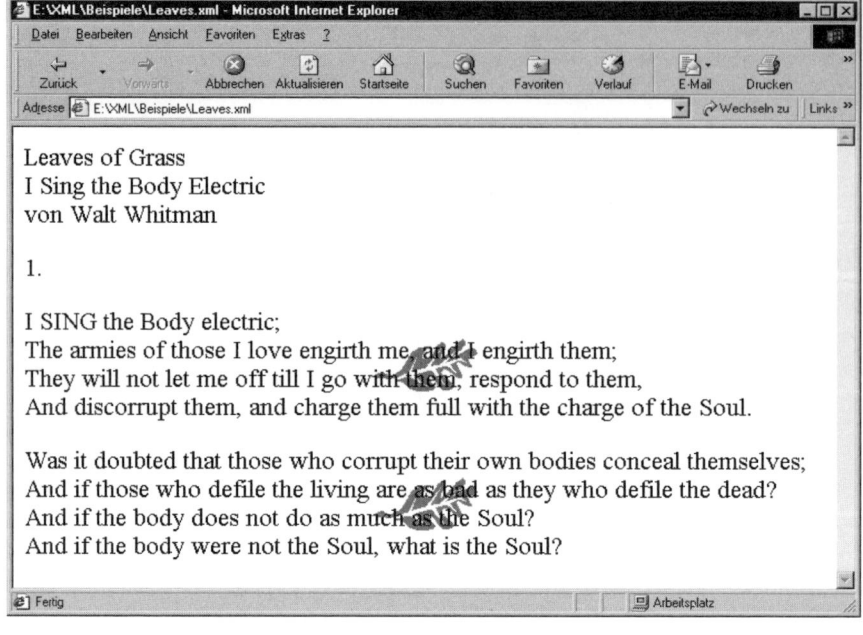

**Abbildung 7.16**
Das Bild wird in der
Mitte des Elements
angezeigt.

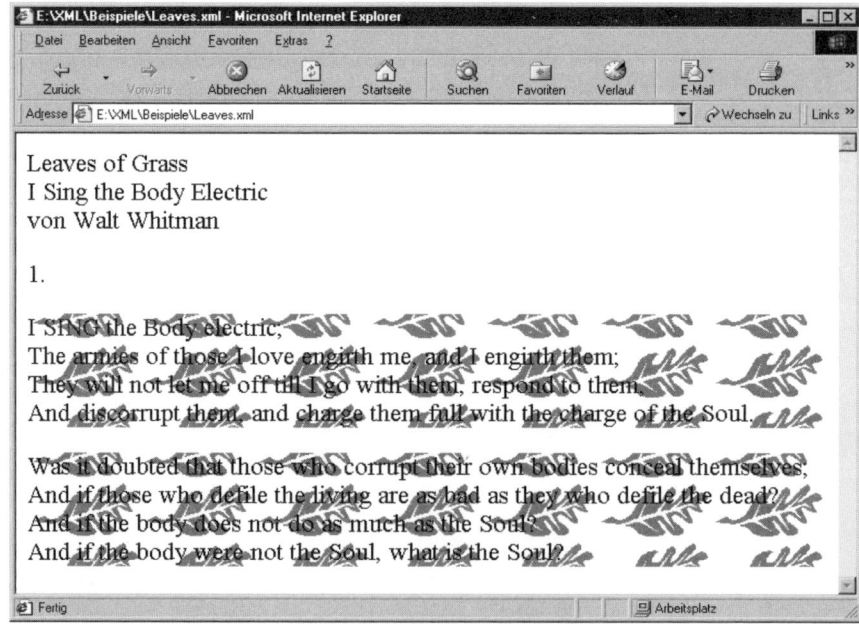

**Abbildung 7.17**
Die Position der Hin-
tergrundbilder wird
durch Prozentan-
gaben festgelegt.

```
STANZA
    {background-image:url(Leaf.bmp);
    background-repeat:no-repeat;
    background-position:right bottom}
```

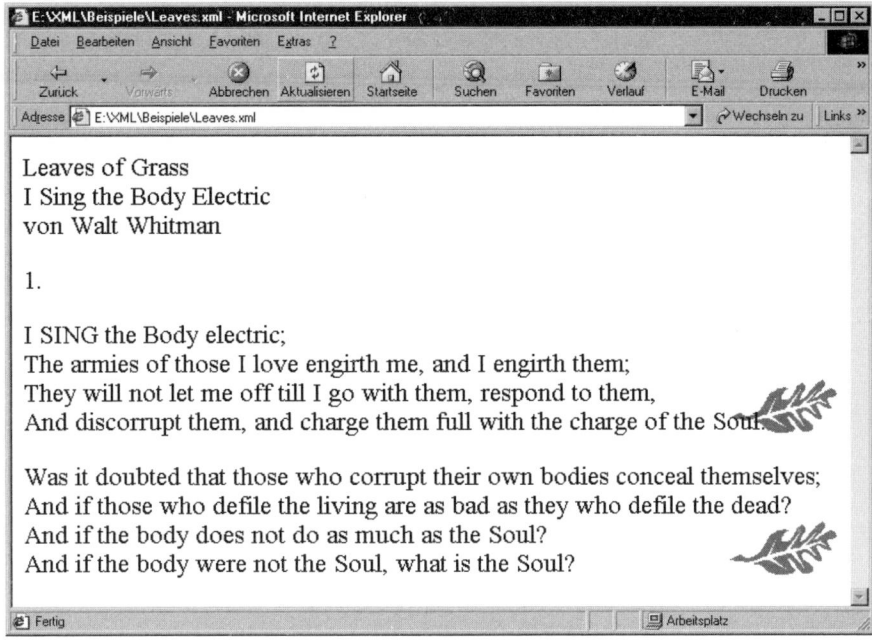

Abbildung 7.19 illustriert, welche Bildposition die einzelnen Schlüsselwortkombinationen ergeben.

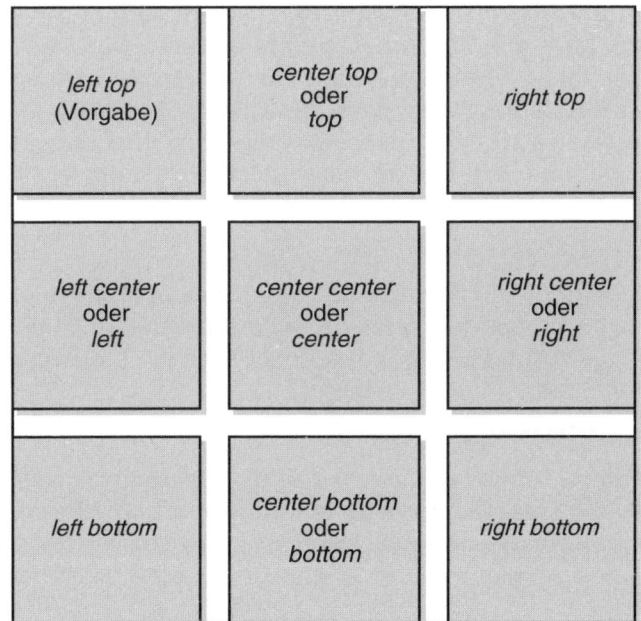

Die Reihenfolge der Schlüsselwörter ist nicht von Belang. Beispielsweise ist die Anweisung *background-position:bottom right* gleichbedeutend mit der Anweisung *background-position:right bottom*.

# Eigenschaften für Textabstände und Textausrichtung festlegen

Der CSS-Standard definiert die folgenden Eigenschaften, mit denen Sie die Zeichen- und Zeilenabstände, die Textausrichtung und andere Texteigenschaften ändern können:

- *letter-spacing*
- *vertical-align*
- *text-align*
- *text-indent*
- *line-height*
- *text-transform*
- *text-decoration*

Mit Ausnahme der Eigenschaft *vertical-align* werden alle diese Eigenschaften an untergeordnete Elemente vererbt.

## Die letter-spacing-Eigenschaft festlegen

Mithilfe der *letter-spacing*-Eigenschaft können Sie den Abstand zwischen den einzelnen Zeichen des Elementtextes (d.h. die Laufweite) verkleinern und vergrößern. Wenn Sie der Eigenschaft *letter-spacing* eine positive Größenangabe zuweisen, wird die Laufweite um den angegebenen Betrag vergrößert. Beispielsweise wird die Laufweite mit der folgenden Regel um einen Betrag vergrößert, der einem Viertel der Texthöhe entspricht:

```
TITLE {letter-spacing:.25em}
```

Sie können der Eigenschaft *letter-spacing* eine negative Größenangabe zuweisen, um den Zeichenabstand um den angegebenen Betrag zu verringern. Mit der folgenden Regel wird die Laufweite beispielsweise um einen halben Punkt reduziert:

```
TITLE {letter-spacing:-.5pt}
```

(Nähere Informationen zu den verschiedenen Arten von Größenangaben, die zulässig sind, finden Sie im Einschub *Größenangaben verwenden* weiter vorn in dieser Lektion.)

Um die normale Laufweite einzustellen, weisen Sie der *letter-spacing*-Eigenschaft den Wert *normal* zu. Das folgende Stylesheet, das mit dem XML-Dokument aus Listing 7.4 verknüpft ist, weist dem TITLE-Element beispielsweise eine größere Laufweite und dem SUBTITLE-Element die normale Laufweite zu (die zweite Zuweisung ist notwendig, um die Laufweite für das SUBTITLE-Element auf die Standardeinstellung zurückzusetzen, da dieses sonst die breitere Laufweite von seinem übergeordneten Element TITLE erben würde):

```
POEM
    {font-size:145%}

POEM, TITLE, SUBTITLE, AUTHOR, SECTION, NUMBER, STANZA, VERSE
    {display:block}

SECTION, STANZA
    {margin-top:1em}

TITLE
    {letter-spacing:.5em}

SUBTITLE
    {letter-spacing:normal}
```

Gemäß den Regeln dieses Stylesheets zeigt Internet Explorer 5 das zugehörige XML-Dokument wie in Abbildung 7.20 dargestellt an.

**Abbildung 7.20**
Der Zeichenabstand des TITLE-Elements wird mit der *letter-spacing*-Eigenschaft verändert.

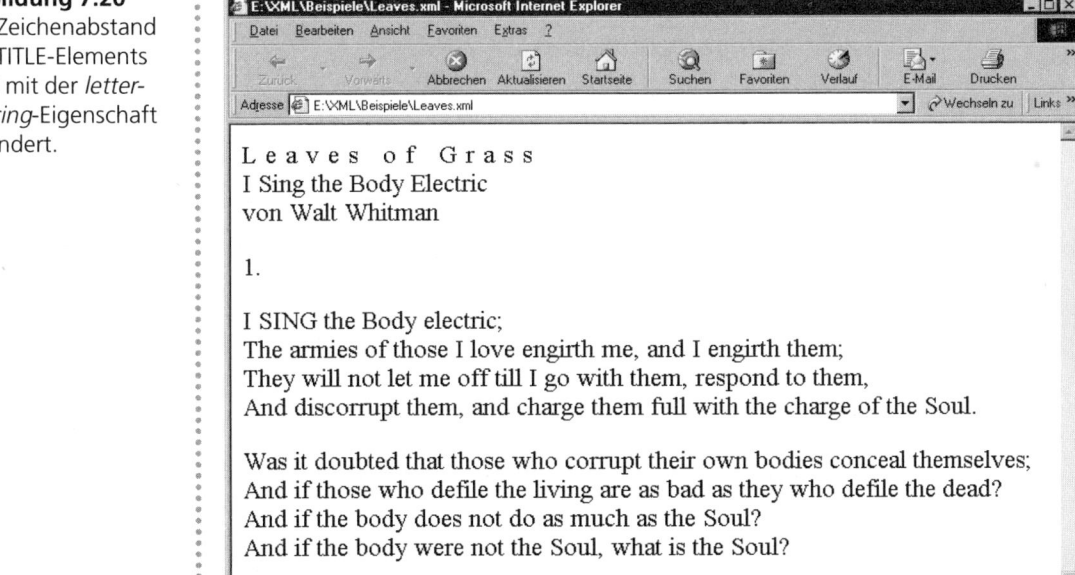

# Die vertical-align-Eigenschaft festlegen

Mit der Eigenschaft *vertical-align* können Sie Text hoch- und tiefstellen. Diese Eigenschaft wirkt sich nur auf *inline*-Elemente aus. (Ein Element ist ein *inline*-Element, wenn seine *display*-Eigenschaft den Wert *inline* hat, wie im Abschnitt *Die display-Eigenschaft festlegen* weiter vorn in dieser Lektion beschrieben.)

Sie können der *vertical-align*-Eigenschaft eines der CSS-Schlüsselwörter zuweisen, die in der folgenden Übersicht aufgeführt sind. Ich habe die gezeigten Textbeispiele erzeugt, indem ich die betreffende *vertical-align*-Einstellung *nur* dem CHILD-Element, das im Dokument wie folgt definiert ist, zugewiesen habe:

```
<PARENT>PARENT ELEMENT
    <CHILD>CHILD ELEMENT</CHILD>
</PARENT>
```

Untergeordnete Elemente erben die Einstellungen der *vertical-align*-Eigenschaft nicht.

| | |
|---|---|
| *vertical-align*-**Schlüsselwort:** | *baseline* (Vorgabe) |
| **Beispiel für CSS-Regel:** | CHILD |
| | {font-size:75%; |
| | vertical-align:baseline} |
| **Effekt:** | Richtet die Grundlinie des Elementtextes an der Grundlinie des Textes des übergeordneten Elements aus. |
| **Textbeispiel:** | PARENT ELEMENT CHILD ELEMENT |
| *vertical-align*-**Schlüsselwort:** | *sub* |
| **Beispiel für CSS-Regel:** | CHILD |
| | {font-size:75%; |
| | vertical-align:sub} |
| **Effekt:** | Der Elementtext wird tiefer gestellt. |
| **Textbeispiel:** | PARENT ELEMENT CHILD ELEMENT |
| *vertical-align*-**Schlüsselwort:** | *super* |
| **Beispiel für CSS-Regel:** | CHILD |
| | {font-size:75%; |
| | vertical-align:super} |
| **Effekt:** | Der Elementtext wird höher gestellt. |
| **Textbeispiel:** | PARENT ELEMENT CHILD ELEMENT |

# Die text-align-Eigenschaft festlegen

Sie können mit der Eigenschaft *text-align* die horizontale Ausrichtung des Elementtextes steuern. Diese Eigenschaftseinstellung hat nur bei denjenigen Elementen sichtbare Auswirkungen, deren *display*-Eigenschaft die Einstellung *block* aufweist. Bei solchen Elementen wirkt sich die Eigenschaftseinstellung auf das Element selbst und alle darin enthaltenen untergeordneten Elemente aus, wobei die untergeordneten Elemente die *display*-Eigenschaftseinstellung *block* oder *inline* aufweisen können. (*block*- und *inline*-Elemente werden im Abschnitt *Die display-Eigenschaft festlegen* weiter vorn in dieser Lektion beschrieben.)

Die Eigenschaft *text-align* legt die Ausrichtung des Textes fest, der sich *innerhalb des Textinhaltsbereichs* befindet. Gemäß Voreinstellung erstreckt sich der Textinhaltsbereich fast über die gesamte Breite des Browserfensters. Wie Sie später in dieser Lektion (im Abschnitt *Rahmeneigenschaften festlegen*) erfahren werden, können Sie sowohl die Breite als auch die Position des Textinhaltsbereichs eines Elements verändern.

Der *text-align*-Eigenschaft kann eines der folgenden drei Schlüsselwörter zugewiesen werden:

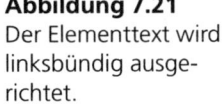 *left*. Die einzelnen Zeilen werden linksbündig ausgerichtet. Nehmen wir beispielsweise an, Sie wenden die folgende Regel auf das Beispieldokument aus Listing 7.4 an (zusätzlich zu den anderen Regeln, die im Stylesheet aus Listing 7.3 enthalten sind, mit Ausnahme der *background-image*-Einstellung, die ich entfernt habe, um die Abbildung übersichtlicher zu gestalten):

```
POEM {text-align:left}
```

Das POEM-Element wird gemäß dieser Regel wie in Abbildung 7.21 gezeigt ausgerichtet.

**Abbildung 7.21**
Der Elementtext wird linksbündig ausgerichtet.

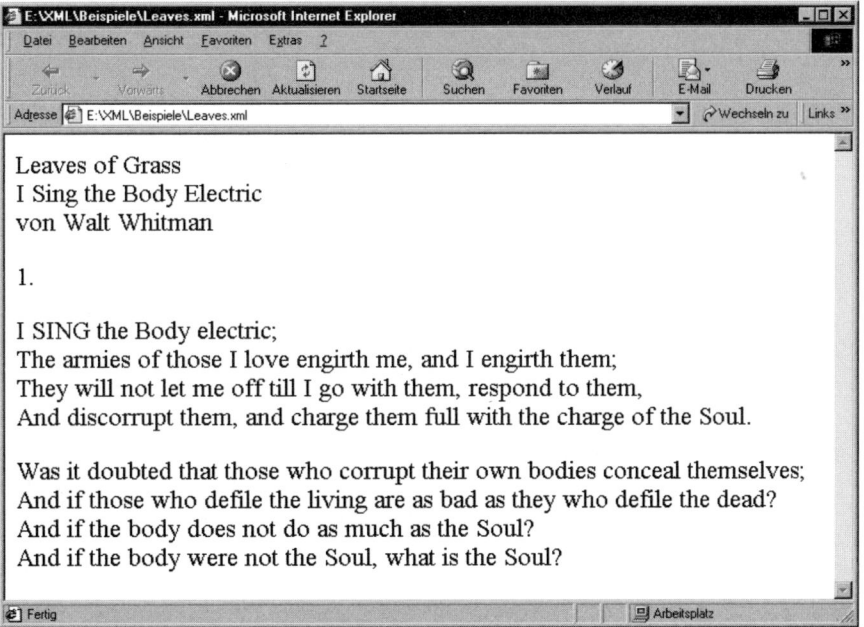

**Abbildung 7.22**
Der Elementtext wird rechtsbündig ausgerichtet.

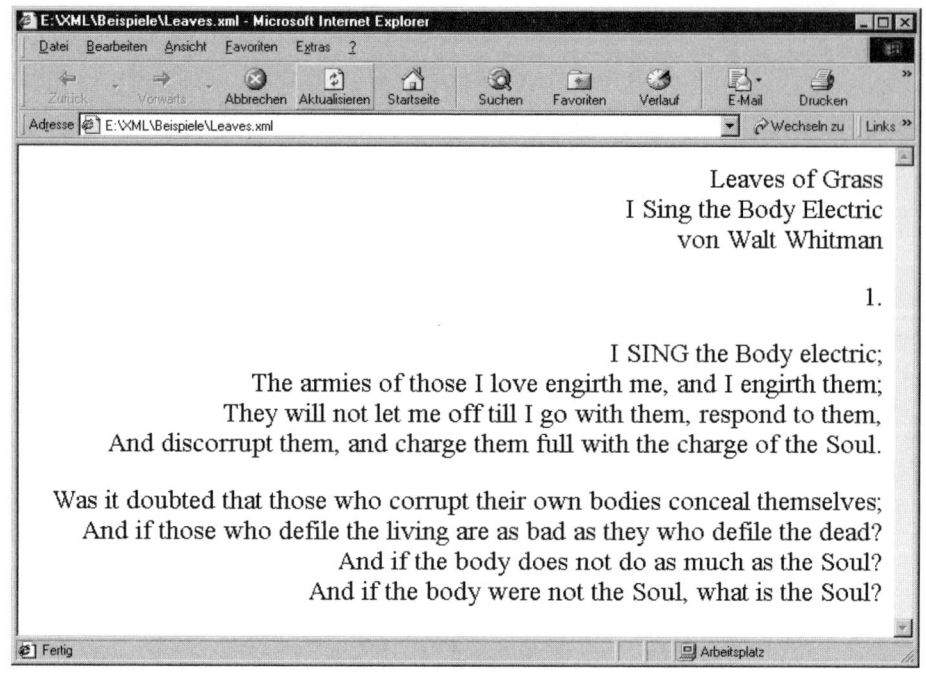

**Abbildung 7.23**
Der Elementtext wird zentriert.

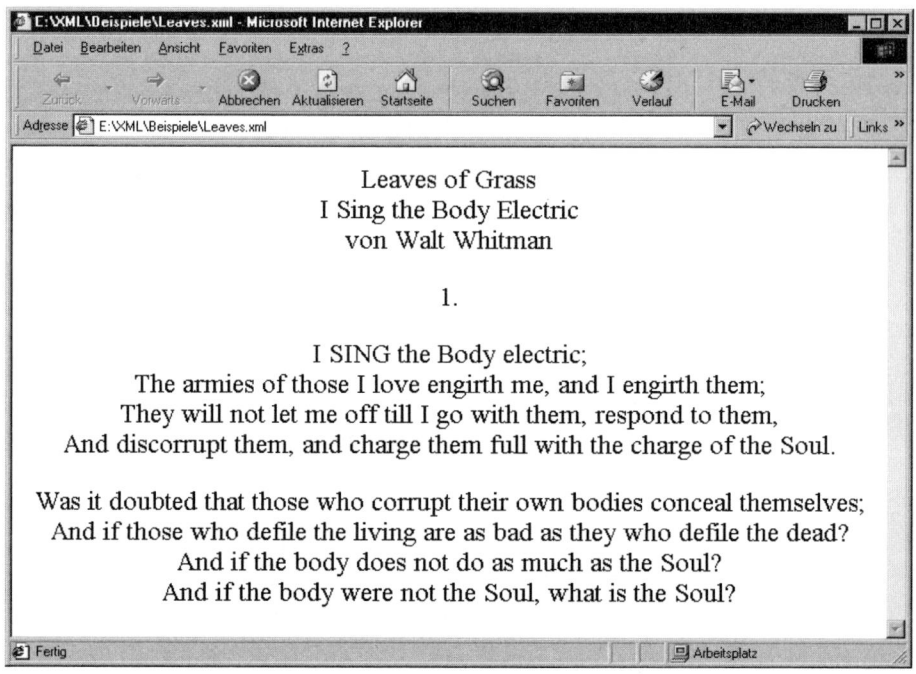

▪ *right.* Die einzelnen Zeilen werden rechtsbündig ausgerichtet. Die folgende Regel bewirkt beispielsweise, dass die POEM-Elemente, wie in Abbildung 7.22 gezeigt, rechtsbündig ausgerichtet werden:

```
POEM {text-align:right}
```

▪ *center.* Der Text wird innerhalb der einzelnen Zeilen zentriert. Die folgende Regel bewirkt beispielsweise, dass die POEM-Elemente, wie in Abbildung 7.23 gezeigt, mittig ausgerichtet werden:

```
POEM {text-align:center}
```

# Die text-indent-Eigenschaft festlegen

Mithilfe der *text-indent*-Eigenschaft können Sie die erste Zeile des Elementtextes einrücken. Der *text-indent*-Eigenschaft können die Typen von Größenangaben zugewiesen werden, die im Einschub *Größenangaben festlegen* weiter vorn in dieser Lektion beschrieben sind. Mit der folgenden Regel wird z. B. die erste Zeile von VERSE-Elementen um den Betrag eingerückt, der der dreifachen Höhe der Schriftart dieser Elemente entspricht:

```
VERSE {text-indent:3em}
```

Internet Explorer 5 zeigt die VERSE-Elemente daraufhin wie in Abbildung 7.24 dargestellt an.

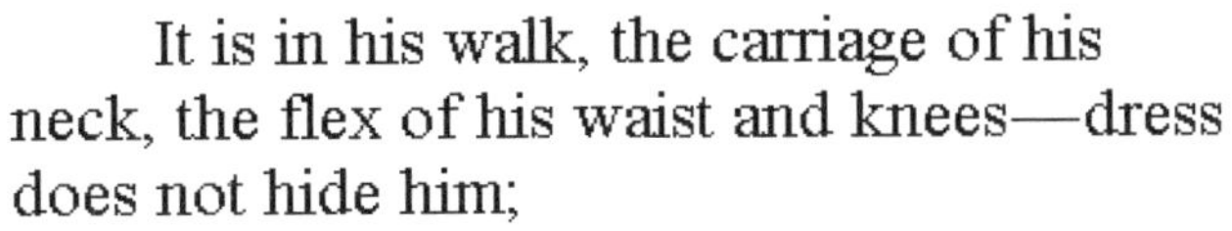

**Abbildung 7.24**
Der *text-indent*-Eigenschaft wurde eine Größenangabe zugewiesen.

It is in his walk, the carriage of his
neck, the flex of his waist and knees—dress
does not hide him;

Statt dessen können Sie die Einrückung der ersten Zeile auch als Prozentanteil der Gesamtbreite des Elementtextes definieren. Beispielsweise wird mit der folgenden Regel die erste Zeile von VERSE-Elementen um den Betrag eingerückt, der der halben Elementbreite entspricht:

```
VERSE {text-indent:50%}
```

Internet Explorer 5 zeigt die VERSE-Elemente daraufhin wie in Abbildung 7.25 dargestellt an.

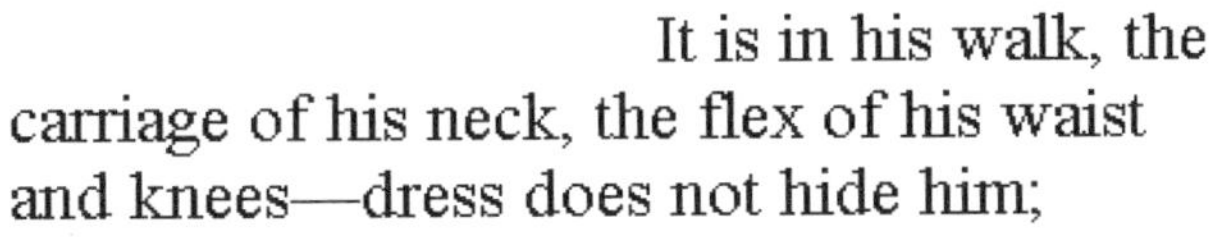

**Abbildung 7.25**
Der *text-indent*-Eigenschaft wurde ein Prozentwert zugewiesen.

It is in his walk, the
carriage of his neck, the flex of his waist
and knees—dress does not hide him;

Um sämtliche Zeilen des Elementtextes (statt nur der ersten Zeile) einzurücken, verwenden Sie die *margin-left*-Eigenschaft, die im Abschnitt *Die margin-Eigenschaften festlegen* weiter hinten in dieser Lektion beschrieben wird.

Sie können einen negativen Wert (Größenangabe oder Prozentwert) angeben, um einen hängenden Einzug zu definieren. Wenn Sie der *text-indent*-Eigenschaft einfach nur einen negativen Wert zuweisen, wird der erste Teil der ersten Zeile allerdings verborgen (siehe Abbildung 7.26).

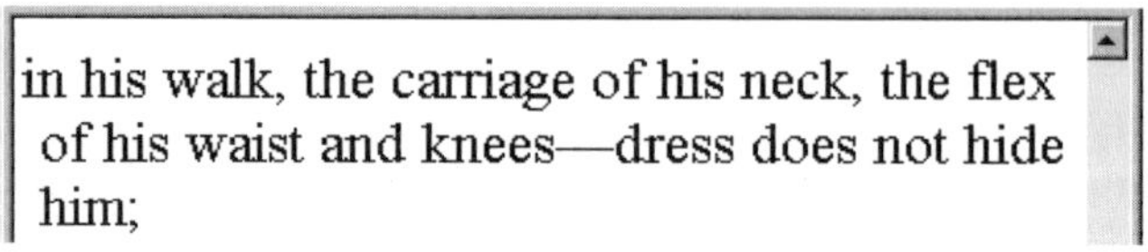

**Abbildung 7.26**
Der *text-indent*-Eigenschaft wurde ein negativer Wert zugewiesen.

> in his walk, the carriage of his neck, the flex
>  of his waist and knees—dress does not hide
> him;

Damit kein Text verborgen wird, müssen Sie das Element mit einem linken Rand ausstatten. Die folgende Regel bewirkt beispielsweise, dass das Element mit einem 4em breiten linken Rand (*margin-left:4em*) ausgestattet wird und dass die erste Zeile dann um 2em nach außen gerückt wird (*text-indent:-2em*), sodass wie in Abbildung 7.27 gezeigt ein hängender Einzug entsteht:

```
VERSE
    {margin-left:4em;
     text-indent:-2em}
```

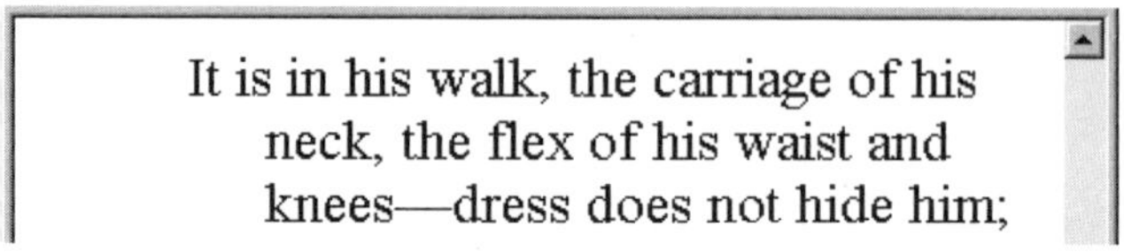

**Abbildung 7.27**
Linker Rand und negative Texteinrückung ergeben einen hängenden Einzug.

> It is in his walk, the carriage of his
>    neck, the flex of his waist and
>    knees—dress does not hide him;

## Die line-height-Eigenschaft festlegen

Mit der *line-height*-Eigenschaft wird der Abstand zwischen den Grundlinien aufeinander folgender Textzeilen eines Elements festgelegt. Mithilfe dieser Eigenschaft lässt sich der Zeilenabstand des Textes ändern.

Der *line-height*-Eigenschaft können die Typen von Größenangaben zugewiesen werden, die im Einschub *Größenangaben festlegen* weiter vorn in dieser Lektion beschrieben sind. Nehmen wir beispielsweise an, Sie wenden die folgende Regel auf das Beispieldokument aus Listing 7.4 an (zusätzlich zu den anderen Regeln, die im Stylesheet aus Listing 7.3 enthalten sind, mit Ausnahme der *background-image*-Einstellung, die ich entfernt habe, um die Abbildung übersichtlicher zu gestalten):

```
STANZA {line-height:2em}
```

Der Text der STANZA-Elemente wird daraufhin mit doppeltem Zeilen-abstand angezeigt, wie aus Abb. 7.28 hervorgeht.

**Abbildung 7.28**
Der Zeilenabstand wurde durch eine Größenangabe fest-gelegt.

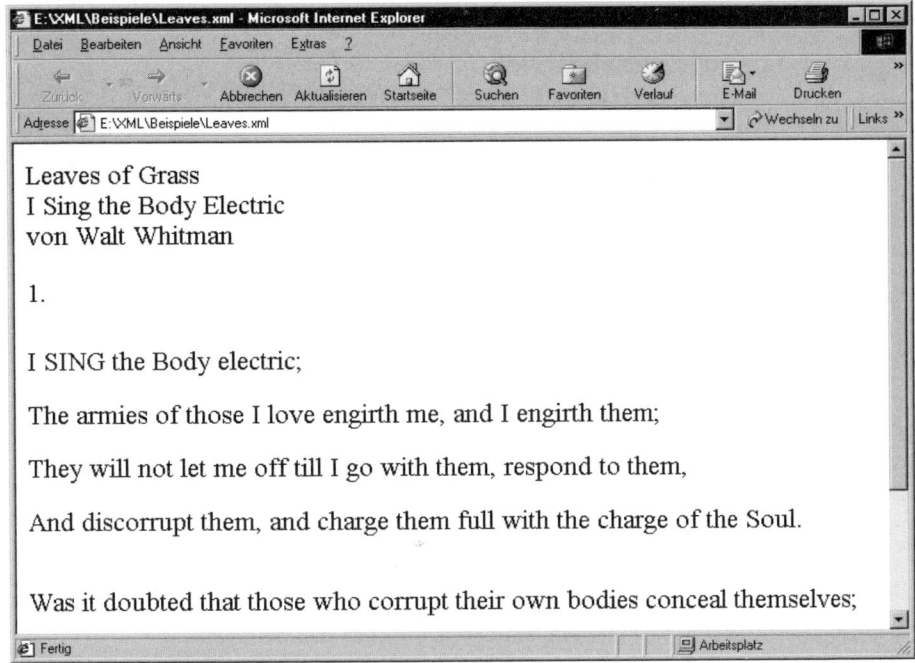

Statt dessen können Sie den Zeilenabstand auch als Prozentwert in Bezug auf die Gesamthöhe des Elementtextes definieren. Die folgende Regel ist z. B. gleichbedeutend mit der oben angeführten Regel und würde ebenso einen doppelten Zeilenabstand erzeugen:

```
STANZA {line-height:200%}
```

# Die text-transform-Eigenschaft festlegen

Mithilfe der *text-transform*-Eigenschaft können Sie die Groß- und Klein-schreibung des Textes von Elementen in der Browseranzeige festlegen. Sie können der Eigenschaft *text-transform* eines der folgenden Schlüs-selwörter zuweisen:

| | |
|---|---|
| ***text-transform*-Schlüsselwort:** | *capitalize* |
| **Beispiel für CSS-Regel:** | `STANZA {text-transform:capitalize}` |
| **Effekt:** | Der Anfangsbuchstabe jedes Wortes wird in einen Großbuchstaben umgewandelt. |

**Textbeispiel:**
And If The Body Were Not The Soul, What Is The Soul?

| | |
|---|---|
| *text-transform*-Schlüsselwort: | *uppercase* |
| **Beispiel für CSS-Regel:** | STANZA {text-transform:uppercase} |
| **Effekt:** | Alle Buchstaben des Elementtextes werden in Großbuchstaben umgewandelt. |

**Textbeispiel:**
AND IF THE BODY WERE NOT THE SOUL, WHAT IS THE SOUL?

| | |
|---|---|
| *text-transform*-Schlüsselwort: | *lowercase* |
| **Beispiel für CSS-Regel:** | STANZA {text-transform:lowercase} |
| **Effekt:** | Alle Buchstaben des Elementtextes werden in Kleinbuchstaben umgewandelt. |

**Textbeispiel:**
and if the body were not the soul, what is the soul?

| | |
|---|---|
| *text-transform*-Schlüsselwort: | *none* |
| **Beispiel für CSS-Regel:** | STANZA {text-transform:none} |
| **Effekt:** | Die Groß-/Kleinschreibung des Textes wird nicht verändert. |

**Textbeispiel:**
And if the body were not the Soul, what is the Soul?

# Die text-decoration-Eigenschaft festlegen

Sie können mithilfe der Eigenschaft *text-decoration* verschiedene Arten von Linien in den Elementtext einfügen. Folgende Schlüsselwörter können dieser Eigenschaft zugewiesen werden:

| | |
|---|---|
| *text-decoration*-Schlüsselwort: | *underline* |
| **Beispiel für CSS-Regel:** | TITLE {text-decoration:underline} |
| **Effekt:** | Unter dem Text wird eine Linie eingefügt. |
| **Textbeispiel:** | <u>Leaves of Grass</u> |

| | |
|---|---|
| *text-decoration*-Schlüsselwort: | *overline* |
| **Beispiel für CSS-Regel:** | TITLE {text-decoration:overline} |
| **Effekt:** | Über dem Text wird eine Linie eingefügt. |
| **Textbeispiel:** | Leaves of Grass |

| | |
|---|---|
| *text-decoration*-Schlüsselwort: | *line-through* |
| **Beispiel für CSS-Regel:** | TITLE {text-decoration:line-through} |
| **Effekt:** | Es wird eine Linie durch den Text gezeichnet. |
| **Textbeispiel:** | ~~Leaves of Grass~~ |

| | |
|---|---|
| *text-decoration*-Schlüsselwort: | *none* |
| **Beispiel für CSS-Regel:** | `TITLE {text-decoration:none}` |
| **Effekt:** | Dem Text werden keine Linien hinzugefügt. |
| **Textbeispiel:** | Leaves of Grass |

Sie können den Elementtext mit mehreren Linientypen versehen, indem Sie der *text-decoration*-Eigenschaft mehrere Werte zuweisen (einschließlich des Schlüsselwortes *none*, womit allerdings die Liste vorangegangener Linientypen wieder aufgehoben wird). Die folgende Regel bewirkt beispielsweise, dass der Browser jeweils eine Linie über und unter dem Text anzeigt:

```
TITLE {text-decoration:underline overline}
```

# Rahmeneigenschaften festlegen

Die CSS-Spezifikation definiert eine Reihe von Eigenschaften, die so genannten Rahmeneigenschaften, mit der Sie den zu einem Element gehörigen Textblock formatieren können. Es sind die folgenden verschiedenen Arten von Rahmeneigenschaften verfügbar:

- Die *margin*-Eigenschaften statten das Element mit einem transparenten Rand außerhalb der sichtbaren Rahmenlinie (sofern vorhanden) aus.

- Die *border*-Eigenschaften zeigen außerhalb der durch die *padding*-Eigenschaften definierten Leerräume (falls vorhanden) eine sichtbare Rahmenlinie in verschiedenen Linientypen an.

- Die *padding*-Eigenschaften fügen unmittelbar anschließend an den Elementinhalt und innerhalb der Rahmenlinie (falls vorhanden) einen Leerraum ein.

- Die Größeneigenschaften *height* und *width* legen die Größe des Inhaltsbereichs von Elementen plus darin enthaltener Leerräume und Rahmenlinien fest (siehe Abbildung 7.29).

- Die Positionseigenschaften *float* und *clear* legen die Position des Elements in Bezug auf angrenzende Elemente fest.

Die folgende Abbildung 7.29 veranschaulicht die ersten vier Gruppen von Rahmeneigenschaften an einem Element mit der *display*-Eigenschaftseinstellung *block*.

Sie wissen aus dem Abschnitt *Die display-Eigenschaft festlegen* weiter vorn in dieser Lektion, dass Elemente, deren *display*-Eigenschaft den Wert *block* hat, auch *block*-Elemente genannt werden, und Elemente, deren *display*-Eigenschaft den Wert *inline* hat, als *inline*-Elemente bezeichnet werden. Bei Internet Explorer 5.0 und 5.01 wirken sich die ersten drei Eigenschaftsgruppen (*margin-*, *border-* und *padding*-Eigenschaften) nur auf *block*-Elemente aus. Bei Internet Explorer 5.5 lassen sich diese Eigenschaften jedoch sowohl auf *block-* als auch *inline*-Elemente anwenden. Bei all diesen Versionen von Internet Explorer (5.0 bis 5.5) können Sie die Größen- und Positionseigenschaften auf *inline-* und *block*-Elemente anwenden. Die Einstellung der Positionseigenschaften hat jedoch beim Einsatz mit *block*-Elementen effektivere und vorhersehbarere Ergebnisse.

**Abbildung 7.29**
Bereiche, die durch die Rahmeneigenschaften festgelegt werden

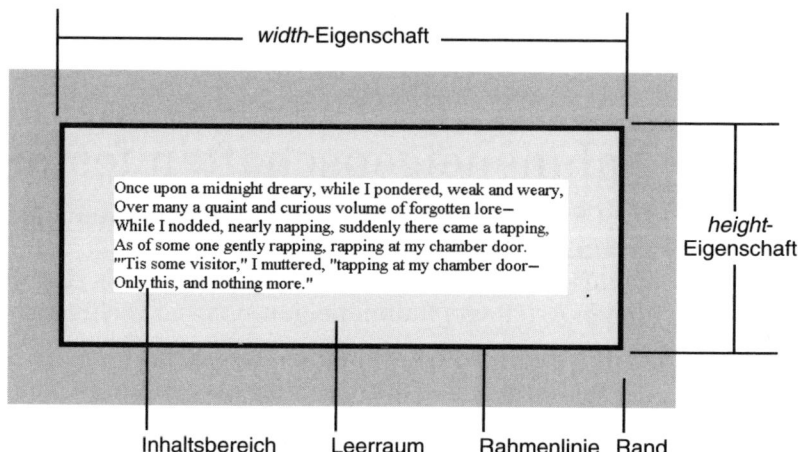

Untergeordnete Elemente erben keine dieser Rahmeneigenschaften.

# Die margin-Eigenschaften festlegen

Gemäß Voreinstellung haben Elemente Ränder der Breite Null. Wenn Sie eine oder mehrere Seiten eines Elements mit einem Rand versehen möchten, weisen Sie der betreffenden *margin*-Eigenschaft einen Wert ungleich Null zu:

- *margin-top*
- *margin-right*
- *margin-bottom*
- *margin-left*

Diesen Eigenschaften können die Typen von Größenangaben zugewiesen werden, die im Einschub *Größenangaben festlegen* weiter vorn in dieser Lektion beschrieben sind. Mit der folgenden Regel wird beispielsweise den STANZA-Elementen ein linker und ein rechter Rand hinzugefügt. Die Breite des Rands entspricht der doppelten Höhe des Elementtextes:

```
STANZA
    {margin-left:2em;
     margin-right:2em}
```

Die Größe der Ränder kann auch als Prozentanteil der Breite des übergeordneten Elements angegeben werden. Beispielsweise wird mit der folgenden Regel ein linker Rand definiert, der einem Viertel der Breite des übergeordneten Elements des STANZA-Elements entspricht:

```
STANZA {margin-left:25%}
```

Sie können gleich breite Ränder für alle vier Seiten eines Elements definieren, indem Sie der *margin*-Eigenschaft einen einzigen Wert (eine Größenangabe oder einen Prozentwert) zuweisen. Sehen Sie sich aber zuerst das Stylesheet aus Listing 7.5 an, das mit dem XML-Dokument aus Listing 7.6 verknüpft ist und den Text ohne Ränder anzeigt. (Sie finden Kopien dieser beiden Listings unter den Dateinamen Raven.css und Raven.xml auf der Begleit-CD.)

**Listing 7.3**
Raven.css

```
/* Dateiname: Raven.css */

POEM
    {font-size:small}

POEM, TITLE, AUTHOR, DATE, STANZA, VERSE
    {display:block}
```

**Listing 7.4**
Raven.xml

```
<?xml version="1.0"?>

<!-- Dateiname: Raven.xml -->

<?xml-stylesheet type="text/css" href="Raven.css"?>

<POEM>

<TITLE>The Raven</TITLE>
<AUTHOR>Edgar Allan Poe</AUTHOR>
<DATE>1845</DATE>

<STANZA>
    <VERSE>Once upon a midnight dreary, while I pondered,
            weak and weary,</VERSE>
    <VERSE>Over many a quaint and curious volume of
            forgotten lore&#8212;</VERSE>
    <VERSE>While I nodded, nearly napping,
            suddenly there came a tapping,</VERSE>
    <VERSE>As of some one gently rapping,
            rapping at my chamber door.</VERSE>
    <VERSE>"'Tis some visitor," I muttered,
```

```
                    "tapping at my chamber door&#8212;</VERSE>
        <VERSE>Only this, and nothing more."</VERSE>
</STANZA>
<STANZA>
    <VERSE>Ah, distinctly I remember it was in the
            bleak December,</VERSE>
    <VERSE>And each separate dying ember wrought its
            ghost upon the floor.</VERSE>
    <VERSE>Eagerly I wished the morrow;&#8212;vainly I had
            sought to borrow</VERSE>
    <VERSE>From my books surcease of sorrow&#8212;sorrow
            for the lost Lenore&#8212;</VERSE>
    <VERSE>For the rare and radiant maiden whom the angels
            name Lenore&#8212;</VERSE>
    <VERSE>Nameless here for evermore.</VERSE>
</STANZA>

</POEM>
```

*&#8212;* ist eine Zeichenreferenz für einen langen Gedankenstrich (-).
Abbildung 7.30 zeigt, wie die Elemente ohne Ränder aussehen.

**Abbildung 7.30**
Alle Elemente des
Dokuments Raven.xml
werden ohne Ränder
angezeigt.

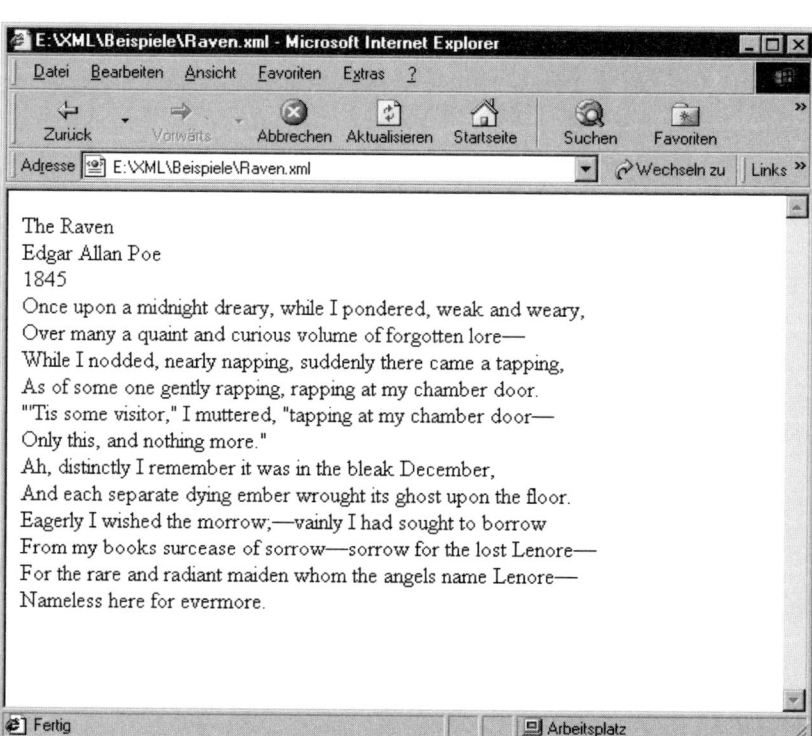

Wenn Sie die folgende Regel dem Stylesheet hinzufügen, dann werden alle vier Seiten der beiden STANZA-Elemente mit einem 2,5em breiten Rand versehen, wie in Abbildung 7.31 gezeigt.

```
STANZA {margin:2.5em}
```

**Abbildung 7.31**
Die STANZA-Elemente werden mit einem 2,5em breiten Rand angezeigt.

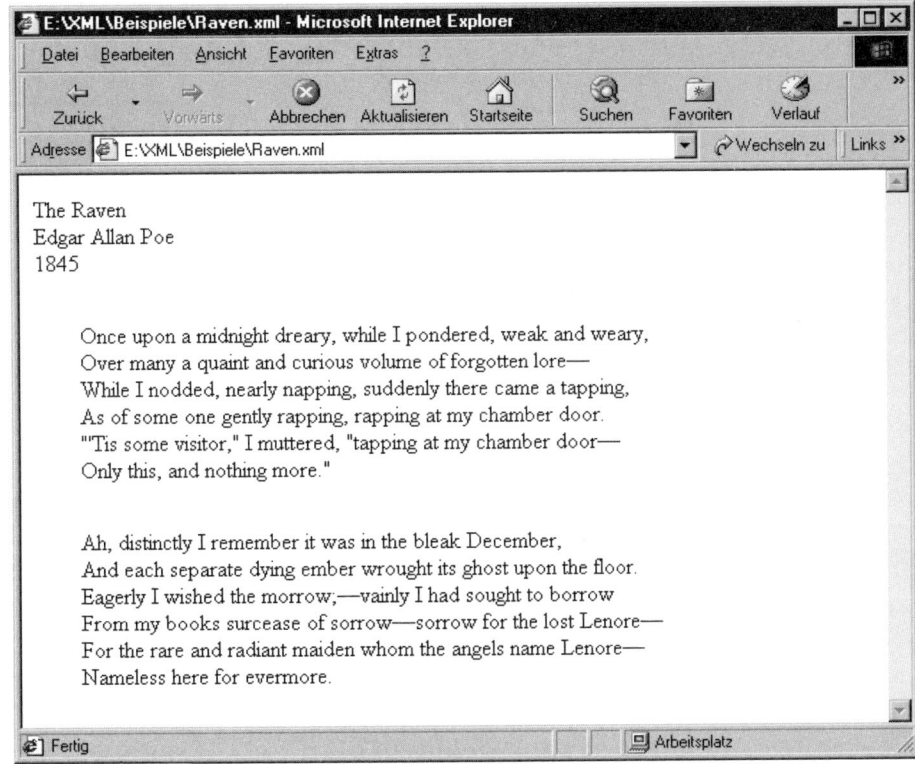

Der Randbereich ist stets transparent, sodass die Hintergrundfarbe oder das Hintergrundbild des übergeordneten Elements (oder des Browsers) durchscheint.

# Die border-Eigenschaften festlegen

Mithilfe der folgenden Eigenschaften können Sie sichtbare Rahmenlinien um ein Element zeichnen:

- *border-style*
- *border-width*
- *border-color*

## Die border-style-Eigenschaft festlegen

Sie verwenden die *border-style*-Eigenschaft, um eine oder mehrere Seiten eines Elements mit einer sichtbaren Rahmenlinie auszustatten und um den Typ der Rahmenlinie festzulegen. Der Eigenschaft *border-style* können die nachfolgend aufgeführten Schlüsselwörter zugewiesen werden.

*border-style*-Schlüsselwort:     *solid*
**Beispiel für CSS-Regel:**     TITLE {border-style:solid}
**Textbeispiel:**

> The Raven

*border-style*-Schlüsselwort:     *dotted* (nur Internet Explorer 5.5)
**Beispiel für CSS-Regel:**     TITLE {border-style:dotted}
**Textbeispiel:**

> The Raven

*border-style*-Schlüsselwort:     *dashed* (nur Internet Explorer 5.5)
**Beispiel für CSS-Regel:**     TITLE {border-style:dashed}
**Textbeispiel:**

> The Raven

*border-style*-Schlüsselwort:     *double*
**Beispiel für CSS-Regel:**     TITLE {border-style:double}
**Textbeispiel:**

> The Raven

*border-style*-Schlüsselwort:     *groove*
**Beispiel für CSS-Regel:**     TITLE {border-style:groove}
**Textbeispiel:**

> The Raven

*border-style*-Schlüsselwort:     *ridge*
**Beispiel für CSS-Regel:**     TITLE {border-style:ridge}
**Textbeispiel:**

> The Raven

*border-style*-Schlüsselwort:     *inset*
**Beispiel für CSS-Regel:**     TITLE {border-style:inset}
**Textbeispiel:**

> The Raven

*border-style*-Schlüsselwort:     *outset*
**Beispiel für CSS-Regel:**     TITLE {border-style:outset}
**Textbeispiel:**

> The Raven

*border-style*-Schlüsselwort:     *none*
**Beispiel für CSS-Regel:**     TITLE {borde7r-style:none}
**Textbeispiel:**     The Raven

Bei einigen der oben dargestellten Textbeispiele habe ich die Hintergrundfarbe geändert, damit der Rahmentyp deutlicher erkennbar ist.

Jede Seite eines Elements kann mit einem anderen Rahmentyp versehen werden, indem der *border-style*-Eigenschaft vier verschiedene Schlüsselwörter zugewiesen werden. Die Werte werden in der Reihenfolge oben, rechts, unten, links für die vier Seiten definiert. Die folgende Regel bewirkt beispielsweise, dass die obere und untere Seite des TITLE-Elements jeweils mit einer durchgezogenen Rahmenlinie und die linke und die rechte Seite ohne Rahmenlinien angezeigt werden:

```
TITLE {border-style:solid none solid none}
```

Wenn man die folgende Regel dem Beispielstylesheet aus Listing 7.5 hinzufügt, dann werden die STANZA-Elemente aus dem in Listing 7.6 dargestellten XML-Dokument auf allen Seiten mit Rahmenlinien und mit einem Rand um die Rahmenlinien ausgestattet:

```
STANZA
    {margin:2.5em;
     border-style:double solid double solid}
```

**Abbildung 7.32**
STANZA-Elemente werden mit Rahmenlinien angezeigt.

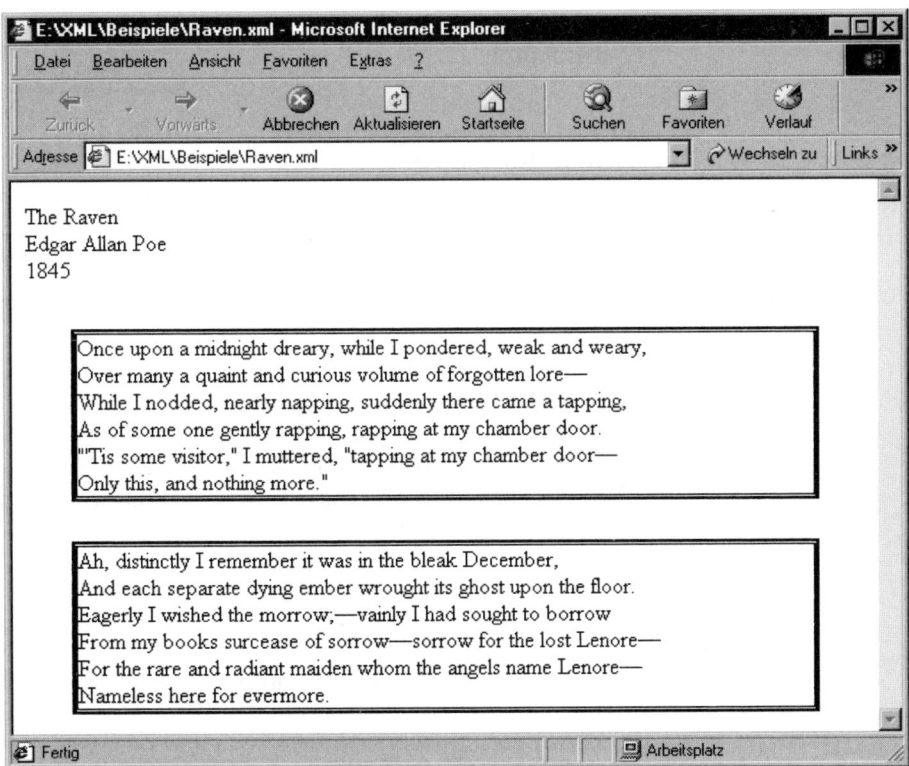

Die untere und die obere Rahmenlinie sind als Doppellinien und die linke und die rechte Rahmenlinie als einfache, durchgezogene Linien definiert (siehe Abbildung 7.32)

## Die border-width-Eigenschaft festlegen

Falls Sie eine oder mehrere Seiten eines Elements mithilfe der *border-style*-Eigenschaft mit einem sichtbaren Rahmen ausgestattet haben, dann können Sie mit der *border-width*-Eigenschaft die Breite der Rahmenlinien bestimmen. Dieser Eigenschaft können die nachfolgend aufgeführten Schlüsselwörter zugewiesen werden.

*border-width*-**Schlüsselwort:**   *thin*

**Beispiel für CSS-Regel:**
```
TITLE
    {border-style:solid;
    border-width:thin}
```

**Textbeispiel:**    The Raven

*border-width*-**Schlüsselwort:**   *medium*

**Beispiel für CSS-Regel:**
```
TITLE
    {border-style:solid;
    border-width:medium}
```

**Textbeispiel:**    The Raven

*border-width*-**Schlüsselwort:**   *thick*

**Beispiel für CSS-Regel:**
```
TITLE
    {border-style:solid;
    border-width:thick}
```

**Textbeispiel:**    The Raven

Statt Schlüsselwörter zu verwenden, können Sie die Breite der Rahmenlinien auch exakt festlegen, indem Sie der Eigenschaft *border-width* eine der im Einschub *Größenangaben festlegen* weiter vorn in dieser Lektion beschriebenen Größenangaben zuweisen. Mit der folgenden Regel wird das TITLE-Element beispielsweise auf allen Seiten mit einer 1 Pixel breiten Rahmenlinie versehen (der dünnsten Linienstärke, die ein Bildschirm anzeigen kann):

```
TITLE
    {border-style:solid;
    border-width:1px}
```

Die Breite der Rahmenlinien kann auf allen vier Seiten variieren. Sie weisen der *border-width*-Eigenschaft einfach vier verschiedene Werte – Größenangaben oder Schlüsselwörter – zu, wenn die Rahmenlinien auf jeder Seite unterschiedlich breit sein sollen. Die Werte werden in der Reihenfolge oben, rechts, unten, links für die vier Seiten definiert. Wenn Sie die folgende Regel z.B. dem Beispielstylesheet aus Listing 7.5 hinzufügen, dann werden die STANZA-Elemente auf allen Seiten mit einer durchgezogenen Rahmenlinie versehen:

```
STANZA
    {margin:2.5em;
     border-style:solid;
     border-width:1px thick 1px thick}
```

Die obere und die untere Rahmenlinie sind 1 Pixel breit und die linke und die rechte Rahmenlinie sind dick (siehe Abbildung 7.33).

**Abbildung 7.33**
STANZA-Elemente werden mit unterschiedlich breiten Rahmenlinien angezeigt.

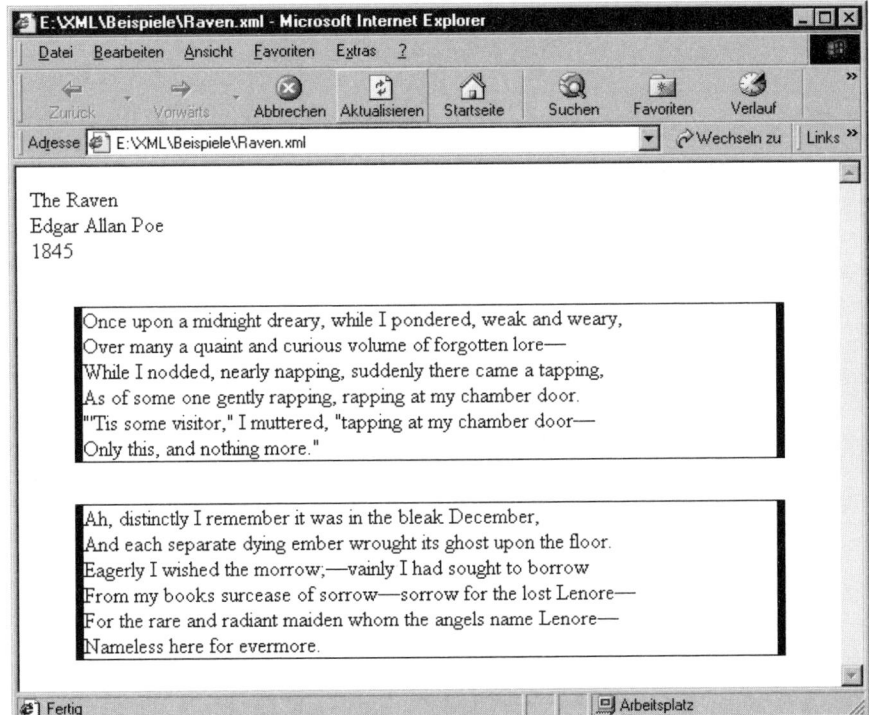

## Die border-color-Eigenschaft festlegen

Gemäß Voreinstellung haben die Rahmenlinien, die mit der *border-style*-Eigenschaft definiert werden, die Farbe, die der aktuellen *color*-Eigenschaftseinstellung des Elements entspricht. Sie können die Farbe aller vier Rahmenlinien ändern, indem Sie der *border-color*-Eigenschaft einen der Farbwerte zuweisen, die im Einschub *Farbwerte angeben* weiter vorn in dieser Lektion beschrieben wurden. Mit der folgenden Regel werden die TITLE-Elemente beispielsweise auf allen vier Seiten mit roten durchgezogenen Rahmenlinien versehen:

```
TITLE
    {border-style:solid;
    border-color:red}
```

Sie können den Rahmenlinien auf jeder Seite des Elements eine andere
Farbe geben, indem Sie der *border-color*-Eigenschaft vier verschiedene
Farbwerte zuweisen. Die Werte werden in der Reihenfolge oben, rechts,
unten, links für die vier Seiten definiert. Die folgende Regel bewirkt z. B.,
dass die obere und untere Seite des TITLE-Elements jeweils mit durchgezogenen roten Rahmenlinien und die linke und die rechte Seite mit
durchgezogenen grünen Rahmenlinien angezeigt werden:

```
TITLE
    {border-style:solid;
    border-color:red green red green}
```

# Die padding-Eigenschaften festlegen

Sie wissen aus dem Abschnitt *Rahmeneigenschaften festlegen* weiter
vorn in dieser Lektion, dass mit den *padding*-Eigenschaften Leerräume
definiert werden, die den Elementinhalt unmittelbar umgeben und
innerhalb der Rahmenlinien (sofern vorhanden) des Elements liegen.
Werden keine solchen Leerräume eingefügt, dann befinden sich die Rahmenlinien sehr nah am Elementtext. Sie können das Erscheinungsbild
eines Rahmens verbessern, indem Sie mithilfe der *padding*-Eigen-
schaften Leerräume hinzufügen.

Gemäß Voreinstellung werden Elemente nicht mit Leerräumen
umgeben, d.h. die *padding*-Eigenschaften haben den Vorgabewert Null.
Um auf einer oder mehreren Seiten eines Elements einen Leerraum hinzuzufügen, weisen Sie einer oder mehreren der folgenden Eigenschaften
einen Wert ungleich Null zu:

- *padding-top*
- *padding-right*
- *padding-bottom*
- *padding-left*

Sie können diesen Eigenschaften die Typen von Größenangaben
zuweisen, die im Einschub *Größenangaben verwenden* weiter vorn in
dieser Lektion beschrieben sind. Mit der folgenden Regel wird beispielsweise ober- und unterhalb von STANZA-Elementen ein Leerraum eingefügt, dessen Breite der doppelten Höhe des Elementtextes entspricht:

```
STANZA
    {padding-top:2em;
    padding-bottom:2em}
```

Die Breite des Leerraums kann auch als Prozentwert in Bezug auf die Breite des übergeordneten Elements angegeben werden. So bewirkt die folgende Regel z. B., dass an der linken Seite von STANZA-Elementen ein Leerraum hinzugefügt wird, dessen Breite einem Viertel der Breite des übergeordneten Elements von STANZA-Elementen entspricht:

```
STANZA {padding-left:25%}
```

Falls Sie an allen vier Seiten eines Elements einen gleich großen Leerraum einfügen möchten, können Sie der *padding*-Eigenschaft einen Wert (Größenangabe oder Prozentwert) zuweisen. Angenommen, Sie würden die folgende Regel in das Beispielstylesheet aus Listing 7.5 aufnehmen:

```
STANZA
  {margin:2.5em;
   border-style:solid;
   padding:2em}
```

**Abbildung 7.34**
STANZA-Elemente werden mit Leerräumen, Rahmenlinien und Rändern angezeigt.

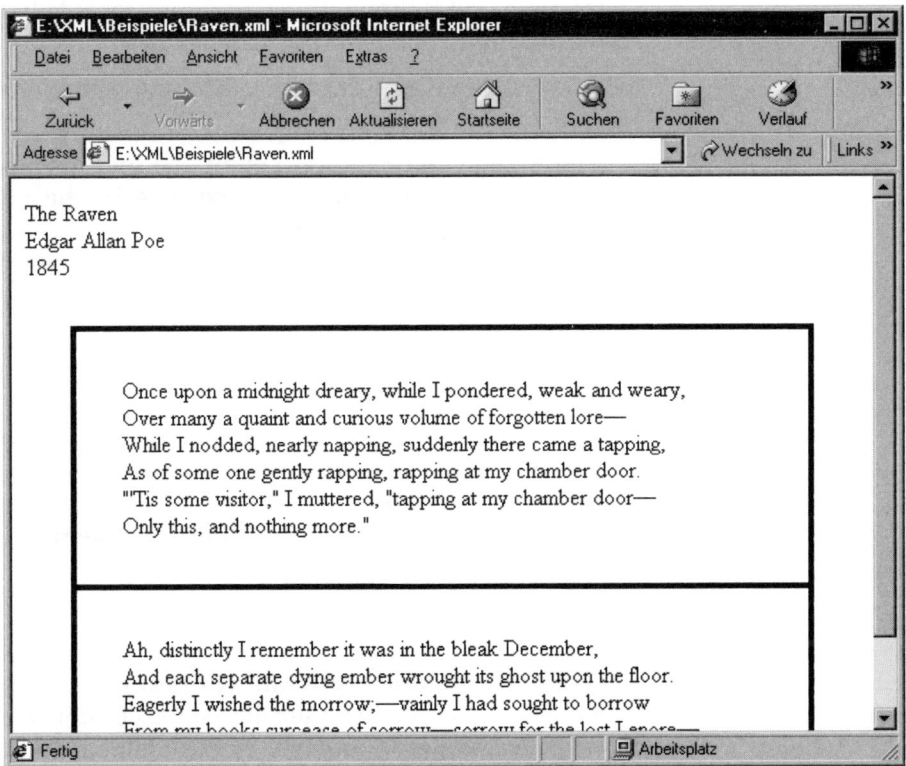

Diese Regel bewirkt, dass STANZA-Elemente mit folgenden Formatierungen angezeigt werden:

- Das Element umgibt ein 2em breiter Leerraum.

- Anschließend an den Leerraum wird eine durchgezogene Rahmenlinie angezeigt.

- Die Rahmenlinien umgibt ein Rand.

Abbildung 7.34 zeigt, wie dieses Dokument im Internet Explorer 5 dargestellt wird.

Wie der Inhaltsbereich des Elements wird auch ein mit *padding*-Eigenschaften eingefügter Leerraum mit der Hintergrundfarbe oder dem Hintergrundbild des Elements versehen. (In Randbereichen ist dagegen der Hintergrund des übergeordneten Elements sichtbar.)

# Die Größeneigenschaften festlegen

Mit den Größeneigenschaften *width* und *height* werden Breite und Höhe des Bereichs festgelegt, der den Inhaltsbereich samt eventuell definierter Leerräume und Rahmenlinien umfasst (siehe Abbildung 7.29 im Abschnitt *Rahmeneigenschaften festlegen*).

Sie können den Eigenschaften *width* und *height* die folgenden Arten von Werten zuweisen:

- **Alle Arten von Größenangaben, die im Einschub *Größenangaben verwenden* weiter vorn in dieser Lektion beschrieben sind.** Mit der folgenden Regel wird z.B. der *width*-Eigenschaft von STANZA-Elementen der Wert 3 Zoll und deren *height*-Eigenschaft der Wert 2 Zoll zugewiesen:

```
STANZA
    {width:3in;
     height:2in}
```

- **Ein Prozentanteil der Breite oder Höhe des übergeordneten Elements.** Mit der folgenden Regel wird z.B. definiert, dass die Werte der Eigenschaften *width* und *height* von STANZA-Elementen jeweils der halben Breite bzw. Höhe des übergeordneten Elements entsprechen:

```
STANZA
    {width:50%;
     height:50%}
```

- **Das Schlüsselwort *auto* (die Vorgabe).** Die Angabe dieses Wertes bewirkt, dass der Browser die Eigenschaften *width* und *height* an die aktuelle Textgröße anpasst. Mit der folgenden Regel wird den Eigenschaften *width* und *height* z.B. der Wert *auto* zugewiesen (was den gleichen Effekt hat, wie wenn man die Eigenschaften *width* und *height* nicht angibt):

```
STANZA
    {width:auto;
     height:auto}
```

Wenn Sie der *width*-Eigenschaft einen so kleinen Wert zuweisen, dass die Textzeilen nicht innerhalb des Inhaltsbereichs angezeigt werden können, dann umbricht der Browser den Text. Falls die *height*-Eigenschaft allerdings eine Einstellung aufweist, die nicht die Anzeige sämtlicher Textzeilen erlaubt, dann vergrößert der Browser die *height*-Einstellung entsprechend der Textlänge, so als wäre die *height*-Eigenschaft mit dem Wert *auto* definiert worden.

Wenn Sie die folgende Regel zum Beispiel in das Stylesheet aus Listing 7.5 aufnehmen, dann zeigt der Browser das XML-Dokument aus Listing 7.6 (mit dem dieses Stylesheet verknüpft ist) wie in Abbildung 7.35 dargestellt an:

```
STANZA
    {border-style:solid;
     width:2.5in;
     height:1in}
```

**Abbildung 7.35**
Die Höhe und die Breite der STANZA-Elemente wurden mit den Eigenschaften *width* und *height* festgelegt.

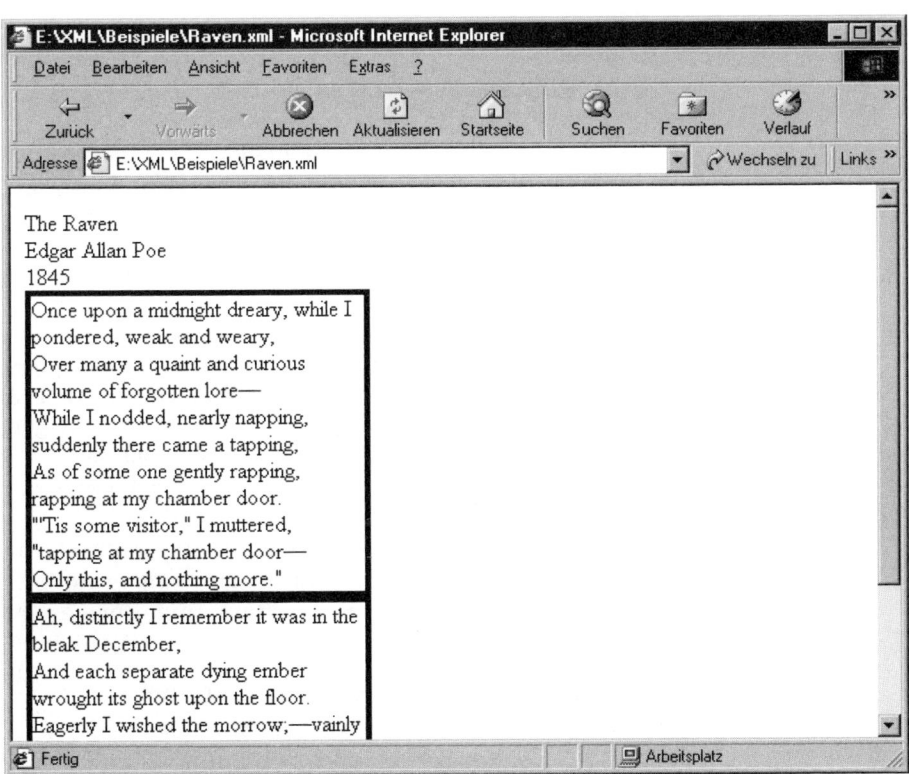

211

Beachten Sie, dass der Text umbrochen wird, damit er innerhalb des 2,5 Zoll breiten Bereichs angezeigt werden kann, und dass die Höhe das durch die *height*-Eigenschaft definierte Maß von 1 Zoll weit überschreitet, sodass der gesamte Textinhalt dargestellt werden kann.

# Die Positionseigenschaften festlegen

Mit den Positionseigenschaften *float* und *clear* lässt sich die Position von *block*-Elementen in Bezug auf den nachfolgenden Dokumenttext festlegen.

## Die float-Eigenschaft festlegen

Gemäß Voreinstellung erstreckt sich der Inhalt von *block*-Elementen über die gesamte Breite des Browserfensters, wobei vorangehender Dokumenttext über dem Element und nachfolgender Dokumenttext unter dem Element angezeigt wird, ähnlich wie bei Absätzen in einem typischen Textverarbeitungsdokument. Sie können die *float*-Eigenschaft jedoch einsetzen, um den Inhalt eines *block*-Elements neben (d.h. rechts oder links von) dem Text des nachfolgenden Elements anzuzeigen.

Der *float*-Eigenschaft kann eines der folgenden Schlüsselwörter zugewiesen werden.

| *float*-Schlüsselwort | Effekt |
| --- | --- |
| *left* | Der Inhalt des Elements wird links neben dem nachfolgenden Dokumenttext angezeigt. |
| *right* | Der Inhalt des Elements wird rechts neben dem nachfolgenden Dokumenttext angezeigt. |
| *none* (Vorgabe) | Die Eigenschaft *float* wird deaktiviert, sodass das Element wie ein normales *block*-Element angezeigt wird. Das heißt, der vorangehende Dokumenttext wird über dem Element und der nachfolgende Dokumenttext wird unter dem Element platziert. |

In den Übungen der beiden folgenden Abschnitte lernen Sie, wie Sie mithilfe der *float*-Eigenschaft einen Hinweis erstellen, der in der Marginalienspalte unverankert neben dem Text eines anderen Elements angezeigt wird.

**Text in der Marginalienspalte erstellen**

❶ Öffnen Sie in Ihrem Texteditor die Stylesheetdatei Raven.css, die in Listing 7.5 abgedruckt ist und sich auf der Begleit-CD befindet.

❷ Ändern Sie das Stylesheet so ab, dass es mit Listing 7.7 übereinstimmt.

Sie haben das ursprüngliche Stylesheet dann um folgende Merkmale ergänzt:

▪ Sie haben die STANZA-Elemente mit einem 1 Zoll breiten linken Rand ausgestattet.

▪ Sie haben das NOTE-Element (das Sie dem Dokument später hinzufügen werden) als Hinweis in der Marginalienspalte formatiert, der im linken Randbereich des ersten STANZA-Elements angezeigt wird. Das NOTE-Element wurde wie folgt formatiert:

  ▪ Es verfügt über eine 1 Pixel breite Rahmenlinie.

  ▪ Sein Text wird zentriert.

  ▪ Die Eigenschaften *width* und *height* haben jeweils den Wert 1 Zoll.

  ▪ Mithilfe der *float*-Eigenschaft wird es links neben dem Text des nachfolgenden Elements platziert.

❸ Speichern Sie das geänderte Stylesheet unter dem Dateinamen Raven01.css.

**Listing 7.5**
Raven01.css

```
/* Dateiname: Raven01.css */

POEM
    {font-size:12pt}

POEM, TITLE, AUTHOR, DATE, NOTE, STANZA, VERSE
    {display:block}

DATE
    {margin-bottom:.25in}

STANZA
    {margin-left:1in;
     margin-bottom:.25in}

NOTE
    {border-style:solid;
     border-width:1px;
     text-align:center;
     width:1in;
     height:1in;
     float:left}
```

❹ Öffnen Sie in Ihrem Texteditor die Dokumentdatei Raven.xml, die in Listing 7.6 abgedruckt ist und sich auf der Begleit-CD befindet.

❺ Bearbeiten Sie in Raven.xml die *xml-stylesheet*-Verarbeitungsanweisung am Dateianfang, sodass sie auf das neu erstellte Stylesheet Raven01.css verweist:

```
<?xml-stylesheet type="text/css" href="Raven01.css"?>
```

❻ Fügen Sie unmittelbar vor dem ersten STANZA-Element in der Datei Raven.xml das folgende neue Element ein:

```
<NOTE>Dies ist ein beweglicher Hinweis im Randbereich.</NOTE>
```

Da Sie dem NOTE-Element die Eigenschaftseinstellung *float:left* zugewiesen haben, wird das Element links neben dem nachfolgenden Dokumenttext angezeigt, d.h. links neben dem ersten STANZA-Element.

❼ Speichern Sie das abgeänderte Dokument unter dem Dateinamen Raven01.xml.

Das komplette Dokument ist in Listing 7.8 abgedruckt. Sie finden zudem eine Kopie dieses Dokuments unter dem Dateinamen Raven01.xml auf der Begleit-CD.

**Listing 7.6**
Raven01.xml

```
<?xml version="1.0"?>

<!-- Dateiname: Raven01.xml -->

<?xml-stylesheet type="text/css" href="Raven01.css"?>

<POEM>

<TITLE>The Raven</TITLE>
<AUTHOR>Edgar Allan Poe</AUTHOR>
<DATE>1845</DATE>

<NOTE>Dies ist ein beweglicher Hinweis im Randbereich.</NOTE>

<STANZA>
    <VERSE>Once upon a midnight dreary, while I pondered,
            weak and weary,</VERSE>
    <VERSE>Over many a quaint and curious volume of
            forgotten lore&#8212;</VERSE>
    <VERSE>While I nodded, nearly napping,
            suddenly there came a tapping,</VERSE>
    <VERSE>As of some one gently rapping,
            rapping at my chamber door.</VERSE>
    <VERSE>"'Tis some visitor," I muttered,
            "tapping at my chamber door&#8212;</VERSE>
    <VERSE>Only this, and nothing more."</VERSE>
</STANZA>
<STANZA>
    <VERSE>Ah, distinctly I remember it was in the
```

```
        bleak December,</VERSE>
    <VERSE>And each separate dying ember wrought its
        ghost upon the floor.</VERSE>
    <VERSE>Eagerly I wished the morrow;&#8212;vainly I had
        sought to borrow</VERSE>
    <VERSE>From my books surcease of sorrow&#8212;sorrow
        for the lost Lenore&#8212;</VERSE>
    <VERSE>For the rare and radiant maiden whom the angels
        name Lenore&#8212;</VERSE>
    <VERSE>Nameless here for evermore.</VERSE>
</STANZA>

</POEM>
```

❽ Öffnen Sie die Datei Raven01.xml im Internet Explorer 5, der sie daraufhin wie in Abbildung 7.36 dargestellt anzeigt.

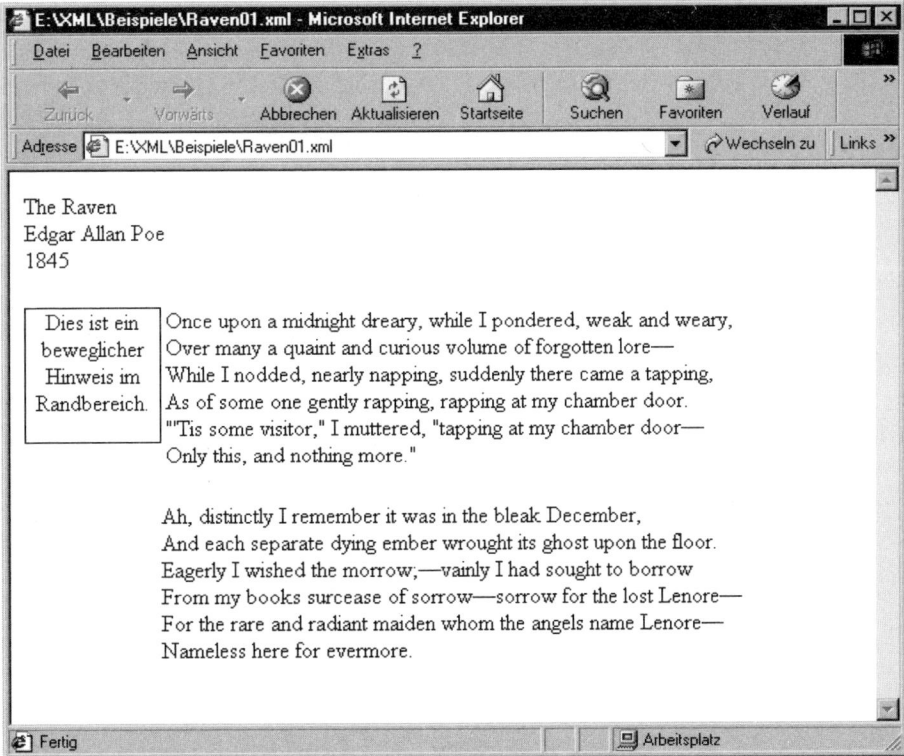

## Ein Bild in der Marginalienspalte anzeigen

❶ Öffnen Sie in Ihrem Texteditor die Stylesheetdatei Raven.css, die in Listing 7.5 abgedruckt ist und sich auf der Begleit-CD befindet.

❷ Ändern Sie das Stylesheet so ab, dass es mit Listing 7.9 übereinstimmt.

Sie fügen dem ursprünglichen Stylesheet die folgende Regel für IMAGE-Elemente hinzu:

```
IMAGE
   {background-image:url(Raven.bmp);
    background-repeat:no-repeat;
    background-position:center;
    width:89px;
    height:58px;
    float:left}
```

IMAGE ist ein leeres Element (das Sie dem XML-Dokument später hinzufügen), das zur Anzeige eines unverankerten Bilds in der Marginalienspalte vorgesehen ist. Das Element enthält keinen Text, aber ihm ist ein Hintergrundbild zugeordnet (mit den ersten drei Eigenschaftseinstellungen der Regel), das statt dessen angezeigt wird.

Sie weisen den Eigenschaften *width* und *height* des Elements die exakte Breite bzw. Höhe des Bilds zu. Da es sich bei dem Bild um eine Bitmap-Datei handelt, ist es wichtig, die Größe in Pixel anzugeben, damit auf jedem Bildschirm und in jedem Grafikmodus das gesamte Bild angezeigt werden kann. Beachten Sie, dass Sie den Eigenschaften *width* und *height* des Elements Werte zuweisen müssen, da das Element sonst die Größe Null hätte, weil es keinen Text enthält, und infolgedessen verborgen werden würde.

Schließlich weisen Sie der *float*-Eigenschaft den Wert *left* zu, damit das Bild links neben dem nachfolgenden Dokumenttext platziert wird.

❸ Speichern Sie das abgeänderte Stylesheet unter dem Dateinamen Raven02.css.

**Listing 7.7**
Raven02.css

```
/* Dateiname: Raven02.css */

POEM
   {font-size:12pt}

POEM, TITLE, AUTHOR, DATE, IMAGE, STANZA, VERSE
   {display:block}

DATE, STANZA
   {margin-bottom:.25in}

IMAGE
   {background-image:url(Raven.bmp);
    background-repeat:no-repeat;
    background-position:center;
    width:89px;
    height:58px;
    float:left}
```

❹ Öffnen Sie in Ihrem Texteditor die Dokumentdatei Raven.xml, die in Listing 7.6 abgedruckt ist und sich auf der Begleit-CD befindet.

❺ Bearbeiten Sie in Raven.xml die *xml-stylesheet*-Verarbeitungsanweisung am Dateianfang, sodass sie auf das neu erstellte Stylesheet Raven02.css verweist:

```
<?xml-stylesheet type="text/css" href="Raven02.css"?>
```

❻ Fügen Sie unmittelbar vor dem ersten STANZA-Element in der Datei Raven.xml das folgende leere IMAGE-Element ein:

```
<IMAGE />
```

Da Sie IMAGE-Elementen im Stylesheet die Eigenschaftseinstellung *float:left* zugewiesen haben, werden diese links neben den einzelnen STANZA-Elementen (die den nachfolgenden Dokumenttext enthalten) angezeigt.

❼ Speichern Sie das abgeänderte Dokument unter dem Dateinamen Raven02.xml.

Das komplette Dokument ist in Listing 7.10 abgedruckt. Sie finden zudem eine Kopie dieses Dokuments unter dem Dateinamen Raven02.xml auf der Begleit-CD.

**Listing 7.8**
Raven02.xml

```
<?xml version="1.0"?>

<!-- Dateiname: Raven02.xml -->

<?xml-stylesheet type="text/css" href="Raven02.css"?>

<POEM>

<TITLE>The Raven</TITLE>
<AUTHOR>Edgar Allan Poe</AUTHOR>
<DATE>1845</DATE>

<IMAGE />
<STANZA>
    <VERSE>Once upon a midnight dreary, while I pondered,
          weak and weary,</VERSE>
    <VERSE>Over many a quaint and curious volume of
          forgotten lore&#8212;</VERSE>
    <VERSE>While I nodded, nearly napping,
          suddenly there came a tapping,</VERSE>
    <VERSE>As of some one gently rapping,
          rapping at my chamber door.</VERSE>
    <VERSE>"'Tis some visitor," I muttered,
          "tapping at my chamber door&#8212;</VERSE>
    <VERSE>Only this, and nothing more."</VERSE>
```

```
</STANZA>
<IMAGE />
<STANZA>
    <VERSE>Ah, distinctly I remember it was in the
            bleak December,</VERSE>
    <VERSE>And each separate dying ember wrought its
            ghost upon the floor.</VERSE>
    <VERSE>Eagerly I wished the morrow;&#8212;vainly I had
            sought to borrow</VERSE>
    <VERSE>From my books surcease of sorrow&#8212;sorrow
            for the lost Lenore&#8212;</VERSE>
    <VERSE>For the rare and radiant maiden whom the angels
            name Lenore&#8212;</VERSE>
    <VERSE>Nameless here for evermore.</VERSE>
</STANZA>

</POEM>
```

**❽** Öffnen Sie die Datei Raven02.xml im Internet Explorer 5, der sie daraufhin wie in Abbildung 7.37 dargestellt anzeigt:

**Abbildung 7.37**
Darstellung der Datei
Raven02.xml im
Internet Explorer 5

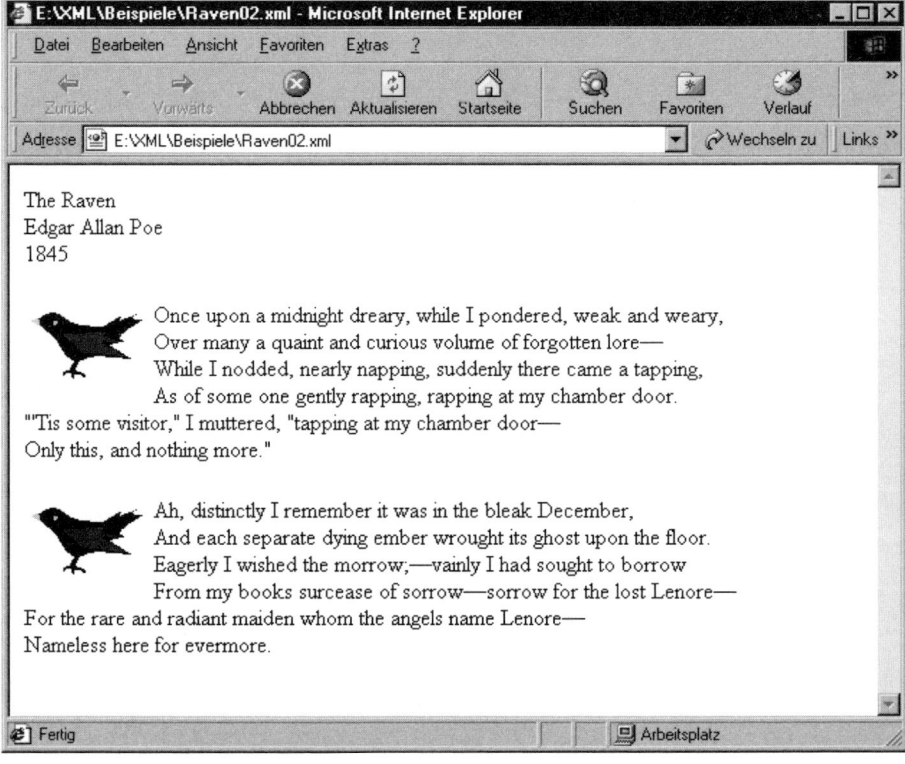

## Die clear-Eigenschaft festlegen

Gemäß Voreinstellung werden Elemente, deren *float*-Eigenschaft die Einstellung *left* oder *right* aufweist, links oder rechts neben dem nachfolgenden Dokumenttext angezeigt. Mit der *clear*-Eigenschaft eines Elements lässt sich jedoch verhindern, dass ein *float*-Element neben ihm angezeigt wird.

Sie können der *clear*-Eigenschaft eines Elements eines der folgenden vier Schlüsselwörter zuweisen.

| *clear*-Schlüsselwort | Effekt |
|---|---|
| *left* | Das Element wird unter – statt neben – dem vorangehenden *float*-Element angezeigt, das über die Eigenschaftseinstellung *float:left* verfügt. |
| *right* | Das Element wird unter – statt neben – dem vorangehenden *float*-Element angezeigt, das über die Eigenschaftseinstellung *float:right* verfügt. |
| *both* | Das Element wird unter – statt neben – dem vorangehenden *float*-Element angezeigt, das über die Eigenschaftseinstellung *float:left* oder *float:right* verfügt. |
| *none* (Vorgabe) | Das Element wird neben dem vorangehenden *float*-Element angezeigt. |

Wenn Sie z.B. die folgende Regel dem Stylesheet aus Listing 7.9 hinzufügen, dann werden die STANZA-Elemente *unter* und nicht neben den vorangehenden IMAGE-Elementen angezeigt (siehe Abbildung 7.38):

```
STANZA
    {clear:left}
```

# Pseudo-Elemente verwenden (nur Internet Explorer 5.5)

Wenn Sie ein XML-Dokument im Internet Explorer 5.5 anzeigen möchten, dann können Sie eine Regel definieren, die nur für den Anfangsbuchstaben eines *block*-Elements gilt, indem Sie dem Elementnamen im Selektor *:first-letter* hinzufügen. Ebenso können Sie eine Regel festlegen, die nur für die erste Zeile eines *block*-Elements gilt, indem Sie an den Elementnamen im Selektor *:first-line* anhängen. Mit diesen Ausdrücken wird ein so genanntes *Pseudo-Element* erstellt. Mit dem Begriff „Pseudo" wird zum Ausdruck gebracht, dass die Regel einen Textblock betrifft, der kein eigenes Element darstellt.

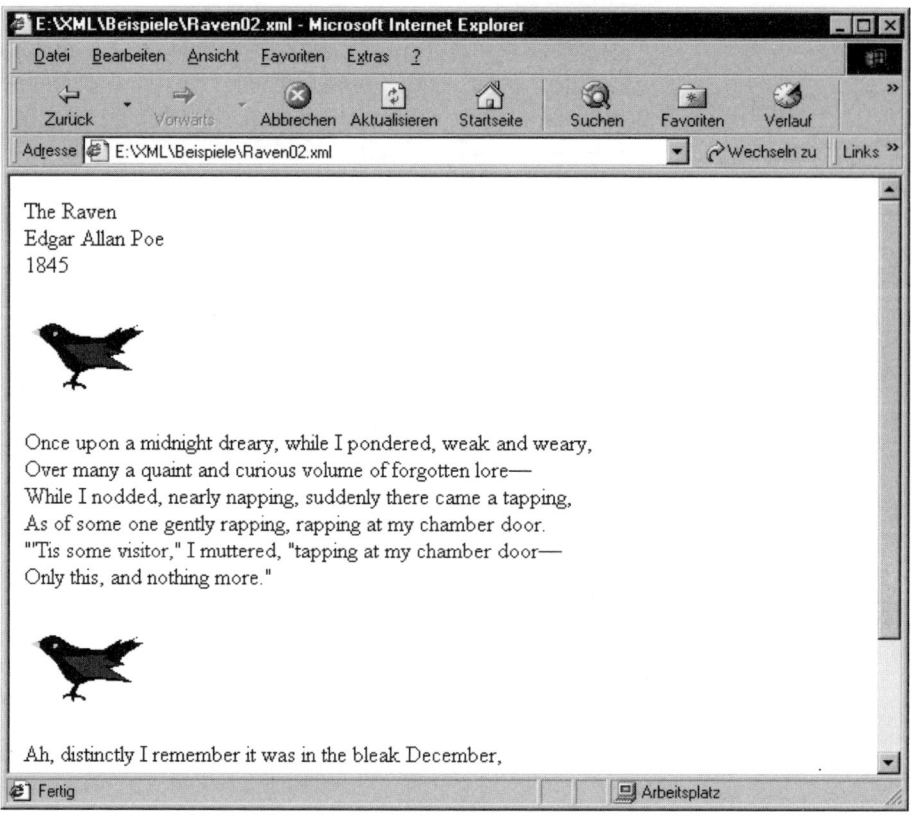

Falls ein XML-Dokument z.B. einige PARAGRAPH-Elemente enthält,
dann werden mit folgender Regel die Anfangsbuchstaben dieser Elemente in einer größeren Schriftart und die erste Zeile jeweils in Großbuchstaben dargestellt:

```
PARAGRAPH
    {display:block;
     font-size:small}

PARAGRAPH:first-letter
    {font-size:large}

PARAGRAPH:first-line
    {text-transform:uppercase}
```

Abbildung 7.39 zeigt, wie Internet Explorer 5.5 dieses PARAGRAPH-Ele-
ment anzeigt.

(Das Zitat stammt aus der Originalfassung des Romans *Moby-Dick* von
Herman Melville.)

**Abbildung 7.39**
Der Anfangsbuch-
stabe und die erste
Zeile des PARA-
GRAPH-Elements
werden besonders
formatiert.

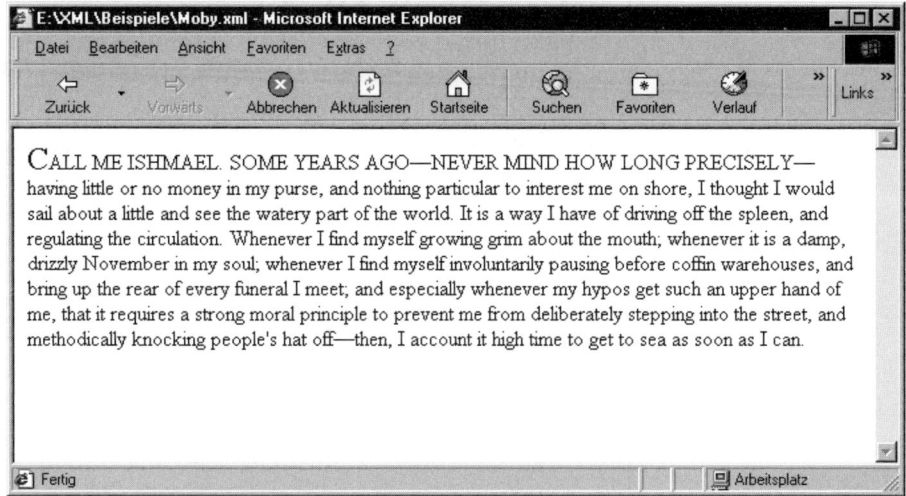

# HTML-Elemente in XML-Dokumente einfügen und Namespaces verwenden

Obwohl man mit CSS-Stylesheets die XML-Elemente in Dokumenten mit grundlegenden Formatierungen versehen kann, wäre es doch schön, wenn man übliche HTML-Elemente, wie z.B. Hyperlinks, Grafiken und Formulare, in das Dokument aufnehmen und auf diese Weise deren Funktionalität nutzen könnte. Glücklicherweise können Sie beliebige HTML-Standardelemente in XML-Dokumente einfügen und über spezielle, für diesen Zweck reservierte Elementnamen darauf Bezug nehmen, wenn Sie die Dokumente mithilfe eines verknüpften CSS-Stylesheets anzeigen.

Sie nehmen vielleicht an, man könnte ein HTML-Element einfügen, indem man ein gleichnamiges XML-Element erstellt. Es mag daher plausibel erscheinen, dass man wie im folgenden Beispiel ein XML-Element namens IMG definiert, wenn man ein HTML-Element vom Typ IMG in ein XML-Dokument aufnehmen möchte:

```
<IMG SRC="Raven.bmp" />
```

Der Browser kann aber nicht wissen, dass es sich um ein HTML-Element statt um ein gewöhnliches, vom Benutzer erfundenes XML-Element handelt. Damit ein derartiger Mechanismus funktioniert, müssten alle HTML-Elementnamen (und das sind viele) ausschließlich für das Einfügen von HTML-Elementnamen reserviert werden. Solch eine Regel würde jedoch gegen den Geist von XML verstoßen, da es zulässig sein soll, für XML-Elemente beliebige gültige Namen zu wählen.

Man kann jedoch eine XML-Konvention namens *Namespace* nutzen, um Namenskonflikte zu lösen. Zwei verschiedene Elemente können den gleichen Namen haben, sofern sie unterschiedlichen Namespaces angehören.

Die Namespace-Zugehörigkeit wird am Beginn des Elementnamens angegeben und durch einen Doppelpunkt (:) vom übrigen Namen getrennt:

```
my-namespace:MY-ELEMENT
```

Ein Dokument kann ein Element namens *my-namespace:MY-ELEMENT* und ein Element namens MY-ELEMENT enthalten, wobei diese Elemente als unterschiedliche Elemente behandelt werden, da sie verschiedenen Namespaces angehören. Das Element *my-namespace:MY-ELEMENT* gehört zum Namespace *my-namespace*, während das Element MY-ELEMENT dem Standard-Namespace des Dokuments angehört.

Sie können einen Namespace jedoch erst verwenden, nachdem sie ihn deklariert haben. Obwohl Namespace-Deklarationen an mehreren Stellen zulässig sind, ist es am einfachsten, den Namespace innerhalb des Start-Tags des Elements zu deklarieren, in dem Sie ihn verwenden möchten. Die folgende Abbildung 7.40 zeigt beispielsweise, wie der Namespace *my-namespace* deklariert werden kann.

**Abbildung 7.40**
Eine Namespace-Deklaration

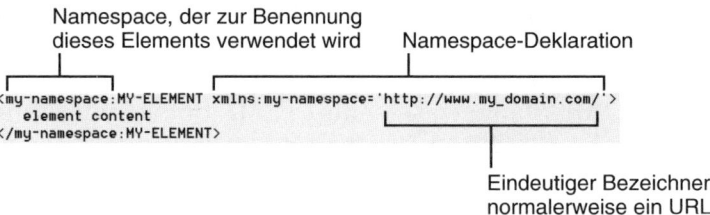

Beachten Sie, dass Sie einen auf diese Weise deklarierten Namespace lediglich innerhalb des Elements, in dem er deklariert worden ist, oder in einem untergeordneten Element dieses Elements verwenden können.

Falls ein XML-Element den gleichen Namen wie ein HTML-Element besitzt (wie z.B. IMG, A oder HR) und es dem Namespace *html* angehört, dann behandelt Internet Explorer 5 es als HTML-Element und fügt dieses HTML-Element in die angezeigte Seite ein. Befindet sich das Element allerdings nicht im Namespace *html*, dann interpretiert Internet Explorer 5 es als normales XML-Element.

Beim Namespace *html* handelt es sich um einen speziellen, reservierten Namespace, der wie folgt deklariert ist:

```
xmlns:html='http://www.w3c.org/TR/REC-html40/'
```

Zur Veranschaulichung folgt ein Beispiel für ein XML-Element, das Internet Explorer 5 veranlasst, ein HTML-Element vom Typ IMG (ein Bild) in das Dokument einzufügen, das die Grafikdatei Raven.bmp anzeigt:

```
<html:IMG xmlns:html='http://www.w3c.org/TR/REC-html40/'
   SRC='Raven.bmp' />
```

Es handelt sich hier um ein wohlgeformtes, leeres XML-Element. Sein Name beinhaltet einen Namespace und es verfügt über zwei Attribute. Das erste Attribut deklariert den Namespace. Beim zweiten Attribut handelt es sich um eines der HTML-Standardattribute, die man im Start-Tag eines HTML-Elements vom Typ IMG angeben kann.

Vergessen Sie nicht, dass man nur dann HTML-Elemente auf die hier beschriebene Weise in ein XML-Dokument einfügen kann, wenn das XML-Dokument mit einem CSS-Stylesheet verknüpft ist (was bei allen XML-Dokumenten dieser Lektion der Fall ist).

Sie finden die offizielle Namespace-Spezifikation auf der W3C-Webseite *http://www.w3.org/TR/REC-xml-names/*.

## Beispiel

Die Version des XML-Dokuments, die Sie in Listing 7.11 sehen (und die Sie zudem unter dem Dateinamen Raven03.xml auf der Begleit-CD finden), veranschaulicht verschiedene Techniken, HTML-Elemente in ein XML-Dokument aufzunehmen. Beachten Sie, dass dieses Dokument mit der ursprünglichen Version des Stylesheets Raven.css verknüpft ist, das in Listing 7.5 abgedruckt ist und sich auf der Begleit-CD befindet.

Dieses Dokument enthält drei HTML-Elemente:

▪ Mit dem folgenden XML-Element wird ein IMG-Element eingebunden:

```
<html:IMG xmlns:html='http://www.w3c.org/TR/REC-html40/'
   SRC='Raven.bmp' ALIGN='LEFT' />
```

Dieses Element fügt ein HTML-Standardelement vom Typ IMG ein. Das HTML-Attribut ALIGN='LEFT' bewirkt, dass das Bild links neben dem nachfolgenden Dokumenttext angezeigt wird. Dies ist eine Alternative zu der Methode für die Anzeige von Bildern, die weiter vorn im Abschnitt *Ein Bild in der Marginalienspalte anzeigen* beschrieben wurde.

▪ Der Autorenname (der zuvor im AUTHOR-Element gespeichert wurde) wird als Hyperlink dargestellt, indem das folgende XML-Element anstelle des Elements AUTHOR angegeben wird:

```
<html:A xmlns:html='http://www.w3c.org/TR/REC-html40/'
   HREF='http://www.edgar.com'>
   Edgar Allan Poe
</html:A>
```

Dieses Element fügt ein HTML-Standardelement vom Typ A (Anker) ein.

◼ Mit dem folgenden XML-Element werden horizontale Trennlinien eingefügt:

```
<html:HR xmlns:html='http://www.w3.org/TR/REC-html40/' />
```

Dieses Element beinhaltet ein HTML-Standardelement vom Typ HR.

Abbildung 7.41 zeigt, wie Internet Explorer 5 dieses Dokument darstellt.

**Abbildung 7.41**
Darstellung des Dokuments Raven03.xml im Internet Explorer 5

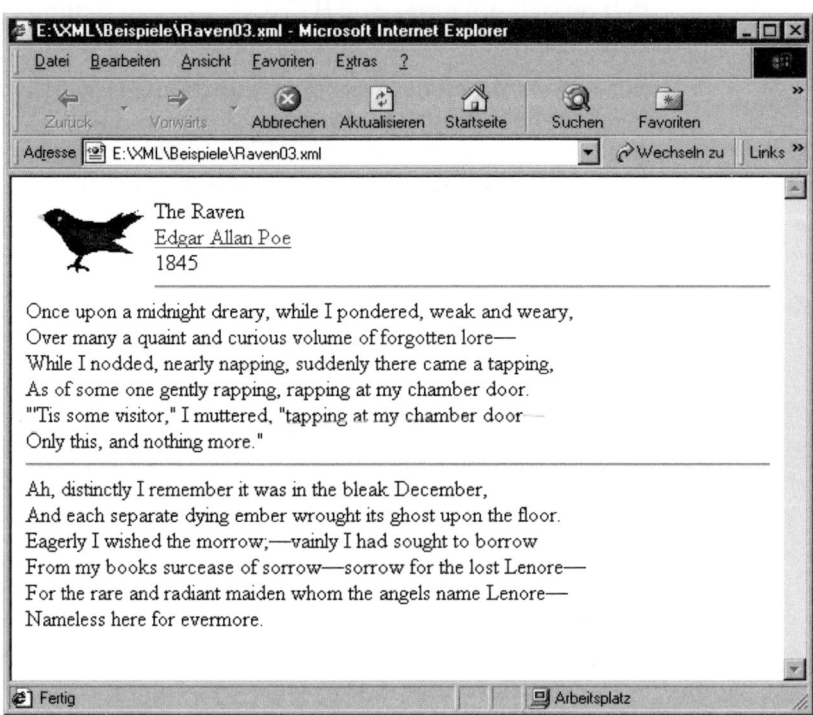

**Listing 7.9**
Raven03.xml

```
<?xml version="1.0"?>

<!-- Dateiname: Raven03.xml -->

<?xml-stylesheet type="text/css" href="Raven.css"?>

<POEM>

<html:IMG xmlns:html='http://www.w3.org/TR/REC-html40/'
    SRC='Raven.bmp' ALIGN='LEFT' />

<TITLE>The Raven</TITLE>
```

```
<html:A xmlns:html='http://www.w3c.org/TR/REC-html40/'
   HREF='http://www.edgar.com'>
   Edgar Allan Poe
</html:A>

<DATE>1845</DATE>

<html:HR xmlns:html='http://www.w3c.org/TR/REC-html40/' />
   <VERSE>Once upon a midnight dreary, while I pondered,
          weak and weary,</VERSE>
   <VERSE>Over many a quaint and curious volume of
          forgotten lore&#8212;</VERSE>
   <VERSE>While I nodded, nearly napping,
          suddenly there came a tapping,</VERSE>
   <VERSE>As of some one gently rapping,
          rapping at my chamber door.</VERSE>
   <VERSE>"'Tis some visitor," I muttered,
          "tapping at my chamber door&#8212;</VERSE>
   <VERSE>Only this, and nothing more."</VERSE>
</STANZA>

<html:HR xmlns:html='http://www.w3c.org/TR/REC-html40/' />

<STANZA>
   <VERSE>Ah, distinctly I remember it was in the
          bleak December,</VERSE>
   <VERSE>And each separate dying ember wrought its
          ghost upon the floor.</VERSE>
   <VERSE>Eagerly I wished the morrow;&#8212;vainly I had
          sought to borrow</VERSE>
   <VERSE>From my books surcease of sorrow&#8212;sorrow
          for the lost Lenore&#8212;</VERSE>
   <VERSE>For the rare and radiant maiden whom the angels
          name Lenore&#8212;</VERSE>
   <VERSE>Nameless here for evermore.</VERSE>
</STANZA>

</POEM>
```

# Ein CSS-Stylesheet erstellen und verwenden

In den folgenden Übungen erstellen Sie ein XML-Dokument, das die
ersten vier Strophen von „The Raven" enthält. Anschließend legen Sie
ein Stylesheet an, das dieses Dokument mit umfangreichen Formatierungen ausstattet. Sie werden hierbei fast alle Eigenschaften einsetzen,
die in dieser Lektion besprochen wurden. Abbildung 7.42 zeigt, wie das
Gedicht dann in Internet Explorer 5 aussieht.

**Abbildung 7.42**
Das aufwändig formatierte Gedicht

## Das Dokument erstellen

❶ Öffnen Sie in Ihrem Texteditor eine neue, leere Textdatei und geben Sie das in Listing 7.12 abgedruckte XML-Dokument ein. (Sie finden eine Kopie dieses Listings unter dem Dateinamen Raven04.xml auf der Begleit-CD.)

Beachten Sie die folgenden wichtigen Merkmale von Raven04.xml:

▪ Das Dokument wird mit dem CSS-Stylesheet Raven04.css verknüpft, das Sie in der nächsten Übung erstellen werden.

▪ Unmittelbar vor jedem STANZA-Element befindet sich ein leeres IMAGE-Element. Sie verwenden diese IMAGE-Elemente, um neben jeder Strophe das Bild eines Raben anzuzeigen.

▪ Der letzte Vers jeder Strophe wird in ein spezielles Element namens LASTVERSE eingefügt. Dies ermöglicht es, den letzten Vers anders als die anderen Verse zu formatieren. (Der Vers wird rechtsbündig statt linksbündig ausgerichtet.)

❷ Speichern Sie das Dokument mithilfe des Befehls *Speichern* Ihres Text-editors unter Raven04.xml auf der Festplatte.

**Listing 7.10**
Raven04.xml

```
<?xml version="1.0"?>

<!-- Dateiname: Raven04.xml -->

<?xml-stylesheet type="text/css" href="Raven04.css"?>

<POEM>
<TITLE>The Raven</TITLE>
<AUTHOR>
    Edgar Allan Poe
    <AUTHOR-BIO>
        Edgar Allan Poe was an American writer who lived
        from 1809 to 1849.</AUTHOR-BIO>
</AUTHOR>
<DATE>1845</DATE>
<IMAGE/>
<STANZA>
    <VERSE>Once upon a midnight dreary, while I pondered,
            weak and weary,</VERSE>
    <VERSE>Over many a quaint and curious volume of
            forgotten lore&#8212;</VERSE>
    <VERSE>While I nodded, nearly napping,
            suddenly there came a tapping,</VERSE>
    <VERSE>As of some one gently rapping,
            rapping at my chamber door.</VERSE>
    <VERSE>"'Tis some visitor," I muttered,
            "tapping at my chamber door&#8212;</VERSE>
    <LASTVERSE>Only this, and nothing more."</LASTVERSE>
</STANZA>
<IMAGE/>
<STANZA>
    <VERSE>Ah, distinctly I remember it was in the
            bleak December,</VERSE>
    <VERSE>And each separate dying ember wrought its
            ghost upon the floor.</VERSE>
    <VERSE>Eagerly I wished the morrow;&#8212;vainly I had
            sought to borrow</VERSE>
    <VERSE>From my books surcease of sorrow&#8212;sorrow
            for the lost Lenore&#8212;</VERSE>
    <VERSE>For the rare and radiant maiden whom the angels
            name Lenore&#8212;</VERSE>
    <LASTVERSE>Nameless here for evermore.</LASTVERSE>
</STANZA>
<IMAGE/>
<STANZA>
    <VERSE>And the silken sad uncertain rustling
```

```
                    of each purple curtain</VERSE>
      <VERSE>Thrilled me&#8212;filled me with fantastic
            terrors never felt before;</VERSE>
      <VERSE>So that now, to still the beating of my heart,
            I stood repeating:</VERSE>
      <VERSE>"'Tis some visitor entreating entrance at
            my chamber door&#8212;</VERSE>
      <VERSE>Some late visitor entreating entrance
            at my chamber door;</VERSE>
      <LASTVERSE>This it is, and nothing more."</LASTVERSE>
   </STANZA>
   <IMAGE/>
   <STANZA>
      <VERSE>Presently my soul grew stronger;
            hesitating then no longer,</VERSE>
      <VERSE>"Sir," said I, "or Madam, truly your
            forgiveness I implore;</VERSE>
      <VERSE>But the fact is I was napping, and so
            gently you came rapping,</VERSE>
      <VERSE>And so faintly you came tapping,
            tapping at my chamber door,</VERSE>
      <VERSE>That I scarce was sure I heard you"&#8212;here
            I opened wide the door;&#8212;</VERSE>
      <LASTVERSE>Darkness there, and nothing more.</LASTVERSE>
   </STANZA>
</POEM>
```

# Das Stylesheet anlegen

❶ Öffnen Sie in Ihrem Texteditor eine neue, leere Textdatei und geben Sie das in Listing 7.13 abgedruckte CSS-Stylesheet ein. (Sie finden eine Kopie dieses Listings unter dem Dateinamen Raven04.css auf der Begleit-CD.)

Zu diesem Stylesheet ist Folgendes anzumerken:

- Das Stylesheet demonstriert fast alle Eigenschaften, die in dieser Lektion besprochen wurden.

- Ich habe alle Techniken, die in diesem Stylesheet verwendet werden, an früherer Stelle in dieser Lektion erläutert.

- Die Grafikdatei (RavShade.bmp), die in den IMAGE-Elementen angezeigt wird, unterscheidet sich von der Grafikdatei aus den vorherigen Versionen des Dokuments Raven.xml nur durch einen schattierten Hintergrund, der die gleiche Hintergrundfarbe wie das POEM-Element aufweist.

- Das Stylesheet verbirgt den Inhalt des AUTHOR-BIO-Elements, indem es dessen *display*-Eigenschaft den Wert *none* zuweist.

❷ Speichern Sie das Dokument mithilfe des Befehls *Speichern* Ihres Text-editors unter Raven04.css auf der Festplatte.

**Listing 7.11**
Raven04.css

```
/* Dateiname: Raven04.css */

POEM
    {font-size:12pt;
     width:5.5in;
     padding:1em;
     border-width:1px;
     background-color:rgb(225,225,225)}

POEM, TITLE, AUTHOR, DATE, STANZA
    {display:block;
     margin-bottom:1em}

AUTHOR-BIO
    {display:none}

TITLE, AUTHOR, DATE
    {font-family:Arial,sans-serif;
     text-align:center}

DATE
    {font-style:italic}

TITLE
    {font-size:16pt;
     font-weight:bold;
     letter-spacing:.25em}
IMAGE
    {background-image:url(RavShade.bmp);
     background-repeat:no-repeat;
     background-position:center;
     width:89px;
     height:58px;
     float:left}

STANZA
    {color:navy;
     line-height:1.25em}

VERSE
    {display:block}

LASTVERSE
    {display:block;
     text-align:right}
```

❸ Zeigen Sie das Dokument an, indem Sie die Datei Raven04.xml in den Internet Explorer 5 laden, indem Sie im Windows Explorer auf den Dateinamen doppelklicken (siehe Abbildung 7.43).

**Abbildung 7.43**
Darstellung der Datei
Raven04.xml im Windows Explorer

 Raven04.xml

# 8 XML-Dokumente mithilfe der Datenbindung anzeigen

Die Datenbindung ist die erste Technik, die Sie kennen lernen, um ein XML-Dokument aus einer herkömmlichen HTML-Seite heraus anzuzeigen. Die Anzeige von XML-Dokumenten über HTML-Seiten bietet Ihnen die Vorteile beider Umgebungen: Sie können Daten in einem XML-Dokument speichern und dessen flexible Syntax zur Strukturierung der Daten und zur Benennung der einzelnen Informationseinheiten nutzen und überdies von den eingeführten Formatierungsfunktionen und der dynamischen Programmierbarkeit von HTML profitieren.

Datenbindung bedeutet, dass Sie ein XML-Dokument mit einer HTML-Seite verknüpfen und dann HTML-Standardelemente, wie z. B. SPAN- oder TABLE-Elemente, an einzelne XML-Elemente binden. Die HTML-Elemente zeigen daraufhin automatisch den Inhalt der XML-Elemente an, an die sie gebunden sind.

Ähnlich wie die verwandten Techniken, die in dieser Lektion vorgestellt werden, kann die Datenbindung nur mit symmetrisch strukturierten XML-Dokumenten eingesetzt werden, wie etwa einer Datenbank, also Dokumenten, dessen Elemente als Menge von Datensätzen und Feldern interpretiert werden können. Ein solches Dokument besteht zumindest aus einem Wurzelelement, das eine Reihe von Elementen desselben Typs enthält (die Datensätze), die wiederum die gleiche Menge von untergeordneten Elementen mit Zeichendaten enthalten (die Felder). Ein Beispiel hierfür ist das Dokument Inventory.xml, das in Listing 8.1 abgedruckt ist, in dem die BOOK-Elemente als Datensätze und die innerhalb der einzelnen BOOK-Elemente verschachtelten Elemente (TITLE, AUTHOR usw.) als Felder interpretiert werden können. Weiter hinten in dieser Lektion erfahren Sie mehr über die Dokumentstrukturen, die sich für die Datenbindung eignen. Bei Dokumenten, die sich nicht zur Datenbindung eignen, setzen Sie die Scripting-Techniken ein, die in Lektion 9 vorgestellt werden.

In dieser Lektion verschaffen Sie sich zuerst einen Überblick über die beiden Hauptschritte der Datenbindung. Sie lernen im Einzelnen, wie Sie das XML-Dokument an die HTML-Seite binden (der erste Hauptschritt) und wie Sie HTML-Elemente an XML-Elemente und Attribute binden (der zweite Hauptschritt). Schließlich erfahren Sie, wie Sie eine Webseite mit Skripts programmieren, die die gleichen Programmierobjekte einsetzen, die der Datenbindung zu Grunde liegen (nämlich das Datenquellenobjekt, auch DSO (Data Source Object) genannt). Sie können diese Skripts in Verbindung mit der Datenbindung verwenden oder unabhängig davon.

In Lektion 9 lernen Sie eine vollkommen andere Möglichkeit kennen, aus einer HTML-Seite heraus auf ein XML-Dokument zuzugreifen, dieses handzuhaben und anzuzeigen. Die dort beschriebenen Techniken werden Sie in die Lage versetzen, die gesamte logische Struktur eines XML-Dokuments darzustellen und zu durchsuchen. Zudem sind diese Techniken mit jeder Art von XML-Dokument einsetzbar.

Weitere Information zur Datenbindung und dem DSO, auf dem diese basiert, finden Sie auf der folgenden Webseite, die vom Microsoft Developer Network (MSDN) bereitgestellt wird: *http://msdn.microsoft.com/xml/xmlguide/xmldso.asp*.

# Grundschritte

Die Datenbindung umfasst zwei Grundschritte:

❶ **Das XML-Dokument mit der HTML-Seite verknüpfen, in der Sie die XML-Daten anzeigen möchten.** Normalerweise geschieht dies, indem ein HTML-Element namens XML in die HTML-Seite aufgenommen wird. Mit dem folgenden Element einer HTML-Seite wird z. B. das XML-Dokument Book.xml mit dieser Seite verknüpft:

```
<XML ID="dsoBook" SRC="Book.xml"></XML>
```

❷ **HTML-Elemente an XML-Elemente binden.** Wenn ein HTML-Element an ein XML-Element gebunden wird, zeigt das HTML-Element automatisch den Inhalt des XML-Elements an. Beispielsweise ist das folgende SPAN-Element einer HTML-Seite an das AUTHOR-Element des verknüpften XML-Dokuments gebunden:

```
<SPAN DATASRC="#dsoBook" DATAFLD="AUTHOR"></SPAN>
```

Infolgedessen wird im HTML-Element SPAN der Inhalt des XML-Elements AUTHOR angezeigt.

Die Grundtechnik der Datenbindung ist wirklich so einfach. Allerdings werden Sie viele Variationen der Art und Weise kennen lernen, in der man sie einsetzen kann. Die folgenden Abschnitte erläutern diese beiden Grundschritte detaillierter.

# Der erste Schritt: Das XML-Dokument mit der HTML-Seite verknüpfen

Um ein XML-Dokument in einer HTML-Seite anzeigen zu können, müssen Sie das Dokument mit der Seite verknüpfen. Die einfachste Möglichkeit, dies mit Microsoft Internet Explorer 5 zu bewerkstelligen, besteht darin, in die Seite ein HTML-Element namens XML, gelegentlich auch *Dateninsel* genannt, aufzunehmen. Sie können eine Dateninsel in zwei Formaten verwenden.

Das erste Format einer Dateninsel umfasst den gesamten Text des XML-Dokuments zwischen dem XML-Start-Tag und dem End-Tag. Das XML-Tag in der folgenden HTML-Seite ist ein Beispiel für dieses Format:

```
<HTML>
<HEAD>
   <TITLE>Buchbeschreibung</TITLE>
</HEAD>

<BODY>

   <XML ID="dsoBook">
      <?xml version="1.0"?>

      <BOOK>
         <TITLE>The Adventures of Huckleberry Finn</TITLE>
         <AUTHOR>Mark Twain</AUTHOR>
         <BINDING>Taschenbuch</BINDING>
         <PAGES>336</PAGES>
         <PRICE>DM 12,75</PRICE>
      </BOOK>
   </XML>

   <!-- andere HTML-Elemente ... -->

</BODY>
</HTML>
```

Beim zweiten Format einer Dateninsel enthält das HTML-Element XML lediglich den URL des XML-Dokuments. Die folgende HTML-Seite ist ein Beispiel für diese Art von Dateninsel:

```
<HTML>
<HEAD>
   <TITLE>Buchbeschreibung</TITLE>
</HEAD>

<BODY>

   <XML ID="dsoBook" SRC="Book.xml"></XML>

   <!-- andere HTML-Elemente ... -->

</BODY>
</HTML>
```

Im obigen Beispiel ist der Text des XML-Dokuments in einer eigenen Datei namens Book.xml enthalten:

```
<?xml version="1.0"?>

<!-- Dateiname: Book.xml -->

<BOOK>
    <TITLE>The Adventures of Huckleberry Finn</TITLE>
    <AUTHOR>Mark Twain</AUTHOR>
    <BINDING>Taschenbuch</BINDING>
    <PAGES>336</PAGES>
    <PRICE>DM 12,75</PRICE>
</BOOK>
```

Das zweite Format des HTML-Tags XML entspricht eher der XML-Grundphilosophie, die eigentlichen Daten (das XML-Dokument) von den Formatierungs- und Verarbeitungsinformationen (das Stylesheet oder wie in diesem Kapitel die HTML-Seite) getrennt zu halten. Das zweite Format erleichtert es insbesondere, das XML-Dokument zu pflegen, besonders wenn es sich um ein Dokument handelt, das in mehreren verschiedenen HTML-Seiten angezeigt wird. Aus diesem Grund wird in den Beispielen dieses Buches das zweite Format verwendet.

Denken Sie daran, dass das Element namens XML, das zur Erstellung einer Dateninsel verwendet wird, selbst kein XML-Element ist. Es handelt sich statt dessen um ein HTML-Element, das XML-Elemente enthält. Daher ist die XML-Syntax für ein leeres Element, *<XML ID="dsoBook" SRC="Book.xml" />*, nicht zulässig.

Sie sollten dem ID-Attribut des XML-Tags einen eindeutigen Bezeichner zuweisen, über den Sie aus der HTML-Seite auf das XML-Dokument zugreifen. (Im obigen Beispiel habe ich dem Attribut ID den Wert „*dso-Book*" zugewiesen.)

Im zweiten Format des XML-Tags weisen Sie dem SRC-Attribut den URL der Datei zu, die die XML-Daten enthält. Sie können wie im folgenden Beispiel einen voll qualifizierten URL angeben:

```
<XML ID="dsoBook" SRC="http://www.my_domain.com/documents/Book.xml">
</XML>
```

Gebräuchlicher ist es jedoch, einen relativen URL zu verwenden, der den Speicherort in Bezug auf den Speicherort der HTML-Datei, die die Dateninsel enthält, angibt. Beispielsweise geht aus dem SRC-Attribut des folgenden XML-Tags hervor, dass sich die Datei Book.xml im gleichen Ordner wie die HTML-Seite befindet:

```
<XML ID="dsoBook" SRC="Book.xml"></XML>
```

Relative URLs sind gebräuchlicher, da das XML-Dokument in der Regel im gleichen Ordner wie die HTML-Seite oder in einem Unterordner dieses Ordners enthalten ist.

# Wie die XML-Daten gespeichert werden

Wenn die HTML-Seite im Internet Explorer 5 geöffnet wird, liest und analysiert dessen integrierter XML-Prozessor das XML-Dokument. Internet Explorer 5 erstellt zudem ein Programmierobjekt, das als DSO (Data Source Object oder Datenquellenobjekt) bezeichnet wird, in dem die XML-Daten *zwischengespeichert* werden und das Zugriff auf diese Daten gewährt. Das DSO speichert die XML-Daten als Datensatzmenge (engl. Recordset), d.h. als Auflistung von Datensätzen und deren Feldern. Wenn Sie beispielsweise das Dokument Inventory.xml (das in Listing 8.1 abgedruckt ist) über ein XML-Tag in eine HTML-Seite aufnehmen, dann würde das DSO jedes BOOK-Element als Datensatz und jedes der im BOOK-Element enthaltenen untergeordneten Elemente (TITLE, AUTHOR usw.) als Feld speichern.

Wenn Sie ein HTML-Element an ein XML-Element binden, stellt das DSO automatisch den Wert des XML-Elements bereit und wickelt alle Details ab. Das DSO ermöglicht Ihnen zudem, über eine Reihe von Methoden, Eigenschaften und Ereignissen direkt auf die gespeicherte Datensatzmenge zuzugreifen und diese zu bearbeiten. *Methoden* sind Funktionen, die Sie aus der Seite heraus aufrufen können, um auf die Datensatzmenge zuzugreifen und sie zu ändern. (Beispielsweise können Sie mithilfe von Methoden die Datensatzmenge durchsuchen.) Bei *Eigenschaften* handelt es sich um Einstellungen, die Sie aus der Seite heraus lesen und in manchen Fällen auch ändern können. (Sie können z.B. eine Eigenschaft lesen, die Ihnen darüber Aufschluss gibt, ob der letzte Datensatz erreicht wurde.) *Ereignisse* sind Geschehnisse (wie etwas das Ändern eines Wertes), auf die Sie mithilfe einer Skriptfunktion, die Sie in die Seite aufnehmen, reagieren können.

In der Seite repräsentiert der Bezeichner, den Sie dem ID-Attribut des XML-Tags (der Dateninsel) zugewiesen haben, das DSO. (Im Beispiel aus dem vorherigen Abschnitt heißt dieser Bezeichner *dsoBook*.)

# Nach XML-Fehlern suchen

Wie Sie in den vorigen Lektionen erfahren haben, prüft der Browser, ob ein XML-Dokument wohlgeformt ist, wenn Sie dieses Dokument (mit oder ohne Stylesheet) direkt im Internet Explorer 5 öffnen. Falls der Browser Fehler hinsichtlich der Wohlgeformtheit des Dokuments findet, stoppt er die Anzeige des Dokuments und zeigt eine Fehlermeldung an, die Ihnen bei der Fehlerbehebung dienlich sein kann.

Wird ein XML-Dokument über ein XML-Tag in einer HTML-Seite geöffnet, dann überprüft Internet Explorer 5 nicht nur, ob das Dokument wohlgeformt ist, sondern auch dessen Gültigkeit, d.h. ob das Dokument eine Dokumenttyp-Deklaration enthält. Falls das Dokument einen Fehler enthält, zeigt Internet Explorer 5 die XML-Daten einfach nicht an, ohne jedoch eine explizite Fehlermeldung einzublenden.

Wenn Sie eine Beschreibung der im verknüpften XML-Dokument enthaltenen Fehler erhalten möchten, dann können Sie das Dokument mithilfe des Skripts aus dem Abschnitt *Die Gültigkeit eines XML-Dokuments überprüfen* in Lektion 9 auf Gültigkeit und Wohlgeformtheit überprüfen.

# Der zweite Schritt: HTML-Elemente an XML-Elemente binden

Es gibt zwei Grundverfahren, um HTML-Elemente an XML-Elemente zu binden:

- **Tabellendatenbindung.** Hierbei wird ein HTML-Element TABLE an die XML-Daten gebunden, so dass die Tabelle automatisch sämtliche Datensätze anzeigt, die im XML-Dokument enthalten sind.

- **Datenbindung einzelner Datensätze (Datensatzbindung).** Hierbei werden nichttabellarische HTML-Elemente (z.B. SPAN-Elemente) an XML-Elemente gebunden, sodass zu einem gegebenen Zeitpunkt nur jeweils ein Datensatz angezeigt wird.

In den folgenden Abschnitten werden diese beiden Techniken detailliert erläutert.

## Tabellendatenbindung verwenden

Die einfachste Möglichkeit, ein XML-Dokument anzuzeigen, das eine Reihe von Datensätzen enthält (wie z.B. Inventory.xml aus Listing 8.1) besteht darin, ein HTML-Element vom Typ TABLE an die XML-Daten zu binden, sodass die Tabelle automatisch sämtliche Datensätze anzeigt (bzw. jeweils eine Seite mit Datensätzen, falls die seitenweise Anzeige aktiviert ist). Wenn Sie diesen Ansatz wählen, kümmert sich Internet Explorer 5 um alle Details, und Sie brauchen weder Skripts zu schreiben noch Methoden aufzurufen. (Ausgenommen, Sie entscheiden sich für eine seitenweise Anzeige, in welchem Fall Sie einige einfache Methodenaufrufe in die Seite aufnehmen, wie weiter hinten in dieser Lektion beschrieben wird).

Ein XML-Dokument, das wie eine einfache Datensatzmenge strukturiert ist, kann in einer einzigen HTML-Tabelle angezeigt werden. Zur Anzeige eines XML-Dokuments, das eine hierarchische Datensatzmenge (eine komplexere Datensatzstruktur, die weiter hinten in dieser Lektion beschrieben wird) enthält, können Sie verschachtelte HTML-Tabellen verwenden. In den folgenden Abschnitten werden beide Verfahren zur Anzeige von Datensatzmengen erläutert.

## Mithilfe einer HTML-Tabelle eine einfache Datensatzmenge anzeigen

Sie können in einem einzigen HTML-Element vom Typ TABLE ein XML-Dokument anzeigen, dessen Daten wie eine einfache Datensatzmenge strukturiert sind, d.h. ein Dokument, das wie folgt aufgebaut ist:

- Das Wurzelelement enthält eine Reihe von *Datensatzelementen*, die alle den gleichen Typ haben. (In dieser Lektion bezeichne ich Datensatzelemente gelegentlich auch einfach als *Datensätze*.)

- Jedes Datensatzelement enthält die gleiche Menge an *Feldelementen*. (In dieser Lektion bezeichne ich Feldelemente gelegentlich auch einfach als *Felder*.)

- Jedes Feldelement enthält ausschließlich Zeichendaten. (Falls ein untergeordnetes Element eines Datensatzelements selbst eines oder mehrere untergeordnete Elemente enthält, betrachtet das DSO dieses Element als verschachtelten Datensatz und nicht als Feld. Wie man verschachtelte Datensätze anzeigt, erfahren Sie im Abschnitt *Mithilfe einer verschachtelten Tabelle eine hierarchische Datensatzmenge anzeigen* weiter hinten in dieser Lektion.)

Das Dokument Inventory.xml, das in früheren Lektionen vorgestellt wurde und in Listing 8.1 nochmals abgedruckt ist, stellt ein Beispiel für solch ein XML-Dokument dar. (Sie finden eine Kopie dieser Datei auf der Begleit-CD.) In diesem Dokument enthält das Wurzeldokument (INVENTORY) eine Menge von acht Datensatzelementen (BOOK-Elementen) und jedes Datensatzelement umfasst die gleiche Menge von Feldelementen mit Zeichendaten (TITLE, AUTHOR, BINDING, PAGES und PRICE).

**Listing 8.1**
Inventory.xml

```
<?xml version="1.0"?>

<!-- Dateiname: Inventory.xml -->

<INVENTORY>
    <BOOK>
        <TITLE>The Adventures of Huckleberry Finn</TITLE>
        <AUTHOR>Mark Twain</AUTHOR>
        <BINDING>Taschenbuch</BINDING>
        <PAGES>336</PAGES>
        <PRICE>DM 12,75</PRICE>
    </BOOK>
    <BOOK>
        <TITLE>Leaves of Grass</TITLE>
```

```
            <AUTHOR>Walt Whitman</AUTHOR>
            <BINDING>Gebundene Ausgabe</BINDING>
            <PAGES>462</PAGES>
            <PRICE>DM 25,00</PRICE>
        </BOOK>
        <BOOK>
            <TITLE>The Legend of Sleepy Hollow</TITLE>
            <AUTHOR>Washington Irving</AUTHOR>
            <BINDING>Taschenbuch</BINDING>
            <PAGES>98</PAGES>
            <PRICE>DM 4,95</PRICE>
        </BOOK>
        <BOOK>
            <TITLE>Der Graf von Monte Christo</TITLE>
            <AUTHOR>Alexandre Dumas</AUTHOR>
            <BINDING>Taschenbuch</BINDING>
            <PAGES>760</PAGES>
            <PRICE>DM 38,00</PRICE>
        </BOOK>
        <BOOK>
            <TITLE>Moby-Dick</TITLE>
            <AUTHOR>Herman Melville</AUTHOR>
            <BINDING>Gebundene Ausgabe</BINDING>
            <PAGES>724</PAGES>
            <PRICE>DM 44,00</PRICE>
        </BOOK>
        <BOOK>
            <TITLE>In der Strafkolonie</TITLE>
            <AUTHOR>Franz Kafka</AUTHOR>
            <BINDING>Taschenbuch</BINDING>
            <PAGES>125</PAGES>
            <PRICE>DM 17,80</PRICE>
        </BOOK>
        <BOOK>
            <TITLE>The Scarlet Letter</TITLE>
            <AUTHOR>Nathaniel Hawthorne</AUTHOR>
            <BINDING>Taschenbuch</BINDING>
            <PAGES>253</PAGES>
            <PRICE>DM 14,25</PRICE>
        </BOOK>
        <BOOK>
            <TITLE>Harry Potter und der Stein der Weisen</TITLE>
            <AUTHOR>Joanne K. Rowling</AUTHOR>
            <BINDING>Gebundene Ausgabe</BINDING>
            <PAGES>335</PAGES>
            <PRICE>DM 26,00</PRICE>
        </BOOK>
</INVENTORY>
```

Wenn Sie die Tabelle an das XML-Dokument binden, werden die Daten der einzelnen Datensatzelemente jeweils in einer eigenen Tabellenzeile angezeigt und die Daten der untergeordneten Feldelemente jeweils in getrennten Tabellenspalten.

Die HTML-Seite aus Listing 8.2 enthält zum Beispiel eine Tabelle, die an die Daten des Dokuments Inventory.xml aus Listing 8.2 gebunden ist. (Sie finden eine Kopie von Listing 8.2 unter dem Dateinamen Inventory Table.htm auf der Begleit-CD.)

**Listing 8.2**
Inventory Table.htm

```
<!-- Dateiname: Inventory Table.htm -->

<HTML>

<HEAD>
   <TITLE>Buchbestand</TITLE>
</HEAD>

<BODY>

   <XML ID="dsoInventory" SRC="Inventory.xml"></XML>

   <H2>Buchbestand</H2>

   <TABLE DATASRC="#dsoInventory" BORDER="1" CELLPADDING="5">
     <THEAD>
       <TH>Titel</TH>
        <TH>Autor</TH>
        <TH>Bindung</TH>
        <TH>Seiten</TH>
        <TH>Preis</TH>
     </THEAD>
     <TR ALIGN="center">
        <TD><SPAN DATAFLD="TITLE"
           STYLE="font-style:italic"></SPAN></TD>
        <TD><SPAN DATAFLD="AUTHOR"></SPAN></TD>
        <TD><SPAN DATAFLD="BINDING"></SPAN></TD>
        <TD><SPAN DATAFLD="PAGES"></SPAN></TD>
        <TD><SPAN DATAFLD="PRICE"></SPAN></TD>
     </TR>
   </TABLE>

</BODY>

</HTML>
```

Das XML-Dokument aus Listing 8.1 wird über ein XML-Tag mit dem ID-Attributwert *dsoInventory* an die HTML-Seite aus Listing 8.2 gebunden:

```
<XML ID="dsoInventory" SRC="Inventory.xml"></XML>
```

239

Das TABLE-Element der Seite wird an das gesamte XML-Dokument gebunden, indem dem *DATASRC*-Attribut des Elements der ID-Attributwert des XML-Tags mit einem vorangestellten Nummernzeichen (#) zugewiesen wird:

```
<TABLE DATASRC="#dsoInventory" BORDER="1" CELLPADDING="5">
```

Die Tabelle ist mit einem Standardtabellenkopf (das THEAD-Element) und einer Tabellenzeile (das TR-Element) definiert. Jede Zelle dieser Zeile (d.h. jedes TD-Element) enthält ein SPAN-Element, das an eines der Felder des XML-Dokuments gebunden ist, sodass es den Inhalt dieses Feldes anzeigt. Die erste Tabellenzelle enthält beispielsweise ein SPAN-Element, das an das TITLE-Feld gebunden ist:

```
<TD><SPAN DATAFLD="TITLE"
    STYLE="font-style:italic"></SPAN></TD>
```

Das SPAN-Element wird an das XML-Feld gebunden, indem dem DATAFLD-Attribut dieses Elements der Feldname (in diesem Beispiel TITLE) zugewiesen wird.

**Abbildung 8.1**
Darstellung der Datei
Inventory Table.htm
im Internet Explorer 5

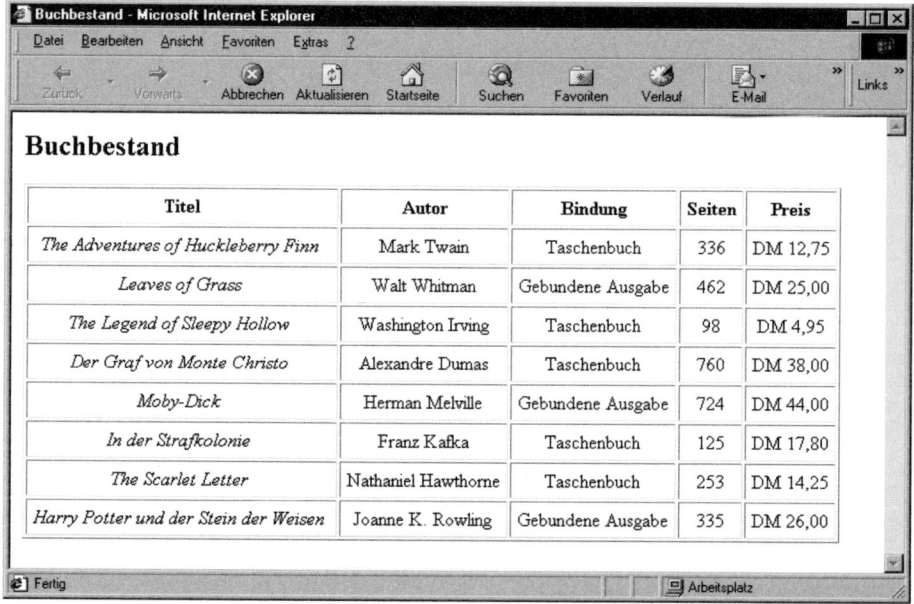

Und so funktioniert die Datenbindung: Obwohl das TABLE-Element nur eine einzige Zeile definiert, wiederholt der Browser bei der Anzeige der Tabelle das Tabellenzeilenelement (TR-Element) für jeden Datensatz des XML-Dokuments. Infolgedessen werden in der ersten Zeile nach der Tabellenüberschrift die Felder (TITLE, AUTHOR usw.) aus dem ersten

Datensatz (dem BOOK-Element für *The Adventures of Huckleberry Finn*) angezeigt. In der nächsten Zeile werden die Felder des zweiten Datensatzes (das BOOK-Element für *Leaves of Grass*) angezeigt etc. Abbildung 8.1 zeigt, wie das Dokument in Internet Explorer 5 dargestellt wird.

Sie fragen sich vielleicht, warum die Tabellenzellen (die TD-Elemente) nicht direkt an die XML-Felder gebunden werden. Dies ist nicht möglich, da das TD-Element kein bindungsfähiges HTML-Element ist. (In Tabelle 8.1 im Abschnitt *Andere Datenbindungstechniken* sind die bindungsfähigen HTML-Elemente aufgeführt.) Aus diesem Grund muss in jedes TD-Element ein bindungsfähiges Element (normalerweise ein SPAN-Element) eingefügt werden.

Weitere Informationen zum Einsatz von HTML und DHTML mit Internet Explorer 5 finden Sie auf der folgenden MSDN-Website: *http://msdn.microsoft.com/workshop/author/default.asp*. Wenn Sie die offizielle HTML-Spezifikation lesen möchten, besuchen Sie die folgende Website des W3C: *http://www.w3.org/TR/REC-html40/*.

### Datensätze seitenweise anzeigen

Falls ein XML-Dokument sehr viele Datensätze enthält, können Sie die Datensätze gruppieren und seitenweise statt in einer riesigen Tabelle anzeigen. Um die seitenweise Anzeige für eine bestimmte gebundene Tabelle zu aktivieren, führen Sie folgende Schritte aus:

❶ Weisen Sie dem DATAPAGESIZE-Attribut des gebundenen TABLE-Elements die maximale Anzahl von Datensätzen zu, die gleichzeitig angezeigt werden soll. Jede *Seite* mit Datensätzen wird dann höchstens die von Ihnen angegebene Zahl von Datensätzen enthalten. Da z.B. im folgenden Start-Tag eines TABLE-Elements dem Attribut DATAPAGESIZE der Wert 5 zugewiesen wird, werden in der Tabelle nicht mehr als fünf Datensätze gleichzeitig angezeigt:

```
<TABLE DATASRC="#dsoInventory" DATAPAGESIZE="5">
```

❷ Weisen Sie dem ID-Attribut des TABLE-Elements, wie im folgenden Start-Tag gezeigt, einen eindeutigen Bezeichner zu:

```
<TABLE ID="InventoryTable" DATASRC="#dsoInventory"
    DATAPAGESIZE="5">
```

❸ Zur Navigation innerhalb der Datensätze rufen Sie die TABLE-Element-methoden aus der folgenden Tabelle auf. Beachten Sie, dass die Beispielaufrufe in der letzten Spalte unterstellen, dass die Tabelle das ID-Attribut *InventoryTable* hat.

| TABLE-Elementmethoden | Wirkung | Beispielaufruf |
|---|---|---|
| *firstPage* | Zeigt die erste Seite mit Datensätzen an. | `InventoryTable.firstPage()` |
| *previousPage* | Zeigt die vorherige Seite mit Datensätzen an. | `InventoryTable.previousPage()` |
| *nextPage* | Zeigt die nächste Seite mit Datensätzen an. | `InventoryTable.nextPage()` |
| *lastPage* | Zeigt die letzte Seite mit Datensätzen an. | `InventoryTable.lastPage()` |

Wird die erste Seite gerade angezeigt, dann werden Aufrufe der Methode *previousPage* ignoriert, und wenn die letzte Seite angezeigt wird, werden Aufrufe der Methode *nextPage* ignoriert.

Sie können jede dieser Methoden aus einem von Ihnen erstellten Skript aufrufen (was weiter hinten in dieser Lektion erläutert wird). Die einfachste Möglichkeit, eine dieser Methoden aufzurufen, besteht jedoch darin, die betreffende Methode dem ONCLICK-Attribut eines HTML-Elements vom Typ BUTTON zuzuweisen, wie es das folgende Beispiel zeigt:

```
<BUTTON ONCLICK="InventoryTable.nextPage()">Nächste Seite</BUTTON>
```

Dieses Element zeigt eine Schaltfläche an. Wenn der Benutzer auf die Schaltfläche klickt, wird die Methode aufgerufen, die dem ONCLICK-Attribut zugeordnet ist, hier also *InventoryTable.nextPage*.

Listing 8.3 und 8.4 veranschaulichen die Techniken für die seitenweise Anzeige. Listing 8.3 enthält eine erweiterte Version des Dokuments Inventory.xml aus Listing 8.1. Listing 8.4 zeigt eine HTML-Seite, die dieses XML-Dokument in einer Tabelle darstellt, dessen *DATAPAGESIZE*-Attribut der Wert „5" zugewiesen wurde. (Sie finden Kopien dieser Listings unter den Dateinamen Inventory Big.xml und Inventory Big Table.htm auf der Begleit-CD.)

Im oberen Bereich der Seite befinden sich vier BUTTON-Elemente, die jeweils eine der TABLE-Elementmethoden ausführen. Wenn Sie die Seite zum ersten Mal öffnen, zeigt die Tabelle fünf Datensätze an. Durch Klicken auf die Schaltfläche *Nächste Seite* werden die nächsten fünf Datensätze angezeigt (bzw. am Tabellenende die Anzahl der verbleibenden Datensätze), und mit der Schaltfläche *Vorherige Seite* werden die vorherigen fünf Datensätze angezeigt (bzw. am Tabellenanfang die ersten fünf Datensätze). Mit den Schaltflächen *Erste Seite* und *Letzte Seite* werden die ersten fünf bzw. die letzten fünf Datensätze eingeblendet. Abbildung 8.2 zeigt, wie die Seite aus Listing 8.4 im Internet Explorer 5 angezeigt wird.

**Abbildung 8.2**
Darstellung der Datei
Inventory Big
Table.htm im Internet
Explorer 5

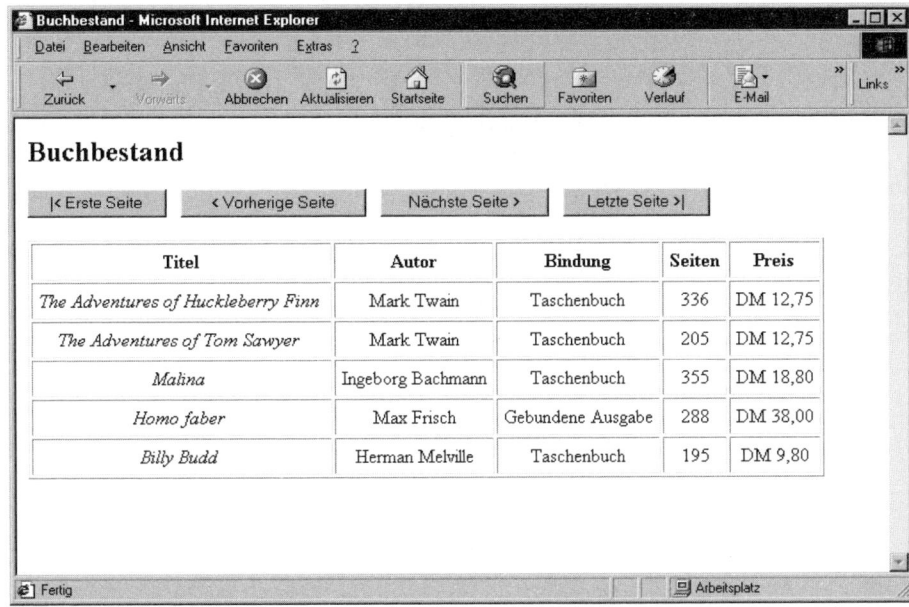

**Listing 8.3**
Inventory Big.xml

```xml
<?xml version="1.0"?>

<!-- Dateiname: Inventory Big.xml -->

<INVENTORY>
   <BOOK>
      <TITLE>The Adventures of Huckleberry Finn</TITLE>
      <AUTHOR>Mark Twain</AUTHOR>
      <BINDING>Taschenbuch</BINDING>
      <PAGES>336</PAGES>
      <PRICE>DM 12,75</PRICE>
   </BOOK>
   <BOOK>
      <TITLE>The Adventures of Tom Sawyer</TITLE>
      <AUTHOR>Mark Twain</AUTHOR>
      <BINDING>Taschenbuch</BINDING>
      <PAGES>205</PAGES>
      <PRICE>DM 12,75</PRICE>
   </BOOK>
```

```
<BOOK>
    <TITLE>Malina</TITLE>
    <AUTHOR>Ingeborg Bachmann</AUTHOR>
    <BINDING>Taschenbuch</BINDING>
    <PAGES>355</PAGES>
    <PRICE>DM 18,80</PRICE>
</BOOK>
<BOOK>
    <TITLE>Homo faber</TITLE>
    <AUTHOR>Max Frisch</AUTHOR>
    <BINDING>Gebundene Ausgabe</BINDING>
    <PAGES>288</PAGES>
    <PRICE>DM 38,00</PRICE>
</BOOK>
<BOOK>
    <TITLE>Billy Budd</TITLE>
    <AUTHOR>Herman Melville</AUTHOR>
    <BINDING>Taschenbuch</BINDING>
    <PAGES>195</PAGES>
    <PRICE>DM 9,80</PRICE>
</BOOK>
<BOOK>
    <TITLE>Die letzten Tage der Menschheit</TITLE>
    <AUTHOR>Karl Kraus</AUTHOR>
    <BINDING>Taschenbuch</BINDING>
    <PAGES>847</PAGES>
    <PRICE>DM 29,80</PRICE>
</BOOK>
<BOOK>
    <TITLE>Die Elenden</TITLE>
    <AUTHOR>Victor Hugo</AUTHOR>
    <BINDING>Taschenbuch</BINDING>
    <PAGES>1684</PAGES>
    <PRICE>DM 38,00</PRICE>
</BOOK>
<BOOK>
    <TITLE>Leaves of Grass</TITLE>
    <AUTHOR>Walt Whitman</AUTHOR>
    <BINDING>Gebundene Ausgabe</BINDING>
    <PAGES>462</PAGES>
    <PRICE>DM 25,00</PRICE>
</BOOK>
<BOOK>
    <TITLE>The Legend of Sleepy Hollow</TITLE>
    <AUTHOR>Washington Irving</AUTHOR>
    <BINDING>Taschenbuch</BINDING>
    <PAGES>98</PAGES>
    <PRICE>DM 4,95</PRICE>
</BOOK>
```

```
<BOOK>
   <TITLE>Der Graf von Monte Christo</TITLE>
   <AUTHOR>Alexandre Dumas</AUTHOR>
   <BINDING>Taschenbuch</BINDING>
   <PAGES>760</PAGES>
   <PRICE>DM 38,00</PRICE>
</BOOK>
<BOOK>
   <TITLE>Moby-Dick</TITLE>
   <AUTHOR>Herman Melville</AUTHOR>
   <BINDING>Gebundene Ausgabe</BINDING>
   <PAGES>724</PAGES>
   <PRICE>DM 44,00</PRICE>
</BOOK>
<BOOK>
   <TITLE>In der Strafkolonie</TITLE>
   <AUTHOR>Franz Kafka</AUTHOR>
   <BINDING>Taschenbuch</BINDING>
   <PAGES>125</PAGES>
   <PRICE>DM 17,80</PRICE>
</BOOK>
<BOOK>
   <TITLE>Der Untertan</TITLE>
   <AUTHOR>Heinrich Mann</AUTHOR>
   <BINDING>Taschenbuch</BINDING>
   <PAGES>493</PAGES>
   <PRICE>DM 16,90</PRICE>
</BOOK>
<BOOK>
   <TITLE>Hundert Jahre Einsamkeit</TITLE>
   <AUTHOR>Gabriel Garcia Marquez</AUTHOR>
   <BINDING>Taschenbuch</BINDING>
   <PAGES>467</PAGES>
   <PRICE>DM 19,90</PRICE>
</BOOK>
<BOOK>
   <TITLE>The Scarlet Letter</TITLE>
   <AUTHOR>Nathaniel Hawthorne</AUTHOR>
   <BINDING>Taschenbuch</BINDING>
   <PAGES>253</PAGES>
   <PRICE>DM 14,25</PRICE>
</BOOK>
<BOOK>
   <TITLE>Harry Potter und der Stein der Weisen</TITLE>
   <AUTHOR>Joanne K. Rowling</AUTHOR>
   <BINDING>Gebundene Ausgabe</BINDING>
   <PAGES>335</PAGES>
   <PRICE>DM 26,00</PRICE>
</BOOK>
</INVENTORY>
```

```
<!-- Dateiname: Inventory Big Table.htm -->

<HTML>

<HEAD>
   <TITLE>Buchbestand</TITLE>
</HEAD>

<BODY>

   <XML ID="dsoInventory" SRC="Inventory Big.xml"></XML>

   <H2>Buchbestand</H2>

   <BUTTON ONCLICK="InventoryTable.firstPage()">
      |&lt; Erste Seite
   </BUTTON>
     
   <BUTTON ONCLICK="InventoryTable.previousPage()">
      &lt; Vorherige Seite
   </BUTTON>
     
   <BUTTON ONCLICK="InventoryTable.nextPage()">
      Nächste Seite &gt;
   </BUTTON>
     
   <BUTTON ONCLICK="InventoryTable.lastPage()">
      Letzte Seite &gt;|
   </BUTTON>
   <p>

   <TABLE ID="InventoryTable" DATASRC="#dsoInventory"
      DATAPAGESIZE="5" BORDER="1" CELLPADDING="5">
      <THEAD>
         <TH>Titel</TH>
         <TH>Autor</TH>
         <TH>Bindung</TH>
         <TH>Seiten</TH>
         <TH>Preis</TH>
      <TR ALIGN="center">
         <TD><SPAN DATAFLD="TITLE"
            STYLE="font-style:italic"></SPAN></TD>
         <TD><SPAN DATAFLD="AUTHOR"></SPAN></TD>
         <TD><SPAN DATAFLD="BINDING"></SPAN></TD>
         <TD><SPAN DATAFLD="PAGES"></SPAN></TD>
         <TD><SPAN DATAFLD="PRICE"></SPAN></TD>
      </TR>
   </TABLE>
```

```
</BODY>

</HTML>
```

## Mithilfe einer verschachtelten Tabelle eine hierarchische Datensatzmenge anzeigen

In den vorherigen Abschnitten haben Sie gelernt, wie man mithilfe einer einzelnen Tabelle ein XML-Dokument anzeigt, das die Struktur einer einfachen Datensatzmenge aufweist, in der jeder Datensatz die gleiche Menge von Feldern umfasst, die jeweils ausschließlich Zeichendaten enthalten. Nun lernen Sie, wie Sie verschachtelte Tabellen einsetzen, um ein XML-Dokument anzuzeigen, dessen Elemente die Struktur einer hierarchischen Datensatzmenge haben.

In einer hierarchischen Datensatzmenge kann jeder Datensatz neben der fixen Menge von Feldern eine variable Anzahl (null oder mehr) von verschachtelten Datensätzen enthalten. Listing 8.5 zeigt ein XML-Beispieldokument, das wie eine hierarchische Datensatzmenge strukturiert ist. (Sie finden eine Kopie dieses Listings unter dem Dateinamen Inventory Hierarchy.xml auf der Begleit-CD.) In diesem Dokument enthält das Wurzelelement (INVENTORY) eine Reihe von CATEGORY-Datensätzen. Jeder CATEGORY-Datensatz beginnt mit einem CATNAME-Feld, das ausschließlich Zeichendaten enthält, und verfügt dann über null oder mehr verschachtelte BOOK-Datensätze. Jedes verschachtelte BOOK-Element umfasst fünf Felder (TITLE, AUTHOR, BINDING, PAGES und PRICE).

**Listing 8.5**
Inventory
Hierarchy.xml

```
<?xml version="1.0"?>

<!-- Dateiname: Inventory Hierarchy.xml -->

<INVENTORY>
   <CATEGORY>
      <CATNAME>Mittelalter</CATNAME>
      <BOOK>
         <TITLE>The Canterbury Tales</TITLE>
         <AUTHOR>Geoffrey Chaucer</AUTHOR>
         <BINDING>Gebundene Ausgabe</BINDING>
         <PAGES>692</PAGES>
         <PRICE>DM 18,95</PRICE>
      </BOOK>
      <BOOK>
         <TITLE>Piers Plowman</TITLE>
         <AUTHOR>William Langland</AUTHOR>
         <BINDING>Taschenbuch</BINDING>
         <PAGES>385</PAGES>
         <PRICE>DM 10,95</PRICE>
      </BOOK>
   </CATEGORY>
```

```
<CATEGORY>
   <CATNAME>Renaissance</CATNAME>
   <BOOK>
      <TITLE>The Blazing World</TITLE>
      <AUTHOR>Margaret Cavendish</AUTHOR>
      <BINDING>Taschenbuch</BINDING>
      <PAGES>225</PAGES>
      <PRICE>DM 7,98</PRICE>
   </BOOK>
   <BOOK>
      <TITLE>Oroonoko</TITLE>
      <AUTHOR>Aphra Behn</AUTHOR>
      <BINDING>Taschenbuch</BINDING>
      <PAGES>295</PAGES>
      <PRICE>DM 4,95</PRICE>
   </BOOK>
   <BOOK>
      <TITLE>Doctor Faustus</TITLE>
      <AUTHOR>Christopher Marlowe</AUTHOR>
      <BINDING>Gebundene Ausgabe</BINDING>
      <PAGES>472</PAGES>
      <PRICE>DM 34,95</PRICE>
   </BOOK>
</CATEGORY>
<CATEGORY>
   <CATNAME>18. Jahrhundert</CATNAME>
   <BOOK>
      <TITLE>Gulliver's Travels</TITLE>
      <AUTHOR>Jonathan Swift</AUTHOR>
      <BINDING>Gebundene Ausgabe</BINDING>
      <PAGES>324</PAGES>
      <PRICE>DM 15,00</PRICE>
   </BOOK>
   <BOOK>
      <TITLE>The History of Tom Jones: A Foundling</TITLE>
      <AUTHOR>Henry Fielding</AUTHOR>
      <BINDING>Gebundene Ausgabe</BINDING>
      <PAGES>438</PAGES>
      <PRICE>$16.95</PRICE>
   </BOOK>
   <BOOK>
      <TITLE>Love in Excess</TITLE>
      <AUTHOR>Eliza Haywood</AUTHOR>
      <BINDING>Taschenbuch</BINDING>
      <PAGES>429</PAGES>
      <PRICE>DM 12,95</PRICE>
   </BOOK>
   <BOOK>
      <TITLE>Tristram Shandy</TITLE>
```

```
            <AUTHOR>Laurence Sterne</AUTHOR>
            <BINDING>Gebundene Ausgabe</BINDING>
            <PAGES>322</PAGES>
            <PRICE>DM 28,00</PRICE>
        </BOOK>
    </CATEGORY>
    <CATEGORY>
        <CATNAME>19. Jahrhundert</CATNAME>
        <BOOK>
            <TITLE>Dracula</TITLE>
            <AUTHOR>Bram Stoker</AUTHOR>
            <BINDING>Gebundene Ausgabe</BINDING>
            <PAGES>395</PAGES>
            <PRICE>DM 25,00</PRICE>
        </BOOK>
        <BOOK>
            <TITLE>Great Expectations</TITLE>
            <AUTHOR>Charles Dickens</AUTHOR>
            <BINDING>Taschenbuch</BINDING>
            <PAGES>639</PAGES>
            <PRICE>DM 8,95</PRICE>
        </BOOK>
        <BOOK>
            <TITLE>Percival Keene</TITLE>
            <AUTHOR>Frederick Marryat</AUTHOR>
            <BINDING>Taschenbuch</BINDING>
            <PAGES>425</PAGES>
            <PRICE>DM 12,00</PRICE>
        </BOOK>
        <BOOK>
            <TITLE>Treasure Island</TITLE>
            <AUTHOR>Robert Louis Stevenson</AUTHOR>
            <BINDING>Taschenbuch</BINDING>
            <PAGES>283</PAGES>
            <PRICE>DM 14,95</PRICE>
        </BOOK>
        <BOOK>
            <TITLE>Wuthering Heights</TITLE>
            <AUTHOR>Emily Bronte</AUTHOR>
            <BINDING>Gebundene Ausgabe</BINDING>
            <PAGES>424</PAGES>
            <PRICE>DM 34,00</PRICE>
        </BOOK>
    </CATEGORY>
</INVENTORY>
```

Listing 8.6 zeigt die HTML-Seite, in der die hierarchische Datensatz-
strukur des XML-Dokuments aus Listing 8.5 mithilfe einer verschachtelten Tabelle dargestellt wird. (Sie finden eine Kopie von Listing 8.6
unter dem Dateinamen Inventory Hierarchy.htm auf der Begleit-CD.)

**Listing 8.6**
Inventory
Hierarchy.htm

```
<!-- Dateiname: Inventory Hierarchy.htm -->

<HTML>

<HEAD>
  <TITLE>Bestand an klassischer englischer Literatur</TITLE>
</HEAD>

<BODY>

    <XML ID="dsoInventory" SRC="Inventory Hierarchy.xml"></XML>

    <TABLE DATASRC="#dsoInventory" BORDER="1">
       <THEAD>
          <TH>Klassische englische Literatur</TH>
       </THEAD>
       <TR>
          <TD><SPAN DATAFLD="CATNAME"></SPAN></TD>
       </TR>
       <TR>
          <TD>
             <TABLE DATASRC="#dsoInventory" DATAFLD="BOOK"
                 BORDER="0" CELLSPACING="10">
                 <THEAD>
                    <TH>Titel</TH>
                    <TH>Autor</TH>
                    <TH>Bindung</TH>
                    <TH>Seiten</TH>
                    <TH>Preis</TH>
                 <TR ALIGN="CENTER">
                    <TD><SPAN DATAFLD="TITLE"
                        STYLE="font-style:italic"></SPAN></TD>
                    <TD><SPAN DATAFLD="AUTHOR"></SPAN></TD>
                    <TD><SPAN DATAFLD="BINDING"></SPAN></TD>
                    <TD><SPAN DATAFLD="PAGES"></SPAN></TD>
                    <TD><SPAN DATAFLD="PRICE"></SPAN></TD>
                 </TR>
             </TABLE>
          </TD>
       </TR>
    </TABLE>

</BODY>

</HTML>
```

In Listing 8.6 ist die äußere Tabelle an das XML-Dokument gebunden,
was Sie aus dem betreffenden Start-Tag ersehen können:

```
<TABLE DATASRC="#dsoInventory" BORDER="1">
```

Die äußere Tabelle beinhaltet einen Tabellenkopf (ein THEAD-Element mit dem Inhalt „Klassische englische Literatur") und zwei Tabellenzeilen (zwei TR-Elemente). Der Browser wiederholt diese beiden Zeilen für jeden Datensatz oberster Ebene (d. h. für jeden CATEGORY-Datensatz). In der ersten Zeile wird der Inhalt des CATNAME-Feldes angezeigt. Bislang entspricht dies der Beispieltabelle, die eine einfache Datensatzmenge anzeigt und weiter vorn in Listing 8.2 definiert ist. Die zweite Tabellenzeile zeigt hier jedoch keine Felder an, sondern enthält eine verschachtelte Tabelle, die den Inhalt der BOOK-Datensätze einer Kategorie anzeigt. Die verschachtelte Tabelle ist wie folgt definiert:

```
<TABLE DATASRC="#dsoInventory" DATAFLD="BOOK" BORDER=0 CELLSPACING=10>
   <THEAD>
    <TH>Titel</TH>
    <TH>Autor</TH>
    <TH>Bindung</TH>
    <TH>Seiten</TH>
    <TH>Preis</TH>
   </THEAD>
   <TR ALIGN="CENTER">
      <TD><SPAN DATAFLD="TITLE"
         STYLE="font-style:italic"></SPAN></TD>
      <TD><SPAN DATAFLD="AUTHOR"></SPAN></TD>
      <TD><SPAN DATAFLD="BINDING"></SPAN></TD>
      <TD><SPAN DATAFLD="PAGES"></SPAN></TD>
      <TD><SPAN DATAFLD="PRICE"></SPAN></TD>
   </TR>
</TABLE>
```

Beachten Sie, dass Sie die verschachtelte Tabelle nicht nur an das XML-Dokument (*DATASRC="#dsoInventory"*), sondern auch an die verschachtelten BOOK-Datensätze (*DATAFLD="BOOK"*) binden müssen, damit in der Tabelle die Daten der im aktuellen CATEGORY-Datensatz verschachtelten BOOK-Datensätze angezeigt werden. Mit anderen Worten, die Zeilenelemente (TR) dieser Tabelle werden für jedes dieser BOOK-Elemente wiederholt. (Beachten Sie, dass die äußere Tabelle vorgabegemäß an die Datensätze oberster Ebene gebunden ist (in diesem Beispiel die CATEGORY-Datensätze), sodass diese darin wiederholt dargestellt werden).

Abbildung 8.3 zeigt, wie die in Listing 8.6 abgedruckte HTML-Seite aussieht, wenn Sie sie im Internet Explorer 5 öffnen.

Sie könnten weitere verschachtelte Tabellen verwenden, um ein Dokument anzuzeigen, das zusätzliche Ebenen verschachtelter Datensätze enthält. Betrachten Sie beispielsweise das Beispieldokument aus Listing 8.5. Angenommen, Sie ersetzen jedes AUTHOR-Feld

```
<AUTHOR>Geoffrey Chaucer</AUTHOR>
```

durch null oder mehr verschachtelte AUTHOR-Datensätze:

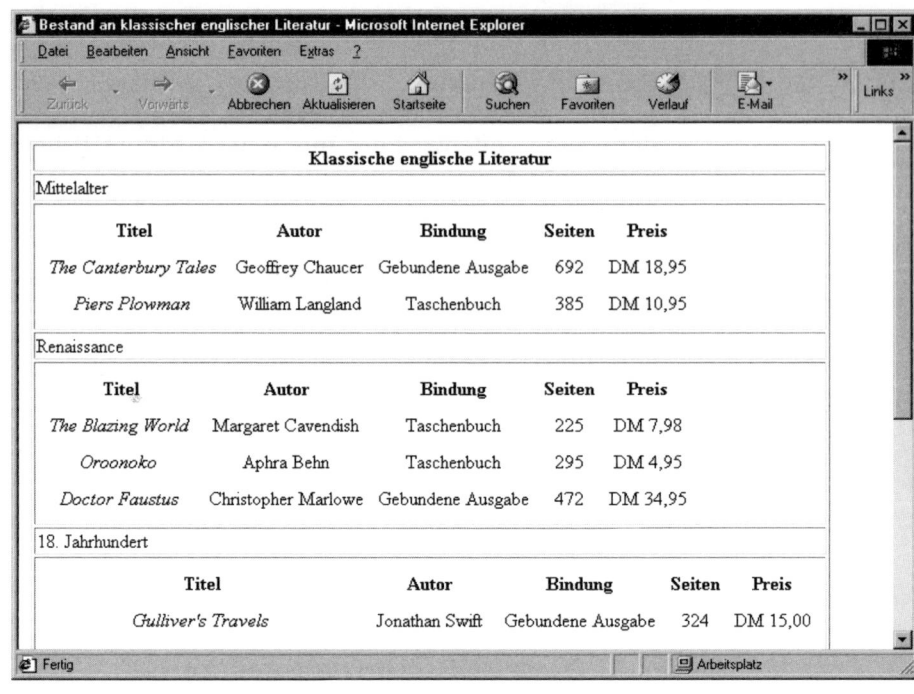

```
<AUTHOR>
    <FIRSTNAME>Geoffrey</FIRSTNAME>
    <LASTNAME>Chaucer</LASTNAME>
</AUTHOR>
```

In diesem Fall könnten Sie eine zusätzliche verschachtelte Tabelle einsetzen, um die Autoren der verschiedenen BOOK-Elemente anzuzeigen, indem Sie die gleiche Grundtechnik wie oben beschrieben verwenden.

# Die Datenbindung einzelner Datensätze einsetzen

Mit *Datenbindung einzelner Datensätze,* nachfolgend auch kurz *Datensatzbindung* genannt, ist die Bindung an ein HTML-Element gemeint, das weder selbst eine Tabelle ist noch in einer gebundenen Tabelle enthalten ist. Das HTML-Element, z.B. ein SPAN-, BUTTON- oder LABEL-Element, wird an ein einzelnes XML-Feld gebunden. Das HTML-Element zeigt dann automatisch den Inhalt des XML-Feldes an, an das es gebunden ist. Das folgende HTML-Element vom Typ SPAN ist z.B. an das TITLE-Feld des XML-Dokuments gebunden, auf das über den Bezeichner *dsoBook* zugegriffen wird:

```
<SPAN DATASRC="#dsoBook" DATAFLD="TITLE"></SPAN>
```

Da das HTML-Element nicht wie eine Tabelle über mehrere Teile verfügt, kann es zu einem Zeitpunkt jeweils nur den Feldwert eines Datensatzes anzeigen. Die Datensatzbindung kann nur mit XML-Dokumenten eingesetzt werden, die wie eine einfache Datensatzmenge strukturiert sind. Weiter vorn in dieser Lektion im Abschnitt *Mithilfe einer HTML-Tabelle eine einfache Datensatzmenge anzeigen* ist beschrieben, wodurch sich eine einfache Datensatzmenge auszeichnet.

Den einfachsten Fall einer Datensatzbindung stellt die Bindung an ein XML-Dokument dar, das lediglich einen Datensatz enthält, wie das in Listing 8.7 dargestellte Dokument. (Sie finden eine Kopie dieses Listings unter dem Dateinamen Book.xml auf der Begleit-CD.)

**Listing 8.7**
Book.xml

```xml
<?xml version="1.0"?>

<!-- Dateiname: Book.xml -->

<BOOK>
    <TITLE>The Adventures of Huckleberry Finn</TITLE>
    <AUTHOR>Mark Twain</AUTHOR>
        <BINDING>Taschenbuch</BINDING>
        <PAGES>336</PAGES>
        <PRICE>DM 12,75</PRICE>
</BOOK>
```

Listing 8.8 enthält eine HTML-Seite, mit der jedes Feld des Beispieldokuments (TITLE, AUTHOR, BINDING, PAGES und PRICE) an ein eigenes SPAN-Element gebunden wird. (Sie finden eine Kopie dieses Listings unter dem Dateinamen Book.htm auf der Begleit-CD.)

**Listing 8.8**
Book.htm

```html
<!-- Dateiname: Book.htm -->

<HTML>

<HEAD>
    <TITLE>Buchbeschreibung</TITLE>
</HEAD>

<BODY>

    <XML ID="dsoBook" SRC="Book.xml"></XML>

    <H2>Buchbeschreibung</H2>

    <SPAN STYLE="font-style:italic">Titel: </SPAN>
    <SPAN STYLE="font-weight:bold" DATASRC="#dsoBook"
       DATAFLD="TITLE"></SPAN>
       <BR>
```

```
<SPAN STYLE="font-style:italic">Autor: </SPAN>
<SPAN DATASRC="#dsoBook" DATAFLD="AUTHOR"></SPAN>
<BR>
<SPAN STYLE="font-style:italic">Bindung: </SPAN>
<SPAN DATASRC="#dsoBook" DATAFLD="BINDING"></SPAN>
<BR>
<SPAN STYLE="font-style:italic">Seitenzahl: </SPAN>
<SPAN DATASRC="#dsoBook" DATAFLD="PAGES"></SPAN>
<BR>
<SPAN STYLE="font-style:italic">Preis: </SPAN>
<SPAN DATASRC="#dsoBook" DATAFLD="PRICE"></SPAN>

</BODY>
</HTML>
```

Abbildung 8.4 zeigt, wie Internet Explorer 5 die HTML-Seite aus Listing 8.8 anzeigt.

**Abbildung 8.4**
Darstellung der Datei Book.htm im Internet Explorer

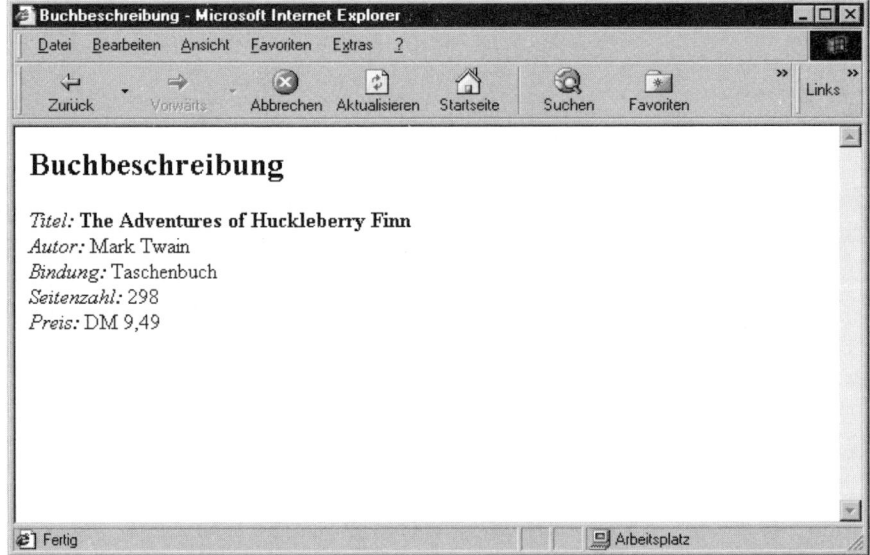

## Die Datensätze durchsuchen

Falls das XML-Dokument mehrere Datensätze enthält (was bei den meisten der Fall ist), wird die Datensatzbindung etwas komplizierter, da das HTML-Element zu einem gegebenen Zeitpunkt jeweils nur einen Datensatz anzeigen kann. Der Datensatz, der gerade angezeigt wird, wird auch als *aktueller Datensatz* bezeichnet. (Daher wird die Datensatzbindung einzelner Datensätze auch *Bindung des aktuellen Datensatzes* genannt.) Eingangs ist der erste (oder einzige) Datensatz des Dokuments der aktuelle Datensatz.

Das dem XML-Dokument zugehörige DSO stellt eine Reihe von Methoden zur Verfügung, mit denen Sie durch die Datensätze navigieren können. Diese Methoden gehören zu dem *recordset*-Objekt des DSO und sind in der folgenden Tabelle aufgeführt. Beachten Sie, dass die Beispielaufrufe unterstellen, dass die HTML-Seite ein XML-Tag mit dem ID-Wert *dsoInventory* enthält.

| *recordset*-Methode des DSO | Ändert den aktuellen Datensatz in | Beispielaufruf |
| --- | --- | --- |
| *moveFirst* | den ersten Datensatz des Dokuments | `dsoInventory.`<br>`recordset.moveFirst()` |
| *movePrevious* | den vorherigen Datensatz | `dsoInventory.recordset.`<br>`movePrevious()` |
| *moveNext* | den nächsten Datensatz | `dsoInventory.recordset.`<br>`moveNext()` |
| *moveLast* | den letzten Datensatz des Dokuments | `dsoInventory.recordset.`<br>`moveLast()` |
| *move* | den Datensatz mit der angegebenen Nummer | `dsoInventory.recordset.move(5)`<br>(Der sechste Datensatz wird hiermit zum aktuellen Datensatz. Die Datensatznummerierung beginnt mit Null.) |

Das *recordset*-Objekt des DSO ist konform mit der Standarddatenzugriffstechnologie, die Microsoft als ActiveX Data Objects (ADO) bezeichnet. Sie können das allgemeine ADO-Objekt *recordset* mit einer Vielzahl verschiedener Datenquellen einsetzen, nicht nur mit dem in dieser Lektion beschriebenen XML DSO. Allgemeine Informationen zu ADO und dem ADO-Objekt *recordset* finden Sie auf der folgenden Website von Microsoft: *http://www.microsoft.com/data/ado/default.htm*. Eine Dokumentation der *recordset*-Methoden, -Eigenschaften und -Ereignisse finden Sie unter der Adresse *http://msdn.microsoft.com/library/psdk/dasdk/mdap2y7s.htm*.

Sie können jede dieser Methoden aus einem von Ihnen erstellten Skript aufrufen (was weiter hinten in dieser Lektion erläutert wird). Die einfachste Möglichkeit, eine dieser Methoden aufzurufen, besteht jedoch darin, die betreffende Methode dem ONCLICK-Attribut eines HTML-Elements vom Typ BUTTON zuzuweisen, wie es das folgende Beispiel zeigt:

```
<BUTTON ONCLICK="dsoInventory.recordset.moveFirst()">
    Erster Datensatz
</BUTTON>
```

Dieses Element zeigt eine Schaltfläche an. Wenn der Benutzer auf die Schaltfläche klickt, wird die Methode aufgerufen, die dem ONCLICK-Attribut zugeordnet ist, hier also *dsoInventory.recordset.moveFirst*.

Ist der erste Datensatz der aktuelle Datensatz, dann wird mit dem Aufruf von *movePrevious* das *recordset*-Objekt auf den Dateianfang gesetzt, wo kein Datensatz verfügbar ist, und das gebundene Element bleibt leer. Ebenso wird mit einem Aufruf von *moveNext* das *recordset*-Objekt auf das Dateiende gesetzt, wenn der letzte Datensatz der aktuelle Datensatz ist, sodass auch hier das gebundene Element leer bleibt.

Glücklicherweise verfügt das *recordset*-Objekt über die Eigenschaft *BOF*, die den Wert *true* hat, wenn es sich am Dateianfang befindet, sowie über die Eigenschaft *EOF*, die den Wert *true* hat, wenn sich das *recordset* am Dateiende befindet. Sie können mithilfe dieser Eigenschaften in Erfahrung bringen, ob der Dateianfang bzw. das Dateiende erreicht worden ist, und die entsprechenden Korrekturen vornehmen. Der Code, der der folgenden Schaltfläche zugeordnet ist, zeigt beispielsweise schnell wieder den ersten Datensatz an, wenn der Dateianfang erreicht wird:

```
<BUTTON ONCLICK="dsoInventory.recordset.movePrevious();
                 if (dsoInventory.recordset.BOF)
                     dsoInventory.recordset.moveNext()">
    Zurück
</BUTTON>
```

Im folgenden Code wird bei Erreichen des Dateiendes eine entsprechende Korrektur vorgenommen:

```
<BUTTON ONCLICK="dsoInventory.recordset.moveNext();
                 if (dsoInventory.recordset.EOF)
                     dsoInventory.recordset.movePrevious()">
    Weiter
</BUTTON>
```

Beachten Sie, dass Sie dem ONCLICK-Attribut (und anderen Ereignis-attributen wie etwa ONMOUSEOVER) einen ganzen Block mit Skriptcode zuweisen können. In diesen Beispielen wird in Microsoft JScript erstellter Skriptcode verwendet. Weiter hinten in dieser Lektion lernen Sie, wie sie freistehende Blöcke von Skriptcode schreiben, in die sich leichter umfangreichere Anweisungen aufnehmen lassen.

In der folgenden Übung erstellen Sie eine HTML-Seite, die das XML-Dokument aus Listing 8.3 datensatzweise anzeigt. Die Seite beinhaltet Schaltflächen, mit denen Sie den ersten, vorherigen, nächsten und letzten Datensatz anzeigen können.

### Einzelne Datensätze eines Dokuments anzeigen

❶ Öffnen Sie in Ihrem Texteditor eine neue, leere Textdatei und geben Sie die in Listing 8.9 abgedruckte HTML-Seite ein. (Sie finden eine Kopie dieses Listings unter dem Dateinamen Inventory Single.htm auf der Begleit-CD.)

Beachten Sie, dass die Seite ein XML-Tag enthält, über das sie mit dem Dokument Inventory Big.xml, das 16 Datensätze enthält, verknüpft wird. (Das Dokument Inventory Big.xml ist in Listing 8.3 abgedruckt und auf der Begleit-CD enthalten.)

❷ Wählen Sie den Befehl *Speichern* Ihres Texteditors um die Seite unter dem Dateinamen Inventory Single.htm auf Ihrer Festplatte zu speichern.

**Listing 8.9**
Inventory Single.htm

```
<!-- Dateiname: Inventory Single.htm -->

<HTML>

<HEAD>
   <TITLE>Buchbestand</TITLE>
</HEAD>

<BODY>

   <XML ID="dsoInventory" SRC="Inventory Big.xml"></XML>

   <H2>Buchbeschreibung</H2>

   <SPAN STYLE="font-style:italic">Titel: </SPAN>
   <SPAN DATASRC="#dsoInventory" DATAFLD="TITLE"
      STYLE="font-weight:bold"></SPAN>
   <BR>
   <SPAN STYLE="font-style:italic">Autor: </SPAN>
   <SPAN DATASRC="#dsoInventory" DATAFLD="AUTHOR"></SPAN>
   <BR>
   <SPAN STYLE="font-style:italic">Bindung: </SPAN>
   <SPAN DATASRC="#dsoInventory" DATAFLD="BINDING"></SPAN>
   <BR>
   <SPAN STYLE="font-style:italic">Seitenzahl: </SPAN>
   <SPAN DATASRC="#dsoInventory" DATAFLD="PAGES"></SPAN>
   <BR>
   <SPAN STYLE="font-style:italic">Preis: </SPAN>
   <SPAN DATASRC="#dsoInventory" DATAFLD="PRICE"></SPAN>

   <HR>

   <BUTTON ONCLICK="dsoInventory.recordset.movefirst()">
      |&lt; Erstes
   </BUTTON>
   <BUTTON ONCLICK="dsoInventory.recordset.moveprevious();
```

```
                                    if (dsoInventory.recordset.BOF)
                                        dsoInventory.recordset.movenext()">
        &lt; Zur&uml;ck
    </BUTTON>
    <BUTTON ONCLICK="dsoInventory.recordset.movenext();
                        if (dsoInventory.recordset.EOF)
                            dsoInventory.recordset.moveprevious()">
        Weiter &gt;
    </BUTTON>
    <BUTTON ONCLICK="dsoInventory.recordset.movelast()">
        Letztes &gt;|
    </BUTTON>


</BODY>


</HTML>
```

❸ Doppelklicken Sie im Windows Explorer oder in einem Ordnerfenster auf den Namen der Datei Inventory Single.htm, die Sie im vorherigen Schritt gespeichert haben (siehe Abbildung 8.5).

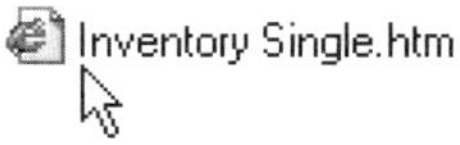

**Abbildung 8.5**
Darstellung der Datei
Inventory Single.htm
im Windows Explorer

**Abbildung 8.6**
Darstellung der Datei
Inventory Single.htm
im Internet Explorer

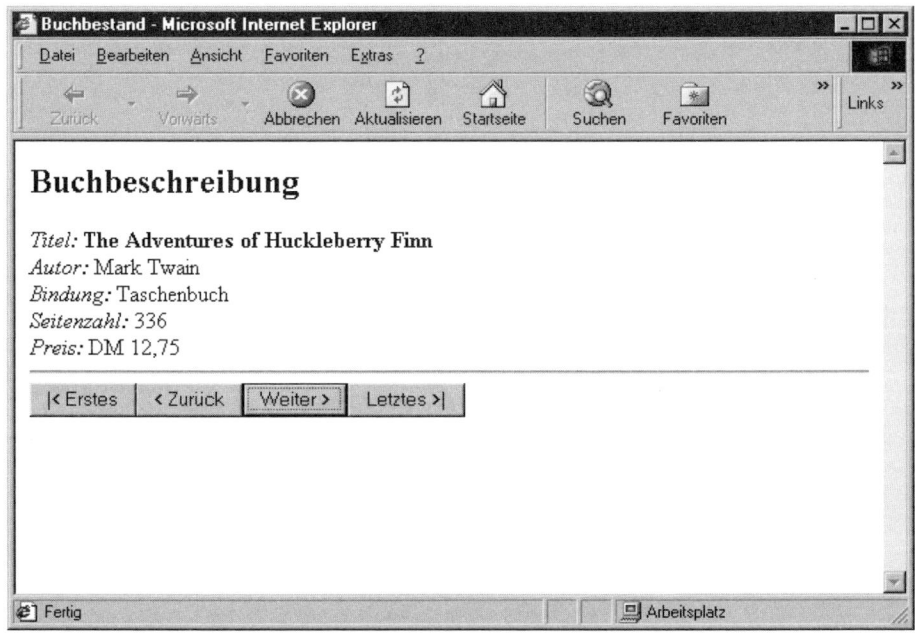

Internet Explorer 5 öffnet die Seite daraufhin und zeigt sie wie in Abbildung 8.6 dargestellt an.

Beachten Sie, dass Internet Explorer 5 anfangs, bevor der Benutzer auf irgendwelche Schaltflächen geklickt hat, den ersten Datensatz des Dokuments anzeigt.

# Andere Datenbindungstechniken

In den folgenden Abschnitten lernen Sie verschiedene weitere Techniken kennen, mit denen sich nichttabellarische HTML-Elemente an XML-Daten binden lassen. Es kann sich dabei um einzelne HTML-Elemente handeln, die zur Datensatzbindung eingesetzt werden, oder um HTML-Elemente, die in einer gebundenen HTML-Tabelle enthalten sind. Im Einzelnen erfahren Sie:

- wie Sie andere HTML-Elemente an XML-Felder binden,

- wie in XML-Feldern enthaltener HTML-Markupcode dargestellt wird,

- wie zwischengespeicherte XML-Daten aktualisiert werden.

Tabelle 8.1 fasst die wichtigen Informationen zusammen, die Sie in den folgenden Abschnitten benötigen. Diese Tabelle enthält die HTML-Elemente, die Sie zur Datensatzbindung verwenden können, d.h. alle bindungsfähigen HTML-Elemente mit Ausnahme des TABLE-Elements. Die Tabelle gibt für jedes Element dessen Zweck und die Elementeigenschaft an, mit der das Element an ein XML-Feld gebunden wird. Die Tabelle zeigt an, ob ein Element den im verknüpften XML-Feld möglicherweise enthaltenen HTML-Markupcode darstellen kann und ob das Element den Inhalt des XML-Feldes aktualisieren kann. Diese Informationen werden in den nachfolgenden Abschnitten erläutert und sind hier zu Referenzzwecken zusammengefasst.

**Tabelle 8.1**
Bindungsfähige HTML-Elemente (mit Ausnahme des TABLE-Elements)

| HTML-Element | Zweck des Elements | Zu bindende Eigenschaft (bzw. Eigenschaften) des Elements | Kann im XML-Feld enthaltener HTML-Code dargestellt werden? | Kann gebundenes XML-Feld aktualisiert werden? |
|---|---|---|---|---|
| A | Ankerelement, zeigt den Beginn oder das Ziel eines Hyperlinks an. | *href* | Nein | Nein |

▶

| HTML-Element | Zweck des Elements | Zu bindende Eigenschaft (bzw. Eigenschaften) des Elements | Kann im XML-Feld enthaltener HTML-Code dargestellt werden? | Kann gebundenes XML-Feld aktualisiert werden? |
|---|---|---|---|---|
| APPLET | Fügt ein Java-Applet in die Seite ein. | *param* | Nein | Ja |
| BUTTON | Zeigt eine Schaltfläche an. | *innerHTML* und *innerText* | Ja | Nein |
| DIV | Dient zum Formatieren eines Teilbereichs eines Dokuments, wie z.B. eines Kapitels, Abschnitts oder Anhangs. | *innerHTML* und *innerText* | Ja | Nein |
| FRAME | Enthält einen einzelnen Frame eines Frameset. | *src* | Nein | Nein |
| IFRAME | Erstellt einen unverankerten Inline-Frame. | *src* | Nein | Nein |
| IMG | Zeigt ein Bild oder einen Vidioclip an. | *src* | Nein | Nein |
| INPUT TYPE= CHECK-BOX | Zeigt ein Kontrollkästchen in einem Formular an. | *checked* | Nein | Ja |

▶

| HTML-Element | Zweck des Elements | Zu bindende Eigenschaft (bzw. Eigenschaften) des Elements | Kann im XML-Feld enthaltener HTML-Code dargestellt werden? | Kann gebundenes XML-Feld aktualisiert werden? |
|---|---|---|---|---|
| INPUT TYPE= HIDDEN | Speichert und liefert Daten an den Server statt ein Steuerelement in einem Formular anzuzeigen. | *value* | Nein | Ja |
| INPUT TYPE= PASS-WORD | Unterscheidet sich von INPUT TYPE=TEXT nur dadurch, dass der vom Benutzer eingegebene Text verborgen wird. | *value* | Nein | Ja |
| INPUT TYPE= RADIO | Zeigt ein Optionsfeld in einem Formular an. | *checked* | Nein | Ja |
| INPUT TYPE= TEXT | Ermöglicht dem Benutzer, eine Textzeile in ein Formular einzugeben. | *value* | Nein | Ja |
| LABEL | Zeigt eine Textbezeichnung an. | *innerText* und *innerHTML* | Ja | Nein |
| MARQUEE | Zeigt eine Laufschrift an. | *innerText* und *innerHTML* | Ja | Nein |

▶

| HTML-Element | Zweck des Elements | Zu bindende Eigenschaft (bzw. Eigenschaften) des Elements | Kann im XML-Feld enthaltener HTML-Code dargestellt werden? | Kann gebundenes XML-Feld aktualisiert werden? |
|---|---|---|---|---|
| SELECT | Zeigt ein Listenfeld an. | *text*-Eigenschaft des gewählten Listenelements | Nein | Ja |
| SPAN | Dient zum Formatieren eines Blocks von Inline-Text (z. B. Text innerhalb eines P- oder DIV-Elements. | *innerText* und *innerHTML* | Ja | Nein |
| TEXT-AREA | Ermöglicht dem Benutzer die Eingabe mehrerer Textzeilen | *value* | Nein | Ja |

## Bindung an andere HTML-Elemente

Wie Sie gesehen haben, zeigt ein SPAN-Element, das Sie an ein XML-Feld binden, einfach dessen Inhalt an. Der Grund dafür ist, dass die *innerText*-Eigenschaft des SPAN-Elements – die festlegt, welchen Text das Element anzeigt – an das XML-Feld gebunden wird.

In DHTML, das von Internet Explorer 5 unterstützt wird, verfügt jedes HTML-Element über eine Reihe von Eigenschaften, mit denen verschiedene Merkmale des Elements über Skriptcode festgelegt oder abgerufen werden können. Wie in diesem Abschnitt erläutert, wird einer Eigenschaft automatisch der Wert des XML-Feldes zugewiesen, an das es gebunden ist.

Tabelle 8.1 zeigt jedoch, dass bei einigen bindungsfähigen HTML-Elementen andere Eigenschaften an das XML-Feld gebunden werden.

Beim Binden eines SPAN-Elements werden tatsächlich dessen beiden Eigenschaften *innerText* und *innerHTML* gebunden. Mit der *innerText*-Eigenschaft wird der Textinhalt des Elements ohne den eventuell vorhandenen HTML-Markupcode festgelegt oder abgerufen. Mit der *innerHTML*-Eigenschaft wird der gesamte Inhalt des Elements, einschließlich des eventuell vorhandenen HTML-Markupcodes, festlegt oder abgerufen.

Wird beispielsweise ein A-Element (ein Element, mit dem ein Hyperlink erstellt wird) wie das folgende gebunden, dann erfolgt die Bindung an das XML-Feld über dessen *href*-Eigenschaft:

```
<A DATASRC="#dsoInventory" DATAFLD="REVIEWS">
   Hier klicken, um Buchkritik einzublenden
</A>
```

Diese Eigenschaft legt wie das HREF-Attribut des Elements den Ziel-URL des Hyperlink fest. Daher wird eigentlich der Ziel-URL des A-Elements und nicht dessen Textinhalt vom XML-Feld abgeleitet. (Das XML-Feld REVIEWS aus diesem Beispiel muss natürlich einen gültigen URL enthalten.)

Bei einem gebundenen INPUT-Element vom Typ Kontrollkästchen, wie dem unten definierten, wird die *checked*-Eigenschaft, die den Auswahlstatus des Kontrollkästchens ändert, an das XML-Feld gebunden:

```
<INPUT TYPE="CHECKBOX" DATASRC="#dsoInventory" DATAFLD="INSTOCK">
```

Falls das XML-Feld INSTOCK leer ist oder den Text „0" oder „false" enthält, dann wird die Markierung aus dem Kontrollkästchen entfernt. Enthält es irgendeinen anderen Text, wird das Kontrollkästchen markiert.

Als letztes Beispiel betrachten wir ein IMG-Element, bei dem die *src*-Eigenschaft an das XML-Feld gebunden wird. Diese Eigenschaft legt wie das SRC-Attribut des IMG-Elements den URL der Datei fest, die die anzuzeigenden Grafikdaten enthält. Listing 8.10 und Listing 8.11 veranschaulichen, wie man ein IMG-Element an ein XML-Feld bindet. (Sie finden Kopien dieser Listings unter den Dateinamen Inventory Image.xml und Inventory Image Table.htm auf der Begleit-CD.)

**Listing 8.10**
Inventory Image.xml

```
<?xml version="1.0"?>

<!-- Dateiname: Inventory Image.xml -->

<INVENTORY>
   <BOOK>
      <COVERIMAGE>Leaves.bmp</COVERIMAGE>
      <TITLE>Leaves of Grass</TITLE>
      <AUTHOR>Walt Whitman</AUTHOR>
      <BINDING>Gebundene Ausgabe</BINDING>
      <PAGES>462</PAGES>
```

```
            <PRICE>DM 25,00</PRICE>
        </BOOK>
        <BOOK>
            <COVERIMAGE>Legend.bmp</COVERIMAGE>
            <TITLE>The Legend of Sleepy Hollow</TITLE>
            <AUTHOR>Washington Irving</AUTHOR>
            <BINDING>Taschenbuch</BINDING>
            <PAGES>98</PAGES>
            <PRICE>DM 4,95</PRICE>
        </BOOK>
        <BOOK>
            <COVERIMAGE>Moby.bmp</COVERIMAGE>
            <TITLE>Moby-Dick</TITLE>
            <AUTHOR>Herman Melville</AUTHOR>
            <BINDING>Gebundene Ausgabe</BINDING>
            <PAGES>724</PAGES>
            <PRICE>DM 44,00</PRICE>
        </BOOK>
</INVENTORY>
```

**Listing 8.2**
Inventory Image
Table.htm

```
<!-- Dateiname: Inventory Image Table.htm -->

<HTML>

<HEAD>
    <TITLE>Buchbestand</TITLE>
</HEAD>

<BODY>

    <XML ID="dsoInventory" SRC="Inventory Image.xml"></XML>

    <H2>Buchbestand</H2>

    <TABLE DATASRC="#dsoInventory" BORDER="1" CELLPADDING="5">
        <THEAD>
            <TH>Umschlag</TH>
            <TH>Titel</TH>
            <TH>Autor</TH>
            <TH>Bindung</TH>
            <TH>Seiten</TH>
            <TH>Preis</TH>
        </THEAD>
        <TR ALIGN="center">
            <TD><IMG DATAFLD="COVERIMAGE"></TD>
            <TD><SPAN DATAFLD="TITLE"
                STYLE="font-style:italic"></SPAN></TD>
            <TD><SPAN DATAFLD="AUTHOR"></SPAN></TD>
            <TD><SPAN DATAFLD="BINDING"></SPAN></TD>
```

```
        <TD><SPAN DATAFLD="PAGES"></SPAN></TD>
        <TD><SPAN DATAFLD="PRICE"></SPAN></TD>
      </TR>
    </TABLE>

</BODY>

</HTML>
```

Listing 8.10 zeigt ein XML-Dokument, das in jedem BOOK-Datensatz ein
Feld namens COVERIMAGE aufweist. Jedes COVERIMAGE-Feld enthält
den URL einer Grafikdatei, in der das Bild des Buchumschlags gespeichert
ist. Die HTML-Seite in Listing 8.11 unterscheidet sich von der in Listing
8.2 dargestellten nur dadurch, dass am Anfang jeder Tabellenzeile eine
zusätzliche Zelle (TD-Element) für das IMG-Element statt eines SPAN-Elements eingefügt wurde. Das IMG-Element ist an das COVERIMAGE-Feld
des XML-Dokuments gebunden und zeigt daher das Umschlagbild der
einzelnen Bücher an, was folgende Abbildung 8.7 zeigt.

**Abbildung 8.7**
Darstellung der Datei
Inventory Image
Table.htm im Internet
Explorer

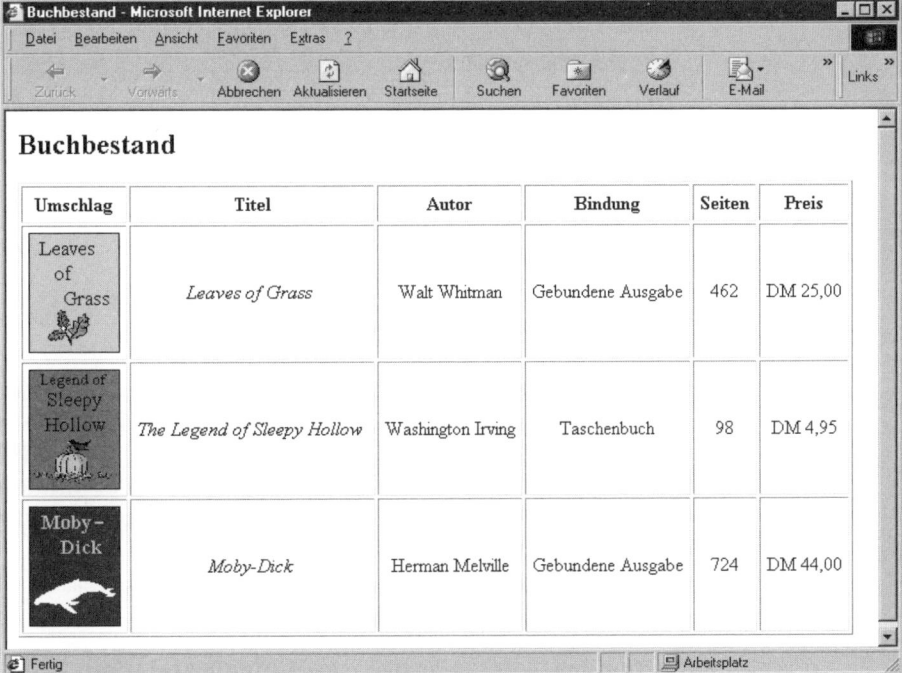

Probieren Sie die Datenbindung mit einigen anderen HTML-Elementen
aus Tabelle 8.1 aus, um deren Bindungseigenschaften kennen zu lernen
und herauszufinden, wie die Elemente mit den Daten der XML-Felder
umgehen, an die sie gebunden sind.

## HTML-Code darstellen

Gemäß Voreinstellung zeigt das HTML-Element, das an ein XML-Feld gebunden ist, dessen Zeichendaten HTML-Markupcode beinhalten, den Markupcode als Text an. Betrachten Sie beispielsweise das folgende SPAN-Element, das mit dem XML-Feld AUTHOR-BIO verknüpft ist:

```
<SPAN DATASRC="#dsoInventory" DATAFLD="AUTHOR-BIO"></SPAN>
```

Wenn das Feld AUTHOR-BIO das I-Element für Kursivschrift enthält, wie im folgenden Beispiel,

```
<AUTHOR-BIO>Henry James war ein amerikanischer Autor, der von
1843 bis 1916 lebte und &lt;I>The Bostonians&lt;/I> und viele
andere Werke psychologisch realistischer Prosa schrieb.</AUTHOR-BIO>
```

dann behandelt das SPAN-Element die HTML-Markupzeichen als Text und zeigt das Feld wie in Abbildung 8.8 gezeigt an.

**Abbildung 8.8**
HTML-Tags werden
zusammen mit dem
Text angezeigt.

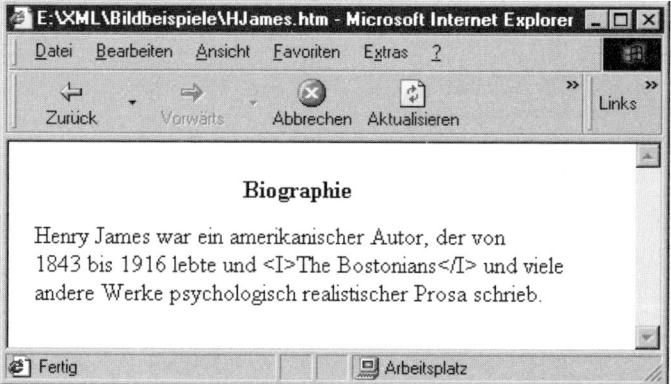

Einigen der bindungsfähigen HTML-Elemente, wie z.B. SPAN-Elementen, können Sie das Attribut DATAFORMATAS mit dem Wert „HTML" zuweisen, damit der in den Felddaten enthaltene HTML-Code verarbeitet und nicht einfach wie literale Textzeichen behandelt wird. Angenommen, Sie definieren das SPAN-Element aus dem oben dargestellten Beispiel wie folgt:

```
<SPAN DATASRC="#dsoInventory" DATAFLD="AUTHOR-BIO"
    DATAFORMATAS="HTML"></SPAN>
```

Der Text, der innerhalb des I-Elements steht, wird dann wie in Abbildung 8.9 gezeigt in Kursivschrift dargestellt.

Wird dem Attribut DATAFORMATAS dessen Vorgabewert „TEXT" zugewiesen, hat dies den gleichen Effekt, als würde man das Attribut einfach nicht angeben, d.h. der HTML-Markupcode wird dann als literaler Text interpretiert.

**Abbildung 8.9**
In den XML-Daten
enthaltener HTML-
Code wird verarbeitet.

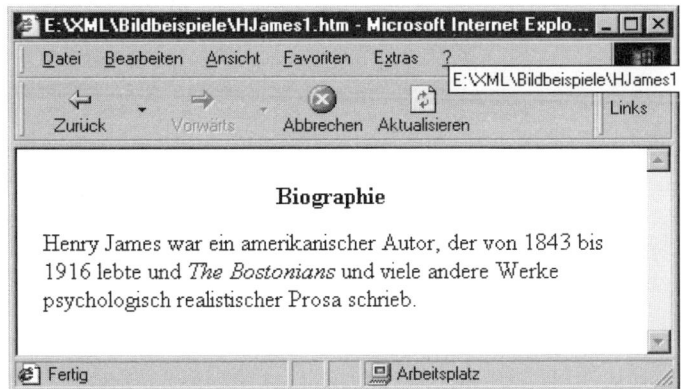

Um herauszufinden, welche Elemente Sie zur Darstellung von HTML-Code über die Attributeinstellung DATAFORMATAS="HTML" verwenden können, schlagen Sie in Tabelle 8.1 nach. Bei diesen Element enthält die vorletzte Spalte mit dem Titel *Kann im XML-Feld enthaltener HTML-Code dargestellt werden?* den Eintrag Ja.

Indem man HTML-Code in XML-Felder einfügt und darstellt, kann man die Formatierung von Textteilen ändern (z.B. mithilfe der HTML-Elemente I oder B) oder HTML-Elemente wie Hyperlinks oder Bilder in den Text aufnehmen. Obwohl das Formatieren von XML-Text durch das Einbinden von HTML-Markupcode gegen die Grundregel der Trennung von Daten und Formatierung verstößt, kann diese Technik beim Einsatz der Datenbindung die einzige praktikable Möglichkeit darstellen, die Formatierung zu ändern oder HTML-Elemente in ein Feld einzufügen. (Im Gegensatz dazu können Sie bei den anderen Methoden zur Anzeige von XML-Dokumenten, die in diesem Buch besprochen werden, im Allgemeinen die Formatierung ändern oder Elemente in ein XML-Element einfügen, indem Sie untergeordnete Elemente hinzufügen und entsprechend verarbeiten.)

Wenn Sie HTML-Markupcode einem XML-Feld hinzufügen, können Sie keine linke eckige Klammer (<) und kein Et-Zeichen (&) als literale Zeichen im Text verwenden. (Sie erinnern sich daran, dass diese Zeichen innerhalb der Zeichendaten eines Elements unzulässig sind. Sie können sie jedoch mithilfe der vordefinierten Entity-Referenzen *&lt;* und *&amp;* angeben. Eine andere Möglichkeit, die HTML für Menschen lesbarer gestaltet, besteht darin, den HTML-Code wie in Lektion 4 beschrieben in einen CDATA-Abschnitt einzugeben.

## Zwischengespeicherte XML-Daten aktualisieren
Das XML-Objekt DSO ermöglicht Ihnen, die XML-Daten auf verschiedene Weise zu bearbeiten. Beachten Sie jedoch, dass mit diesen Techniken

lediglich die Kopien der XML-Daten, die das DSO zeitweilig zwischenspeichert, verändert werden und nicht das Originaldokument auf dem Server. Sofern Sie nicht recht ausgefeilte Techniken zur Aktualisierung des Originaldokuments auf dem Server einsetzen (die in diesem Buch nicht behandelt werden können), ist die Aktualisierung von XML-Daten nur bedingt sinnvoll und wird daher im Folgenden nur kurz umrissen.

Sie können es dem Benutzer erlauben, ein bestimmtes XML-Feld zu modifizieren, indem Sie ein HTML-Element an dieses Feld binden, das dessen Aktualisierung zulässt, wie z.B. ein INPUT-Element vom Typ TEXT. Die äußerste rechte Spalte von Tabelle 8.1 zeigt, welche HTML-Elemente es dem Benutzer erlauben, das an das Element gebundene XML-Feld zu aktualisieren. Wenn Sie beispielsweise das TITLE-Feld an ein INPUT-Element vom Typ TEXT statt an ein SPAN-Element binden, dann kann der Benutzer den Inhalt des TITLE-Feldes nicht nur betrachten, sondern auch bearbeiten:

```
<INPUT TYPE="TEXT" DATASRC="#dsoInventory" DATAFLD="TITLE">
```

Das *recordset*-Objekt des DSO stellt zudem Methoden zur Verfügung, mit denen Sie gesamte Datensätze in die zwischengespeicherte Datensatzmenge einfügen oder daraus löschen sowie Änderungen an den Datensätzen aufheben können. Diese Methoden sind in der folgenden Tabelle zusammengefasst. Beachten Sie, dass in den Beispielaufrufen in der letzten Spalte unterstellt wird, dass die HTML-Seite ein XML-Tag mit dem ID-Attributwert *dsoInventory* enthält.

| *recordset*-Methode des DSO | Wirkung | Beispielaufruf |
|---|---|---|
| *addNew* | Fügt einen neuen Datensatz in die Datensatzmenge im Zwischenspeicher ein. | `dsoInventory.recordset.addNew()` |
| *delete* | Entfernt den aktuellen Datensatz aus der Datensatzmenge im Zwischenspeicher. | `dsoInventory.recordset.delete()` |
| *cancelUpdate* | Macht alle Änderungen rückgängig, die an Feldern des aktuellen Datensatzes vorgenommen worden sind, und löscht alle neu eingefügten Datensätze. | `dsoInventory.recordset.cancelUpdate()` |

# Eine DTD mit Datenbindung einsetzen

Bislang waren alle Beispieldokumente dieser Lektion wohlgeformte XML-Dokumente ohne Dokumenttyp-Definition (DTD). Wenn Sie ein XML-Dokument jedoch unter Verwendung der Datenbindung anzeigen, dann können Sie durch die Aufnahme einer DTD und die Gewährleistung der Gültigkeit des Dokuments sicherstellen, dass bei der Definition der Elemente des Dokuments die Anforderungen hinsichtlich einer symmetrisch strukturierten Datensatzmenge erfüllt werden. Mithilfe einer DTD lässt sich zudem gewährleisten, dass das DSO die zwischengespeicherte Datensatzmenge korrekt aus den Elementen des Dokuments aufbaut.

Die Aufnahme einer DTD ist insbesondere bei Dokumenten nützlich, die über eine komplexere hierarchische Datensatzstruktur verfügen, als in einer verschachtelten Tabelle angezeigt werden kann. Ein Beispiel hierfür stellt das Dokument aus Listing 8.5 dar. In der folgenden Übung fügen Sie eine DTD in dieses Dokument ein, damit es die Gültigkeitsanforderungen erfüllt und um sicherzustellen, dass das Dokument die Datensatzstruktur aufweist, die für die Datenbindung erforderlich ist.

Beachten Sie, dass bei XML-Dokumenten, die Gültigkeitsfehler enthalten und unter Verwendung der Datenbindung angezeigt werden, die gebundenen Elemente leer bleiben, aber keine Fehlermeldung angezeigt wird. Wenn Sie eine Beschreibung der im verknüpften XML-Dokument enthaltenen Fehler erhalten möchten, dann können Sie das Dokument mithilfe des Skripts aus dem Abschnitt *Die Gültigkeit eines XML-Dokuments überprüfen* in Lektion 9 auf Gültigkeit und Wohlgeformtheit überprüfen.

Um eine Elementdeklaration für einen Datensatz (wie CATEGORY oder BOOK in Listing 8.12) zu erstellen, müssen Sie ein Inhaltsmodell angeben, das explizit sämtliche Felder und verschachtelten Datensätze des betreffenden Elements auflistet. Sie dürfen die Inhaltsspezifikation ANY hier nicht verwenden, da sonst die Datenbindung scheitert.

## Ein gültiges XML-Dokument für die Datenbindung erstellen

❶ Öffnen Sie in Ihrem Texteditor das Dokument Inventory Hierarchy.xml, das Sie an früherer Stelle in dieser Lektion erstellt haben. (Sie finden eine Kopie dieses Dokuments in Listing 8.5 und auf der Begleit-CD.)

❷ Geben Sie unmittelbar über dem Dokumentelement (INVENTORY) die folgende Dokumenttyp-Deklaration ein:

```
<!DOCTYPE INVENTORY
    [
    <!ELEMENT INVENTORY (CATEGORY*)>
    <!ELEMENT CATEGORY (CATNAME, BOOK*)>
    <!ELEMENT CATNAME (#PCDATA)>
    <!ELEMENT BOOK (TITLE, AUTHOR, BINDING, PAGES, PRICE)>
    <!ELEMENT TITLE (#PCDATA)>
```

```
<!ELEMENT AUTHOR (#PCDATA)>
<!ELEMENT BINDING (#PCDATA)>
<!ELEMENT PAGES (#PCDATA)>
<!ELEMENT PRICE (#PCDATA)>
]
>
```

Diese Elementdeklarationen lassen sich in der Terminologie von Datensatzmengen und Datenbindung wie folgt erklären:

- `<!ELEMENT INVENTORY (CATEGORY*)>` Das Dokument enthält null oder mehr CATEGORY-Datensätze.

- `<!ELEMENT CATEGORY (CATNAME, BOOK*)>` Jeder CATEGORY-Datensatz enthält ein CATNAME-Feld, dem null oder mehr verschachtelte BOOK-Datensätze folgen.

- `<!ELEMENT BOOK (TITLE, AUTHOR, BINDING, PAGES, PRICE)>` Jeder verschachtelte BOOK-Datensatz enthält genau eines der folgenden Felder in der hier angegebenen Reihenfolge: TITLE, AUTHOR, BINDING, PAGES und PRICE.

- `<!ELEMENT TITLE (#PCDATA)>` **und die übrigen Deklarationen** Alle in BOOK-Datensätzen enthaltenen Felder enthalten ausschließlich Zeichendaten.

❸ Da Sie das Dokument unter einem neuen Dateinamen speichern werden, ändern Sie den Kommentar am Dokumentanfang von

```
<!-- Dateiname: Inventory Hierarchy.xml -->
```

in:

```
<!-- Dateiname: Inventory Hierarchy Valid.xml -->
```

❹ Speichern Sie das abgeänderte Dokument unter dem Dateinamen Inventory Hierarchy Valid.xml.

In Listing 8.12 ist das gesamte XML-Dokument abgedruckt. (Sie finden eine Kopie dieses Listings unter dem Dateinamen Inventory Hierarchy Valid.xml auf der Begleit-CD.)

**Listing 8.3**
Inventory Hierarchy
Valid.xml

```
<?xml version="1.0"?>

<!-- Dateiname: Inventory Hierarchy Valid.xml -->

<!DOCTYPE INVENTORY
   [
   <!ELEMENT INVENTORY (CATEGORY*)>
   <!ELEMENT CATEGORY (CATNAME, BOOK*)>
   <!ELEMENT CATNAME (#PCDATA)>
   <!ELEMENT BOOK (TITLE, AUTHOR, BINDING, PAGES, PRICE)>
```

```
    <!ELEMENT TITLE (#PCDATA)>
    <!ELEMENT AUTHOR (#PCDATA)>
    <!ELEMENT BINDING (#PCDATA)>
    <!ELEMENT PAGES (#PCDATA)>
    <!ELEMENT PRICE (#PCDATA)>
    ]
>

<INVENTORY>
    <CATEGORY>
        <CATNAME>Mittelalter</CATNAME>
        <BOOK>
            <TITLE>The Canterbury Tales</TITLE>
            <AUTHOR>Geoffrey Chaucer</AUTHOR>
            <BINDING>Gebundene Ausgabe</BINDING>
            <PAGES>692</PAGES>
            <PRICE>DM 18,95</PRICE>
        </BOOK>
        <BOOK>
            <TITLE>Piers Plowman</TITLE>
            <AUTHOR>William Langland</AUTHOR>
            <BINDING>Taschenbuch</BINDING>
            <PAGES>385</PAGES>
            <PRICE>DM 10,95</PRICE>
        </BOOK>
    </CATEGORY>
    <CATEGORY>
        <CATNAME>Renaissance</CATNAME>
        <BOOK>
            <TITLE>The Blazing World</TITLE>
            <AUTHOR>Margaret Cavendish</AUTHOR>
            <BINDING>Taschenbuch</BINDING>
            <PAGES>225</PAGES>
            <PRICE>DM 7,98</PRICE>
        </BOOK>
        <BOOK>
            <TITLE>Oroonoko</TITLE>
            <AUTHOR>Aphra Behn</AUTHOR>
            <BINDING>Taschenbuch</BINDING>
            <PAGES>295</PAGES>
            <PRICE>DM 4,95</PRICE>
        </BOOK>
        <BOOK>
            <TITLE>Doctor Faustus</TITLE>
            <AUTHOR>Christopher Marlowe</AUTHOR>
            <BINDING>Gebundene Ausgabe</BINDING>
            <PAGES>472</PAGES>
            <PRICE>DM 34,95</PRICE>
        </BOOK>
```

```
     </CATEGORY>
     <CATEGORY>
        <CATNAME>18. Jahrhundert</CATNAME>
        <BOOK>
           <TITLE>Gulliver's Travels</TITLE>
           <AUTHOR>Jonathan Swift</AUTHOR>
           <BINDING>Gebundene Ausgabe</BINDING>
           <PAGES>324</PAGES>
           <PRICE>DM 15,00</PRICE>
        </BOOK>
        <BOOK>
           <TITLE>The History of Tom Jones: A Foundling</TITLE>
           <AUTHOR>Henry Fielding</AUTHOR>
           <BINDING>Gebundene Ausgabe</BINDING>
           <PAGES>438</PAGES>
           <PRICE>$16.95</PRICE>
        </BOOK>
        <BOOK>
           <TITLE>Love in Excess</TITLE>
           <AUTHOR>Eliza Haywood</AUTHOR>
           <BINDING>Taschenbuch</BINDING>
           <PAGES>429</PAGES>
           <PRICE>DM 12,95</PRICE>
        </BOOK>
        <BOOK>
           <TITLE>Tristram Shandy</TITLE>
           <AUTHOR>Laurence Sterne</AUTHOR>
           <BINDING>Gebundene Ausgabe</BINDING>
           <PAGES>322</PAGES>
           <PRICE>DM 28,00</PRICE>
        </BOOK>
     </CATEGORY>
     <CATEGORY>
        <CATNAME>19. Jahrhundert</CATNAME>
        <BOOK>
           <TITLE>Dracula</TITLE>
           <AUTHOR>Bram Stoker</AUTHOR>
           <BINDING>Gebundene Ausgabe</BINDING>
           <PAGES>395</PAGES>
           <PRICE>DM 25,00</PRICE>
        </BOOK>
        <BOOK>
           <TITLE>Great Expectations</TITLE>
           <AUTHOR>Charles Dickens</AUTHOR>
           <BINDING>Taschenbuch</BINDING>
           <PAGES>639</PAGES>
           <PRICE>DM 8,95</PRICE>
        </BOOK>
        <BOOK>
```

```
            <TITLE>Percival Keene</TITLE>
            <AUTHOR>Frederick Marryat</AUTHOR>
            <BINDING>Taschenbuch</BINDING>
            <PAGES>425</PAGES>
            <PRICE>DM 12,00</PRICE>
        </BOOK>
        <BOOK>
            <TITLE>Treasure Island</TITLE>
            <AUTHOR>Robert Louis Stevenson</AUTHOR>
            <BINDING>Taschenbuch</BINDING>
            <PAGES>283</PAGES>
            <PRICE>DM 14,95</PRICE>
        </BOOK>
        <BOOK>
            <TITLE>Wuthering Heights</TITLE>
            <AUTHOR>Emily Bronte</AUTHOR>
            <BINDING>Gebundene Ausgabe</BINDING>
            <PAGES>424</PAGES>
            <PRICE>DM 34,00</PRICE>
        </BOOK>
    </CATEGORY>
</INVENTORY>
```

**❺** Öffnen Sie in Ihrem Texteditor die Seite Inventory Hierarchy.htm, die Sie an früherer Stelle in dieser Lektion erstellt haben. (Sie finden eine Kopie dieses Dokuments in Listing 8.6 und auf der Begleit-CD.)

**❻** Ändern Sie das SRC-Attribut des XML-Tags, damit es mit dem Dokument verknüpft wird, das Sie gerade erstellt haben. Ändern Sie also die Zeile

```
<XML ID="dsoInventory" SRC="Inventory Hierarchy.xml"></XML>
```

in:

```
<XML ID="dsoInventory" SRC="Inventory Hierarchy Valid.xml">
</XML>
```

**❼** Da Sie das Dokument unter einem anderen Dateinamen speichern werden, ändern Sie den Kommentar am Seitenanfang von

```
<!-- Dateiname: Inventory Hierarchy.htm -->
```

in:

```
<!-- Dateiname: Inventory Hierarchy Valid.htm -->
```

**❽** Speichern Sie das abgeänderte Dokument unter dem Dateinamen Inventory Hierarchy Valid.htm.

In Listing 8.13 ist die gesamte HTML-Seite abgedruckt. (Sie finden eine Kopie dieses Listings unter dem Dateinamen Inventory Hierarchy Valid.htm auf der Begleit-CD.)

**Listing 8.4**
Inventory Hierarchy
Valid.htm

```html
<!-- Dateiname: Inventory Hierarchy Valid.htm -->

<HTML>

<HEAD>
   <TITLE>Bestand an klassischer englischer Literatur</TITLE>
</HEAD>

<BODY>

   <XML ID="dsoInventory" SRC="Inventory Hierarchy Valid.xml">
   </XML>

   <TABLE DATASRC="#dsoInventory" BORDER="1">
      <THEAD>
         <TH>Klassische englische Literatur</TH>
      </THEAD>
      <TR>
         <TD><SPAN DATAFLD="CATNAME"></SPAN></TD>
      </TR>
      <TR>
         <TD>
            <TABLE DATASRC="#dsoInventory" DATAFLD="BOOK"
               BORDER=0 CELLSPACING=10>
               <THEAD>
                  <TH>Titel</TH>
                  <TH>Autor</TH>
                  <TH>Bindung</TH>
                  <TH>Seiten</TH>
                  <TH>Preis</TH>
               </THEAD>
               <TR ALIGN="CENTER">
                  <TD><SPAN DATAFLD="TITLE"
                     STYLE="font-style:italic"></SPAN></TD>
                  <TD><SPAN DATAFLD="AUTHOR"></SPAN></TD>
                  <TD><SPAN DATAFLD="BINDING"></SPAN></TD>
                  <TD><SPAN DATAFLD="PAGES"></SPAN></TD>
                  <TD><SPAN DATAFLD="PRICE"></SPAN></TD>
               </TR>
            </TABLE>
         </TD>
      </TR>
   </TABLE>

</BODY>

</HTML>
```

❾ Öffnen Sie die Seite im Internet Explorer 5. Sie sollte daraufhin wie in Abbildung 8.10 dargestellt angezeigt werden.

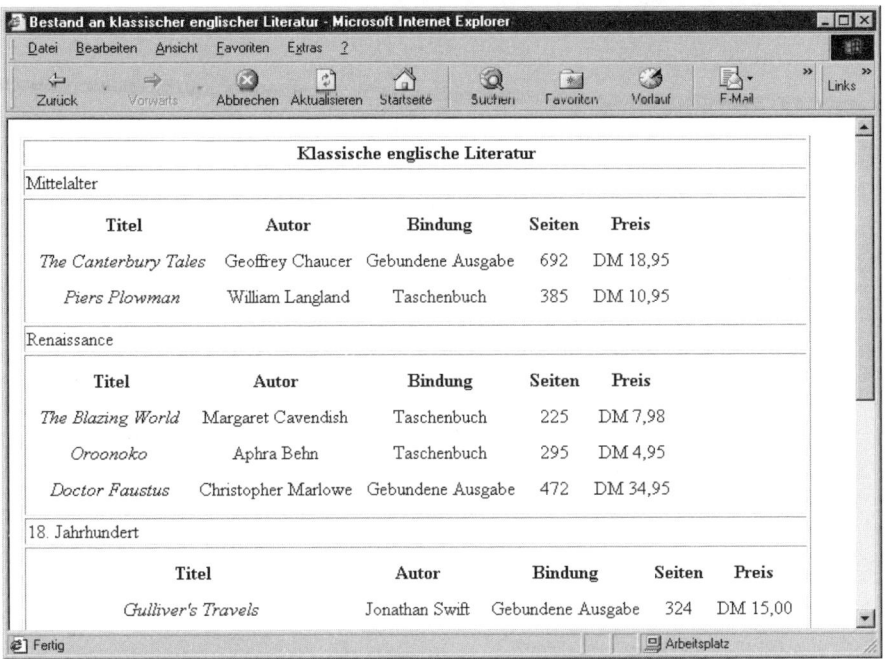

**⑩** Falls keine Daten angezeigt werden, entspricht das Dokument nicht den Anforderungen an Wohlgeformtheit und Gültigkeit. Um den Fehler zu suchen, verwenden Sie das Gültigkeitsprüfskript aus dem Abschnitt *Die Gültigkeit eines XML-Dokuments überprüfen* in Lektion 9.

# HTML-Elemente an XML-Attribute binden

In den XML-Beispieldokumenten, die bisher vorgestellt wurden, verfügte keines der Elemente über Attribute. Attribute machen die Datenbindung etwas komplizierter, obwohl Sie XML-Felder an Elemente, die Attribute enthalten, wie auch an die Attribute selbst binden können.

Wenn Sie die Datenbindung einsetzen, dann werden Attribute im Grunde genommen wie untergeordnete Elemente behandelt.

Bei einem *Datensatzelement* erleichtert dies den Zugriff auf Attribute (oder das Ignorieren der Attribute). Der folgende BOOK-Datensatz enthält z.B. ein Attribut namens *InStock*:

```
<BOOK InStock="yes">
    <TITLE>The Adventures of Huckleberry Finn</TITLE>
    <AUTHOR>Mark Twain</AUTHOR>
        <BINDING>Taschenbuch</BINDING>
        <PAGES>336</PAGES>
        <PRICE>DM 12,75</PRICE>
</BOOK>
```

Dieser Datensatz wird so behandelt, als würde es sich bei dem Attribut *InStock* um ein zum BOOK-Datensatz gehöriges Feld und bei dem Wert des Attributs *InStock* um den Feldinhalt handeln. Das heißt, BOOK-Elemente werden so behandelt, als hätten sie die folgende Struktur:

```
<BOOK>
    <InStock>yes</InStock>
    <TITLE>The Adventures of Huckleberry Finn</TITLE>
    <AUTHOR>Mark Twain</AUTHOR>
        <BINDING>Taschenbuch</BINDING>
        <PAGES>336</PAGES>
        <PRICE>DM 12,75</PRICE>
</BOOK>
```

Sie können daher mithilfe der gewöhnlichen Datenbindungstechniken auf den Attributwert zugreifen. Das folgende SPAN-Element ist z. B. an ein Attribut gebunden und zeigt dessen Wert an:

```
<SPAN DATASRC="#dsoInventory" DATAFLD="InStock"></SPAN>
```

(In diesem Beispiel wird unterstellt, dass das XML-Dokument über ein XML-Tag mit dem ID-Wert *dsoInventory* mit der HTML-Seite verknüpft ist.)

Überlegen Sie jedoch, was passiert, wenn einem der Feldelemente in einem XML-Dokument ein Attribut hinzugefügt wird, z. B. wie im folgenden Beispiel dem AUTHOR-Feld:

```
<BOOK>
    <TITLE>The Adventures of Huckleberry Finn</TITLE>
    <AUTHOR Born="1835">Mark Twain</AUTHOR>
        <BINDING>Taschenbuch</BINDING>
        <PAGES>336</PAGES>
        <PRICE>DM 12,75</PRICE>
</BOOK>
```

Bei der Datenbindung würde das AUTHOR-Element wie folgt interpretiert:

```
<AUTHOR>
    <Born>1835</Born>
    Mark Twain
</AUTHOR>
```

Infolgedessen würde das DSO das Element als verschachtelten Datensatz speichern und nicht als Feld. (Sie wissen, dass Feldelemente nur Zeichendaten, aber keine untergeordneten Elemente enthalten dürfen.) Daher würde die Datensatzmenge zu einer hierarchischen statt einer einfachen Datensatzmenge werden, und Sie müssten den verschachtelten Datensatz mithilfe einer verschachtelten Tabelle anzeigen, wie im Abschnitt *Mithilfe einer verschachtelten Tabelle eine hierarchische Datensatzmenge anzeigen* weiter vorn in dieser Lektion beschrieben.

Sie müssen allerdings noch etwas wissen, damit Sie sowohl die Zeichendaten (*Mark Twain*) als auch das Attribut solch eines verschachtelten Datensatzes anzeigen können: Das DSO verwendet den speziellen Namen $TEXT, um auf alle Zeichendaten eines Elements, zu denen keine Attributwerte zählen, Bezug zu nehmen. Das AUTHOR-Element würde daher wie folgt interpretiert:

```
<AUTHOR>
    <Born>1835</Born>
    <$TEXT>Mark Twain</$TEXT>
</AUTHOR>
```

Sie könnten $TEXT als Feldnamen einsetzen, um eine Tabellenzelle an die Zeichendaten eines AUTHOR-Datensatzes zu binden.

Listing 8.14 enthält eine HTML-Seite, die sämtliche in diesem Abschnitt beschriebenen Techniken veranschaulicht. (Sie finden eine Kopie dieser Seite unter dem Dateinamen Inventory Attribute.htm auf der Begleit-CD.) Diese Seite zeigt das XML-Dokument Inventory Valid.xml an (das Sie in Listing 5.1 und auf der Begleit-CD finden).

**Listing 8.5**
Inventory
Attribute.htm

```
<!-- Dateiname: Inventory Attribute.htm -->

<HTML>

<HEAD>
    <TITLE>Buchbestand</TITLE>
</HEAD>

<BODY>

    <XML ID="dsoInventory" SRC="Inventory Valid.xml"></XML>

    <H2>Buchbestand</H2>

    <TABLE DATASRC="#dsoInventory" BORDER="1" CELLPADDING="5">
        <THEAD>
            <TH>Titel</TH>
            <TH>Autor</TH>
            <TH>Bindung</TH>
            <TH>Seiten</TH>
            <TH>Preis</TH>
            <TH>Lieferbar?</TH>
        </THEAD>
        <TR ALIGN="center">
            <TD>
                <TABLE DATASRC="#dsoInventory" DATAFLD="TITLE">
                <TR>
                    <TD><SPAN DATAFLD="$TEXT"></SPAN></TD>
```

```
          </TR>
        </TABLE>
      </TD>
      <TD>
        <TABLE DATASRC="#dsoInventory" DATAFLD="AUTHOR">
        <TR>
          <TD><SPAN DATAFLD="$TEXT"></SPAN></TD>
          <TD><SPAN DATAFLD="Born"></SPAN></TD>
        </TR>
        </TABLE>
      </TD>
      <TD><SPAN DATAFLD="BINDING"></SPAN></TD>
      <TD><SPAN DATAFLD="PAGES"></SPAN></TD>
      <TD><SPAN DATAFLD="PRICE"></SPAN></TD>
      <TD><SPAN DATAFLD="InStock"></SPAN></TD>
    </TR>
  </TABLE>

</BODY>

</HTML>
```

Abbildung 8.11 zeigt, wie Internet Explorer 5 die Seite aus Listing 8.14 darstellt.

**Abbildung 8.11**
Darstellung der Datei Inventory Attri-bute.htm im Internet Explorer

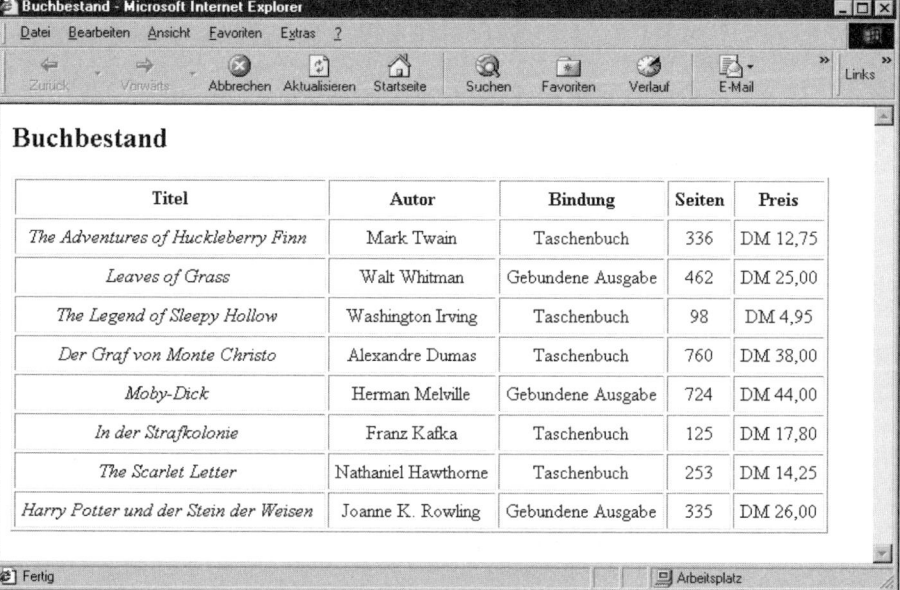

In dieser Seite zeigt die letzte Spalte der äußeren Tabelle die Werte des *InStock*-Attributs des BOOK-Datensatzes an, indem das Attribut einfach an ein SPANE-Element gebunden wird:

```
<TD><SPAN DATAFLD="InStock"></SPAN></TD>
```

Da das dem BOOK-Element untergeordnete Element AUTHOR ein Attribut (*Born*) enthält, wird es als verschachtelter Datensatz und nicht als Feld interpretiert, und daher wird es in der Seite mithilfe einer verschachtelten Tabelle angezeigt:

```
<TD>
    <TABLE DATASRC="#dsoInventory" DATAFLD="AUTHOR">
    <TR>
        <TD><SPAN DATAFLD="$TEXT"></SPAN></TD>
        <TD><SPAN DATAFLD="Born"></SPAN></TD>
    </TR>
    </TABLE>
</TD>
```

Der besondere Name $TEXT bezieht sich auf den gesamten Text innerhalb des AUTHOR-Elements, mit Ausnahme des Attributwerts. Dieser Text besteht aus dem Namen des Autors (z. B. Mark Twain).

Beachten Sie zudem, dass das TITLE-Element innerhalb des BOOK-Elements als verschachtelter Datensatz statt als Feld interpretiert wird, da es ein untergeordnetes Element (SUBTITLE) enthalten kann, und daher auch in einer verschachtelten Tabelle dargestellt werden muss:

```
<TD>
    <TABLE DATASRC="#dsoInventory" DATAFLD="TITLE">
    <TR>
        <TD><SPAN DATAFLD="$TEXT"></SPAN></TD>
    </TR>
    </TABLE>
</TD>
```

Hier wird $TEXT zur Anzeige sämtlicher Zeichendaten eines Datensatzes eingesetzt. (Es ist nicht möglich, den Text des TITLE-Elements zu binden, ohne das SUBTITLE-Element darin aufzunehmen.)

# Skripts mit dem DSO verwenden

Diese Lektion wird durch ein Beispiel für ein etwas komplizierteres Skript abgeschlossen, das mithilfe des DSO die Datensatzmenge des zugehörigen XML-Dokuments bearbeitet. Das Beispielskript verwendet Methoden und Eigenschaften des DSO-Objekts *recordset*, um im Dokument Inventory Big.xml (das Sie in Listing 8.3 und auf der Begleit-CD finden) nach Büchern zu suchen. Die Techniken, die zum Suchen und Anzeigen der XML-Daten eingesetzt werden, eignen sich nur für XML-

Dokumente, die die Struktur einer einfachen Datensatzmenge aufweisen. (Weiter vorn in dieser Lektion im Abschnitt *Mithilfe einer HTML-Tabelle eine einfache Datensatzmenge anzeigen* ist beschrieben, wodurch sich eine einfache Datensatzmenge auszeichnet.)

Sie finden weitere Beispiele für Skripts in Lektion 9. Die Skripts in dieser Lektion verwenden ein vollkommen anderes Programmierobjekt (das Dokumentobjektmodell von XML), mit dem Sie jeden Typ von XML-Dokument bearbeiten können, und nicht nur solche, die wie Datensatzmengen strukturiert sind.

Listing 8.15 zeigt die HTML-Seite mit dem Beispielskript. Sie finden eine Kopie dieses Listings unter dem Dateinamen Inventory Find.htm auf der Begleit-CD.

**Listing 8.6**
Inventory Find.htm

```
<!-- Dateiname: Inventory Find.htm -->

<HTML>

<HEAD>

   <TITLE>Büchersuche</TITLE>

</HEAD>

<BODY>

   <XML ID="dsoInventory" SRC="Inventory Big.xml"></XML>

<H2>Ein Buch suchen</H2>

   Titeltext: <INPUT TYPE="TEXT" ID="SearchText"> 
   <BUTTON ONCLICK='FindBooks()'>Suchen</BUTTON>
   <HR>
   Ergebnisse:<P>
   <DIV ID=ResultDiv></DIV>

   <SCRIPT LANGUAGE="JavaScript">
     function FindBooks ()
        {
        SearchString = SearchText.value.toUpperCase();
        if (SearchString == "")
           {
           ResultDiv.innerHTML = "&ltSie müssen Text in das "
                              + "Feld 'Titeltext' eingeben.&gt";
           return;
           }
```

```
            dsoInventory.recordset.moveFirst();

        ResultHTML = "";
        while (!dsoInventory.recordset.EOF)
            {
            TitleString = dsoInventory.recordset("TITLE").value;

            if (TitleString.toUpperCase().indexOf(SearchString)
                >=0)
                ResultHTML += "<I>"
                            + dsoInventory.recordset("TITLE")
                            + "</I>, "
                            + "<B>"
                            + dsoInventory.recordset("AUTHOR")
                            + "</B>, "
                            + dsoInventory.recordset("BINDING")
                            + ", "
                            + dsoInventory.recordset("PAGES")
                            + " Seiten, "
                            + dsoInventory.recordset("PRICE")
                            + "<P>";

            dsoInventory.recordset.moveNext();
            }

        if (ResultHTML == "")
            ResultDiv.innerHTML = "&ltkein Buch gefunden&gt";
        else
            ResultDiv.innerHTML = ResultHTML;
        }
    </SCRIPT>
</BODY>

</HTML>
```

Die HTML-Seite zeigt ein INPUT-Element vom Typ TEXT an, in das der Benutzer eine Textzeile mit dem Suchbegriff eingeben kann:

```
<INPUT TYPE="TEXT" ID="SearchText">
```

Die Seite enthält zudem ein BUTTON-Element mit der Bezeichnung „Suchen":

```
<BUTTON ONCLICK='FindBooks()'>Suchen</BUTTON>
```

Wenn der Benutzer auf diese Schaltfläche klickt, wird die Skriptfunktion *FindBooks* aufgerufen, die den Suchbegriff aus dem INPUT-Element einliest, die TITLE-Elemente aller BOOK-Datensätze des XML-Dokuments nach diesem Text durchsucht und dann die BOOK-Datensätze anzeigt, die diesen Suchbegriff enthalten (siehe Abbildung 8.12).

**Abbildung 8.12**
Es werden alle Buch-
titel angezeigt, die
den gesuchten Begriff
enthalten.

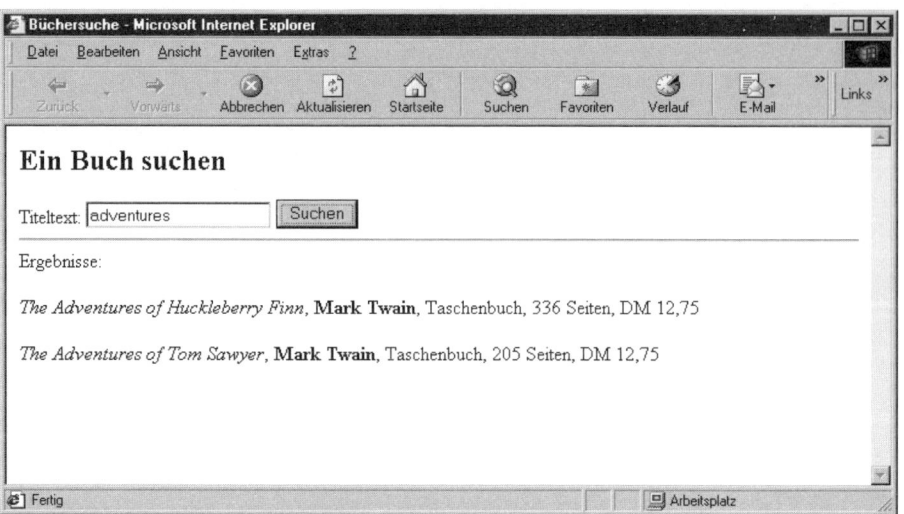

Die Skriptfunktion *FindBooks* ist in einem eigenen SCRIPT-Element enthalten und in JScript geschrieben.

```
<SCRIPT LANGUAGE="JavaScript">
   function FindBooks ()
      {
      SearchString = SearchText.value.toUpperCase();
      if (SearchString == "")
         {
            ResultDiv.innerHTML = "&ltSie müssen Text in das "
                               + "Feld 'Titeltext' eingeben.&gt";
         return;
         }

      dsoInventory.recordset.moveFirst();

      ResultHTML = "";
      while (!dsoInventory.recordset.EOF)
         {
         TitleString = dsoInventory.recordset("TITLE").value;

         if (TitleString.toUpperCase().indexOf(SearchString)
            >=0)
            ResultHTML += "<I>"
                        + dsoInventory.recordset("TITLE")
                        + "</I>, "
                        + "<B>"
                        + dsoInventory.recordset("AUTHOR")
                        + "</B>, "
                        + dsoInventory.recordset("BINDING")
```

```
                                + ", "
                                + dsoInventory.recordset("PAGES")
                                + " Seiten, "
                                + dsoInventory.recordset("PRICE")
                                + "<P>";

          dsoInventory.recordset.moveNext();
          }

       if (ResultHTML == "")
           ResultDiv.innerHTML = "&ltkein Buch gefunden&gt";
       else
           ResultDiv.innerHTML = ResultHTML;
       }
</SCRIPT>
```

JScript ist Microsofts Version der generischen Skriptsprache JavaScript. (Im obigen Beispiel enthält das SCRIPT-Element im LANGUAGE-Attribut den generischen Sprachnamen.) Umfassende Informationen zu JScript, einschließlich eines Tutorials für Anfänger, finden Sie auf den folgenden MSDN-Websites: *http://msdn.microsoft.com/workshop/c-frame.htm#/ workshop/languages/jscript/handling.asp* und *http://msdn.micro-soft.com/scripting/default.htm?/scripting/jscript/default.htm*.

Die Funktion *FindBooks* liest zuerst den Text ein, der zuletzt in das INPUT-Element (das über den ID-Attributwert *SearchText* verfügt) einge-geben worden ist und wandelt diesen Text dann mithilfe der JScript-Methode *toUpperCase* in Großbuchstaben um. (*FindBooks* wandelt sämt-lichen Text in Großbuchstaben um, sodass bei der Suche nicht zwischen Groß- und Kleinschreibung unterschieden wird.)

```
SearchString = SearchText.value.toUpperCase();
```

Falls der Benutzer nichts in das INPUT-Element eingegeben hat, zeigt die Funktion eine Meldung an und beendet die Ausführung:

```
if (SearchString == "")
   {
   ResultDiv.innerHTML = "&ltSie müssen Text in das "
                       + "Feld 'Titeltext' eingeben.&gt";
   return;
   }
```

*ResultDiv* entspricht dem ID-Wert eines DIV-Elements am Ende der Seite, das die Suchergebnisse anzeigt. Wird Text (der HTML-Markupcode ent-halten kann) der *innerHTML*-Eigenschaft dieses Elements zugewiesen, dann zeigt das DIV-Element diesen Text an (und formatiert ihn entspre-chend dem darin enthaltenen HTML-Markupcode).

Die Funktion setzt dann mithilfe der Methode *recordset.moveFirst*, die weiter vorn vorgestellt wurde, den ersten Datensatz des XML-Dokuments als aktuellen Datensatz ein:

```
dsoInventory.recordset.moveFirst();
```

Danach weist sie der Zeichenkettenvariablen, die zum Speichern des HTML-Codes der Suchergebnisse dient (*ResultHTML*), einen Leerwert zu:

```
ResultHTML = "";
```

Anschließend beginnt die Funktion *FindBooks* mit der Ausführung einer Schleifenanweisung, in der sämtliche Datensätze des XML-Dokuments durchsucht werden. Wird das Dateiende erreicht, wird die Schleifenausführung mithilfe der Eigenschaft *recordset.EOF* gestoppt und mithilfe der Eigenschaft *recordset.moveNext* wird jeweils der nächste Datensatz ausgewählt:

```
while (!dsoInventory.recordset.EOF)
   {
   TitleString = dsoInventory.recordset("TITLE").value;

   if (TitleString.toUpperCase().indexOf(SearchString)
      >=0)
      ResultHTML += "<I>"
                    + dsoInventory.recordset("TITLE")
                    + "</I>, "
                    + "<B>"
                    + dsoInventory.recordset("AUTHOR")
                    + "</B>, "
                    + dsoInventory.recordset("BINDING")
                    + ", "
                    + dsoInventory.recordset("PAGES")
                    + " Seiten, "
                    + dsoInventory.recordset("PRICE")
                    + "<P>";

   dsoInventory.recordset.moveNext();
   }
```

In der Schleife wird zuerst der Wert des TITLE-Feldes des aktuellen Datensatzes eingelesen:

```
TitleString = dsoInventory.recordset("TITLE").value;
```

Bei dem Ausdruck rechts vom Gleichheitszeichen handelt es sich um eine Kurzschreibweise für den Aufruf der *fields*-Eigenschaft des *recordset*-Objekts. Vollständig ausgeschrieben sieht dieser Aufruf wie folgt aus:

```
TitleString = dsoInventory.recordset.fields("TITLE").value;
```

Die *fields*-Eigenschaft enthält eine Auflistung sämtlicher Felder des aktuellen Datensatzes. Sie greifen auf ein bestimmtes Feld zu, indem Sie dessen Namen in runden Klammern angeben (hier „TITLE"), und Sie erhalten den Wert dieses Feldes als Zeichenkette, indem Sie dem Ausdruck die Eigenschaft *value* anhängen.

In der Schleife wird dann mithilfe der JScript-Methode *indexOf* ermittelt, ob das TITLE-Element des Datensatzes den gesuchten Text enthält. Wird der Suchbegriff gefunden, dann hängt der in der *if*-Anweisung enthaltene Code diesen Text sowie den zur Anzeige des akutellen Datensatzes erforderlichen HTML-Markupcode an die in *ResultHTML* enthaltene Zeichenfolge an:

```
if (TitleString.toUpperCase().indexOf(SearchString)
   >=0)
   ResultHTML += "<I>"
               + dsoInventory.recordset("TITLE")
               + "</I>, "
               + "<B>"
               + dsoInventory.recordset("AUTHOR")
               + "</B>, "
               + dsoInventory.recordset("BINDING")
               + ", "
               + dsoInventory.recordset("PAGES")
               + " Seiten, "
               + dsoInventory.recordset("PRICE")
               + "<P>";
```

Sobald die Schleifenausführung beendet worden ist, weist die Funktion den HTML-Markupcode mit den Suchergebnissen der *innerHTML*-Eigenschaft des DIV-Elements im BODY-Element des Dokuments zu, das zur Anzeige dieser Ergebnisse verwendet wird (dieses DIV-Element hat das ID-Attribut *ResultDiv*):

```
if (ResultHTML == "")
   ResultDiv.innerHTML = "&ltkein Buch gefunden&gt";
else
   ResultDiv.innerHTML = ResultHTML;
```

Das DIV-Element interpretiert den HTML-Markupcode und zeigt die Ergebnisse an.

# 9

# XML-Dokumente mithilfe von DOM-Skripts anzeigen

In der vorigen Lektion haben Sie das DSO-Programmiermodell (DSO – Data Source Object) kennen gelernt, das es Ihnen ermöglicht, unter Verwendung der Datenbindung oder mithilfe von Skripts aus einer HTML-Seite heraus ein XML-Dokument anzuzeigen. Das DSO speichert die XML-Daten als Datensatzmenge und eignet sich daher nur zur Anzeige von XML-Dokumenten, die die Struktur einer symmetrischen Datensatzmenge aufweisen.

In dieser Lektion wird ein vollkommen anderes Programmiermodell vorgestellt, das als XML-Dokumentobjektmodell oder DOM bezeichnet wird. Das DOM umfasst eine Reihe von Programmierobjekten, die verschiedene Komponenten eines XML-Dokuments repräsentieren. Sie können die Eigenschaften und Methoden dieser Objekte in Skripts verwenden, um XML-Dokumente aus einer HTML-Seite heraus anzuzeigen. Obwohl die Verwendung des DOM etwas aufwändiger ist als die des DSO (beispielsweise ist hier die einfache Datenbindungstechnik nicht zulässig), werden die XML-Daten in einer hierarchischen, baumähnlichen Struktur gespeichert, die die hierarchische Struktur von XML-Dokumenten widerspiegelt. Sie können daher mithilfe des DOM jeden beliebigen Typ von XML-Dokument anzeigen – unabhängig davon, ob das Dokument die Struktur einer Datensatzmenge aufweist – und Sie können damit auf alle Komponenten eines XML-Dokuments zugreifen, wie etwa Elemente, Attribute, Verarbeitungsanweisungen, Kommentare und Notationsdeklarationen.

 Das W3C verwendet den Begriff *Dokumentobjektmodell* oder *DOM* zur Bezeichnung eines allgemeiner gefassten Objektmodells, das sowohl Zugriff auf HTML-Elemente als auch auf XML-Dokumente bietet. (Siehe „Document Object Model (DOM) Level 1 Specification" unter der Adresse *http://www.w3.org/TR/REC-DOM-Level-1*.) In diesem Buch verwende ich den Begriff jedoch ausdrücklich zur Bezeichnung des XML-DOM, das Microsoft Internet Explorer 5 zur Verfügung stellt und das speziell für den Zugriff auf XML-Dokumente zugeschnitten ist.

In dieser Lektion lernen Sie zuerst, wie man ein XML-Dokument mit einer HTML-Seite verknüpft, damit man unter Verwendung des DOM auf das Dokument zugreifen kann. Anschließend lernen Sie die allgemeine Struktur des DOM und der darin definierten Programmierobjekte kennen. Diese Lektion führt Sie in die speziellen DOM-Programmiertechniken ein, indem zuerst erklärt wird, wie Sie ein einfaches XML-Dokument mit einer festen Anzahl von Elementen anzeigen. Sie lernen dann allgemeiner einsetzbare Techniken kennen, die zur Anzeige von Dokumenten mit einer unbekannten Anzahl von Elementen erforderlich sind. Daran anschließend werden andere Möglichkeiten des Zugriffs auf XML-Elemente sowie Techniken für den Zugriff auf Attribute, Entities und Notationen erläutert. Diese Lektion beinhaltet zudem eine Übung, in der Sie ein DOM-Skript schreiben, mit dem beliebige XML-Dokumente durchsucht und grundlegende Informationen über die einzelnen Komponenten des Dokuments angezeigt werden können. Am Ende dieser Lektion wird ein Skript vorgestellt, mit dem Sie XML-Dokumente auf Wohlgeformtheit und Gültigkeit überprüfen können.

Weitere Informationen zum DOM finden Sie auf den folgenden Webseiten, die vom Microsoft Developer Network (MSDN) zur Verfügung gestellt werden: *XML DOM User Guide* unter der Adresse *http://msdn.microsoft.com/xml/xmlguide/dom-guide-overview.asp* und *XML DOM Reference* unter der Adresse *http://msdn.microsoft.com/xml/reference/xmldom/start.asp*.

# Ein XML-Dokument mit einer HTML-Seite verknüpfen

Um über das DOM auf ein XML-Dokument zugreifen zu können, müssen Sie das XML-Dokument mit einer HTML-Seite verknüpfen. Am einfachsten geschieht dies durch das Einfügen eines XML-Tags (auch Dateninsel genannt). Das folgende BODY-Element einer HTML-Seite enthält z. B. eine Dateninsel, mit der das in der Datei Book.xml enthaltene XML-Dokument mit dieser Seite verknüpft wird:

```
<BODY>

    <XML ID="dsoBook" SRC="Book.xml"></XML>

    <!-- Andere Elemente im Textkörper der Seite ... -->

</BODY>
```

Nähere Informationen zu XML-Tags bzw. Dateninseln finden Sie im Abschnitt *Der erste Schritt: Das XML-Dokument mit der HTML-Seite verknüpfen* in Lektion 8.

Wie Sie in Lektion 8 erfahren haben, bezieht sich der ID-Attributwert, den Sie dem XML-Tag (der Dateninsel) zuweisen, auf das DSO des Dokuments. Sie greifen über das *XMLDocument*-Elementobjekt des DSO auf das DOM zu, was die folgende Skriptzeile veranschaulicht:

```
Document = dsoBook.XMLDocument;
```

Das Objekt *XMLDocument* enthält unter anderem das Wurzelobjekt des DOM, das auch als *Document-Knoten* bezeichnet wird. Sie können über den *Document*-Knoten auf alle anderen DOM-Objekte zugreifen.

Wird in eine HTML-Seite ein XML-Tag eingefügt, dann erstellt der Internet Explorer 5 sowohl ein DSO (das durch das ID-Attribut des XML-Tags direkt repräsentiert wird) als auch ein DOM (auf das über das DSO-Elementobjekt *XMLDocument* zugegriffen wird).

Wenn Sie aus einer HTML-Seite heraus auf mehrere XML-Dokumente zugreifen möchten, dann können Sie für jedes dieser Dokumente ein XML-Tag einfügen. Sie können sogar mehrere XML-Tags für ein einzelnes XML-Dokument hinzufügen. (Diese Technik kann es erleichtern, verschiedene Versionen der XML-Daten zu verwalten, wenn die HTML-Seite den Inhalt der im Zwischenspeicher befindlichen DOM-Daten verändert. In dieser Lektion werden die Techniken zur Bearbeitung von DOM-Daten allerdings nicht behandelt.)

# Die Struktur des Dokumentobjektmodells (DOM)

Im DOM werden die Programmierobjekte, die das XML-Dokument repräsentieren als Knoten bezeichnet. Wenn Internet Explorer 5 ein verknüpftes XML-Dokument verarbeitet und in einem DOM speichert, dann werden für jede Grundkomponente des XML-Dokuments Knoten erstellt, z.B. für Elemente, Attribute und Verarbeitungsanweisungen.

Im DOM werden verschiedene Typen von XML-Komponenten durch verschiedene Knotentypen repräsentiert. Beispielsweise wird ein Element in einem Knoten vom Typ Element und ein Attribut in einem Knoten vom Typ Attribute gespeichert. Tabelle 9.1 gibt einen Überblick über die wichtigsten Knotentypen.

**Tabelle 9.1**
Grundtypen von Knoten, die zur Repräsentation verschiedener XML-Dokumentkomponenten dienen. Jeder dieser Knotentypen ist ein Programmierobjekt, das Eigenschaften und Methoden für den Zugriff auf die zugehörige Komponente zur Verfügung stellt.

| Knotentyp | XML-Dokumentkomponente, die durch dieses Knotenobjekt repräsentiert wird | Knotenname (Objekteigenschaft *node-Name)* | Knotenwert (Objekteigenschaft *nodeValue)* |
|---|---|---|---|
| *Document* | Wurzelknoten der Dokumenthierarchie (Mit anderen Worten, dieser Knoten repräsentiert das gesamte Dokument.) | *#document* | *null* |

▶

| Knotentyp | XML-Dokumentkomponente, die durch dieses Knotenobjekt repräsentiert wird | Knotenname (Objekteigenschaft *node-Name)* | Knotenwert (Objekteigenschaft *nodeValue)* |
|---|---|---|---|
| *Element* | Ein Element | Name des Elementtyps (z.B. BOOK) | *null* (In dem Element enthaltene Zeichendaten sind in einem oder mehreren untergeordneten Knoten vom Typ *Text* enthalten.) |
| *Text* | Der Text, der in dem Element, Attribut oder Entity enthalten ist, das durch den übergeordneten Knoten repräsentiert wird | *#text* | Text der übergeordneten XML-Komponente |
| *Attribute* | Ein Attribut (sowie andere Namen-Wert-Paare, wie der Name und der Wert einer Verarbeitungsanweisung) | Attributname (z.B. *Binding)* | Attributwert (z.B. *Taschenbuch)* |
| *Processing-Instruction* | Eine Verarbeitungsanweisung (die XML-Deklaration oder eine benutzerdefinierte Verarbeitungsanweisung) | Ziel der Verarbeitungsanweisung (z.B. *xml)* | Der gesamte Inhalt der Verarbeitungsanweisung, mit Ausnahme des Ziels (z.B. *version="1.0")* |
| *Comment* | Ein Kommentar | *#comment* | Der gesamte innerhalb der Kommentarzeichen stehende Text |
| *CDATA-Section* | Ein CDATA-Abschnitt | *#cdata-section* | Der Inhalt des CDATA-Abschnitts ▶ |

| Knotentyp | XML-Dokumentkomponente, die durch dieses Knotenobjekt repräsentiert wird | Knotenname (Objekteigenschaft *node-Name)* | Knotenwert (Objekteigenschaft *nodeValue)* |
|---|---|---|---|
| *Document-Type* | Die Dokumenttyp-Deklaration | Name des Wurzelelements, der in der DOCTYPE-Deklaration verwendet wird (z.B. INVENTORY) | *null* |
| *Entity* | Ein in der DTD deklariertes Entity | Name des Entity (z.B. *image*) | *null* (Der Entity-Wert ist in einem untergeordneten *Text*-Knoten enthalten.) |
| *Notation* | Eine in der DTD enthaltene Notationsdeklaration | Name der Notation (z.B. BMP) | *null* (Der Systemliteral der Notation ist in einem untergeordneten *Attribute*-Knoten namens SYSTEM enthalten.) |

Sie können die Namen dieser Knoten (die in der dritten Tabellenspalte aufgeführt sind) über die *nodeName*-Eigenschaft eines Knotens abrufen. Die Namen, die mit dem Nummernzeichen (#) beginnen, sind Standardnamen für Knoten, die im Dokument nicht benannte XML-Komponenten repräsentieren. (Beispielsweise werden Kommentare in XML-Dokumenten keine Namen zugewiesen. Daher verwendet das DOM den Standardnamen #*comment*.) Die anderen Knotennamen werden von den Namen hergeleitet, die den zugehörigen Komponenten des XML-Dokuments zugewiesen wurden. (Beispielsweise hätte der *Element*-Knoten, der ein Element vom Typ BOOK repräsentiert, ebenfalls den Namen BOOK.)

Mithilfe der *nodeValue*-Eigenschaft eines Knotens können Sie die Knotenwerte (die in der letzten Tabellenspalte angegeben sind) ermitteln. Wenn einer XML-Komponente ein Wert zugeordnet ist (z.B. einem Attribut), dann wird dieser Wert in der *nodeValue*-Eigenschaft des Knotens gespeichert. Hat eine XML-Komponente keinen Wert (z.B. ein Element), dann wird dem Knoten der Wert *null* zugewiesen. Sie erfahren im weiteren Verlauf dieser Lektion mehr über die in Tabelle 9.1 aufgeführten Knotentypen.

Das DOM ordnet die Knoten eines XML-Dokuments in einer baumähnlichen hierarchischen Struktur an, die die hierarchische Struktur des Dokuments widerspiegelt. Es wird ein einziger *Document*-Knoten erstellt, der das gesamte XML-Dokument repräsentiert und die Wurzel dieser Hierarchie bildet. Beachten Sie, dass die logische hierarchische Struktur der XML-Elemente, deren Wurzel das Dokumentelement ist, nur einen Zweig der hierarchischen Struktur der DOM-Knoten darstellt, die das gesamte Dokument umfasst.

Betrachten Sie zum Beispiel das XML-Dokument aus Listing 9.1. (Sie finden eine Kopie dieses Listings unter dem Dateinamen Inventory Dom.xml auf der Begleit-CD.) Dieses Dokument enthält eine XML-Deklaration, einen Kommentar und ein Wurzelelement, das untergeordnete Elemente sowie Attribute beinhaltet. Die folgende Abbildung 9.1 zeigt die hierarchische Struktur der Knoten, die gemäß dem DOM für dieses Dokument erstellt wird. Für jede Komponente des Beispieldokuments wird in der Abbildung der sie repräsentierende Knotentyp (z.B. *Document*, *Comment* und *Element*) und der Knotenname in Klammern (z.B. *#document*, *#comment* und INVENTORY) angegeben.

**Listing 9.1**
Inventory Dom.xml

```xml
<?xml version="1.0"?>

<!-- Dateiname: Inventory Dom.xml -->

<INVENTORY>
   <BOOK Binding="Taschenbuch">
      <TITLE>The Adventures of Huckleberry Finn</TITLE>
      <AUTHOR Born="1835">Mark Twain</AUTHOR>
      <PAGES>336</PAGES>
      <PRICE>DM 12,75</PRICE>
   </BOOK>
   <BOOK Binding="Taschenbuch">
      <TITLE>Der Graf von Monte Christo</TITLE>
      <AUTHOR Born="1802">Alexandre Dumas</AUTHOR>
      <PAGES>760</PAGES>
      <PRICE>DM 38,00</PRICE>
   </BOOK>
   <BOOK Binding="Gebundene Ausgabe">
      <TITLE>Moby-Dick</TITLE>
      <AUTHOR Born="1819">Herman Melville</AUTHOR>
      <PAGES>724</PAGES>
      <PRICE>DM 44,00</PRICE>
   </BOOK>
</INVENTORY>
```

Jeder Knoten stellt als Programmierobjekt Eigenschaften und Methoden zur Verfügung, über die Sie auf die Daten der zugehörigen XML-Komponente zugreifen und diese anzeigen, bearbeiten oder abrufen können.

**Abbildung 9.1**
Knotenhierarchie des
Dokuments Inventory
Dom.xml

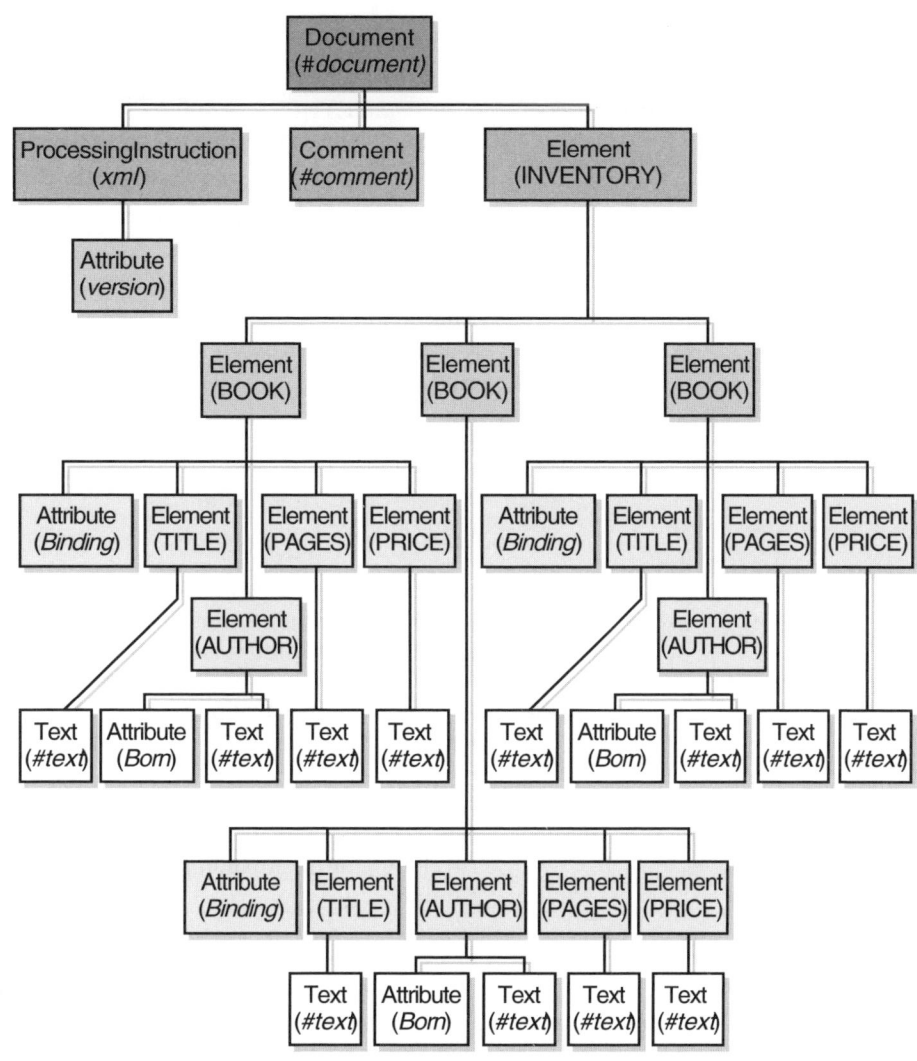

Beispielsweise liefern die Eigenschaften *nodeName* und *nodeValue* (siehe Tabelle 9.1) den Namen und den Wert der Komponente.

Alle Knotentypen weisen eine Reihe gemeinsamer Eigenschaften und Methoden auf, die für die allgemeine Verwendung vorgesehen sind. In Tabelle 9.2 sind einige der nützlicheren gemeinsamen Eigenschaften aufgeführt. Weitere Informationen und Beispiele zu vielen dieser Eigenschaften folgen im weiteren Verlauf dieser Lektion.

**Tabelle 9.2**
Bei allen Knotentypen
verfügbare Eigen-
schaften

| Eigenschaft | Beschreibung | Beispiel |
|---|---|---|
| *attributes* | Eine *NamedNodeMap*-Auflistung der untergeordneten *Attribute*-Knoten dieses Knotens | `AttributeNode = Element.attributes.getNamedItem ("Binding");` |
| *childNodes* | Eine *NodeList*-Auflistung aller untergeordneten Knoten dieses Knotens, die keine *Attribute*-Knoten sind | `FirstNode = Element.childNodes (0);` |
| *dataType* | Der Datentyp des Knotens (ist nur für bestimmte Typen von *Attribute*-Knoten verfügbar) | `AttributeType = Attribute.dataType;` |
| *firstChild* | Der erste untergeordnete Knoten des Knotens, der kein *Attribute*-Knoten ist | `FirstChildNode = Element.firstChild;` |
| *lastChild* | Der letzte untergeordnete Knoten des Knotens, der kein *Attribute*-Knoten ist | `LastChildNode = Element.lastChild;` |
| *nextSibling* | Der auf der gleichen Hierarchieebene nachfolgende Knoten | `NextElement = Element.nextSibling;` |
| *nodeName* | Der Name des Knotens | `ElementName = Element.nodeName;` |
| *nodeType* | Ein numerischer Code, der den Typ des Knotens angibt | `NodeTypeCode = Node.nodeType;` |
| *nodeTypeString* | Eine Zeichenkette, die den Typ dieses Knotens in Kleinbuchstaben enthält (z.B. „element" oder „attribute") | `NodeTypeString = Node.nodeTypeString;` |
| *nodeValue* | Der Wert des Knotens (oder *null,* falls er keinen Wert enthält) | `AttributeValue = Attribute.nodeValue;` |

▶

| Eigenschaft | Beschreibung | Beispiel |
|---|---|---|
| *ownerDocument* | Der *Document*-Knoten (Wurzelknoten) des Dokuments, das diesen Knoten enthält | `Document = Node.ownerDocument;` |
| *parentNode* | Der Knoten, dem dieser Knoten untergeordnet ist (nicht anwendbar auf *Attribute*-Knoten) | `ParentElement = Element.parentNode;` |
| *previousSibling* | Der auf der gleichen Hierarchieebene vorhergehende Knoten | `PreviousElement = Element.previousSibling;` |
| *text* | Der gesamte Textinhalt dieses Knotens und aller ihm untergeordneten *Element*-Knoten | `AllCharacterData = Element.text;` |
| *xml* | Der gesamte XML-Inhalt dieses Knotens und aller ihm untergeordneten *Element*-Knoten | `XMLContent = Element.xml;` |

Eine Beschreibung sämtlicher Eigenschaften, Methoden und Ereignisse der verschiedenen Typen von Knotenobjekten finden Sie in der folgenden MSDN-Webseite: *http://msdn.microsoft.com/xml/reference/scriptref/ xmldom_Objects.asp*. Beachten Sie, dass dort allen Knotennamen aus Tabelle 9.1 das Präfix XMLDOM vorangestellt wird, wie z. B. XMLDOMDocument, XMLDOMElement und XMLDOMText. (Es handelt sich hierbei um die Namen der Programmierschnittstellen für jeden Knotentyp.) Beachten Sie zudem, dass die gemeinsamen Knoteneigenschaften und -methoden unter dem Namen XMLDOMNode aufgeführt werden.

Neben diesen gemeinsamen Eigenschaften und Methoden verfügt jeder Knotentyp über zusätzliche Eigenschaften und Methoden, die für die Bearbeitung der XML-Komponente vorgesehen sind, die durch den betreffenden Knotentyp repräsentiert wird. Beispielsweise stellt der *Document*-Knoten die Eigenschaft *parseError* zur Verfügung, die Informationen zu Fehlern enthält, die während der Verarbeitung des Dokuments aufgetreten sind. Lediglich *Document*-Knoten verfügen über diese

Eigenschaft. Weiter hinten in dieser Lektion finden Sie Tabellen, die nützliche knotenspezifische Eigenschaften und Methoden einiger der hier behandelten Knotentypen beschreiben.

Wenn eine Eigenschaft für einen bestimmten Knoten nicht verfügbar ist, dann liefert sie den Wert *null*. Falls der Knoten z.B. einen XML-Komponententyp repräsentiert, der keine Attribute hat (wie z.B. die Knoten *Document* oder *Comment*), dann hat dessen *attributes*-Eigenschaft den Wert *null*. Repräsentiert ein Knoten eine XML-Komponente, die keinen Datentyp hat (nur bestimmte Attribute haben einen Datentyp), dann hat dessen *dataType*-Eigenschaft den Wert *null*. Verfügt ein Knoten über keine untergeordneten Knoten, die keine *Attribute*-Knoten sind, dann hat dessen *firstChild*-Eigenschaft den Wert *null*. Falls der Knoten keine Werte enthält (z.B. ein Knoten vom Typ *Document* oder *Element*), dann hat dessen *nodeValue*-Eigenschaft den Wert *null*.

Beachten Sie an Tabelle 9.2, dass jeder Knoten über eine Reihe von Eigenschaften verfügt, mit denen Sie durch die Knotenhierarchie navigieren können, d.h. mit denen Sie vom aktuellen Knoten aus auf andere Knoten zugreifen können. Wenn bei dem Dokument aus Listing 9.1 die Variable *Document* beispielsweise den Wurzelknoten *Document* enthält, dann wird mit der folgenden Anweisung der Inhalt des Kommentars am Anfang des Dokuments angezeigt, der im DOM als zweiter untergeordneter Knoten des *Document*-Knotens gespeichert wird:

```
alert (Document.childNodes(1).nodeValue);
```

Mit dieser Zeile wird ein Meldungsfeld mit dem Text „Dateiname: Inventory Dom.xml" angezeigt.

Im vorigen Abschnitt haben Sie erfahren, wie man über das DSO-Elementobjekt *XMLDocument* auf den Wurzelknoten zugreift. Der *Document*-Knoten stellt das Portal zum XML-Dokument dar. Sie können über diesen Knoten auf alle anderen Knoten zugreifen. In den folgenden Abschnitten lernen Sie speziellere Verfahren für den Zugriff auf Knoten kennen.

# Auf XML-Dokumentelemente zugreifen und diese Elemente anzeigen

In diesem Abschnitt lernen Sie die Grundtechniken kennen, mit denen man unter Verwendung einer HTML-Seite und des DOM auf den Inhalt der Elemente eines XML-Dokuments zugreifen kann. Listing 9.2 und Listing 9.3 veranschaulichen diese Techniken. (Sie finden Kopien unter den Dateinamen Book.xml und DomDemo Fixed.htm auf der Begleit-CD.)

**Listing 9.1**
Book.xml

```
<?xml version="1.0"?>

<!-- Dateiname: Book.xml -->

<BOOK>
    <TITLE>The Adventures of Huckleberry Finn</TITLE>
    <AUTHOR>Mark Twain</AUTHOR>
    <BINDING>Taschenbuch</BINDING>
    <PAGES>336</PAGES>
    <PRICE>DM 12,75</PRICE>
</BOOK>
```

**Listing 9.2**
DomDemo Fixed.htm

```
<!-- Dateiname: DomDemo Fixed.htm -->

<HTML>

<HEAD>

    <TITLE>Buchbeschreibung</TITLE>
    <SCRIPT LANGUAGE="JavaScript" FOR="window" EVENT="ONLOAD">
        Document = dsoBook.XMLDocument;
        title.innerText=
            Document.documentElement.childNodes(0).text;
        author.innerText=
            Document.documentElement.childNodes(1).text;
        binding.innerText=
            Document.documentElement.childNodes(2).text;
        pages.innerText=
            Document.documentElement.childNodes(3).text;
        price.innerText=
            Document.documentElement.childNodes(4).text;
    </SCRIPT>

</HEAD>

<BODY>

    <XML ID="dsoBook" SRC="Book.xml"></XML>

    <H2>Buchbeschreibung</H2>

    <SPAN STYLE="font-style:italic">Titel: </SPAN>
    <SPAN ID="title" STYLE="font-weight:bold"></SPAN>
    <BR>
    <SPAN STYLE="font-style:italic">Autor: </SPAN>
    <SPAN ID="author"></SPAN>
    <BR>
    <SPAN STYLE="font-style:italic">Bindung: </SPAN>
    <SPAN ID="binding"></SPAN>
```

```
    <BR>
    <SPAN STYLE="font-style:italic">Seitenzahl: </SPAN>
    <SPAN ID="pages"></SPAN>
    <BR>
    <SPAN STYLE="font-style:italic">Preis: </SPAN>
    <SPAN ID="price"></SPAN>

</BODY>

</HTML>
```

Listing 9.2 enthält ein einfaches XML-Dokument, das ein einziges Buch beschreibt. Das Wurzelelement BOOK beinhaltet fünf untergeordnete Elemente (TITLE, AUTHOR, BINDING, PAGES und PRICE) mit Zeichendaten, die jeweils ein Merkmal eines Buchtitels beschreiben.

Listing 9.3 enthält eine HTML-Seite, die den Inhalt aller im XML-Dokument enthaltenen untergeordneten Elemente anzeigt. Abbildung 9.2 zeigt, wie diese Seite vom Internet Explorer 5 dargestellt wird.

**Abbildung 9.2**
Darstellung der Datei
DomDemo Fixed.htm
im Internet Explorer

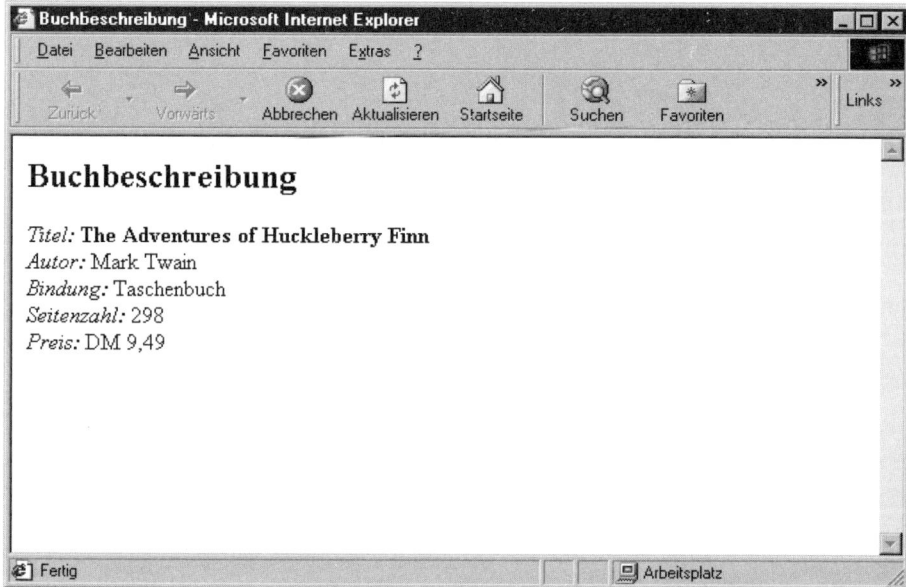

Das XML-Dokument wird über das folgende XML-Tag mit der HTML-Seite verknüpft:

```
<XML ID="dsoBook" SRC="Book.xml"></XML>
```

Die Seite zeigt das XML-Dokument mithilfe des folgenden Skriptcodes an, der sich im HEAD-Element der Seite befindet:

```
<SCRIPT LANGUAGE="JavaScript" FOR="window" EVENT="ONLOAD">
   Document = dsoBook.XMLDocument;
   title.innerText=
      Document.documentElement.childNodes(0).text;
   author.innerText=
      Document.documentElement.childNodes(1).text;
   binding.innerText=
      Document.documentElement.childNodes(2).text;
   pages.innerText=
      Document.documentElement.childNodes(3).text;
   price.innerText=
      Document.documentElement.childNodes(4).text;
</SCRIPT>
```

Die Attributeinstellungen *FOR*="*window*" und *EVENT*="*ONLOAD*" bewirken, dass der Browser den im SCRIPT-Element enthaltenen Code ausführt, wenn er das Fenster für die Seite zum ersten Mal öffnet, jedoch bevor er den Seiteninhalt anzeigt.

Ich habe die Skriptbeispiele in dieser Lektion in Microsoft JScript geschrieben, also Microsofts Version der generischen Skriptsprache JavaScript. Umfassende Informationen zu JScript, einschließlich eines Tutorials für Anfänger, finden Sie auf den folgenden MSDN-Websites: *http://msdn.microsoft.com/workshop/c-frame.htm#/workshop/ languages/jscript/handling.asp* und *http://msdn.microsoft.com/scrip-ting/default.htm?/scripting/jscript/default.htm.*

Das Skript ermittelt zuerst den *Document*-Knoten, der das gesamte Dokument repräsentiert und die Wurzel der DOM-Knotenhierarchie bildet. Hierzu wird das DSO-Element *XMLDocument*, wie in der vorigen Lektion beschrieben, eingesetzt:

```
Document = dsoBook.XMLDocument;
```

Anschließend greift das Skript auf die Zeichendaten zu, die in den unter-geordneten Elementen des Wurzelelements (TITLE, AUTHOR, BINDING, PAGES und PRICE) enthalten sind, und zeigt diese an. Beispielsweise wird der Inhalt des ersten untergeordneten Elements (TITLE) durch fol-gende Anweisung angezeigt:

```
title.innerText=
   Document.documentElement.childNodes(0).text;
```

Der Ausdruck auf der rechten Seite des Gleichheitszeichen setzt sich wie folgt zusammen:

■ *Document* enthält den *Document*-Knoten an der Wurzel der DOM-Knotenhierarchie.

■ *documentElement* ist eine Eigenschaft des *Document*-Knotens. Sie enthält den *Element*-Knoten, der das Wurzelelement des XML-Dokuments repräsentiert, in diesem Beispiel also BOOK.

Die *documentElement*-Eigenschaft ist eine der knotenspezifischen Eigenschaften des Knotentyps *Document*. In Tabelle 9.3 sind einige andere nützliche Eigenschaften und Methoden aufgeführt, die speziell bei Knoten vom Typ *Document* verfügbar sind. Vergessen Sie nicht, dass Ihnen zudem die in Tabelle 9.2 genannten gemeinsamen Knoteneigenschaften bei *Document*-Knoten zur Verfügung stehen.

■ *childNodes* ist eine Eigenschaft des *Element*-Knotens, der das Wurzelelement repräsentiert. Sie enthält eine Auflistung aller untergeordneten Knoten dieses *Element*-Knotens, die keine *Attribute*-Knoten sind. In diesem Beispiel enthält sie die *Element*-Knoten für die fünf untergeordneten XML-Elemente: TITLE, AUTHOR, BINDING, PAGES und PRICE. Mit dem Ausdruck *childNodes(0)* wird auf den ersten dieser untergeordneten Knoten Bezug genommen (also auf den Knoten, der das TITLE-Element repräsentiert).

Bei der Beispielseite (Listing 9.3) könnten Sie mit dem Ausdruck *Document.childNodes(2)* den Knoten für das Wurzelelement ermitteln. (*Document.childNodes(0)* ist der Knoten für die XML-Deklaration und *Document.childNodes(1)* ist der Knoten für den Kommentar.) Ein Vorteil des Einsatzes der *documentElement*-Eigenschaft des *Document*-Knotens besteht jedoch darin, dass ihr Wert nicht von der Position des Wurzelelements innerhalb des XML-Dokuments abhängt. Wenn Sie z.B. den Kommentar am Anfang des Dokuments entfernen oder eine Dokumenttyp-Deklaration einfügen, dann repräsentiert der Ausdruck *Document.childNodes(2)* nicht mehr das Wurzelelement.

■ *text* ist eine Eigenschaft des durch *childNodes(0)* bezeichneten Knotens. Sie liefert den kompletten Textinhalt dieses Knotens sowie den Text, der in untergeordneten *Element*-Knoten enthalten ist. In diesem Beispiel hat TITLE keine untergeordneten Elemente und daher enthält *text* lediglich den Textinhalt des TITLE-Elements, also „The Adventures of Huckleberry Finn".

Die Eigenschaften *childNodes* und *text* gehören zu den gemeinsamen Knoteneigenschaften aus Tabelle 9.2.

**Tabelle 9.3**
Nützliche Eigenschaften und Methoden des Knotentyps *Document*. Zu den verfügbaren Eigenschaften gehören auch die in Tabelle 9.2 aufgelisteten gemeinsamen Knoteneigenschaften.

| Eigenschaft des *Document*-Knotens | Beschreibung | Beispiel |
|---|---|---|
| *doctype* | Enthält den *DocumentType*-Knoten, der die Dokumenttyp-Deklaration repräsentiert. | `DocumentType = Document.doctype;` |
| *documentElement* | Enthält den *Element*-Knoten, der das Wurzelelement repräsentiert. | `RootElement = Document.documentElement;` |
| *ondataavailable* | Wird dieser Eigenschaft der Name einer benutzerdefinierten Funktion zugewiesen, dann wird diese Funktion aufgerufen, sobald XML-Daten verfügbar sind. | `Document.ondataavailable = MyDataAvailableHandler;` (Die Funktion *MyDataAvailableHandler* wird aufgerufen, sobald XML-Daten verfügbar sind.) |
| *onreadystatechange* | Wird dieser Eigenschaft der Name einer benutzerdefinierten Funktion zugewiesen, dann wird diese Funktion aufgerufen, sobald sich der Wert der *readyState*-Eigenschaft des *Document*-Knotens ändert. (Diese Eigenschaft wird weiter hinten in dieser Tabelle näher erläutert.) | `MyReadyStateHandler;` (Die Funktion *MyReadyStateHandler* wird aufgerufen, sobald sich der Wert der *readyState*-Eigenschaft des Document-Knotens ändert.) |
| *parseError* | Speichert ein Objekt, das Informationen zu Fehlern enthält, die während der Verarbeitung des Dokuments aufgetreten sind. | `ErrorCode = Document.parseError.errorCode;` |
| *readyState* | Gibt den aktuellen Lade- und Verarbeitungsstatus des XML-Dokuments an und wird auf einen der folgenden numerischen Werte gesetzt: 0: nicht initialisiert 1: wird geladen 2: ist geladen 3: interaktiv 4: abgeschlossen | `if (Document.readyState == 4)` /* dann auf Daten zugreifen... */ |

▶

| Eigenschaft des *Document*-Knotens | Beschreibung | Beispiel |
|---|---|---|
| *url* | Enthält den URL des XML-Dokuments. | `URL = Document.url;` |

| Methode des *Document*-Knotens | Beschreibung | Beispiel |
|---|---|---|
| *getElementsBy-TagName (Typ-name)* | Liefert eine *NodeList*-Auflistung der im Dokument enthaltenen Elemente des mit *Typname* angegebenen Typs. Wird für Typname „*" angegeben, dann werden sämtliche Elemente in der Auflistung erfasst. | `AuthorElementCollection = Document.getElementsByTag-Name ("AUTHOR");` |
| *nodeFromID (ID-Wert)* | Liefert den Knoten, der das Element repräsentiert, das über das mit *ID-Wert* angegebene ID-Typattribut verfügt. (Weitere Informationen zu ID-Attributen finden Sie im Abschnitt *Einen Token-Typ spezifizieren* in Lektion 5.) | `Element = Document.node-FromID ("S021");` |

Die Zeichendaten des TITLE-Elements, die durch den Ausdruck auf der rechten Seite des Gleichheitszeichen bezeichnet werden („The Adventures of Huckleberry Finn"), werden der *innerText*-Eigenschaft des HTML-Elements SPAN mit dem ID-Bezeichner *title* zugewiesen:

```
title.innerText=
   Document.documentElement.childNodes(0).text;
```

Das SPAN-Element ist innerhalb des BODY-Abschnitts der HTML-Seite wie folgt definiert:

```
<SPAN ID="title" STYLE="font-weight:bold"></SPAN>
```

Werden der *innerText*-Eigenschaft eines SPAN-Elements Zeichendaten zugewiesen, dann zeigt dieses SPAN-Element den Text an und formatiert ihn entsprechend seinem Start-Tag (*font-weight:bold*).

In DHTML (Dynamic HTML), das von Internet Explorer 5 unterstützt wird, verfügt jedes HTML-Element über eine Reihe von Eigenschaften, mit denen Sie verschiedene Elementmerkmale über Skriptcode abrufen oder festlegen können. Mit der *innerText*-Eigenschaft lässt sich der in einem Element enthaltene Text ermitteln und festlegen. Weitere Informationen zum Einsatz von HTML und DHTML mit Internet Explorer 5 finden Sie auf der folgenden MSDN-Website: *http://msdn.microsoft.com/workshop/author/default.asp*.

## Das NodeList-Objekt verwenden

Wie weiter vorn in dieser Lektion bereits erläutert wurde, enthält die *childNodes*-Eigenschaft eine Auflistung der untergeordneten Knoten des aktuellen Knotens, die keine *Attribute*-Knoten sind. (Wie Sie später erfahren werden, greifen Sie über die *attributes*-Eigenschaft des Knotens auf Attribute-Knoten zu.) Die in der Eigenschaft *childNodes* gespeicherte Auflistung wird auch als *NodeList*-Objekt bezeichnet.

Um einen bestimmten untergeordneten Knoten in einem *NodeList*-Objekt zu ermitteln, rufen Sie dessen *item*-Methode mit der mit Null beginnenden Indexposition des gewünschten Knotens auf. Mit dem folgenden Methodenaufruf wird beispielsweise der erste untergeordnete Knoten von *Element* ermittelt:

```
FirstNode = Element.childNodes.item(0);
```

Da *item* die Standardmethode des *NodeList*-Objekts ist, brauchen Sie sie nicht ausdrücklich anzugeben, wie im vorherigen Beispiel dieser Lektion gezeigt:

```
FirstNode = Element.childNodes(0);
```

In Tabelle 9.4 sind die Eigenschaften und Methoden von *NodeList*-Objekten verzeichnet.

**Tabelle 9.4**
Eigenschaften und Methoden des Auflistungsobjekts *NodeList*. Die Knoteneigenschaft *childNodes* gibt ein *NodeList*-Objekt zurück.

| *NodeList*-Eigenschaft | Beschreibung | Beispiel |
|---|---|---|
| *length* | Gibt die Anzahl der in der Auflistung enthaltenen Knoten an. | `NodeCount = Element.child-Nodes.length;` |

| *NodeList*-Methode | Beschreibung | Beispiel |
|---|---|---|
| *item (Index)* (Standardmethode) | Liefert den Knoten, der sich an der mit *Index* angegebenen Position befindet, wobei 0 den ersten Knoten bezeichnet. | `SecondChild = Element.child-Nodes.item (1);` oder `SecondChild = Element.child-Nodes (1);` |

▶

| *NodeList*-Eigenschaft | Beschreibung | Beispiel |
|---|---|---|
| *reset ()* | Setzt den internen Zeiger auf die Position vor dem ersten Knoten der Auflistung, sodass der nächste Aufruf von *nextNode* den ersten Knoten liefert. | `Element.childNodes.reset ();` |
| *nextNode ()* | Liefert den nächsten Knoten der Auflistung gemäß dem internen Zeiger. | `Element.childNodes.reset ();`<br>`FirstNode = Element.child-`<br>`Nodes.nextNode ();` |

# Die Textdaten eines Elements abrufen

Im Skript aus Listing 9.3 werden über die *text*-Eigenschaft der einzelnen untergeordneten Elemente (TITLE, AUTHOR, BINDING, PAGES und PRICE) die Zeichendaten dieser Elemente ermittelt. Mit der folgenden Anweisung werden z.B. die Zeichendaten des TITLE-Elements eingelesen:

```
title.innerText=
    Document.documentElement.childNodes(0).text;
```

Die *text*-Eigenschaft liefert den Textinhalt des Elements, das durch den aktuellen Knoten repräsentiert wird, plus den Textinhalt eventuell vorhandener untergeordneter Elemente. Dieses Verfahren zum Abrufen der Zeichendaten eines Elements eignet sich für Elemente, die über keine untergeordneten Elemente verfügen (wie z.B. TITLE). Enthält das Element jedoch wie im folgenden Beispiel neben Zeichendaten eines oder mehrere untergeordnete Elemente, dann liefert die *text*-Eigenschaft den Textinhalt sämtlicher Elemente (hier „Moby-Dick oder Der Wal").

```
<TITLE>Moby-Dick
    <SUBTITLE>oder Der Wal</SUBTITLE>
</TITLE>
```

Um lediglich die Zeichendaten des TITLE-Elements zu erhalten, müssen Sie auf dessen untergeordneten *Text*-Knoten zugreifen.

Sie wissen aus Tabelle 9.1, dass die *nodeValue*-Eigenschaft eines *Element*-Knotens den Wert *null* hat. Enthält das Element Zeichendaten, dann werden diese im untergeordneten *Text*-Knoten gespeichert und lassen sich mithilfe der *nodeValue*-Eigenschaft des *Text*-Knotens abrufen. Wenn z. B. *Element* den Knoten für das TITLE-Element „Moby-Dick" aus dem obigen Beispiel enthält, dann liefert der folgende Ausdruck die Zeichendaten von TITLE („Moby-Dick") ohne die Zeichendaten aus dem SUBTITLE-Element:

```
Element.firstChild.nodeValue
```

(Da die Zeichendaten des TITLE-Elements denen des untergeordneten Elements übergeordnet sind, werden sie durch den ersten untergeordneten Knoten repräsentiert und lassen sich daher mithilfe der *firstChild*-Eigenschaft einlesen.)

Falls die Zeichendaten eines Elements durch untergeordnete Elemente, Kommentare oder Verarbeitungsanweisungen unterbrochen werden, wird jeder Block mit Zeichendaten durch einen eigenen untergeordneten Text-Knoten repräsentiert. Das folgende Element ITEM hätte z. B. drei untergeordnete Knoten, die in der folgenden Reihenfolge angeordnet sind: einen *Text*-Knoten für den ersten Block mit Zeichendaten, einen *Element*-Knoten für das untergeordnete Element SUB-ITEM und einen weiteren *Text*-Knoten für den zweiten Block mit Zeichendaten.

```
<ITEM>
   Zeichendatenblock 1
   <SUB-ITEM>Text des untergeordneten Elements</SUB-ITEM>
 Zeichendatenblock 2
</ITEM>
```

In Tabelle 9.5 sind jeweils eine nützliche Eigenschaft und eine Methode des Knotentyps *Text* verzeichnet.

**Tabelle 9.5**
Nützliche Eigenschaften und Methoden des Knotentyps *Text*. Zu den verfügbaren Eigenschaften gehören auch die in Tabelle 9.2 aufgelisteten gemeinsamen Knoteneigenschaften.

| Eigenschaft des *Text*-Knotens | Beschreibung | Beispiel |
| --- | --- | --- |
| *length* | Die Zeichenanzahl des Textinhalts des Knotens | `CharacterCount = Text.length;` |

| Methode des *Text*-Knotens | Beschreibung | Beispiel |
| --- | --- | --- |
| *substringData(Zeichen-Position, ZeichenAnzahl)* | Liefert eine Zeichenkette mit der angegebenen Anzahl von Zeichen aus dem Textinhalt des Knotens, wobei die Zeichen ab der angegebenen Zeichenposition extrahiert werden. | `SubString = Text.substringData (2, 3);` (Liefert das dritte, vierte und fünfte Zeichen der Zeichendaten des Text-Elements.) |

# Eine variable Anzahl von XML-Elementen anzeigen

Sie wissen jetzt, wie man ein XML-Dokument anzeigt, das über eine bekannte Anzahl von Elementen verfügt. Wenn ein Dokument jedoch eine unbekannte Anzahl von Elementen enthält, ist es etwas komplizierter, dieses Dokument mithilfe von DOM anzuzeigen.

Bei XML-Dokumenten wie Inventory.xml (siehe Listing 8.1 und die Begleit-CD) oder Inventory Big.xml (siehe Listing 8.3 und die Begleit-CD) wissen Sie im Allgemeinen nicht im Vorhinein, wie viele BOOK-Elemente das Dokument enthält. Natürlich soll der Skriptcode auch dann funktionieren, wenn sich die Anzahl der BOOK-Elemente ändert.

Listing 9.4 enthält eine HTML-Seite, mit der mithilfe des DOM die Datei Inventory.xml auf eine Weise angezeigt wird, die unabhängig von der im Dokument enthaltenen Anzahl von BOOK-Elementen ist. (Sie finden eine Kopie dieses Listings unter dem Dateinamen DomDemo Variable.htm auf der Begleit-CD.) Abbildung 9.3 zeigt, wie diese Seite im Internet Explorer 5 dargestellt wird.

**Abbildung 9.3**
Darstellung der Datei DomDemo Variable.htm im Internet Explorer

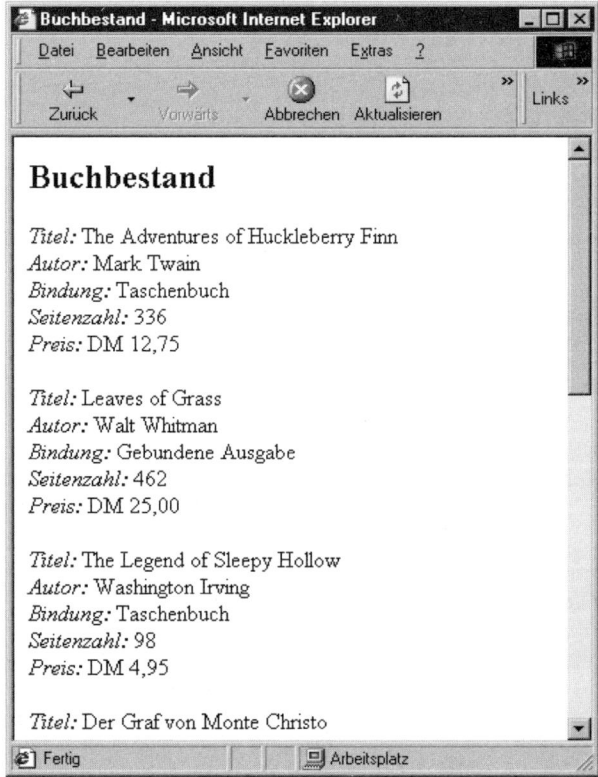

**Listing 9.1**
DomDemo Vari-
able htm

```
<!-- Dateiname: DomDemo Variable.htm -->

<HTML>

<HEAD>

   <TITLE>Buchbestand</TITLE>

   <SCRIPT LANGUAGE="JavaScript" FOR="window" EVENT="ONLOAD">
      HTMLCode = "";
      Document = dsoInventory.XMLDocument;

      for (i=0;
           i < Document.documentElement.childNodes.length;
           i++)
      {
      HTMLCode +=
      "<SPAN STYLE='font-style:italic'>Titel: </SPAN>"
      + Document.documentElement.childNodes(i).childNodes(0).text
      + "<BR>"
      + "<SPAN STYLE='font-style:italic'>Autor: </SPAN>"
      + Document.documentElement.childNodes(i).childNodes(1).text
      + "<BR>"
      + "<SPAN STYLE='font-style:italic'>Bindung: </SPAN>"
      + Document.documentElement.childNodes(i).childNodes(2).text
      + "<BR>"
      + "<SPAN STYLE='font-style:italic'>Seitenzahl: "
      + "</SPAN>"
      + Document.documentElement.childNodes(i).childNodes(3).text
      + "<BR>"
      + "<SPAN STYLE='font-style:italic'>Preis: </SPAN>"
      + Document.documentElement.childNodes(i).childNodes(4).text
      + "<P>";
      }

      DisplayDIV.innerHTML=HTMLCode;
   </SCRIPT>

</HEAD>

<BODY>

   <XML ID="dsoInventory" SRC="Inventory.xml"></XML>

   <H2>Buchbestand</H2>

   <DIV ID="DisplayDIV"></DIV>

</BODY>

</HTML>
```

307

Das in der Beispielseite enthaltene Skript ermittelt mithilfe der *length*-Eigenschaft, wie viele BOOK-Elemente das Wurzelelement enthält. (Die *length*-Eigenschaft ist ein Element des *NodeList*-Auflistungsobjekts, das von der *childNodes*-Eigenschaft des Wurzelelementknotens zurückgegeben wird (siehe Tabelle 9.4)) Das Skript enthält eine *for*-Schleife, die für jedes BOOK-Element einmal ausgeführt wird und den Code zur Anzeige dieser Elemente enthält:

```
for (i=0;
    i < Document.documentElement.childNodes.length;
    i++)
{
/* Code zur Anzeige der BOOK-Elemente... */
}
```

Da die Anzahl der BOOK-Elemente unbekannt ist, kann man im BODY-Abschnitt der Seite keine feste Anzahl von SPAN-Elementen zur Anzeige der XML-Daten definieren (wie im vorigen Beispiel aus Listing 9.3). Statt dessen generiert das Skript für jedes BOOK-Element dynamisch den gesamten HTML-Code, der zur Anzeige des Elements erforderlich ist:

```
for (i=0;
    i < Document.documentElement.childNodes.length;
    i++)
{
HTMLCode +=
"<SPAN STYLE='font-style:italic'>Titel: </SPAN>"
+ Document.documentElement.childNodes(i).childNodes(0).text
+ "<BR>"
+ "<SPAN STYLE='font-style:italic'>Autor: </SPAN>"
+ Document.documentElement.childNodes(i).childNodes(1).text
+ "<BR>"
+ "<SPAN STYLE='font-style:italic'>Bindung: </SPAN>"
+ Document.documentElement.childNodes(i).childNodes(2).text
+ "<BR>"
+ "<SPAN STYLE='font-style:italic'>Seitenzahl: "
+ "</SPAN>"
+ Document.documentElement.childNodes(i).childNodes(3).text
+ "<BR>"
+ "<SPAN STYLE='font-style:italic'>Preis: </SPAN>"
+ Document.documentElement.childNodes(i).childNodes(4).text
+ "<P>";
}
```

Das Skript speichert diese Blöcke mit HTML-Markupcode in der Variablen *HTMLCode*. Nach der *for*-Schleife, wenn alle HTML-Codeblöcke erzeugt und in *HTMLCode* gespeichert worden sind, weist das Skript den

HTML-Code der *innerHTML*-Eigenschaft des im BODY-Abschnitt der Seite enthaltenen DIV-Elements zu (dieses Element verfügt über das ID-Attribut *DisplayDIV*):

```
DisplayDIV.innerHTML=HTMLCode;
```

Das DIV-Element interpretiert den HTML-Code und zeigt die Ergebnisse an, die in Abbildung 9.3 dargestellt wurden.

Um sich davon zu überzeugen, dass diese Seite mit jeder beliebigen Anzahl von BOOK-Elementen funktioniert, können Sie das XML-Tag so abändern, dass die Datei Inventory Big.xml angezeigt wird, die zweimal so viele BOOK-Elemente wie Inventory.xml enthält:

```
<XML ID="dsoInventory" SRC="Inventory Big.xml"></XML>
```

# Andere Möglichkeiten, auf Elemente zuzugreifen

Die Beispielskripts, die bislang vorgestellt wurden, haben auf *Element*-Knoten zugegriffen, indem mithilfe der Knoteneigenschaft *childNodes* oder *firstChild* die Knotenhierarchie von Knoten zu Knoten durchlaufen wurde. Denken Sie daran, dass Sie die Knoteneigenschaften *lastChild*, *previousSibling*, *nextSibling* und *parentNode* auf ähnliche Weise einsetzen können. Tabelle 9.2 beschreibt alle diese Eigenschaften.

Über die Eigenschaften *childNodes*, *firstChild* und *lastChild* können Sie nur auf untergeordnete Knoten zugreifen, die nicht vom Knotentyp *Attribute* sind, während Sie mit den Eigenschaften *previousSibling* und *nextSibling* auf jeden beliebigen Nachbarknoten in der gleichen Hierarchieebene zugreifen können.

Eine andere Möglichkeit, auf XML-Elemente zuzugreifen, besteht darin, über die Methode *getElementsByTagName* sämtliche Elemente mit einem bestimmten Typnamen (wie z.B. TITLE) zu extrahieren. Diese Methode ist sowohl für *Document*-Knoten (siehe Tabelle 9.3) als auch für *Element*-Knoten (Tabelle 9.6) verfügbar. Wenn Sie die Methode für einen *Document*-Knoten aufrufen, dann gibt sie eine Auflistung der *Element*-Knoten aller in diesem Dokument enthaltenen Elemente zurück, die über den angegebenen Typnamen verfügen. Mit der folgenden Anweisung erhält man beispielsweise eine Auflistung aller Knoten, die die im Dokument enthaltenen Elemente namens BOOK repräsentieren:

```
NodeList = Document.getElementsByTagName("BOOK");
```

Wird die Methode *getElementsByTagName* wie im folgenden Beispiel für einen *Element*-Knoten aufgerufen, dann liefert sie eine Auflistung aller Knoten, die entsprechende untergeordnete Elemente dieses *Element*-Knotens repräsentieren:

```
NodeList = Element.getElementsByTagName("AUTHOR");
```

Wenn Sie die Methode *getElementsByTagName* mit dem Parameter „*"
aufrufen, dann liefert sie eine Auflistung aller Elemente des Knotens
(d. h. aller Elemente des Dokuments, wenn Sie die Methode für ein *Document*-Objekt aufrufen, oder aller untergeordneten Elemente, wenn Sie
sie für ein *Element*-Objekt aufrufen).

**Tabelle 9.6**
Nützliche Methoden
des Knotentyps *Ele-
ment*. Bei *Element*-
Knoten sind auch die
in Tabelle 9.2 aufgelis-
teten gemeinsamen
Knoteneigenschaften
verfügbar.

| Methode des Knotentyps *Element* | Beschreibung | Beispiel |
|---|---|---|
| *getAttribute (Attributname)* | Gibt den Wert des angegebenen Elementattributs zurück. | `AttValue = Element.getAttribute ("InStock");` |
| *getAttributeNode (Attributname)* | Liefert den *Attribute*-Knoten, der das angegebene Elementattribut repräsentiert. | `Attribute = Element.getAttribute-Node("InStock");` |
| *getElementsBy-TagName(Typname)* | Liefert ein *NodeList*-Auflistungsobjekt mit den *Element*-Knoten aller untergeordneten Elemente dieses Elements, die über den angegebenen Typnamen verfügen. Wird der Methode „*" als Parameter übergeben, dann enthält die *NodeList*-Auflistung die Knoten aller untergeordneten Elemente. | `AuthorElementCollection = Element.getElementsByTag-Name ("AUTHOR");` |

Die *getElementsByTagName*-Methode gibt die *Element*-Knoten in Form
eines *NodeList*-Auflistungsobjekts zurück. Sie können daher mithilfe
einer der im Abschnitt *Das NodeList-Objekt verwenden* beschriebenen
Techniken auf einzelne Knoten zugreifen. Mit dem folgenden Skriptcode
wird beispielsweise der Textinhalt aller *Element*-Knoten, die in dem von
*getElementsByTagName* gelieferten *NodeList*-Objekt enthalten sind, in
einem Meldungsfeld (das durch die *alert*-Anweisung erzeugt wird) angezeigt:

```
for (i=0; i < NodeList.length; ++i)
    alert (NodeList(i).text);
```

Die HTML-Seite aus Listing 9.6 illustriert den Einsatz der Methode *get-
ElementsByTagName* mit dem *Document*-Knoten. (Sie finden eine Kopie
dieses Listings unter dem Dateinamen GetElements.htm auf der Begleit-
CD.) Die Seite zeigt ein INPUT-Steuerelement vom Typ TEXT an, in das

Sie einen Elementnamen eingeben können. Wenn Sie auf die Schaltfläche *Elemente anzeigen* klicken, dann sucht die *ShowElements*-Skriptfunktion mithilfe der *getElementsByTagName*-Methode des *Document*-Knotens nach dem XML-Markupcode aller im Dokument enthaltenen Elemente mit dem angegebenen Elementnamen und zeigt diese an (sofern vorhanden). Beachten Sie, dass in diesem Skript mithilfe der *xml*-Eigenschaft der einzelnen *Element*-Knoten der XML-Markupcode jedes Elements angezeigt wird. Die Seite ist mit dem Dokument Inventory.xml verknüpft. Sie können das XML-Tag jedoch abändern, wenn Sie die Elemente anderer XML-Dokumente anzeigen möchten. Abbildung 9.4 zeigt, wie Internet Explorer 5 diese Seite anzeigt, nachdem Sie in das INPUT-Steuerelement *AUTHOR* eingegeben und auf die Schaltfläche *Elemente anzeigen* geklickt haben.

**Abbildung 9.4**
Darstellung der Datei GetElements.htm im Internet Explorer

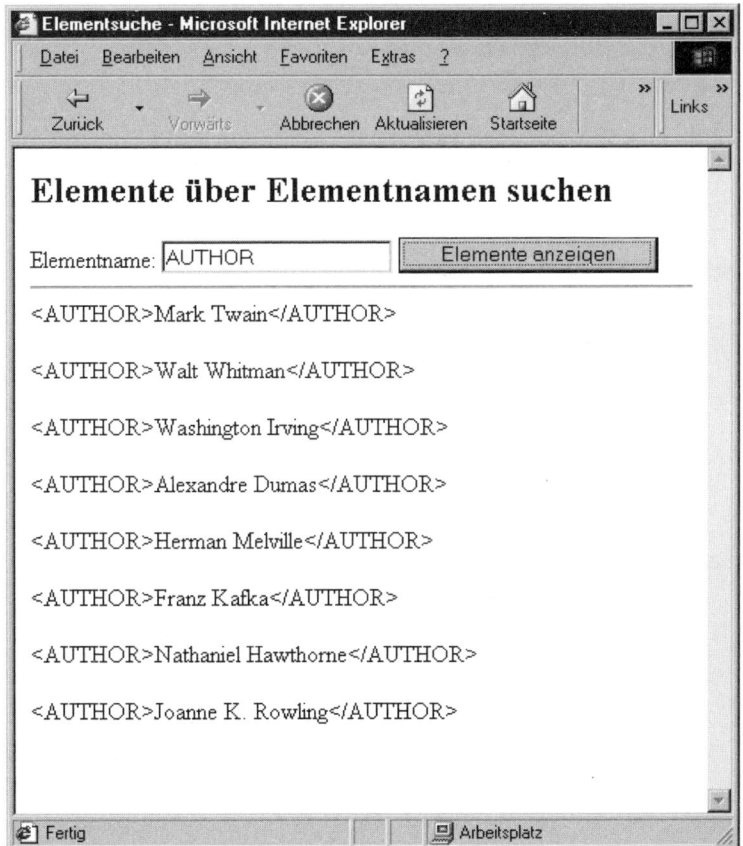

**Listing 9.1**
GetElements.htm

```
<!-- Dateiname: GetElements.htm -->

<HTML>

<HEAD>

   <TITLE> Elementsuche</TITLE>

   <SCRIPT LANGUAGE="JavaScript">
      function ShowElements()
         {
/* Sicherstellen, dass der Benutzer Text in das
            Feld 'Elementname' eingegeben hat: */
         if (ElementName.value == "")
            {
            ResultDiv.innerText = "<Sie müssen einen Elementnamen "
               + "in das Feld 'Elementname' eingeben.>";
            return;
            }

         /* Eine NodeList-Auflistung aller passenden Element-
            Knoten des Dokuments zusammenstellen: */
         Document = dsoXML.XMLDocument;
         NodeList =
            Document.getElementsByTagName (ElementName.value);

         /* Die XML-Auszeichnung für jeden Element-Knoten
            in ResultHTML speichern: */
         ResultHTML = "";
         for (i=0; i < NodeList.length; ++i)
            ResultHTML += NodeList(i).xml + "\n\n";

         /* Die gespeicherten Ergebnisse der Eigenschaft innerText
            von DIV zuweisen: */
         if (ResultHTML == "")
            ResultDiv.innerText = "<keine passenden Elemente gefunden>";
         else
            ResultDiv.innerText = ResultHTML;
         }
   </SCRIPT>

</HEAD>

<BODY>

   <XML ID="dsoXML" SRC="Inventory.xml"></XML>

   <H2>Elemente über Elementnamen suchen</H2>
   Elementname: <INPUT TYPE="TEXT" ID="ElementName"> 
```

```
<BUTTON ONCLICK="ShowElements()">Elemente anzeigen</BUTTON>
<HR>
<DIV ID=ResultDiv></DIV>

</BODY>

</HTML>
```

# Auf XML-Dokumentattributwerte zugreifen und diese Werte anzeigen

Ein in einem XML-Element enthaltenes Attribut wird durch einen untergeordneten *Attribute*-Knoten repräsentiert. Sie können auf Attribute-Knoten allerdings nicht mithilfe der Knoteneigenschaften *childNodes*, *firstChild* und *lastChild* wie auf andere Typen untergeordneter Knoten zugreifen. Statt dessen müssen Sie die *attributes*-Eigenschaft des *Element*-Knotens verwenden.

Im DOM repräsentieren *Attribute*-Knoten nicht nur Attribute, sondern auch verschiedene andere Typen von XML-Komponenten, die sich aus Name-Wert-Paaren zusammensetzen, nämlich:

- ein Name und ein Wert in einer Verarbeitungsanweisung (wie z.B. *version="1.0"* in der XML-Deklaration),

- das Schlüsselwort SYSTEM und ein Systemliteral in einer Dokument-typ-Deklaration, externen Entity-Deklaration oder Notationsdeklaration,

- das Schlüsselwort NDATA und ein Notationsname in der Deklaration eines nicht geparsten Entity.

Sehen Sie sich das XML-Dokument aus Listing 9.6 an. (Sie finden eine Kopie dieses Listings unter dem Dateinamen Inventory Attributes.xml auf der Begleit-CD.)

**Listing 9.2**
Inventory
Attributes.xml

```
<?xml version="1.0"?>

<!-- Dateiname: Inventory Attributes.xml -->

<INVENTORY>
<BOOK Binding="Taschenbuch" InStock="ja"
      Review="***">
      <TITLE>The Adventures of Huckleberry Finn</TITLE>
      <AUTHOR Born="1835">Mark Twain</AUTHOR>
      <PAGES>336</PAGES>
      <PRICE>DM 12,75</PRICE>
   </BOOK>
   <BOOK Binding="Gebundene Ausgabe" InStock="nein">
```

```
        <TITLE>Leaves of Grass</TITLE>
        <AUTHOR Born="1819">Walt Whitman</AUTHOR>
        <PAGES>462</PAGES>
        <PRICE>DM 25,00</PRICE>
    </BOOK>
    <BOOK Binding="Taschenbuch" InStock="ja"
        Review="****">
        <TITLE>The Legend of Sleepy Hollow</TITLE>
        <AUTHOR>Washington Irving</AUTHOR>
        <PAGES>98</PAGES>
        <PRICE>DM 4,95</PRICE>
    </BOOK>
</INVENTORY>
```

Die BOOK-Elemente dieses Dokuments enthalten zwei oder drei Attribute. Mit der folgenden Skriptanweisung wird der *Element*-Knoten für das erste BOOK-Element ermittelt:

```
Document.documentElement.childNodes(0)
```

(In diesem und den folgenden Beispielen dieses Abschnitts wird davon ausgegangen, dass *Document* den *Document*-Knoten enthält.)

Die *attributes*-Eigenschaft dieses *Element*-Knotens gibt eine *Named-NodeMap*-Auflistung mit sämtlichen *Attribute*-Knoten zurück, die die Attribute des ersten BOOK-Elements repräsentieren:

```
NamedNodeMap = Document.documentElement.childNodes(0).attributes
```

*NamedNodeMap*-Auflistungsobjekte unterscheiden sich etwas von den *NodeList*-Auflistungsobjekten, die von der Knoteneigenschaft *childNodes* zurückgegeben werden. In Tabelle 9.7 sind eine Eigenschaft und einige nützliche Methoden des *NamedNodeMap*-Objekts zusammengestellt.

**Tabelle 9.7**
Die Eigenschaft und einige nützliche Methoden des *NamedNodeMap*-Auflistungsobjekts. Die *attributes*-Knoteneigenschaft gibt *NamedNodeMap*-Objekt zurück.

| *NamedNodeMap*-Eigenschaft | Beschreibung | Beispiel |
|---|---|---|
| *length* | Enthält die Anzahl der in der Auflistung enthaltenen Knoten. | `AttributeCount = Element.attributes.length;` |

| *NamedNodeMap*-Methode | Beschreibung | Beispiel |
|---|---|---|
| *getNamed-Item(Attributname)* | Liefert den Knoten, der über den angegebenen Namen verfügt. | `Attribute = Element.attributes.getNamedItem("Binding");` ▶ |

| *NamedNodeMap-*Methode | Beschreibung | Beispiel |
|---|---|---|
| *item (Indexposition)* (Standardmethode) | Gibt den Knoten zurück, der sich an der angegebenen Indexposition befindet, wobei der Wert 0 die erste Indexposition bezeichnet. | `SecondAttribute = Element.attributes.item (1);` oder `SecondAttribute = Element.attributes (1);` |
| *reset ()* | Setzt den internen Zeiger in der Auflistung auf die Position vor dem ersten Knoten, sodass ein nachfolgender Aufruf von *nextNode* den ersten Knoten liefert. | `Element.attributes.reset ();` |
| *nextNode ()* | Liefert den nächsten Knoten der Auflistung gemäß dem internen Zeiger. | `Element.attributes.reset ();` `FirstAttribute = Element.attributes.nextNode ();` |

Sie können mithilfe der *length*-Eigenschaft des *NamedNodeMap*-Objekts und dessen Standardmethode *item* die Auflistung durchsuchen und einzelne *Attribute*-Knoten extrahieren. Mit dem folgenden Skriptcode werden beispielsweise der Name und der Wert der Attribute des ersten BOOK-Elements des Beispieldokuments angezeigt:

```
NamedNodeMap = Document.documentElement.childNodes(0).attributes;
for (i=0; i<NamedNodeMap.length; ++i)
    alert ("Name: " + NamedNodeMap(i).nodeName + "\n"
        + "Wert: " + NamedNodeMap(i).nodeValue);
```

Jedes Namen-Wert-Paar wird in einem eigenen *alert*-Meldungsfeld ausgegeben. In Abbildung 9.5 ist das erste Meldungsfeld dargestellt.

**Abbildung 9.5**
Das erste *alert*-Meldungsfeld

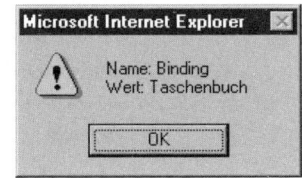

Beachten Sie, dass die *nodeName*-Eigenschaft von *Attribute*-Knoten den Attributnamen und die *nodeValue*-Eigenschaft den Attributwert enthält.

Ein *Attribute*-Knoten verfügt über einen *Text*-Knoten, der den Attribut-wert enthält. Dieser Knoten ist jedoch nicht erforderlich, da Sie den Attributwert mühelos über die *nodeValue*-Eigenschaft des *Attribute*-Knotens ermitteln können. Daher gehe ich in dieser Lektion nicht auf diese untergeordneten *Text*-Knoten ein.

Durch einen Aufruf der *getNamedItem*-Methode des *NamedNodeMap*-Objekts können Sie zudem einen bestimmten *Attribute*-Knoten des Elements ermitteln. Beispielsweise wird mit dem folgenden Skriptcode der Wert des Attributs *Binding* des ersten BOOK-Elements des Beispieldokuments angezeigt:

```
NamedNodeMap = Document.documentElement.childNodes(0).attributes;
alert (NamedNodeMap.getNamedItem("Binding").nodeValue);
```

Abbildung 9.6 zeigt das resultierende Meldungsfeld.

**Abbildung 9.6**
alert-Meldungsfeld für
das Attribut Binding

# Auf XML-Entities und Notationen zugreifen

Wie bereits in Lektion 6 erläutert wurde, können Sie über die Deklaration einer nicht geparsten Entity eine externe Datendatei in ein XML-Dokument aufnehmen. (Alle nicht geparsten Entities sind vom allgemeinen externen Typ.) Sie verwenden ein nicht geparstes Entity zum Einbinden einer externen Entity-Datei in ein bestmmtes XML-Element, indem Sie den Entity-Namen einem Attribut mit dem Typ ENTITY oder ENTITIES zuweisen. Der XML-Prozessor greift nicht auf eine nicht geparste Entity-Datei zu. Er stellt statt dessen eine Beschreibung der Entity und seiner Notation der Anwendung zur Verfügung, die diese Informationen in der geeigneten Weise abrufen und verarbeiten kann.

In diesem Abschnitt werden ein XML-Dokument und eine HTML-Seite vorgestellt, die veranschaulichen, wie man das DOM einsetzt, um die Informationen zu einem Entity und der Notation, die das Entity-Format beschreibt, einem XML-Dokument zu entnehmen. Listing 9.7 enthält das XML-Beispieldokument und Listing 9.8 die HTML-Beispielseite. (Sie finden Kopien dieser Listings unter den Dateinamen Inventory Entity.xml und Inventory Entity.htm auf der Begleit-CD.)

**Listing 9.1**
Inventory Entity.xml

```xml
<?xml version="1.0"?>

<!-- Dateiname: Inventory Entity.xml -->

<!DOCTYPE INVENTORY
    [
<!NOTATION TXT SYSTEM "Nur Text (txt)">
    <!ENTITY rev_huck SYSTEM "Review Huckleberry Finn.txt"
        NDATA TXT>
    <!ENTITY rev_leaves SYSTEM "Review Leaves of Grass.txt"
        NDATA TXT>
    <!ENTITY rev_legend SYSTEM "Review Sleepy Hollow.txt"
 NDATA TXT>

    <!ELEMENT INVENTORY (BOOK)*>
    <!ELEMENT BOOK (TITLE, AUTHOR, BINDING, PAGES, PRICE)>
    <!ATTLIST BOOK    Review ENTITY #IMPLIED>
    <!ELEMENT TITLE (#PCDATA)>
    <!ELEMENT AUTHOR (#PCDATA)>
    <!ELEMENT BINDING (#PCDATA)>
    <!ELEMENT PAGES (#PCDATA)>
    <!ELEMENT PRICE (#PCDATA)>
    ]
>

<INVENTORY>
    <BOOK Review="rev_huck">
        <TITLE>The Adventures of Huckleberry Finn</TITLE>
        <AUTHOR>Mark Twain</AUTHOR>
<BINDING>Taschenbuch</BINDING>
        <PAGES>336</PAGES>
        <PRICE>DM 12,75</PRICE>
    </BOOK>
    <BOOK Review="rev_leaves">
        <TITLE>Leaves of Grass</TITLE>
        <AUTHOR>Walt Whitman</AUTHOR>
        <BINDING>Gebundene Ausgabe</BINDING>
        <PAGES>462</PAGES>
        <PRICE>DM 25,00</PRICE>
    </BOOK>
    <BOOK Review="rev_legend">
        <TITLE>The Legend of Sleepy Hollow</TITLE>
        <AUTHOR>Washington Irving</AUTHOR>
        <BINDING>Taschenbuch</BINDING>
        <PAGES>98</PAGES>
        <PRICE>DM 4,95</PRICE>
    </BOOK>
</INVENTORY>
```

```
<!-- Dateiname: Inventory Entity.htm -->

<HTML>

<HEAD>

   <TITLE>Informationen über Entity ermitteln</TITLE>

   <SCRIPT LANGUAGE="JavaScript" FOR="window" EVENT="ONLOAD">
      Document = dsoInventory.XMLDocument;
      Attribute =
         Document.documentElement.childNodes(0).attributes(0);
      if (Attribute.dataType == "entity")
      {
      DisplayText = "'" + Attribute.nodeName
         + "' Attribut hat den ENTITY-Typ" + "\n";
      DisplayText += "Attributwert = "
         + Attribute.nodeValue + "\n";
      Entity =
      Document.doctype.entities.getNamedItem(Attribute.nodeValue);
      DisplayText += "Entity-Datei = "
         + Entity.attributes.getNamedItem("SYSTEM").nodeValue
         + "\n";
      NotationName =
         Entity.attributes.getNamedItem("NDATA").nodeValue;
      DisplayText += "Entity-Notation = " + NotationName + "\n";
      Notation =
         Document.doctype.notations.getNamedItem(NotationName);
      DisplayText += "Notation URI oder Beschreibung = "
         + Notation.attributes.getNamedItem("SYSTEM").nodeValue
         + "\n";
      alert (DisplayText);
      location.href =
         Entity.attributes.getNamedItem("SYSTEM").nodeValue;
      }
   </SCRIPT>

</HEAD>

<BODY>

   <XML ID="dsoInventory" SRC="Inventory Entity.xml"></XML>

</BODY>

</HTML>
```

Jedes BOOK-Element des XML-Beispieldokuments enthält ein ENTITY-Typattribut namens *Review*, das dem Namen eines nicht geparsten Entity zugewiesen wird, das eine Rezension eines bestimmten Buches enthält. Die HTML-Beispielseite enthält ein Skript, das veranschaulicht, welche grundlegenden Schritte ein DOM-Skript ausführen muss, um sämtliche Informationen über ein Entity zu ermitteln, wenn es auf ein Attribut mit dem Typ ENTITY oder ENTITIES trifft. Das Skript extrahiert hier z. B. die Informationen zu dem nicht geparsten Entity, das dem *Review*-Attribut des ersten BOOK-Elements zugewiesen wurde. Diese Informationen werden in einem Meldungsfeld angezeigt, das durch eine *alert*-Anweisung erzeugt wird (siehe Abbildung 9.7).

**Abbildung 9.7**
Im Skript definiertes
Meldungsfeld

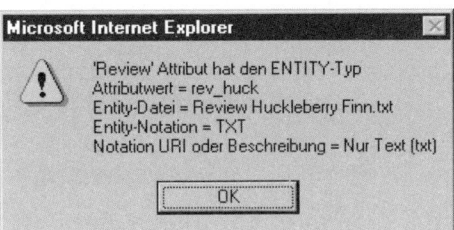

Nachfolgend werden die Grundschritte, die das Skript ausführt, kurz erläutert:

❶ Das Skript ermittelt den *Attribute*-Knoten, der das *Review*-Attribut im ersten BOOK-Element repräsentiert:

```
Attribute =
    Document.documentElement.childNodes(0).attributes(0);
```

❷ Das Skript ermittelt mithilfe der Knoteneigenschaft *dataType* (siehe Tabelle 9.2), ob das Attribut den Typ ENTITY hat:

```
if (Attribute.dataType == "entity")
    {
    /* Informationen über Entity abrufen */
    }
```

Das Skript führt die übrigen Schritte nur dann aus, wenn das Attribut vom Typ ENTITY ist. Das heißt, die übrigen Schritte sind in einer *if*-Anweisung enthalten und werden nur dann ausgeführt, wenn die *if*-Bedingung erfüllt ist.

❸ Das Skript ermittelt den *Entity*-Knoten für die DTD-Deklaration der Entity, die dem Attribut zugeordnet ist:

```
Entity =
    Document.doctype.entities.getNamedItem(Attribute.nodeValue);
```

Die *Document*-Eigenschaft *doctype* (die in Tabelle 9.3 erläutert wurde) liefert einen *DocumentType*-Knoten, der die Dokumenttyp-Deklaration repräsentiert. Die *DocumentType*-Eigenschaft *entities* gibt eine *Named-*

*NodeMap*-Auflistung der *Entity*-Knoten aller Entity-Deklarationen der DTD zurück. Der *Entity*-Knoten der Entity, die einem bestimmten Attribut zugeordnet ist, wird ermittelt, indem die *NamedNodeMap*-Methode *getNamedItem* (siehe Tabelle 9.7) mit dem Entity-Namen (*Attribute.nodeValue*) aufgerufen wird.

❹ Das Skript ruft den Systemliteral des Entity ab, der den URI der Datei mit den Entity-Daten angibt. Der Systemliteral wird als Wert in dem *Attribute*-Knoten namens SYSTEM gespeichert:

```
DisplayText += "Entity-Datei = "
   + Entity.attributes.getNamedItem("SYSTEM").nodeValue
   + "\n";
```

❺ Das Skript ermittelt den Namen der Notation des Entity, der als Wert in dem *Attribute*-Knoten namens NDATA gespeichert wird:

```
NotationName =
   Entity.attributes.getNamedItem("NDATA").nodeValue;
```

❻ Das Skript ermittelt den *Notation*-Knoten, der die Deklaration der Entity-Notation repräsentiert:

```
Notation =
   Document.doctype.notations.getNamedItem(NotationName);
```

Die *DocumentType*-Eigenschaft *notations* liefert eine *NamedNodeMap*-Auflistung der *Notation*-Knoten aller Notationsdeklarationen der DTD. Der *Notation*-Knoten für die Notation der Entity wird durch einen Aufruf der *NamedNodeMap*-Methode *getNamedItem* mit dem Namen der Notation (*NotationName*) ermittelt.

❼ Das Skript ruft den Systemliteral der Notation ab, der den URI oder wie in diesem Beispiel die Beschreibung der Notation enthält. Der Systemliteral wird als Wert in dem *Attribute*-Knoten namens SYSTEM gespeichert:

```
DisplayText += "Notation URI oder Beschreibung = "
   + Notation.attributes.getNamedItem("SYSTEM").nodeValue
   + "\n";
```

❽ Das Skript zeigt alle gespeicherten Ergebnisse in einem Meldungsfeld an, das durch einen *alert*-Aufruf erzeugt wird:

```
alert (DisplayText);
```

❾ Das Skript endet, indem es Internet Explorer 5 veranlasst, die Entity-Datei mit der Rezension zu öffnen und anzuzeigen. Hierzu weist es die URI der Datei (die wie in Schritt 4 beschrieben ermittelt wird) der Eigenschaft *location.href* der HTML-Seite zu, die den URL der Datei angibt, die aktuell im Browser angezeigt wird:

```
location.href =
   Entity.attributes.getNamedItem("SYSTEM").nodeValue;
```

Die Eigenschaft *location.href* ist Bestandteil des DHTML-Objektmodells, zu dem Sie unter der Adresse *http://msdn.microsoft.com/workshop/ author/default.asp* weitere Informationen finden.

# Ein gesamtes XML-Dokument analysieren

In der folgenden Übung erstellen Sie eine HTML-Seite, die ein Skript enthält, mit dem die gesamte DOM-Knotenhierarchie eines XML-Dokuments ab dem Wurzelelement *Document* durchsucht wird. Das Skript gibt den Namen, den Typ und den Wert der einzelnen Knoten aus. Jeder Block mit Knoteninformationen wird entsprechend eingerückt, um dessen Hierarchieebene anzuzeigen. Sie können diese Seite einsetzen, um die Knoten beliebiger XML-Dokumente anzuzeigen und mehr über die DOM-Struktur der Knoten verschiedener XML-Dokumenttypen und Dokumentkomponenten zu erfahren.

## Eine Seite anlegen, mit der die Dokumentknoten ausgegeben werden

❶ Öffnen Sie in Ihrem Texteditor eine neue, leere Textdatei und geben Sie die in Listing 9.9 abgedruckte HTML-Seite ein. (Sie finden eine Kopie dieses Listings unter dem Dateinamen ShowNodes.htm auf der Begleit-CD).

❷ Speichern Sie das Dokument unter dem Dateinamen ShowNodes.htm auf der Festplatte.

**Listing 9.3**
ShowNodes.htm

```
<!-- Dateiname: ShowNodes.htm -->

<HTML>

<HEAD>

<TITLE>DOM-Knoten anzeigen</TITLE>

    <SCRIPT LANGUAGE="JavaScript" FOR="window" EVENT="ONLOAD">
        /* Document-Knoten ermitteln: */
        Document = dsoXML.XMLDocument;

        /* Mit der Übergabe des Document-Knotens an DisplayNodes beginnen: */
        DisplayDIV.innerText = DisplayNodes(Document, 0);

        function DisplayNodes (Node, IndentLevel)
            {
            /* Lokale Variablen für Rekursion deklarieren: */
            var i;
            var DisplayString = "";
```

```
         /* Einrückung für diese Ebene erstellen: */
         Indent = "";
         IndentDelta = "      ";
         for (i=0; i < IndentLevel; ++i)
            Indent += IndentDelta;

         /* Eigenschaften des aktuellen Knotens anzeigen: */
         DisplayString += Indent + "nodeName: "
                       + Node.nodeName + "\n"
                       + Indent + "nodeTypeType: "
                       + Node.nodeType + "\n"
                       + Indent + "nodeTypeString: "
                       + Node.nodeTypeString + "\n"
                       + Indent + "nodeValue: "
                       + Node.nodeValue + "\n\n";

         /* Untergeordnete attributes-Knoten jedes Knotens anzeigen: */
         Indent += IndentDelta;
         for (i=0;
              Node.attributes != null
              && i < Node.attributes.length;
              ++i)
            DisplayString += Indent + "nodeName: "
                          + Node.attributes(i).nodeName + "\n"
                          + Indent + "nodeTypeType:    "
                          + Node.attributes(i).nodeType + "\n"
                          + Indent + "nodeTypeString: "
                          + Node.attributes(i).nodeTypeString
                          + "\n"
                          + Indent + "nodeValue: "
                          + Node.attributes(i).nodeValue
                          + "\n\n";

         /* Andere untergeordnete Knoten jedes Knotens anzeigen: */
         for (i=0; i < Node.childNodes.length; ++i)
            DisplayString +=
               DisplayNodes (Node.childNodes(i), IndentLevel + 1);

         /* Zeichenkette mit den Ergebnissen zurückgeben: */
         return DisplayString;
         }
   </SCRIPT>

</HEAD>

<BODY>

   <XML ID="dsoXML" SRC="Inventory Dom.xml"></XML>
```

```
<H2>Knoten des XML-Dokumentenobjektmodells (DOM)</H2>
<DIV ID="DisplayDIV"></DIV>

</BODY>

</HTML>
```

Das Skript übergibt zuerst den *Document*-Knoten der Funktion *DisplayNodes*, die die Anzeigedaten dieses Knotens und dessen untergeordneten Knoten zurückgibt. Diese Anzeigedaten werden der *innerText*-Eigenschaft des DIV-Elements *DisplayDIV* im BODY-Abschnitt der Seite zugewiesen, das diese Informationen anzeigt:

```
DisplayDIV.innerText = DisplayNodes(Document, 0);
```

Der zweite *DisplayNodes*-Parameter legt fest, mit welcher Einrückung diese Knoteninformationen dargestellt werden.

Die Funktion *DisplayNodes* ist wie folgt definiert:

```
function DisplayNodes (Node, IndentLevel)
```

Diese Funktion führt folgende Hauptschritte aus:

▨ Sie speichert die entsprechende Anzahl von Leerzeichen in der Variablen, mit der die Einrückung am Anfang jeder Zeile mit Knoteninformation erzeugt wird. Die Anzahl von Leerzeichen wird durch den Wert des Parameters *IndentLevel* bestimmt, der *DisplayNodes* übergeben wird:

```
/* Einrückung für diese Ebene erstellen: */
Indent = "";
IndentDelta = "      ";
for (i=0; i < IndentLevel; ++i)
    Indent += IndentDelta;
```

▨ Sie speichert die Anzeigedaten des aktuellen Knotens, d.h. des Knotens, der über den *Node*-Parameter der Funktion *DisplayNodes* übergeben wird (anfänglich der *Document*-Knoten):

```
/* Eigenschaften des aktuellen Knotens anzeigen: */
DisplayString += Indent + "nodeName: "
                + Node.nodeName + "\n"
                + Indent + "nodeTypeType: "
                + Node.nodeType + "\n"
                + Indent + "nodeTypeString: "
                + Node.nodeTypeString + "\n"
                + Indent + "nodeValue: "
                + Node.nodeValue + "\n\n";
```

Wenn weitere Eigenschaften der einzelnen Knoten angezeigt werden sollen, können Sie diese dem vorstehenden Skriptblock hinzufügen. Sie können jede der gemeinsamen Eigenschaften aus Tabelle 9.2 verwenden. Verwenden Sie jedoch keine knotenspezifischen Eigenschaften (wie z.B. die in Tabelle 9.3 aufgeführten Eigenschaften von *Document*-Knoten), da diese nicht bei allen Knotentypen verfügar sind.

▨ Sie zeigt Informationen zu den untergeordneten *Attributes*-Knoten des aktuellen Knotens an. Diese Informationen werden um eine Ebene weiter eingerückt, um anzuzeigen, dass es sich um untergeordnete Knoten des aktuellen Knotens handelt:

```
/* Untergeordnete Attribute-Knoten jedes Knotens anzeigen: */
Indent += IndentDelta;
for (i=0;
     Node.attributes != null
     && i < Node.attributes.length;
     ++i)
   DisplayString += Indent + "nodeName: "
                  + Node.attributes(i).nodeName + "\n"
                  + Indent + "nodeTypeType:   "
                  + Node.attributes(i).nodeType + "\n"
                  + Indent + "nodeTypeString: "
                  + Node.attributes(i).nodeTypeString
                  + "\n"
                  + Indent + "nodeValue: "
                  + Node.attributes(i).nodeValue
                  + "\n\n";
```

*DisplayNodes* zeigt den überflüssigen *Text*-Knoten von *Attribute*-Knoten nicht an, da es bequemer ist, den Attributwert direkt über die *nodeValue*-Eigenschaft des Attribute-Knotens abzurufen.

▨ Die Funktion *DisplayNodes* speichert Informationen zu jedem anderen untergeordneten Knoten, der nicht vom Typ *Attribute* ist, indem sie sich selbst für jeden dieser Knoten aufruft. Man bezeichnet dies auch als *rekursive* Funktionsaufrufe:

```
/* Andere untergeordnete Knoten jedes Knotens anzeigen: */
for (i=0; i < Node.childNodes.length; ++i)
   DisplayString +=
      DisplayNodes (Node.childNodes(i), IndentLevel + 1);
```

▨ Die Funktion *DisplayNodes* endet, indem sie die Zeichenkette zurückgibt, die sämtliche Knoteninformationen enthält:

```
/* Zeichenkette mit den Ergebnissen zurückgeben: */
return DisplayString;
```

❸ Öffnen Sie die Seite im Internet Explorer 5 (siehe Abbildung 9.8).

**Abbildung 9.8**
Darstellung der Datei
ShowNodes.htm im
Windows Explorer

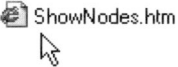 ShowNodes.htm

Beachten Sie, dass die Eigenschaft *nodeTypeString* den Knotentyp in Kleinbuchstaben speichert. (Beispielsweise werden „Document" und „ProcessingInstruction" zu „document" und „processinginstruction".)

Die Seite zeigt das XML-Dokument Inventory Dom.xml an (das Sie in Listing 9.1 und auf der Begleit-CD finden). Der erste Teil der Ausgabe sieht wie in Abbildung 9.9 aus.

**Abbildung 9.9**
Ausgabe für das
Dokument Inventory
Dom.xml

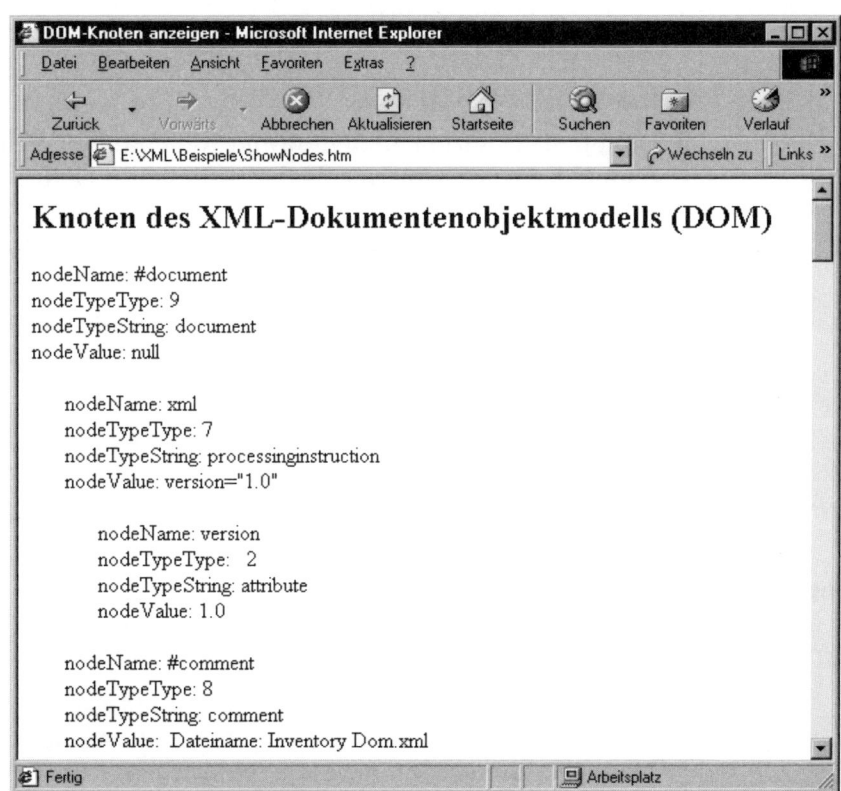

**❹** Wenn Sie die Knotenstruktur eines anderen XML-Dokuments betrachten möchten, bearbeiten Sie das XML-Tag der Seite. Um die Knoten des Dokuments Inventory Valid Entity.xml (das Sie in Listing 6.1 und auf der Begleit-CD finden) darzustellen, ändern Sie das XML-Dokument z. B. wie folgt ab:

```
<XML ID="dsoXML" SRC="Inventory Valid Entity.xml"></XML>
```

# Die Gültigkeit eines XML-Dokuments überprüfen

Im letzten Abschnitt dieser Lektion wird eine HTML-Seite vorgestellt, die ein XML-Dokument öffnet und mithilfe von DOM-Eigenschaften darin eventuell enthaltene Fehler meldet. Falls das Dokument keine Dokumenttyp-Deklaration aufweist, gibt die Seite nur Fehler hinsichtlich der Anforderungen an die Wohlgeformtheit aus. Enthält das Dokument eine Dokumenttyp-Deklaration, dann meldet die Seite sowohl Fehler in Bezug auf die Wohlgeformtheit als auch die Gültigkeit. Sie können mit dieser Seite jedes XML-Dokument testen.

## So verwenden Sie die Seite zur Gültigkeitsprüfung

**❶** Öffnen Sie in Ihrem Texteditor die Seite namens Validity Test.htm. (Sie finden diese Seite auf der Begleit-CD und im Listing 9.10 im nächsten Abschnitt.)

**❷** Bearbeiten Sie das XML-Tag im BODY-Abschnitt der Seite, sodass dessen SRC-Attribut den URL des zu testenden XML-Dokumens enthält. Soll z. B. das Dokument Raven.xml getestet werden, muss das XML-Tag wie folgt lauten:

```
<XML ID="dsoTest" SRC="Raven.xml"></XML>
```

**❸** Speichern Sie die abgeänderte Seite mit dem Befehl *Speichern* Ihres Texteditors.

**❹** Öffnen Sie die Seite im Internet Explorer 5 (siehe Abbildung 9.10).

**Abbildung 9.10**
Darstellung der Datei
im Windows Explorer

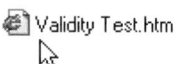

Die Seite zeigt ein Meldungsfeld an, sobald der XML-Prozessor von Internet Explorer 5 auf einen Fehler stößt. Abbildung 9.11 zeigt, wie dieses Meldungsfeld bei einem fehlerfreien Dokument aussieht.

Falls das Dokument einen Fehler enthält, sieht das Meldungsfeld wie in Abbildung 9.12 dargestellt aus.

**Abbildung 9.11**
Meldungsfeld für ein
fehlerfreies Dokument

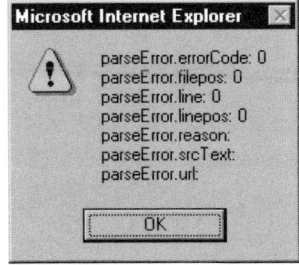

```
Microsoft Internet Explorer    ☒

  ⚠     parseError.errorCode: 0
        parseError.filepos: 0
        parseError.line: 0
        parseError.linepos: 0
        parseError.reason:
        parseError.srcText:
        parseError.url:

            [    OK    ]
```

**Abbildung 9.12**
Meldungsfeld für ein
fehlerhaftes Doku-
ment

```
Microsoft Internet Explorer                                              ☒

  ⚠     parseError.errorCode: -1072896659
        parseError.filepos: 468
        parseError.line: 20
        parseError.linepos: 6
        parseError.reason: Der Ende-Tag 'BOOK' stimmt nicht mit dem Start-Tag 'TITLE' überein.

        parseError.srcText:   </BOOK>
        parseError.url: file://E:\XML\Beispiele\Inventory Invalid.xml

                        [        OK        ]
```

## So funktioniert die Gültigkeitsprüfung

Die HTML-Seiten, die Sie in dieser Lektion kennen gelernt haben,
basierten der Einfachheit halber auf zwei Annahmen:

■ Das verknüpfte XML-Dokument ist fehlerfrei. Ist diese Annahme
falsch, dann sind überhaupt keine XML-Daten verfügbar.

■ Der Browser hat das XML-Dokument bereits geladen und verarbeitet,
wenn das Skript versucht, auf die Daten zuzugreifen. Ist diese
Annahme falsch, dann ist nur ein Teil der XML-Daten verfügbar.

Falls eine dieser beiden Annahmen falsch ist, dann können alle oder
Teile der XML-Daten nicht in der Seite angezeigt werden. Mit der oben
dargestellten Seite zur Gültigkeitsprüfung können Sie testen, ob das verknüpfte XML-Dokument Fehler enthält. Sie sollten solch einen Test in die
Seiten aufnehmen, die Sie schreiben, damit im Fehlerfall hilfreiche Mel-
dungen angezeigt werden. Die Seite Validity Test.htm veranschaulicht,
wie sich mit einem Skript sicherstellen lässt, dass ein XML-Dokument
ganz geladen und verarbeitet worden ist, bevor ein Skript auf die Daten
zuzugreifen versucht. Obwohl ich der Einfachheit halber diese Techniken
in den früheren Beispielseiten dieser Lektion nicht eingesetzt habe,
sollten Sie sie in Ihren HTML-Seiten verwenden.

Listing 9.10 zeigt die Seite zur Gültigkeitsprüfung. (Sie finden eine Kopie
dieses Listings unter dem Namen Validity Test.htm auf der Begleit-CD.)

```
<!-- Dateiname: Validity Test.htm -->

<HTML>

<HEAD>
   <TITLE>Gültigkeitsprüfung</TITLE>

   <SCRIPT LANGUAGE="JavaScript" FOR="window" EVENT="ONLOAD">
      Document = dsoTest.XMLDocument;

      if (Document.readyState == 4)
         DisplayError ();
      else
         Document.onreadystatechange = DisplayError;
      function DisplayError ()
         {
         if (Document.readyState != 4)
            return;
         message = "parseError.errorCode: "
                  + Document.parseError.errorCode + "\n"
                  + "parseError.filepos: "
                  + Document.parseError.filepos + "\n"
                  + "parseError.line: " + Document.parseError.line
                  + "\n"
                  + "parseError.linepos: "
                  + Document.parseError.linepos + "\n"
                  + "parseError.reason: "
                  + Document.parseError.reason + "\n"
                  + "parseError.srcText: "
                  + Document.parseError.srcText + "\n"
                  + "parseError.url: " + Document.parseError.url;
         alert (message);
         }
   </SCRIPT>

</HEAD>

<BODY>

<!--SRC wird der URL des zu testenden XML-Dokuments zugewiesen: -->
<XML ID="dsoTest" SRC="Inventory.xml"></XML>

</BODY>

</HTML>
```

Diese HTML-Seite enthält ein Skript, das ausgeführt wird, sobald der Browser das Fenster für diese Seite zum ersten Mal öffnet:

```
<SCRIPT LANGUAGE="JavaScript" FOR="window" EVENT="ONLOAD">
   /* Skriptcode ... */
</SCRIPT>
```

Das Skript ermittelt den *Document*-Knoten:

```
Document = dsoTest.XMLDocument;
```

Dann überprüft es die *readyState*-Eigenschaft des *Document*-Knotens. Falls *readyState* den Wert 4 hat, der anzeigt, dass alle XML-Daten geladen und verarbeitet worden sind, ruft das Skript sofort die Funktion *DisplayError* auf, die den Fehlerstatus des Dokuments anzeigt. Enthält die Eigenschaft *readyState* jedoch einen anderen Wert als 4, dann weist das Skript die Funktion *DisplayError* der Eigenschaft *onreadystatechange* des Document-Knotens zu, wodurch der Browser die Funktion *DisplayError* nachfolgend immer dann aufruft, wenn sich der Wert von *readyState* ändert:

```
if (Document.readyState == 4)
   DisplayError ();
else
   Document.onreadystatechange = DisplayError;
```

In Tabelle 9.3 sind diese beiden Eigenschaften von *Document*-Knoten beschrieben.

Die Funktion *DisplayError* gibt die Kontrolle sofort zurück, wenn *readyState* noch nicht den Wert 4 hat. (Sobald *readyState* den Wert 4 erreicht, wird sie erneut aufgerufen.) Wird die Funktionsausführung fortgesetzt, dann zeigt sie alle Eigenschaften des *parseError*-Objekts des Document-Knotens an. Diese Eigenschaften beschreiben den Fehlerstatus des XML-Dokuments vollständig:

```
function DisplayError ()
   {
   if (Document.readyState != 4)
      return;
   message = "parseError.errorCode: "
           + Document.parseError.errorCode + "\n"
           + "parseError.filepos: "
           + Document.parseError.filepos + "\n"
           + "parseError.line: " + Document.parseError.line
           + "\n"
           + "parseError.linepos: "
           + Document.parseError.linepos + "\n"
           + "parseError.reason: "
           + Document.parseError.reason + "\n"
           + "parseError.srcText: "
           + Document.parseError.srcText + "\n"
           + "parseError.url: " + Document.parseError.url;
   alert (message);
   }
```

Ist das Dokument fehlerfrei, dann enthält *parseError.errorCode* den Wert Null und die anderen Eigenschaften haben den Wert Null oder einen Leerwert. Falls das Dokument einen Fehler aufweist, dann enthält *parseError.errorCode* den numerischen Fehlercode und die anderen Eigenschaften beschreiben den Fehler.

# 10 XML-Dokumente mit XSL-Stylesheets anzeigen

In dieser Lektion lernen Sie die letzte Methode zur Anzeige von XML-Dokumenten im Browser Microsoft Internet Explorer 5 kennen, die in diesem Buch vorgestellt wird: XSL-Stylesheets (XSL – Extensible Stylesheet Language). Wie die in Lektion 7 erläuterten CSS-Stylesheets wird ein XSL-Stylesheet mit einem XML-Dokument verknüpft und weist den Browser an, wie die XML-Daten anzuzeigen sind. Dies erlaubt Ihnen, das XML-Dokument direkt im Browser zu öffnen, ohne auf eine HTML-Seite zurückzugreifen.

Allerdings ist ein XSL-Stylesheet bei der Anzeige von XML um einiges leistungsfähiger und flexibler als ein CSS-Stylesheet. Ein CSS-Stylesheet erlaubt Ihnen lediglich, die Formatierung jedes XML-Elements anzugeben, während Ihnen ein XSL-Stylesheet uneingeschränkte Kontrolle über die Ausgabe gewährt. Insbesondere gibt Ihnen XSL die Möglichkeit, die XML-Daten präzise auszuwählen, die angezeigt werden sollen, diese Daten in beliebiger Reihenfolge oder Anordnung zu präsentieren und Informationen beliebig zu ändern oder hinzuzufügen. Mit XSL haben Sie Zugriff auf alle XML-Komponenten (wie Elemente, Attribute mühelos sortieren und filtern, Skripts in das Stylesheet integrieren) und außerdem wird Ihnen eine Reihe nützlicher Methoden zur Verfügung gestellt, die Sie zur Bearbeitung der Informationen einsetzen können.

Das in dieser Lektion beschriebene grundlegende Format eines XSL-Stylesheets wandelt ein XML-Dokument selektiv in HTML-Code um, den der Browser dann interpretiert und anzeigt. Ein XSL-Stylesheet gibt Ihnen daher zusätzlich zu den Datenzugriffs- und Transformationseigenschaften, die XSL selbst bereitstellt, Zugriff auf die vielfältigen Formatierungsmöglichkeiten und Funktionalitäten von HTML.

XSL ist allerdings etwas komplizierter als CSS und erfordert einen höheren Lernaufwand sowie HTML-Kenntnisse. Es handelt sich hier auch um eine neuere Technologie als CSS, die daher in geringerem Umfang und weniger einheitlich von aktuellen Browsern unterstützt wird.

In dieser Lektion werden die Grundlagen von XSL vorgestellt. Weitere Informationen über diese leistungs- und entwicklungsfähige XML-Technologie finden Sie im Web. Die offizielle XSL-Spezifikation können Sie auf den folgenden vom World Wide Web Consortium (W3C) bereitgestellten

Seiten nachlesen: „Extensible Stylesheet Language (XSL) Version 1.0" unter *http://www.w3.org/TR/WD-xsl* und „XSL Transformations (XSLT) Version 1.0" unter *http://www.w3.org/TR/WD-xslt*. Informationen über die XSL-Unterstützung des Internet Explorer 5 finden Sie auf den folgenden Webseiten im Microsoft Developer Network (MSDN): „XSL Developer's Guide" unter *http://msdn.microsoft.com/xml/xslguide/default.asp* und „XSL Reference" unter *http://msdn.microsoft.com/xml/reference/ xsl/start.asp*.

# Grundlagen der Verwendung von XSL-Stylesheets

Die Anzeige eines XML-Dokuments mit einem XSL-Stylesheet setzt zwei grundlegende Schritte voraus:

**Die XSL-Stylesheetdatei erstellen.** XSL ist eine Anwendung von XML. Daher handelt es sich bei einem XSL-Stylesheet um ein wohlgeformtes XML-Dokument, das den XSL-Regeln genügt. Wie jedes XML-Dokument besteht auch ein XSL-Stylesheet aus reinem Text. Sie können es daher in Ihrem bevorzugten Texteditor erstellen. Die folgenden Abschnitte beschreiben die Erstellung verschiedener XSL-Stylesheettypen.

**Das XSL-Stylesheet mit dem XML-Dokument verknüpfen.** Sie verwenden zwar XML, um sowohl das XML-Dokument als auch das XSL-Stylesheet zu erstellen, doch sie werden in verschiedenen Dateien gespeichert: in einer XML-Dokumentdatei (mit der Erweiterung .xml) und einer XSL-Stylesheetdatei (mit der Erweiterung .xsl). Sie verknüpfen das XSL-Stylesheet mit dem XML-Dokument, indem Sie eine Verarbeitungsanweisung *xml-stylesheet* in das Dokument aufnehmen, die das folgende allgemeine Format besitzt:

```
<?xml-stylesheet type="text/xsl" href=XSLDateiPfad?>
```

*XSLDateiPfad* repräsentiert einen URL in Anführungszeichen, der den Speicherort der Stylesheetdatei beschreibt. Sie können einen voll qualifizierten URL wie den folgenden verwenden:

```
<?xml-stylesheet type="text/xsl"
   href="http://www.my_domain.com/Inventory.xsl"?>
```

Allerdings werden Sie häufiger relative URLs einsetzen, die einen Dateipfad in Bezug auf den Speicherort des Dokuments beschreiben, das die Verarbeitungsanweisung *xml-stylesheet* enthält:

```
<?xml-stylesheet type="text/xsl" href="Inventory.xsl"?>
```

(Ein relativer URL wird häufiger eingesetzt, da eine Stylesheetdatei normalerweise im gleichen Ordner wie das XML-Dokument bzw. in einem untergeordneten Ordner gespeichert wird.)

Sie können ein XSL-Stylesheet zwar über einen voll qualifizierten URL verknüpfen, doch das Stylesheet muss sich in der gleichen Domäne wie das XML-Dokument befinden, mit dem es verknüpft wird. Enthält beispielsweise die Domäne *http://mspress.microsoft.com/* ein XML-Dokument, dann muss sich das XSL-Stylesheet ebenfalls in dieser Domäne befinden.

Normalerweise fügen Sie die Verarbeitungsanweisung *xml-stylesheet* nach der XML-Deklaration in den Prolog des XML-Dokuments ein, wie es das XML-Beispieldokument in Listing 10.2 im nächsten Abschnitt zeigt. Weitere Informationen zu Verarbeitungsanweisungen sowie eine Beschreibung aller Stellen, an denen sie in XML-Dokumenten zulässig sind, finden Sie im Abschnitt *Verarbeitungsanweisungen verwenden* in Lektion 4.

Verknüpfen Sie ein XSL-Stylesheet mit einem XML-Dokument, dann können Sie das Dokument direkt im Internet Explorer 5 öffnen und der Browser zeigt das XML-Dokument nach den Transformationsanweisungen im Stylesheet an. Falls Sie mehrere XSL-Stylesheets mit einem XML-Dokument verknüpfen, wird der Browser im Gegensatz zu CSS-Stylesheets nur das erste Stylesheet verwenden und die weiteren ignorieren. Verknüpfen Sie dagegen sowohl ein CSS-Stylesheet als auch ein XSL-Stylesheet mit dem XML-Dokument, dann verwendet der Browser nur das XSL-Stylesheet.

Wenn Sie weder ein CSS-Stylesheet noch ein XSL-Stylesheet mit einem XML-Dokument verknüpfen, zeigt Internet Explorer 5 das Dokument unter Verwendung seines voreingestellten integrierten XSL-Stylesheets an. Dieses Stylesheet stellt das XML-Dokument als reduzierbare und erweiterbare Baumstruktur dar, wie in Abschnitt *Das XML-Dokument ohne Stylesheet anzeigen* in Lektion 2 beschrieben.

# Eine einzelne XSL-Vorlage verwenden

Statt Regeln wie in einem CSS-Stylesheet enthält ein XSL-Stylesheet eine oder mehrere *Vorlagen*, wobei jede wiederum Informationen enthält, wie eine bestimmte Gruppe von Elementen im XML-Dokument anzuzeigen ist. Dieser Abschnitt beschreibt die Erstellung eines einfachen XSL-Stylesheets, das nur eine einzige Vorlage enthält. Diese Vorlage umfasst alle Informationen, um das gesamte Dokument anzuzeigen.

Listing 10.1 zeigt das erste Beispiel für ein XSL-Stylesheet. Dieses Stylesheet ist mit dem XML-Dokument aus Listing 10.2 verknüpft. (Kopien beider Listings sind unter den Dateinamen XslDemo01.xsl und XslDemo01.xml auf der Begleit-CD enthalten.)

**Listing 10.1**
XslDemo01.xsl

```
<?xml version="1.0"?>

<!-- Dateiname: XslDemo01.xsl -->

<xsl:stylesheet xmlns:xsl="http://www.w3.org/TR/WD-xsl">
   <xsl:template match="/">
      <H2>Buchbeschreibung</H2>
      <SPAN STYLE="font-style:italic">Autor: </SPAN>
      <xsl:value-of select="BOOK/AUTHOR"/><BR/>
      <SPAN STYLE="font-style:italic">Titel: </SPAN>
      <xsl:value-of select="BOOK/TITLE"/><BR/>
      <SPAN STYLE="font-style:italic">Preis: </SPAN>
      <xsl:value-of select="BOOK/PRICE"/><BR/>
      <SPAN STYLE="font-style:italic">Bindung: </SPAN>
      <xsl:value-of select="BOOK/BINDING"/><BR/>
      <SPAN STYLE="font-style:italic">Seitenzahl: </SPAN>
      <xsl:value-of select="BOOK/PAGES"/>
   </xsl:template>
</xsl:stylesheet>
```

**Listing 10.2**
XslDemo01.xml

```
<?xml version="1.0"?>

<!-- Dateiname: XslDemo01.xml -->

<?xml-stylesheet type="text/xsl" href="XslDemo01.xsl"?>

<BOOK>
   <TITLE>Moby-Dick</TITLE>
   <AUTHOR>
      <FIRSTNAME>Herman</FIRSTNAME>
      <LASTNAME>Melville</LASTNAME>
   </AUTHOR>
   <BINDING>Taschenbuch</BINDING>
   <PAGES>336</PAGES>
   <PRICE>DM 12,75</PRICE>
</BOOK>
```

Internet Explorer 5 zeigt das XML-Dokument nach den Anweisungen im Stylesheet wie in Abbildung 10.1 dargestellt an.

Jedes XSL-Stylesheet muss das folgende Dokumentelement besitzen. (Sie wissen, dass es sich beim Dokumentelement oder Wurzelelement um das XML-Element auf oberster Ebene handelt, das alle weiteren Elemente enthält.)

```
<xsl:stylesheet xmlns:xsl="http://www.w3.org/TR/WD-xsl">

   <!-- eines oder mehrere Vorlagenelemente ...-->

</xsl:stylesheet>
```

**Abbildung 10.1**
Darstellung der Datei
XslDemo01.xml im
Internet Explorer

Das Dokumentelement *xsl:stylesheet* enthält nicht nur die anderen Elemente, sondern identifiziert auch das Dokument als XSL-Stylesheet. Dieses Element gehört zu den XSL-Elementen, die besonderen Zwecken dienen und in einem Stylesheet eingesetzt werden. Alle XSL-Elemente gehören zum Namespace *xsl* und daher stellen Sie dem Namen jedes XSL-Elements das Präfix *xsl:* voran. Sie definieren diesen Namespace im Start-Tag des Elements *xsl:stylesheet* wie folgt:

```
xmlns:xsl="http://www.w3.org/TR/WD-xsl"
```

Diese Definition erlaubt es, den Namespace bei jedem Element des Stylesheets anzugeben. Detaillierte Informationen zu XML-Namespaces erhalten Sie im Abschnitt *HTML-Elemente in XML-Dokumente einfügen und Namespaces verwenden* in Lektion 7.

Das Dokumentelement *xsl:stylesheet* eines XSL-Stylesheets muss eines oder mehrere XSL-Vorlagenelemente, kurz Vorlagen genannt, enthalten. Das Dokumentelement in Listing 10.1 enthält nur eine einzige Vorlage:

```
<xsl:template match="/">

   <!-- untergeordnete Elemente... -->

</xsl:template>
```

Der Browser verwendet eine Vorlage, um einen bestimmten Zweig der Elementhierarchie im XML-Dokument anzuzeigen, mit dem Sie das Stylesheet verknüpfen. Das Attribut *match* der Vorlage zeigt diesen

Zweig an. (Das Attribut *match* entspricht dem Selektor einer CSS-Regel.) Der Wert dieses Attributs wird *Muster* genannt. Das Muster in diesem Beispiel („/") repräsentiert die Wurzel des gesamten XML-Dokuments. Diese spezielle Vorlage enthält daher Anweisungen, wie das vollständige XML-Dokument anzuzeigen ist.

Jedes XSL-Stylesheet muss genau eine Vorlage enthalten, in der das Attribut *match* den Wert „/" hat. Sie werden weiter hinten in dieser Lektion erfahren, dass Sie auch Vorlagen mit Anweisungen für die Anzeige bestimmter untergeordneter Zweige der Elementstruktur des XML-Dokuments definieren können jede dieser Vorlagen muss ein Muster enthalten, das dem jeweiligen Zweig entspricht.

Es ist sehr wichtig, darauf zu achten, dass das Muster für die Wurzel („/") *nicht* das Dokumentelement (oder Wurzelelement) des XML-Dokuments repräsentiert, sondern das gesamte Dokument, dem das Dokumentelement untergeordnet ist. (Es entspricht daher dem Document-Wurzelknoten des Dokumentobjektmodells (DOM), wie in Lektion 9 beschrieben.)

Die vollständige Vorlage des Beispielstylesheets sieht wie folgt aus:

```
<xsl:template match="/">
   <H2>Buchbeschreibung</H2>
   <SPAN STYLE="font-style:italic">Autor: </SPAN>
   <xsl:value-of select="BOOK/AUTHOR"/><BR/>
   <SPAN STYLE="font-style:italic">Titel: </SPAN>
   <xsl:value-of select="BOOK/TITLE"/><BR/>
   <SPAN STYLE="font-style:italic">Preis: </SPAN>
   <xsl:value-of select="BOOK/PRICE"/><BR/>
   <SPAN STYLE="font-style:italic">Bindung: </SPAN>
   <xsl:value-of select="BOOK/BINDING"/><BR/>
   <SPAN STYLE="font-style:italic">Seitenzahl: </SPAN>
   <xsl:value-of select="BOOK/PAGES"/>
</xsl:template>
```

Eine Vorlage enthält zwei Typen von XML-Elementen:

■ ***XML-Elemente, die HTML-Markupcode repräsentieren.*** Beispiele für solche XML-Elemente im vorherigen Stylesheet sind etwa

```
<H2>Book Description</H2>
```

wodurch eine Überschrift der zweiten Ebene angezeigt wird,

```
<SPAN STYLE="font-style:italic">Autor: </SPAN>
```

wodurch ein kursiv gesetzter Text (*Autor:*) angezeigt wird, sowie das Tag

```
<BR/>
```

das einen Zeilenvorschub einfügt.

Dies sind wohlgeformte XML-Elemente, die HTML-Standardelemente repräsentieren. Der Browser kopiert einfach jedes HTML-Element direkt in die HTML-Ausgabe, die interpretiert und angezeigt wird.

Jedes der Elemente, die HTML-Markupcode repräsentieren, muss sowohl ein wohlgeformtes XML- als auch ein HTML-Standardelement sein. (Vergessen Sie nicht, dass es sich bei einem XSL-Stylesheet um ein XML-Dokument handelt.) Daher können Sie keine HTML-Konstrukte verwenden, die nicht wohlgeformtem XML entsprechen, wie etwa ein Element, das nur mit einem Start-Tag ausgestattet ist. Um beispielsweise ein HTML-Element für einen Zeilenvorschub anzugeben, können Sie nicht einfach <BR> wie in einer HTML-Seite eingeben. Statt dessen verwenden Sie ein wohlgeformtes XML-Tag für ein leeres Element, <BR/>.

▪ *XSL-Elemente.* Beispiele für XSL-Elemente im vorherigen Stylesheet sind die Elemente *xsl:value-of*, etwa das folgende:

```
<xsl:value-of select="BOOK/AUTHOR"/>
```

Der Browser unterscheidet ein XML-Element von einem Element, das HTML repräsentiert, da das XML-Element das Namespace-Präfix *xsl:* trägt. XSL-Elemente in einer Vorlage werden *nicht* in die Ausgabe kopiert. Statt dessen enthalten sie Anweisungen zur Auswahl oder Bearbeitung der XML-Daten oder zur Ausführung sonstiger Aufgaben.

Das XSL-Element *value-of* fügt den Textinhalt des angegebenen XML-Elements sowie den Inhalt eventueller untergeordneter Elemente zur HTML-Ausgabe hinzu, die vom Browser interpretiert und angezeigt wird. Sie geben das jeweilige XML-Element über das Muster an, das Sie dem Attribut *select* des XSL-Elements *value-of* zuweisen. Im vorherigen Beispielelement *value-of* wird *select* das Muster „BOOK/AUTHOR" zugewiesen und dadurch gibt dieses Element den Textinhalt des AUTHOR-Elements des XML-Dokuments aus. Dieser Textinhalt besteht aus den Zeichendaten der beiden untergeordneten Elemente FIRSTNAME und LASTNAME.

Beachten Sie, dass Sie im Muster das XML-Element mit Hilfe eines *Pfadoperators* (im Beispiel BOOK/AUTHOR) den Ort des Elements in der Elementhierarchie des XML-Dokuments beschreiben. (Der Pfadoperator entspricht dem Dateipfad, mit dem ein Betriebssystem den Ort einer Datei oder eines Ordners beschreibt.)

Das wichtige Konzept ist hierbei, dass sich der Pfadoperator in einem *select*-Attribut auf das *aktuelle Element* bezieht. Jeder Kontext innerhalb eines XSL-Stylesheets besitzt ein aktuelles Element. Da die Beispielvorlage der Wurzel des gesamten Dokuments entspricht (durch die Attributeinstellung *match=„"*), ist die Dokumentwurzel das aktuelle „Element" innerhalb dieser Vorlage. (In diesem Fall ist das aktuelle Element also kein Element im buchstäblichen Sinn, sondern das übergeordnete Element des Dokumentelements.) Daher zeigt der Pfadoperator BOOK/AUTHOR das AUTHOR-Element im BOOK-Element in der Dokumentwurzel an. (Der Pfadoperator in einem *select*-Attributwert entspricht daher einem relativen Dateipfad, der den Ort einer Datei relativ zum aktuellen Arbeitsordner beschreibt.)

Geben Sie das Attribut *select* in einem XSL-Element *value-of* nicht an, dann gibt das Element den Textinhalt des aktuellen Elements und aller untergeordneter Elemente aus. (Im Beispiel ist die Dokumentwurzel das aktuelle Element und daher würden alle Zeichendaten des XML-Dokuments ausgegeben, falls *select* fehlte.)

Insgesamt zeigen die Elemente in der Beispielvorlage eine Textbeschriftung für jedes untergeordnete XML-Element im Dokument (AUTHOR, TITLE, PRICE, BINDING und PAGES) sowie den Textinhalt jedes Elements an. Beachten Sie, dass die Reihenfolge der *value-of*-Elemente in der Vorlage bestimmt, in welcher Reihenfolge der Browser diese Elemente anzeigt. Sie sehen also bereits an diesem einfachen Stylesheet, dass ein XSL-Stylesheet flexibler als ein CSS-Stylesheet ist, welches die Elemente immer in der Reihenfolge anzeigt, in der sie im Dokument auftreten.

**Abbildung 10.2**
Wie der Browser aus einem XSL-Stylesheet und einem XML-Dokument HTML-Code generiert

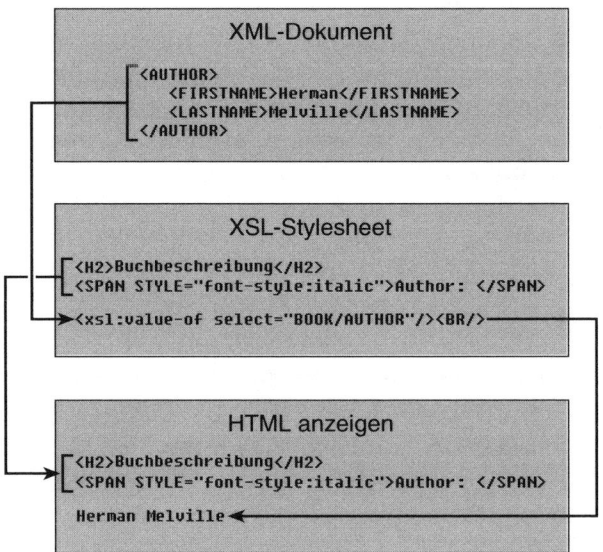

Sie wissen nun, dass ein XSL-Stylesheet den Browser anweist, wie ein XML-Dokument anzuzeigen ist, indem die XML-Elemente selektiv in einen Block mit HTML-Markierungen transformiert werden, die der Browser wie Markierungen in einer HTML-Seite interpretiert und anzeigt. Beachten Sie jedoch, dass Sie keine Elemente in eine XSL-Vorlage aufnehmen, die die Standardelemente HTML oder BODY einer HTML-Seite repräsentieren, da diese Elemente vom Browser für Sie effektiv eingefügt werden.

Die folgende Abbildung 10.2 zeigt, wie der Browser den ersten Teil des HTML-Markupcodes des Beispieldokuments und des Stylesheets aus Listing 10.1 und Listing 10.2 generiert.

Informationen zur Arbeit der im Internet Explorer 5 implementierten Versionen von HTML und Dynamic HTML (DHTML) finden Sie auf der MSDN-Website *http://msdn.microsoft.com/workshop/author/default.asp*. Die offizielle HTML-Spezifikation finden Sie auf der W3C-Website *http://www.w3.org/TR/REC-html40/*.

# Eine variable Anzahl von Elementen anzeigen

Das XML-Beispieldokument aus dem vorherigen Abschnitt (Listing 10.2) enthält nur ein einziges BOOK-Element. Falls ein Dokument mehrere BOOK-Elemente enthält, würde die im vorherigen Abschnitt beschriebene Technik nur das erste anzeigen. Betrachten Sie beispielsweise ein XML-Dokument mit dem folgenden Dokumentelement:

```
<INVENTORY>
   <BOOK>
      <TITLE>The Adventures of Huckleberry Finn</TITLE>
      <AUTHOR>
         <FIRSTNAME>Mark</FIRSTNAME>
         <LASTNAME>Twain</LASTNAME>
      </AUTHOR>
      <BINDING>Taschenbuch</BINDING>
      <PAGES>336</PAGES>
      <PRICE>DM 12,75</PRICE>
   </BOOK>
   <BOOK>
      <TITLE>The Adventures of Tom Sawyer</TITLE>
      <AUTHOR>
         <FIRSTNAME>Mark</FIRSTNAME>
         <LASTNAME>Twain</LASTNAME>
      </AUTHOR>
      <BINDING>Taschenbuch</BINDING>
      <PAGES>205</PAGES>
      <PRICE>DM 12,75</PRICE>
   </BOOK>
   <BOOK>
      <TITLE>Malina</TITLE>
      <AUTHOR>
         <FIRSTNAME>Ingeborg</FIRSTNAME>
         <LASTNAME>Bachmann</LASTNAME>
      </AUTHOR>
      <BINDING>Taschenbuch</BINDING>
```

```
        <PAGES>355</PAGES>
        <PRICE>DM 18,80</PRICE>
    </BOOK>
</INVENTORY>
```

Nehmen Sie an, dass das Stylesheet zur Anzeige dieses Dokuments die folgende Vorlage enthält:

```
<xsl:stylesheet xmlns:xsl="http://www.w3.org/TR/WD-xsl">
    <xsl:template match="/">
        <H2>Buchbeschreibung</H2>
        <SPAN STYLE="font-style:italic">Autor: </SPAN>
        <xsl:value-of select="INVENTORY/BOOK/AUTHOR"/><BR/>
        <SPAN STYLE="font-style:italic">Titel: </SPAN>
        <xsl:value-of select="INVENTORY/BOOK/TITLE"/><BR/>
        <SPAN STYLE="font-style:italic">Preis: </SPAN>
        <xsl:value-of select="INVENTORY/BOOK/PRICE"/><BR/>
        <SPAN STYLE="font-style:italic">Bindung: </SPAN>
        <xsl:value-of select="INVENTORY/BOOK/BINDING"/><BR/>
        <SPAN STYLE="font-style:italic">Seitenzahl: </SPAN>
        <xsl:value-of select="INVENTORY/BOOK/PAGES"/>
    </xsl:template>
</xsl:stylesheet>
```

Diese Vorlage verwendet die im vorherigen Abschnitt beschriebene Technik. Beachten Sie, dass das jedem *select*-Attribut zugewiesene Muster mit dem Dokumentelement beginnt, in diesem Fall INVENTORY (beispielsweise „INVENTORY/BOOK/AUTHOR").

**Abbildung 10.3**
Der Browser zeigt nur das erste BOOK-Element an.

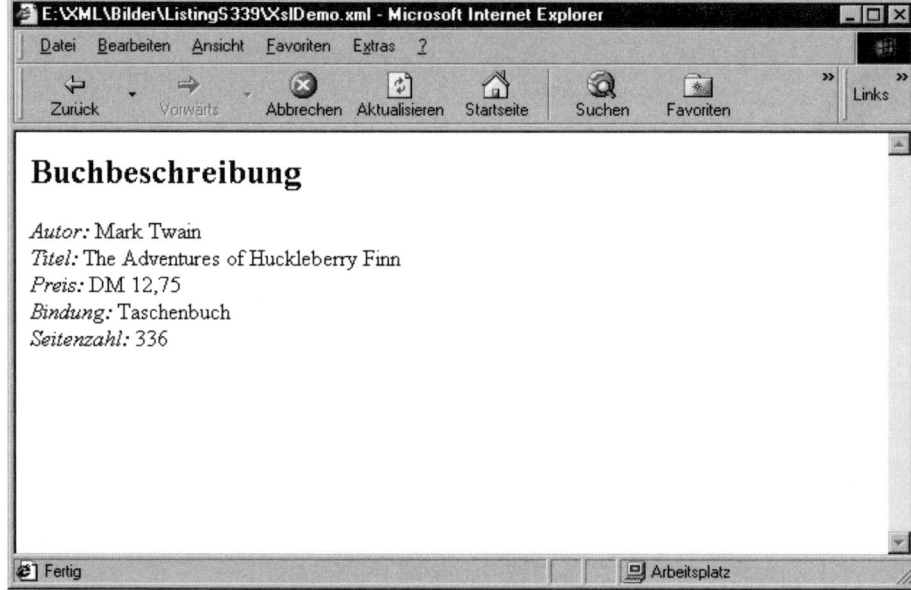

Jedes Muster stimmt allerdings mit drei verschiedenen Elementen überein. So entspricht etwa „INVENTORY/BOOK/AUTHOR" dem AUTHOR-Element in allen drei BOOK-Elementen. In dieser Situation verwendet der Browser nur das *erste* passende Element. Das Stylesheet würde daher nur den Inhalt des ersten BOOK-Elements anzeigen (siehe Abbildung 10.3).

Eine Möglichkeit, *alle* passenden Elemente anzuzeigen, bietet das XSL-Element *for-each*, das die Ausgabe aus den in ihm enthaltenen Elementen für jedes in der XML-Datei gefundene passende Element wiederholt. Das XSL-Stylesheet in Listing 10.3 zeigt diese Technik. Dieses Stylesheet ist mit dem XML in Listing 10.4 verknüpft. (Kopien beider Listings finden Sie unter den Dateinamen XslDemo02.xsl und XslDemo.xml auf der Begleit-CD.)

**Listing 10.3**
XslDemo02.xsl

```xml
<?xml version="1.0"?>

<!-- Dateiname: XslDemo02.xsl -->

<xsl:stylesheet xmlns:xsl="http://www.w3.org/TR/WD-xsl">
   <xsl:template match="/">
      <H2>Buchbestand</H2>
      <xsl:for-each select="INVENTORY/BOOK">
         <SPAN STYLE="font-style:italic">Titel: </SPAN>
         <xsl:value-of select="TITLE"/><BR />
         <SPAN STYLE="font-sDokument tyle:italic">Autor: </SPAN>
         <xsl:value-of select="AUTHOR"/><BR />
         <SPAN STYLE="font-style:italic">Bindung: </SPAN>
         <xsl:value-of select="BINDING"/><BR />
         <SPAN STYLE="font-style:italic">Seitenzahl: </SPAN>
         <xsl:value-of select="PAGES"/><BR />
         <SPAN STYLE="font-style:italic">Preis: </SPAN>
         <xsl:value-of select="PRICE"/><P />
      </xsl:for-each>
   </xsl:template>
</xsl:stylesheet>
```

**Listing 10.4**
XslDemo.xml

```xml
<?xml version="1.0"?>

<!-- Dateiname: XslDemo.xml -->

<?xml-stylesheet type="text/xsl" href="XslDemo02.xsl"?>

<INVENTORY>
   <BOOK>
      <TITLE>The Adventures of Huckleberry Finn</TITLE>
      <AUTHOR>
         <FIRSTNAME>Mark</FIRSTNAME>
```

```
            <LASTNAME>Twain</LASTNAME>
        </AUTHOR>
        <BINDING>Taschenbuch</BINDING>
        <PAGES>336</PAGES>
        <PRICE>DM 12,75</PRICE>
    </BOOK>
    <BOOK>
        <TITLE>The Adventures of Tom Sawyer</TITLE>
        <AUTHOR>
            <FIRSTNAME>Mark</FIRSTNAME>
            <LASTNAME>Twain</LASTNAME>
        </AUTHOR>
        <BINDING>Taschenbuch</BINDING>
        <PAGES>205</PAGES>
        <PRICE>DM 12,75</PRICE>
    </BOOK>
    <BOOK>
        <TITLE>Malina</TITLE>
        <AUTHOR>
            <FIRSTNAME>Ingeborg</FIRSTNAME>
            <LASTNAME>Bachmann</LASTNAME>
        </AUTHOR>
        <BINDING>Taschenbuch</BINDING>
        <PAGES>355</PAGES>
        <PRICE>DM 18,80</PRICE>
    </BOOK>
    <BOOK>
        <TITLE>Homo Faber</TITLE>
        <AUTHOR>
            <FIRSTNAME>Max</FIRSTNAME>
            <LASTNAME>Frisch</LASTNAME>
        </AUTHOR>
        <BINDING>Gebundene Ausgabe</BINDING>
        <PAGES>288</PAGES>
        <PRICE>DM 38,00</PRICE>
    </BOOK>
    <BOOK>
        <TITLE>Billy Budd</TITLE>
        <AUTHOR>
            <FIRSTNAME>Herman</FIRSTNAME>
            <LASTNAME>Melville</LASTNAME>
        </AUTHOR>
        <BINDING>Taschenbuch</BINDING>
        <PAGES>195</PAGES>
        <PRICE>DM 9,80</PRICE>
    </BOOK>
    <BOOK>
        <TITLE>Die letzten Tage der Menschheit</TITLE>
        <AUTHOR>
```

```
            <FIRSTNAME>Karl</FIRSTNAME>
            <LASTNAME>Kraus</LASTNAME>
         </AUTHOR>
         <BINDING>Taschenbuch</BINDING>
         <PAGES>847</PAGES>
         <PRICE>DM 29,80</PRICE>
      </BOOK>
      <BOOK>
         <TITLE>Die Elenden</TITLE>
         <AUTHOR>
            <FIRSTNAME>Victor</FIRSTNAME>
            <LASTNAME>Hugo</LASTNAME>
         </AUTHOR>
         <BINDING>Taschenbuch</BINDING>
         <PAGES>1684</PAGES>
         <PRICE>DM 38,00</PRICE>
      </BOOK>
      <BOOK>
         <TITLE>Leaves of Grass</TITLE>
         <AUTHOR>
            <FIRSTNAME>Walt</FIRSTNAME>
            <LASTNAME>Whitman</LASTNAME>
         </AUTHOR>
         <BINDING>Gebundene Ausgabe</BINDING>
         <PAGES>462</PAGES>
         <PRICE>DM 25,00</PRICE>
      </BOOK>
      <BOOK>
         <TITLE>The Legend of Sleepy Hollow</TITLE>
         <AUTHOR>
            <FIRSTNAME>Washington</FIRSTNAME>
            <LASTNAME>Irving</LASTNAME>
         </AUTHOR>
         <BINDING>Taschenbuch</BINDING>
         <PAGES>98</PAGES>
         <PRICE>DM 4,95</PRICE>
      </BOOK>
      <BOOK>
         <TITLE>Der Graf von Monte Christo</TITLE>
         <AUTHOR>
            <FIRSTNAME>Alexandre</FIRSTNAME>
            <LASTNAME>Dumas</LASTNAME>
         </AUTHOR>
         <BINDING>Taschenbuch</BINDING>
         <PAGES>760</PAGES>
         <PRICE>DM 38,00</PRICE>
      </BOOK>
      <BOOK>
         <TITLE>Moby-Dick</TITLE>
```

```
      <AUTHOR>
         <FIRSTNAME>Herman</FIRSTNAME>
         <LASTNAME>Melville</LASTNAME>
      </AUTHOR>
      <BINDING>Gebundene Ausgabe</BINDING>
      <PAGES>724</PAGES>
      <PRICE>DM 44,00</PRICE>
   </BOOK>
   <BOOK>
      <TITLE>In der Strafkolonie</TITLE>
      <AUTHOR>
         <FIRSTNAME>Franz</FIRSTNAME>
         <LASTNAME>Kafka</LASTNAME>
      </AUTHOR>
      <BINDING>Taschenbuch</BINDING>
      <PAGES>125</PAGES>
      <PRICE>DM 17,80</PRICE>
   </BOOK>
   <BOOK>
      <TITLE>Der Untertan</TITLE>
      <AUTHOR>
         <FIRSTNAME>Heinrich</FIRSTNAME>
         <LASTNAME>Mann</LASTNAME>
      </AUTHOR>
      <BINDING>Taschenbuch</BINDING>
      <PAGES>493</PAGES>
      <PRICE>DM 16,90</PRICE>
   </BOOK>
   <BOOK>
      <TITLE>Hundert Jahre Einsamkeit</TITLE>
      <AUTHOR>
         <FIRSTNAME>Gabriel Garcia</FIRSTNAME>
         <LASTNAME>Marquez</LASTNAME>
      </AUTHOR>
      <BINDING>Taschenbuch</BINDING>
      <PAGES>467</PAGES>
      <PRICE>DM 19,90</PRICE>
   </BOOK>
   <BOOK>
      <TITLE>The Scarlet Letter</TITLE>
      <AUTHOR>
         <FIRSTNAME>Nathaniel</FIRSTNAME>
         <LASTNAME>Hawthorne</LASTNAME>
      </AUTHOR>
      <BINDING>Taschenbuch</BINDING>
      <PAGES>253</PAGES>
      <PRICE>DM 14,25</PRICE>
   </BOOK>
   <BOOK>
```

```
    <TITLE>Harry Potter und der Stein der Weisen</TITLE>
    <AUTHOR>
        <FIRSTNAME>Joanne K.</FIRSTNAME>
        <LASTNAME>Rowling</LASTNAME>
    </AUTHOR>
    <BINDING>Gebundene Ausgabe</BINDING>
    <PAGES>335</PAGES>
    <PRICE>DM 26,00</PRICE>
  </BOOK>
</INVENTORY>
```

Die Vorlage im Stylesheet in Listing 10.3 enthält das folgende *for-each*-Element:

```
<xsl:for-each select="INVENTORY/BOOK">
   <SPAN STYLE="font-style:italic">Titel: </SPAN>
   <xsl:value-of select="TITLE"/><BR />
   <SPAN STYLE="font-style:italic">Autor: </SPAN>
   <xsl:value-of select="AUTHOR"/><BR />
   <SPAN STYLE="font-style:italic">Bindung: </SPAN>
   <xsl:value-of select="BINDING"/><BR />
   <SPAN STYLE="font-style:italic">Seitenzahl: </SPAN>
   <xsl:value-of select="PAGES"/><BR />
   <SPAN STYLE="font-style:italic">Preis: </SPAN>
   <xsl:value-of select="PRICE"/><P />
</xsl:for-each>
```

Das *for-each*-Element bewirkt hauptsächlich zweierlei:

▪ Die Ausgabe des Elementblocks innerhalb des *for-each*-Elements wird für jedes XML-Element im Dokument wiederholt, das dem Muster entspricht, welches dem *select*-Attribut des *for-each*-Elements zugewiesen ist. In diesem Beispiel wird die Schleife für jedes BOOK-Element einmal wiederholt, das im Dokumentelement INVENTORY gefunden wird. Das diesem *select*-Attribut zugewiesene Muster funktioniert wie das Muster des oben beschriebenen *value-of*-Elements.

▪ Innerhalb des *for-each*-Elements entspricht das aktuelle Element demjenigen, das vom *select*-Attribut des *for-each*-Elements spezifiziert wird (in diesem Beispiel /INVENTORY/BOOK, also ein BOOK-Element innerhalb eines INVENTORY-Elements innerhalb der Dokumentwurzel), wie es dieses Beispiel zeigt:

```
<xsl:stylesheet xmlns:xsl="http://www.w3.org/TR/WD-xsl">
   <xsl:template match="/">

       <!-- Hier ist die Dokumentwurzel "/"
            das aktuelle "Element". -->

       <xsl:for-each select="INVENTORY/BOOK">
```

```
          <!-- Hier ist /INVENTORY/BOOK das aktuelle Element. -->

      </xsl:for-each>
    </xsl:template>
  </xsl:stylesheet>
```

Daher wird innerhalb des *for-each*-Elements auf jedes der untergeordneten Elemente von BOOK über ein Muster zugegriffen, das einfach den Elementnamen enthält:

```
<xsl:value-of select="TITLE"/>
```

Infolgedessen enthält die Ausgabe die Daten aus allen BOOK-Elementen des Dokuments, unabhängig davon, wie viele BOOK-Elemente das Dokument enthält. Der Internet Explorer 5 zeigt zuerst die ersten drei BOOK-Elemente an (siehe Abbildung 10.4). (Verwenden Sie die Bildlaufleiste, um die restlichen Elemente einzublenden.)

**Abbildung 10.4**
Bei Verwendung des for-each-Elements werden alle BOOK-Elemente angezeigt.

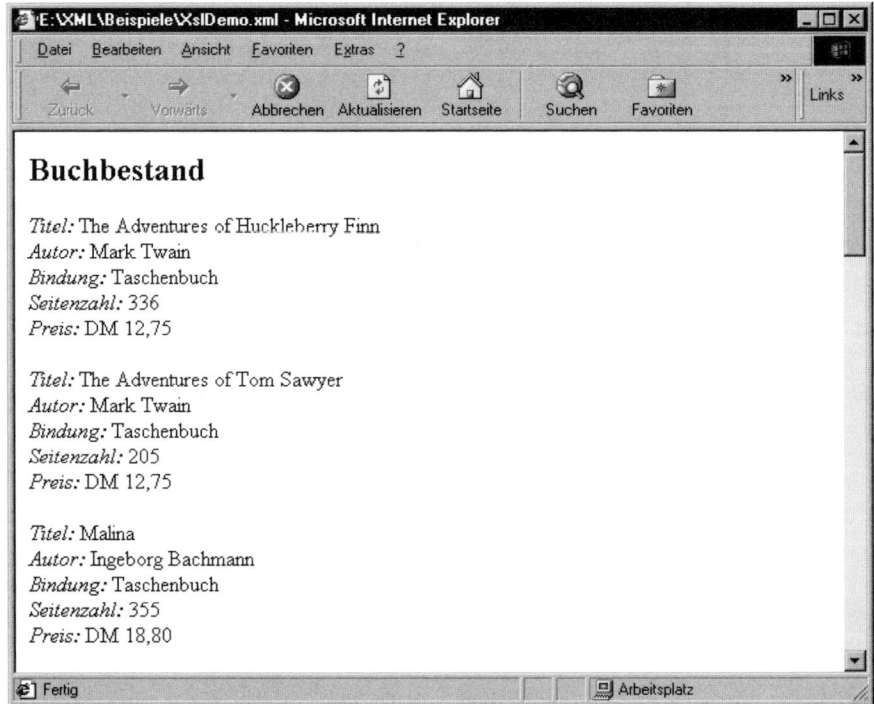

# Mehrere Vorlagen verwenden

Sie können sich wiederholende XML-Elemente auch anzeigen, indem Sie eine separate Vorlage für dieses Element erstellen und diese Vorlage dann über das XSL-Element *apply-templates* aufrufen. Das XSL-Beispielstylesheet in Listing 10.5 setzt diese Technik ein. (Sie finden eine Kopie dieses Stylesheets unter dem Dateinamen XslDemo03.xsl auf der Begleit-CD.) Dieses Stylesheet wurde für die Verknüpfung mit dem XML-Dokument aus Listing 10.4, XslDemo.xml, entworfen. Sie verknüpfen das Stylesheet, indem Sie die *xml-stylesheet*-Anweisung im Dokument wie folgt ändern:

```
<?xml-stylesheet type="text/xsl" href="XslDemo03.xsl"?>
```

**Listing 10.5**
XslDemo03.xsl

```
<?xml version="1.0"?>

<!-- Dateiname: XslDemo03.xsl -->

<xsl:stylesheet xmlns:xsl="http://www.w3.org/TR/WD-xsl">
   <xsl:template match="/">
      <H2>Buchbestand</H2>
      <xsl:apply-templates select="INVENTORY/BOOK" />
   </xsl:template>

   <xsl:template match="BOOK">
      <SPAN STYLE="font-style:italic">Titel: </SPAN>
      <xsl:value-of select="TITLE"/><BR/>
      <SPAN STYLE="font-style:italic">Autor: </SPAN>
      <xsl:value-of select="AUTHOR"/><BR/>
      <SPAN STYLE="font-style:italic">Bindung: </SPAN>
      <xsl:value-of select="BINDING"/><BR/>
      <SPAN STYLE="font-style:italic">Seitenzahl: </SPAN>
      <xsl:value-of select="PAGES"/><BR/>
      <SPAN STYLE="font-style:italic">Preis: </SPAN>
      <xsl:value-of select="PRICE"/><P/>
   </xsl:template>
</xsl:stylesheet>
```

Das Beispielstylesheet umfasst zwei Vorlagen. Eine Vorlage enthält Anweisungen für die Anzeige des gesamten Dokuments (diejenige mit der Einstellung *match="/"*, um die Dokumentwurzel anzugeben). Alle XSL-Stylesheets erfordern diese Vorlage. Die andere enthält Anweisungen für die Anzeige eines BOOK-Elements (mit der Einstellung *match="BOOK"*). Der Browser verarbeitet zunächst die Vorlage, welche die Dokumentwurzel angibt:

```
<xsl:template match="/">
   <H2>Buchbestand</H2>
   <xsl:apply-templates select="INVENTORY/BOOK" />
</xsl:template>
```

Das XSL-Element *apply-templates* weist den Browser an, dass für jedes BOOK-Element innerhalb des Wurzelelements INVENTORY die Vorlage verarbeitet werden soll, die mit einem BOOK-Element übereinstimmt, also die Vorlage, deren *match*-Attribut den Wert „BOOK" hat. Das Stylesheet enthält dazu die folgende Vorlage:

```
<xsl:template match="BOOK">
   <SPAN STYLE="font-style:italic">Titel: </SPAN>
   <xsl:value-of select="TITLE"/><BR/>
   <SPAN STYLE="font-style:italic">Autor: </SPAN>
   <xsl:value-of select="AUTHOR"/><BR/>
   <SPAN STYLE="font-style:italic">Bindung: </SPAN>
   <xsl:value-of select="BINDING"/><BR/>
   <SPAN STYLE="font-style:italic">Seitenzahl: </SPAN>
   <xsl:value-of select="PAGES"/><BR/>
   <SPAN STYLE="font-style:italic">Preis: </SPAN>
   <xsl:value-of select="PRICE"/><P/>
</xsl:template>
```

Da diese Vorlage mit dem BOOK-Element übereinstimmt, ist BOOK das aktuelle Element innerhalb des Kontexts der Vorlage. Daher wird auf jedes untergeordnete Element von BOOK über ein Muster zugegriffen, das einfach den Elementnamen enthält, wie dieses Beispiel zeigt:

```
<xsl:value-of select="TITLE"/>
```

**Abbildung 10.5**
Bei Verwendung mehrerer Vorlagen werden alle BOOK-Elemente angezeigt

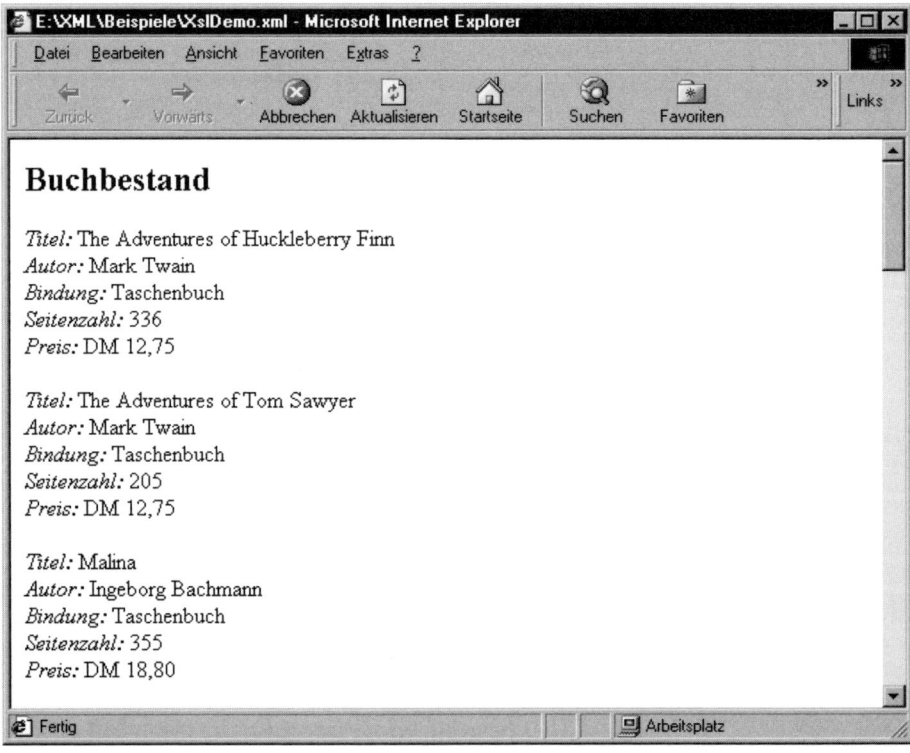

Geben Sie das *select*-Attribut in einem *apply-templates*-Element nicht an, dann verarbeitet der Browser für jedes untergeordnete Element des aktuellen Elements eine übereinstimmende Vorlage (falls vorhanden). Beim Beispielelement *apply-templates* ist INVENTORY das einzige untergeordnete Element des aktuellen Elements (der Dokumentwurzel) und mit INVENTORY stimmt keine Vorlage überein. Lassen Sie hier das *select*-Attribut weg, wird keine Ausgabe angezeigt.

Der Browser verarbeitet die BOOK-Vorlage für jedes BOOK-Element jeweils einmal und zeigt damit die gesamten Buchdaten des Dokuments an (siehe Abbildung 10.5).

# XML-Daten filtern und sortieren

Die nächsten beiden Abschnitte beschreiben, wie Sie ein XSL-Stylesheet zum Filtern und Sortieren von XML-Daten einsetzen. Danach werden einige Beispielstylesheets vorgestellt, die beides demonstrieren.

## Filtern

Sie wissen, dass es sich bei dem Wert, den Sie einem der Attribute *match* oder *select* zuweisen, um ein Muster handelt, das mit einem oder mehreren Elementen im XML-Dokument übereinstimmt. (Sie verwenden das *match*-Attribut zusammen mit dem *template*-Element und das *select*-Attribut zusammen mit den Elementen *value-of*, *for-each* und *apply-templates*.) Die bisher vorgestellten Muster enthielten nur einen Pfadoperator, der den Namen des Elements und möglicherweise eines oder mehrere übergeordnete Elemente bezeichnet. Sie können die Anzahl der Elemente, die mit dem Muster übereinstimmen, weiter einschränken, indem Sie *filter* in eckigen Klammern ([]), gefolgt vom Pfadoperator, eingeben. Beispielsweise zeigt das dem in Abbildung 10.6 dargestellten *match*-Attribut zugewiesene Muster an, dass ein übereinstimmendes Element den Namen BOOK tragen und außerdem (dies bewirkt der Filter) ein untergeordnetes BINDING-Element besitzen muss, das den Text „Taschenbuch" enthält.

**Abbildung 10.6**
Definition des match-Attributs

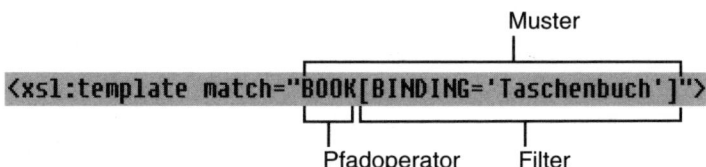

Nehmen Sie einfach einen Elementnamen in den Filter auf, dann zeigen Sie damit an, dass ein passendes Element ein untergeordnetes Element mit diesem Elementnamen besitzen muss. Beispielsweise stimmt das folgende Muster mit jedem ITEM-Element überein, das ein untergeordnetes Element namens CD besitzt, unabhängig vom Inhalt von CD:

```
match="ITEM[CD]"
```

Das folgende Muster stimmt mit jedem SHIRT-Element überein, das ein untergeordnetes COLOR-Element mit dem Text „rot" besitzt:

```
match="SHIRT[COLOR='rot']"
```

Das nächste Muster dagegen stimmt mit jedem SHIRT-Element überein, das ein untergeordnetes COLOR-Element besitzt, das wiederum *nicht* den Text „rot" enthält:

```
select="SHIRT[COLOR!='rot']"
```

Besitzt ein Element mehrere untergeordnete Elemente des im Filter angegebenen Namens, dann wirkt sich der Vergleichsoperator nur auf das erste untergeordnete Element aus. Besitzt ein SHIRT-Element beispielsweise zwei untergeordnete COLOR-Elemente, dann stimmt das Muster „*SHIRT[COLOR='rot']*" nur dann mit dem Element überein, wenn das *erste* COLOR-Element „rot" enthält.

# Sortieren

In dieser Lektion haben Sie zwei Elemente kennen gelernt, die Sie zur Verarbeitung sich wiederholender Elemente einsetzen können: *for-each* und *apply-templates*. Das *order-by*-Attribut kann zusammen mit beiden Elementen verwendet werden, um die Reihenfolge zu steuern, in der der Browser die Elemente verarbeitet und somit die angezeigten XML-Daten sortiert. Sie weisen dem *order-by*-Attribut eines oder mehrere durch Semikolons getrennte Muster zu. Der Browser sortiert die Elemente anhand der Muster und der Reihenfolge, in der diese angeordnet sind. Sie stellen jedem Muster ein + oder – voran, um eine aufsteigende bzw. absteigende Reihenfolge anzuzeigen.

Beispielsweise weist die Festlegung des *order-by*-Attributs im folgenden *for-each*-Element den Browser an, die BOOK-Elemente in aufsteigender Reihenfolge nach den Nachnamen der Autoren zu sortieren, wobei Autoren mit gleichen Nachnamen wiederum aufsteigend nach ihren Vornamen sortiert werden:

```
<xsl:for-each select="INVENTORY/BOOK"
    order-by="+AUTHOR/LASTNAME; +AUTHOR/FIRSTNAME">
```

Ein weiteres Beispiel zeigt die folgende Einstellung von *order-by*, welche die BOOK-Elemente nach den Buchtiteln in absteigender Reihenfolge sortiert:

```
<xsl:apply-templates select="INVENTORY/BOOK" order-by="-TITLE">
```

Der Pfadoperator, den Sie dem *order-by*-Attribut zuweisen, ist relativ zu dem dem *select*-Attribut zugewiesenen Muster. Daher verweist die Einstellung *order-by="-TITLE"* in diesem Beispiel auf ein TITLE-Element innerhalb eines BOOK-Elements, das sich wiederum innerhalb eines INVENTORY-Elements befindet.

# Beispielstylesheets zum Filtern und Sortieren

Dieser Abschnitt präsentiert in Listing 10.6 und Listing 10.7 zwei XSL-Beispielstylesheets. Jedes filtert und sortiert die BOOK-Elemente, die angezeigt werden. Kopien dieser Listings finden Sie unter den Dateinamen XslDemo04.xsl und XslDemo05.xsl auf der Begleit-CD.

**Listing 10.6**
XslDemo04.xsl

```xml
<?xml version="1.0"?>

<!-- Dateiname: XslDemo04.xsl -->

<xsl:stylesheet xmlns:xsl="http://www.w3.org/TR/WD-xsl">
   <xsl:template match="/">
      <H2>Buchbestand</H2>
      <xsl:for-each
         select="INVENTORY/BOOK[BINDING='Taschenbuch']"
         order-by="+AUTHOR/LASTNAME; +AUTHOR/FIRSTNAME">
         <SPAN STYLE="font-style:italic">Autor: </SPAN>
         <xsl:value-of select="AUTHOR"/><BR />
         <SPAN STYLE="font-style:italic">Titel: </SPAN>
         <xsl:value-of select="TITLE"/><BR />
         <SPAN STYLE="font-style:italic">Bindung: </SPAN>
         <xsl:value-of select="BINDING"/><BR />
         <SPAN STYLE="font-style:italic">Seitenzahl: </SPAN>
         <xsl:value-of select="PAGES"/><BR />
         <SPAN STYLE="font-style:italic">Preis: </SPAN>
         <xsl:value-of select="PRICE"/><P />
      </xsl:for-each>
   </xsl:template>
</xsl:stylesheet>
```

**Listing 10.7**
XslDemo05.xsl

```xml
<?xml version="1.0"?>

<!-- Dateiname: XslDemo05.xsl -->

<xsl:stylesheet xmlns:xsl="http://www.w3.org/TR/WD-xsl">
   <xsl:template match="/">
      <H2>Buchbestand</H2>
      <xsl:apply-templates select="INVENTORY/BOOK"
         order-by="+AUTHOR/LASTNAME; +AUTHOR/FIRSTNAME"/>
   </xsl:template>
```

```
    <xsl:template match="BOOK[BINDING='Taschenbuch']">
        <SPAN STYLE="font-style:italic">Autor: </SPAN>
        <xsl:value-of select="AUTHOR"/><BR />
        <SPAN STYLE="font-style:italic">Titel: </SPAN>
        <xsl:value-of select="TITLE"/><BR />
        <SPAN STYLE="font-style:italic">Bindung: </SPAN>
        <xsl:value-of select="BINDING"/><BR />
        <SPAN STYLE="font-style:italic">Seitenzahl: </SPAN>
        <xsl:value-of select="PAGES"/><BR />
        <SPAN STYLE="font-style:italic">Preis: </SPAN>
        <xsl:value-of select="PRICE"/><P />
    </xsl:template>
</xsl:stylesheet>
```

Beide Stylesheets sind dafür vorgesehen, mit dem XML-Dokument aus Listing 10.4 (XslDemo.xml) verknüpft zu werden. Beide verwenden den folgenden Filter, damit der Browser nur die Taschenbücher anzeigt:

```
[BINDING='Taschenbuch']
```

Außerdem verwenden beide die folgende *order-by*-Einstellung, um die BOOK-Elemente in aufsteigender Reihenfolge zunächst nach den Nachnamen und dann nach den Vornamen der Autoren zu sortieren:

```
order-by="+AUTHOR/LASTNAME; +AUTHOR/FIRSTNAME"
```

Die folgende Abbildung 10.7 zeigt den ersten Teil der Ausgabe, die bei beiden Stylesheets übereinstimmt.

Das Stylesheet aus Listing 10.6 verwendet ein *for-each*-Element, um mehrere BOOK-Elemente anzuzeigen. Im nächsten Stylesheet wird das *for-each*-Element um einen Filter und das Attribut *order-by* ergänzt.

```
<xsl:for-each
    select="INVENTORY/BOOK[BINDING='Taschenbuch']"
    order-by="+AUTHOR/LASTNAME; +AUTHOR/FIRSTNAME">

    <!-- aktuelles BOOK-Element anzeigen -->

</xsl:for-each>
```

Das Stylesheet aus Listing 10.7 verwendet ein *apply-templates*-Element zusammen mit einer separaten Vorlage, um mehrere BOOK-Elemente anzuzeigen. In diesem Stylesheet wird der Filter zur Vorlage hinzugefügt, welche die BOOK-Elemente auswählt:

```
<xsl:template match="BOOK[BINDING='Taschenbuch']">
```

Der gleiche Effekt wird erzielt, wenn der Filter zum *apply-templates*-Element hinzugefügt wird.

**Abbildung 10.7**
Gefilterte und sortierte Ausgabe des Buchbestands

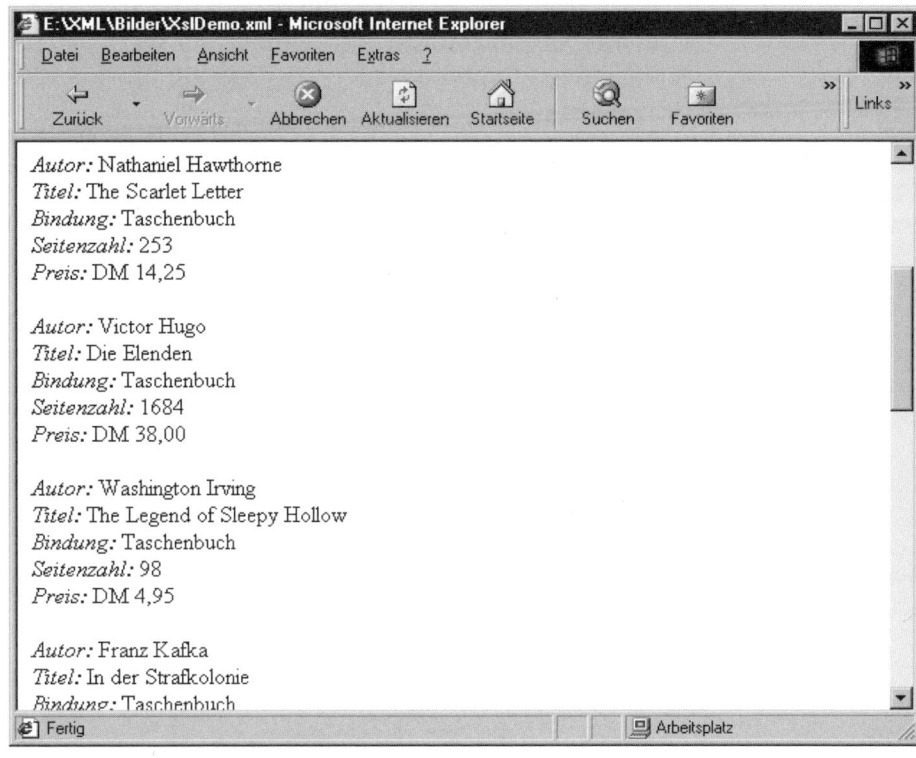

Das *order-by*-Attribut wird wie folgt zum *apply-templates*-Element hinzugefügt:

```
<xsl:apply-templates select="INVENTORY/BOOK"
    order-by="+AUTHOR/LASTNAME; +AUTHOR/FIRSTNAME"/>
```

Das *apply-templates*-Element muss um dieses Attribut ergänzt werden, da das *template*-Element das Attribut nicht erkennt. (Das *order-by*-Attribut können Sie nur bei einem Element einsetzen, das den Browser anweist, mehrere Elemente zu durchsuchen, also bei den Elementen *for-each* und *apply-templates*.)

# Auf XML-Attribute zugreifen

XSL behandelt ein Attribut, das zu einem Element im XML-Dokument gehört, wie ein untergeordnetes Element. Um allerdings in einem XSL-Muster auf das Attribut zu verweisen, müssen Sie dessen Namen das Zeichen @ voranstellen. Dies zeigt an, dass es sich um ein Attribut statt um ein Element handelt.

Beispielsweise wählt der Filter im folgenden Start-Tag alle BOOK-Elemente aus, deren Attribut *InStock* den Wert „ja" besitzt. Das heißt, nur diejenigen Bücher werden ausgewählt, die lieferbar sind:

```
<xsl:for-each select="INVENTORY/BOOK[@InStock='ja']">
```

Sie können das XSL-Element *value-of* einsetzen, um den Wert eines Attributs auf die gleiche Weise wie den Textinhalt eines Elements zu extrahieren. Beispielsweise ermittelt das folgende *value-of*-Element den Wert des *Born*-Attributs eines AUTHOR-Elements:

```
<xsl:value-of select="AUTHOR/@Born"/>
```

Das Stylesheet aus Listing 10.8 demonstriert diese Technik des Zugriffs auf Attribute, die zu Elementen im XML-Dokument gehören. Dieses Stylesheet ist mit dem XML-Dokument aus Listing 10.9 verknüpft und zeigt alle lieferbaren Bücher im Buchbestand an. (Kopien dieser Listings finden Sie unter den Dateinamen XslDemo06.xsl und XslDemo06.xml auf der Begleit-CD.)

**Listing 10.8**
XslDemo06.xsl

```xml
<?xml version="1.0"?>

<!-- Dateiname: XslDemo06.xsl -->

<xsl:stylesheet xmlns:xsl="http://www.w3.org/TR/WD-xsl">
    <xsl:template match="/">
        <H2>Lieferbare Buchtitel</H2>
        <TABLE BORDER="1" CELLPADDING="5">
            <THEAD>
                <TH>Titel</TH>
                <TH>Autor</TH>
                <TH>Bindung</TH>
                <TH>Seitenzahl</TH>
                <TH>Preis</TH>
            </THEAD>
            <xsl:for-each select="INVENTORY/BOOK[@InStock='ja']">
                <TR ALIGN="CENTER">
                    <TD>
                        <xsl:value-of select="TITLE"/>
                    </TD>
                    <TD>
                        <xsl:value-of select="AUTHOR"/> <BR/>
                        (geboren <xsl:value-of select="AUTHOR/@Born"/>)
                    </TD>
                    <TD>
                        <xsl:value-of select="BINDING"/>
                    </TD>
                    <TD>
                        <xsl:value-of select="PAGES"/>
                    </TD>
```

```
                        <TD>
                            <xsl:value-of select="PRICE"/>
                        </TD>
                    </TR>
                </xsl:for-each>
            </TABLE>
        </xsl:template>
</xsl:stylesheet>
```

**Listing 10.9**
XslDemo06.xml

```
<?xml version="1.0"?>

<!-- Dateiname: XslDemo06.xml -->

<?xml-stylesheet type="text/xsl" href="XslDemo06.xsl"?>

<INVENTORY>
    <BOOK InStock="ja">
        <TITLE>The Adventures of Huckleberry Finn</TITLE>
        <AUTHOR Born="1835">Mark Twain</AUTHOR>
        <BINDING>Taschenbuch</BINDING>
        <PAGES>336</PAGES>
        <PRICE>DM 12,75</PRICE>
    </BOOK>
    <BOOK InStock="nein">
        <TITLE>Leaves of Grass</TITLE>
        <AUTHOR Born="1819">Walt Whitman</AUTHOR>
        <BINDING>Gebundene Ausgabe</BINDING>
        <PAGES>462</PAGES>
        <PRICE>DM 25,00</PRICE>
    </BOOK>
    <BOOK InStock="ja">
        <TITLE>Der Graf von Monte Christo</TITLE>
        <AUTHOR Born="1802">Alexandre Dumas</AUTHOR>
        <BINDING>Taschenbuch</BINDING>
        <PAGES>760</PAGES>
        <PRICE>DM 38,00</PRICE>
    </BOOK>
    <BOOK InStock="ja">
        <TITLE>Moby-Dick</TITLE>
        <AUTHOR Born="1819">Herman Melville</AUTHOR>
        <BINDING>Gebundene Ausgabe</BINDING>
        <PAGES>724</PAGES>
        <PRICE>DM 14,95</PRICE>
    </BOOK>
</INVENTORY>
```

Jedes BOOK-Element im XML-Dokument enthält ein *InStock*-Attribut,
das entweder den Wert „ja" oder „nein" hat und damit anzeigt, ob das
Buch lieferbar ist. Jedes AUTHOR-Element besitzt ein *Born*-Attribut,
welches das Geburtsjahr des Autors angibt.

Statt den Wert des *InStock*-Attributs anzuzeigen, verwendet das Stylesheet das Attribut in einem Filter, um alle nicht lieferbaren Bücher aus der Menge der BOOK-Elemente auszuschließen, die angezeigt werden:

```
<xsl:for-each select="INVENTORY/BOOK[@InStock='ja']">

    <!-- jedes BOOK-Element anzeigen -->

</xsl:for-each>
```

Das Stylesheet zeigt die BOOK-Elemente in einer HTML-Tabelle statt in einer Liste von SPAN-Elementen wie im vorherigen Beispiel an. Angezeigt wird der Wert des *Born*-Attributs sowie der Wert des AUTHOR-Elements, wobei das XSL-Element *value-of* eingesetzt wird. Die folgenden Elemente erstellen die Tabellenzellen, in denen diese Werte angezeigt werden:

```
<TD>
    <xsl:value-of select="AUTHOR"/> <BR/>
    (born <xsl:value-of select="AUTHOR/@Born"/>)
</TD>
```

Abbildung 10.8 zeigt, wie Internet Explorer 5 das Dokument darstellt.

**Abbildung 10.8**
Das XSL-Stylesheet gibt eine Tabelle der lieferbaren Bücher aus.

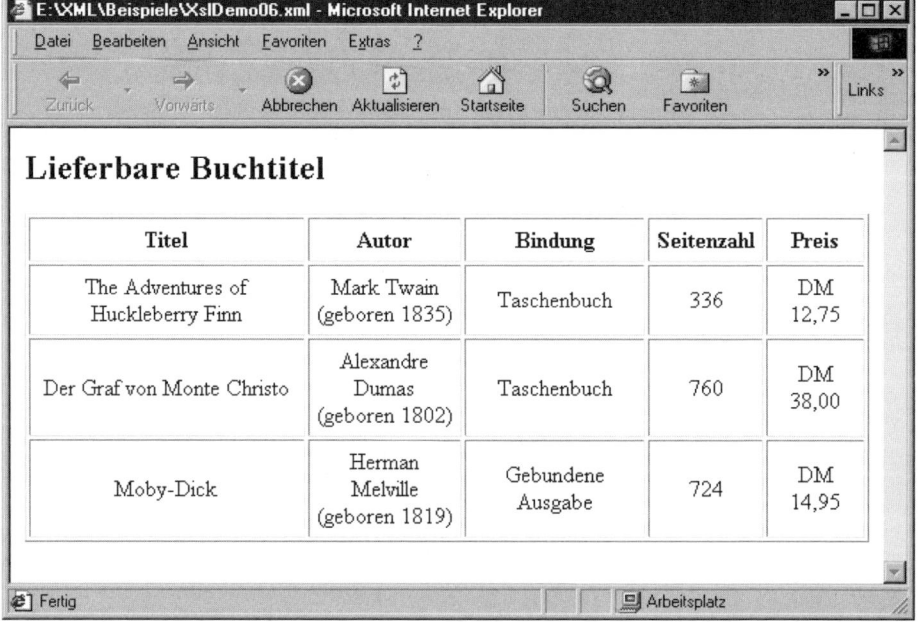

# A

# Internetadressen und weitere Informationen

Die folgenden Websites stellen eine Unmenge zusätzlicher Informationen zu XML und den zugehörigen Technologien zur Verfügung. Diese Adressen wurden auch in den vorangegangenen Lektionen im entsprechenden Kontext genannt. Sie finden eine Kopie dieses Anhangs unter dem Dateinamen Anhang.htm im Ordner *Links* auf der Begleit-CD. Informationen zur Installation der Datei Anhang.htm auf Ihrem Computer enthält die Datei Readme.txt der Begleit-CD. Sie können diese Websites besuchen, indem Sie die Datei Anhang.htm in Ihrem Webbrowser öffnen und dann einfach auf einen Hyperlink klicken, statt die Adresse in den Browser einzugeben.

## Allgemeine Informationen zu XML

■ Das World Wide Web Consortium (W3C) stellt eine Vielzahl von Informationen, Standards und Dienste für Webautoren auf folgender Website zur Verfügung: *http://www.w3.org/*.

■ Das Microsoft Developer Network (MSDN) bietet ausführliche allgemeine Informationen zu XML und zur XML-Unterstützung der Microsoft-Produkte unter der Adresse *http://msdn.microsoft.com/xml/default.asp*.

■ Das Online-Referenzwerk *The XML Cover Pages*, das Sie unter der Adresse *http://www.oasis-open.org/cover/* finden, enthält umfassende Informationen zu XML und anderen Auszeichnungssprachen.

## Internet Explorer 5.5

■ Sie können die neueste Version von Internet Explorer 5.5 von der Website *http://www.microsoft.com/windows/ie* herunterladen. Weitere Informationen hierzu finden Sie in der Datei Readme.txt auf der Begleit-CD.

## XML-Anwendungen

■ Die Website *The XML Cover Pages* enthält eine umfassende Liste aktueller und vorgeschlagener XML-Awendungen sowie eine detaillierte Beschreibung der einzelnen Anwendungen unter der Adresse *http://www.oasis-open.org/cover/xml.html#applications*.

# CSS (Cascading Style Sheets)

▪ Das W3C veröffentlicht die Spezifikation von Cascading Style Sheets Level 1 (CSS1) unter der Adresse *http://www.w3.org/TR/REC-CSS1*.

▪ Das W3C veröffentlicht die Spezifikation von Cascading Style Sheets Level 2 (CSS2) unter der Adresse *http://www.w3.org/TR/REC-CSS2*.

# Namespaces

▪ Das W3C veröffentlicht die Namespace-Spezifikation unter der Adresse *http://www.w3.org/TR/REC-xml-names/*.

# Datenbindung und DSO (Data Source Object)

▪ Das MSDN stellt unter folgender Adresse Informationen zur Datenbindung und dem DSO, auf dem diese basiert, zur Verfügung: *http://msdn.microsoft.com/xml/XMLGuide/xmldso.asp*.

# ADO (ActiveX Data Objects) und ADO-Objekt recordset

▪ Microsoft bietet allgemeine Informationen zu ADO und dem ADO-Objekt *recordset* unter der Adresse *http://www.microsoft.com/data/ado/default.htm*.

▪ Das MSDN stellt die Dokumentation einzelner Methoden, Eigenschaften und Ereignisse des *recordset*-Objekts unter der Adresse *http://msdn.microsoft.com/library/psdk/dasdk/mdap2y7s.htm* zur Verfügung .

# HTML und DHTML (Dynamic HTML)

▪ Das W3C veröffentlicht die offizielle HTML-Spezifikation unter der Adresse *http://www.w3.org/TR/REC-html40/*.

▪ Das MSDN bietet Information zu den von Internet Explorer 5 unterstützten Versionen von HTML und DHTML unter der Adresse *http://msdn.microsoft.com/workshop/author/default.asp*.

# JScript

▪ Umfassende Informationen zu JScript, einschließlich eines Tutorials für Anfänger, finden Sie auf den folgenden MSDN-Websites: *http://msdn.microsoft.com/workshop/c-frame.htm#/workshop/*

*languages/jscript/handling.asp* und *http://msdn.microsoft.com/ scripting/default.htm?/scripting/ jscript/default.htm*.

# Dokumentobjektmodell (DOM)

▓ Das W3C veröffentlicht das Dokument *Document Object Model (DOM) Level 1 Specification* unter der Adresse *http://www.w3.org/TR/REC-DOM-Level-1*.

▓ Das MSDN veröffentlicht das Dokument *XML DOM User Guide* unter der Adresse *http://msdn.microsoft.com/xml/XMLGuide/dom-guide-overview.asp*.

▓ Das MSDN veröffentlicht das Dokument *XML DOM Reference* unter der Adresse *http://msdn.microsoft.com/xml/reference/xmldom/ start.asp*.

▓ Das MSDN stellt unter folgender Adresse eine Dokumentation sämtlicher Eigenschaften, Methoden und Ereignisse der verschiedenen DOM-Knotenobjekten zur Verfügung: *http://msdn.microsoft.com/xml/ reference/scriptref/XMLDOM_Objects.asp*.

# XLS (Extensible Stylesheet Language)

▓ Das W3C veröffentlicht das Dokument *Extensible Stylesheet Language (XSL) Version 1.0* unter der Adresse *http://www.w3.org/TR/WD-xsl*.

▓ Das W3C veröffentlicht das Dokument *XSL Transformations (XSLT) Version 1.0* unter der Adresse *http://www.w3.org/TR/WD-xslt*.

▓ Das MSDN veröffentlicht das Dokument *XSL Developer's Guide* unter der Adresse *http://msdn.microsoft.com/xml/XSLGuide/default.asp*.

▓ Das MSDN veröffentlicht das Dokument *XSL Reference* unter der Adresse *http://msdn.microsoft.com/xml/reference/xsl/start.asp*.

# Website des Autors

▓ Ich veröffentliche Korrekturen zu meinen Büchern, Fragen und Antworten von Lesern, Quellen mit weiteren Informationen zu XML und den einschlägigen Technologien, Beschreibungen einiger meiner andere Bücher und zusätzliche Informationen auf der Website *http:// ourworld.compuserve.com/homepages/mjy/*.

# Stichwortverzeichnis

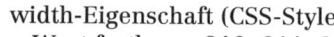

# Der Autor

Michael J. Young ist der Autor von über 20 Büchern zum Thema Programmierung, unter anderem der Titel *Visual Basic – Game Programming for Windows*, *AFC Developer's Workshop* und (zusammen mit Michael Halvorson) *Running Microsoft Office 2000*, die bei Microsoft Press erschienen sind. Seit über zehn Jahren arbeitet er mit und schreibt er über die Microsoft Office-Anwendungen. Er hat zudem viel zu den Themen Windows, C, C++, Java, Visual Basic, Animation und Grafikprogrammierung veröffentlicht. Geplant sind Bücher zur Arbeit und Programmierung mit Microsoft Office und zu fortgeschritteneren Themen aus den Bereichen Java, Visual Basic, XML und Webpublishing. Michael Young hat einen Abschluss an der Stanford University erworben und war Mitglied des ANSI-Komitees zur Standardisierung der Sprache C. Er lebt und arbeitet in Taos, New Mexiko, wo man ihn häufig in den örtlichen Cafes und in den Sangre-de-Christo-Bergen antrifft. Seine Homepage hat die Adresse http://www.mjyonline.com. Sie können ihm an die Adresse mjy@mjyonline.com E-Mail-Nachrichten senden.

## Wissen aus erster Hand

Wollen Sie Ihre Projekte effizient und
übersichtlich mit einer der leistungsfähigsten Projektmanagementsoftware, die es
auf dem Markt gibt, planen und verwalten? Dieses Buch zeigt Ihnen wie! Mit
Hilfe dieses umfassenden und didaktisch
ausgereiften Schritt-für-Schritt-Kurses von
Microsoft Press werden Sie in kürzester
Zeit alle Möglichkeiten dieses Programms
in Beruf und für den privaten Gebrauch
kennen lernen. Dabei bestimmen Sie
selbst Ihr Lerntempo und Ihr Lernziel,
unterstützt von Schritt-für-Schritt-Folgen,
Wiederholungen, Zusammenfassungen,
Übungsdateien und einer Übersicht über
die Kurseinheiten. Auf der CD: 60-Tage-
Project-Testversion

| | |
|---|---|
| Autor | Carl Chatfield, Tim Johnson |
| Umfang | 440 Seiten, CD-ROM |
| Reihe | Schritt für Schritt |
| Preis | DM 55,00 |
| ISBN | 3-86063-763-0 |

**Microsoft** *Press*

Lernen Sie, Datenbanken zu automatisieren, schreiben Sie Ihre eigenen Funktionen und Verfahren, pflegen Sie Menüs und Toolbars, verbinden Sie Anwendungen mit dem Internet und vieles mehr! Die leicht zu folgenden Lektionen beinhalten klare Vorgaben und praktische Beispiele. Somit können Sie genau das lernen, was Sie gerade brauchen - das Lerntempo bestimmen Sie selbst. Diese Neuauflage wurde ausgeweitet auf ungefähr 15 Stunden Anleitungen, mit zahlreichen Screenshots und Illustrationen.

| | |
|---|---|
| Autor | Evan Callahan |
| Umfang | 400 Seiten, 1 CD-ROM |
| Reihe | Schritt für Schritt |
| Preis | DM 55,00 |
| ISBN | 3-86063-758-4 |

Lernen Sie, Tabellenblätter zu automatisieren, schreiben Sie Ihre eigenen Funktionen und Verfahren, pflegen Sie Menüs und Toolbars, verbinden Sie Anwendungen mit dem Internet und vieles mehr! Die leicht zu folgenden Lektionen beinhalten klare Vorgaben und praktische Beispiele. Somit können Sie genau das lernen, was sie gerade brauchen - das Lerntempo bestimmen Sie selbst. Diese Neuauflage wurde ausgeweitet auf ungefähr 15 Stunden Anleitungen, mit zahlreichen Screenshots und Illustrationen.

| Autor | Reed Jacobson |
|---|---|
| Umfang | 450 Seiten, 1 CD-ROM |
| Reihe | Schritt für Schritt |
| Preis | DM 55,00 |
| ISBN | 3-86063-757-6 |

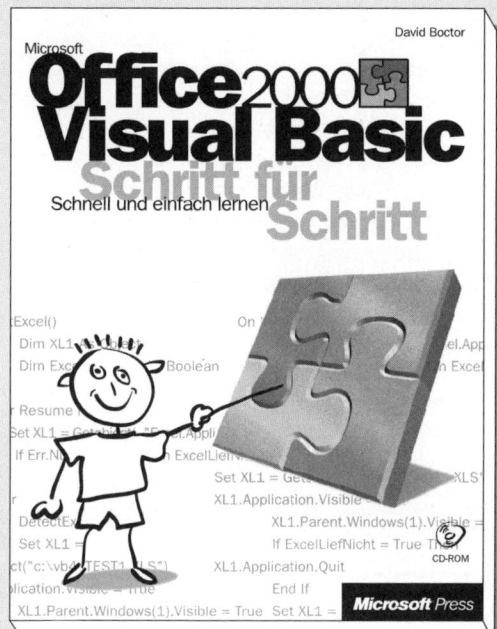

Schreiben Sie Ihre eigenen Funktionen und Verfahren, pflegen Sie Menüs und Toolbars, verbinden Sie Anwendungen mit dem Internet und lernen Sie die verschiedenen Office-Anwendungen zu automatisieren! Die leicht zu folgenden Lektionen beinhalten klare Vorgaben und praktische Beispiele. Somit können Sie genau das lernen, was sie gerade brauchen - das Lerntempo bestimmen Sie selbst. Diese Neuauflage wurde ausgeweitet auf ungefähr 15 Stunden Anleitungen, mit zahlreichen Screenshots und Illustrationen. Lesen Sie alles von den ersten Schritten in Visual Basic bis hin zu Datenbankprogrammierung für Fortgeschrittene mit ADO (Active Data Objects).

| Autor | David Boctor |
|---|---|
| Umfang | 450 Seiten, 1 CD-ROM |
| Reihe | Schritt für Schritt |
| Preis | DM 55,00 |
| ISBN | 3-86063-759-2 |

## Wissen aus erster Hand

Für viele Webanwendungen sind die Fähigkeiten von HTML bis zum Ende ausgeschöpft. Ein einheitlicher Standard zur Strukturierung und Beschreibung von Daten hat lange Zeit gefehlt. Dieses Problem wird durch die Extensible Markup Language (XML) gelöst, die es Webentwicklern ermöglicht, die Grenzen von HTML zu überwinden und einen effizienten Weg zu Design und Update von datenorientierten Websites zu finden. Grundlagen und praktische Anwendung von XML in Verbindung mit dem Internet Explorer 5 stehen deshalb im Mittelpunkt dieses Buchs. Abgerundet wird dies durch eine Referenz zum Objektmodell und den Datentypen von XML und mehreren 100 MB an Tools und Informationen aus dem Microsoft Developer Network (MSDN) auf CD.

| | |
|---|---|
| Autor | William J. Pardi |
| Umfang | 323 Seiten, 2 CD-ROMs |
| Reihe | Fachbibliothek |
| Preis | DM 79,00 |
| ISBN | 3-86063-486-0 |

**Microsoft** *Press*

## Wissen aus erster Hand

Tobias Weltner

# Active Server Pages lernen und beherrschen

Active Server Pages in der Praxis –
Grundlagen, Einsatzgebiete und Beispiele

Fachbibliothek

**Microsoft** Press

Active Server Pages lernen und beherrschen zeigt ihnen die Programmierung leistungsfähiger Webanwendungen in der optimalen Kombination aus Hintergrundwissen und Beispielen. Nach einer Einführung, die erklärt, was ASP ist und welche Voraussetzungen nötig sind, erläutert Ihnen der übrige Teil des Buches die Funktionsweise und Programmierung von ASP. Der Autor vermittelt die Grundlagen aber beschäftigt sich auch mit fortgeschrittenen Themen wie Remote Scripting und Sicherheitsfragen. Dem wichtigen Thema des Datenbankzugriffs wird der größte Platz eingeräumt. Zu allen Themen finden Sie direkt lauffähige Routinen, die mit wenig Aufwand dazu benutzt werden können, eigene Probleme zu lösen. Dieses Buch zeigt Ihnen, wie Sie die Möglichkeiten einer der leistungsfähigsten und heißesten Internet-Technologien für Ihre Webprojekte unter Windows 98, Windows NT 4 und Windows 2000 nutzen können.

| Autor | Tobials Weltner |
|---|---|
| Umfang | 450 Seiten, 1 CD-ROM |
| Reihe | Fachbibliothek |
| Preis | DM 89,00 |
| ISBN | 3-86063-611-1 |

Microsoft Press-Titel erhalten Sie im Buchhandel, PC-Fachhandel und in den Fachabteilungen der Warenhäuser

**Microsoft** Press